FORMATION DES CITÉS

Chez les populations sédentaires

DE L'ALGÉRIE

(Kabyles du Djurdjura, Chaouïa de l'Aouras, Beni Mezab.)

FORMATION DES CITÉS

CHEZ LES POPULATIONS SÉDENTAIRES

DE L'ALGÉRIE

(Kabyles du Djurdjura, Chaouïa de l'Aourâs, Beni Mezâb)

PAR

E. MASQUERAY

THÈSE PRÉSENTÉE A LA FACULTÉ DES LETTRES DE PARIS

PARIS
ERNEST LEROUX, ÉDITEUR
28, RUE BONAPARTE, 28
—
1886

A

MONSIEUR

Paul BERT

MEMBRE

DE

L'INSTITUT

BIBLIOGRAPHIE

GÉNÉRALITÉS

Hérodote, IV, 168 — 198. *Cf. inf.* p. 2, 5. — C. 168 : « Les premiers peuples sont les Adyrmachides, qui usent le plus de mœurs égyptiennes, et sont néanmoins vêtus comme les autres Libyens.... » ; c. 180 : « Je pense bien que la Minerve du lac Triton était vêtue d'armes égyptiennes, car je suis certain que le bouclier et l'armet sont venus d'Égypte aux Grecs.... » ; c. 181 : « Les Ammoniens ont un temple de Jupiter Thébain, dont l'image est faite avec tête de bélier,... » La diversité des noms cités par Hérodote a déjà donné lieu à une infinité de commentaires.

Salluste. *Guerre de Jugurtha.* Origine des peuples de l'Afrique, d'après les livres de Hiempsal. *Cf. inf.* introd. — C. LIV, sq. Tableau des confédérations indigènes en lutte avec l'armée romaine. *Cf. inf.* p. 100.

Pomponius Mela, I, c. 4 : « ..... Cetera Numidæ et Mauri tenent ; sed Mauri et in Atlanticum pelagus expositi. Ultra Nigritæ sunt, et Pharusii, usque ad Æthiopas.... At super ea quæ Libyco mari alluuntur, Libyes Ægytii sunt, et Leuco-Æthiopes, et natio frequens multiplexque Gœtuli..... » Les Gétules de Pomponius Mela sont à peu près nos Zenata. A noter, dans le *De Situ orbis*, quelques lignes remarquables sur les mœurs des indigènes sédentaires, demi-nomades et nomades (I, 8) : « Oræ sic habitantur ad nostrum maxime ritum moralis cultoribus;... etc. » *Cf. inf.* p. 2, 15.

Strabon, XVII, c. 3, § 2 : « Ce pays est habité par un peuple que les Grecs désignent par le nom de Maurusiens, et les Romains par celui de Maures, conformément à l'appellation indigène. Ce peuple est le peuple libyen, considérable et riche.... » Les mœurs des indigènes nomades sont encore à peu près celles que Strabon attribue aux Maurusiens et aux Massésyles (ibid. § 7). Il ajoute, dans le même passage : « On dit que les Maures sont des Indiens venus à la suite d'Hercule. » *Cf. inf.* p. 2, 15.

Pline. *Histoire naturelle*, V, c. 1-9. *Cf. inf.* p. 2 et p. 111. En ce qui concerne les mœurs des habitants de l'Afrique septentrionale, Pline n'a rien ajouté aux renseignements fournis par Salluste, Strabon, Pomponius Mela ; mais ses nomenclatures de peuples ou de tribus sont plus riches que celles de ses prédécesseurs, et nous montrent combien complexe et diverse apparaissait l'Afrique aux yeux des Romains. Voy. par exemple l'énumération qui termine le chap. V. Il se plaint cependant de la difficulté qu'il éprouve à obtenir des indications précises, même de personnes instruites, comme l'étaient les chevaliers romains. Cf. c. 1, § 12. Lui-même déclare qu'il désespère de transcrire en latin les noms des peuplades africaines. C. 1, § 1.

Tacite. *Annales*, II, 52 ; III, 20, 21 ; IV, 23, 24, 25, 26. Révolte et défaite des Musulans et des Numides sous la conduite de Tacfarinas. A comparer avec le Jugurtha de Salluste. *Cf. inf.* p. 106 sq. Voy. Boissière, l'*Afrique romaine*, liv. II, c. 4.

Procope. *Guerre des Vandales*, I, 3, 4, chapitres relatifs à l'invasion des Vandales ; 22, sq., à leur expulsion, II, conquête de l'Afrique par les Byzantins, composition de leurs troupes, disposition de leurs garnisons. *Cf. inf.* p. 11.

Corippus. *La Johannide* (corp. script. hist. byz. Bonnæ, 1836). La nomenclature des noms africains d'hommes et de tribus fait à peu près tout l'intérêt des sept livres de ce poëme, qui ne sont que le développement d'un passage de Procope. Il est très remarquable qu'écrivant un siècle avant l'invasion arabe, Corippus ne fasse aucun usage du nom général de Berbers ou Berbères. *Cf. inf.* 2, sq.

Maçoudi. *Les Prairies d'or*, trad. Barbier de Meynard, imp. nat. 9 vol. in 8, 1861-1877. Vol. IV, Histoire de Ali et des Kharidjites; commencements des Ouahbites; batailles de Ciffin et de Nahrauàn, etc. *Cf. inf.* p. 178. sq. Voy. aussi dans les volumes suivants l'histoire générale des Khalifes.

Ibn Khaldoun. *Histoire des Berbères et des dynasties musulmanes de l'Afrique septentrionale*. Traduction par De Slane, 4 vol. gd. in-8. Alger, 1852-1856. Ouvrage classique, indispensable pour l'histoire de l'Afrique septentrionale. De Slane y a ajouté des appendices extraits d'Ibn Khaldoun lui-même, d'En Noweïri, d'Ibn el Athir. Du même, *Les Prolégomènes*, trad. et comment. par De Slane. Paris, Imp. imp. 1863-1868, 3 vol. in-4°. Analyse profonde des sociétés musulmanes. *Cf. inf.* p. 33 et 102.

Léon l'Africain. *De totius Africæ descriptione libri IX*, ab auctore primum arabice scripti, nunc latine versi per J. P. Florianum, pet. in-8. Antwerpiæ, 1556. En italien dans le Recueil de J. B. Ramusio, Venise, 1550. Traduit en français dans l'Historiale description de l'Afrique de J. Temporal, Lyon, 1556, traduction réimprimée aux frais du gouvernement pour procurer du travail aux ouvriers typographes. Paris, 1830. 3 vol. in-8°, vol. I, l. 1 : « Les Africains *blancs* sont appelés les « Barbares » ; ils tirent leur origine de la Palestine ou de l'Arabie Heureuse; i!s se divisent en Sanhagia, Musmuda, Zénéta, Haura, Gumera; leur langue commune est dite : aquel amazig. »

Marmol-Carvajal. *Prima parte de la descripcion general de Africa*, etc., 3 vol. in-fol. Granada, 1573. L'Afrique de Marmol, de la traduction de Nicolas Perrot d'Ablancourt. 3 vol. in-4°, Paris, 1667. Vol. I. liv. I, c. 6, 7, et surtout 24 : « Des plus anciennes habitations de l'Afrique, et de l'origine des peuples de Barbarie. » Marmol copie Léon l'Africain. Il attribue la même origine aux indigènes, et les partage, comme lui, en cinq grandes familles.

« Ils eurent de grandes guerres, dit-il, dont les vainqueurs demeurant maîtres des plaines, les autres furent contraints de se retirer sans troupeaux dans les montagnes. » *Cf. inf.* p. 115.

De Sacy. *Exposé de la religion des Druses*, 2 vol. imp. roy. Paris, 1838. Vol. I, Vie du Khalife Hakem biamr Allah, précédée de l'histoire des premiers princes de la dynastie des Fatimis, p. CCXLII sq. *Cf. inf.* p. 109.

' Noel des Vergers. *Histoire de l'Afrique sous la dynastie des Aghlabites, et de la Sicile sous la domination musulmane*, texte arabe d'Ebn-Khaldoun, accompagné d'une traduction française et de notes. In-8, Paris, Didot, 1841, *Cf. inf.* p. 105, sq.

D'Avezac. *Esquisse générale de l'Afrique ancienne*. 1 vol. in-8, Paris, Didot, 1844.

Perron. *Traduction du Précis de jurisprudence musulmane de Khalil Ibn Ishâk* (Exploration scientifique de l'Algérie, vol. X-XV, Paris, imp. nat. 1848-1852). Travail considérable et indispensable, qu'il suffit de rappeler, en notant toutefois que l'exactitude de quelques parties en a été contestée. Chaque volume en est accompagné de « Notes et Eclaircissements » fort utiles, parmi lesquels la note 20 du volume XIV, sur la *a'kila. Cf. inf.* p. 47.

El Kaïrouâni. *Le compagnon qui raconte l'histoire de l'Afrique et de Tunis*. Ouvrage traduit en français par Pellissier et Rémusat, et publié dans le volume VI de l'Exploration scientifique de l'Agérie, Paris, imp. nat. 1845. L'ouvrage d'El Kaïrouâni comprend huit livres : 1° Description de Tunis ; 2° Description de l'Afrique ; 3° Conquête de l'Afrique par les Musulmans ; 4° Histoire des khalifes Fatimites ; 5° Histoire des émirs Sanhadja (Zirites) ; 6° Histoire des Beni Hafs ; 7° et 8° Histoire de la domination turque. La lecture d'El Kaïrouâni ajoutée à celle de l'histoire des Berbers d'Ibn Khaldoun, et des fragments d'Ibn Abd el Hakem et d'En Noweïri traduits par M. De Slane, est une préparation très suffisante à l'étude de l'histoire de l'Afrique septentrionale. *Cf. inf.* p. 178, sq.

Galibert. *Histoire de l'Algérie ancienne et moderne.* 1 vol. in-8 avec gravures. Paris, 1844. 636 pp. Ouvrage de vulgarisation, depuis les origines jusqu'à la reddition d'Abd el Kader. Dix chapitres seulement sur vingt sont consacrés à l'histoire ancienne et à la domination turque ; un seul chapitre (VIII) à la « domination arabe. »

Pascal Duprat. *Essai historique sur les races anciennes et modernes de l'Afrique septentrionale.* in-8, 318 pp. Paris, 1846. Ouvrage excellent pour le temps. C. XIX : « Cinq peuples sont restés debout au milieu des débris qui couvrent le sol de l'Afrique septentrionale : la race primitive, les Libyens ou Berbers, trois races étrangères, les Arabes, les Juifs et les Turcs, et une race mêlée, les Arabo-Turcs. »

Pellissier. *Annales Algériennes.* Nouv. ed. continuée jusqu'à la chute d'Ab el Kader, avec un appendice contenant le résumé de l'histoire de l'Algérie de 1848 à 1854. 3 vol. in-8. Paris, Dumaine. 1854. Ouvrage d'Histoire contemporaine, le mieux fait qui ait encore été publié sur l'Algérie. Concernant Abd el Kader, voy. liv. XIII. sq. *Cf. inf.* p. 89.

Movers. *Die Phœnizier.* 2 volumes en quatre parties, in-8. Bonn-Berlin, 1841-1856. Ouvrage important entre tous pour l'étude de la haute antiquité africaine. Vol. I, c. I, § 3, *Ægypten und Lybien.* Vol. II, 1ᵉ part., c. III, *Die alten Landesbewohner Palæstinas* (Les anciens habitants de la Palestine, Chananéens). Ibid., 2ᵉ part., c. VIII, *Die Vœlkerverhæltnisse im nœrdlichen Afrika* (Les rapports mutuels des populations de l'Afrique septentrionale) ; c. IX et X, *Ansiedlungen der Phœnizier in Afrika* (Établissements des Phéniciens en Afrique). Le chapitre 8 de la 2ᵉ partie du 2ᵉ volume est particulièrement intéressant. Sous-titres : « Les peuples libyens de l'Afrique septentrionale ont, d'après leur langue, leurs mœurs et leur culte, une origine commune, mais se sont trouvés très anciennement mêlés à d'autres peuples. — Trois couches de peuples dans l'Afrique septentrionale : une race brune : Maures et Garamantes. Invasions de cette race, partie de la Haute-Égypte et de l'Éthiopie, signalées par Hérodote, confirmées par les traces du culte d'Ammon, et par les traditions des Berbers. — Anciens peuples nomades de la Libye : Gétules, nommés Barbares, Sophakes, Mazikes. Les Numides, peuple mélangé de Gétules et de colons Phéniciens. — Libyens agriculteurs. Culture antique de cette race. Son écriture, etc. »

Barth. *Travels and Discoveries in North and Central Africa*, in-8, 5 vol. London, 1857, Vol. I, ch. X : « *The indigenous Berber Population*, p. 224. » « La population primitive de l'Afrique septentrionale paraît être, en général, d'origine sémitique ; mais elle se trouve mélangée à un élément étranger, bien que plus ou moins analogue, provenant de tribus originaires de l'Egypte, ou y ayant demeuré.... »

Fournel. *Etude sur la conquête de l'Afrique par les Arabes, et Recherches sur les tribus berbères qui ont occupé le Magreb central*. In-4. Paris, imp. imp. 1857. Ouvrage fort bien fait, d'après les historiens arabes. Cette Etude de M. Fournel restera le premier des livres de seconde main écrits sur ce sujet.

Renan. *Histoire générale et système comparé des langues sémitiques*. In-8, 515 pp. Paris, Imp. imp. 1858. Liv. I, ch. II, § 4 : Existence d'une famille de peuples et de langues chamitiques. — Du Berber et du Touareg. — La position du Berber à l'égard des langues sémitiques est la même que celle du Copte.

Palgrave (William Gifford). *Une année de voyage dans l'Arabie centrale (1862-1863)*, trad. par Jonveaux, 2 vol. in-8, Paris, Hachette, 1866. — Vol. 1, c. VIII, p. 321, histoire de Mohammed ben Abd el Ouahab, fondateur de la secte des Ouahabites, né à Horeymelah vers le milieu du siècle dernier. Comparaison profitable à établir avec le ouahbisme africain. Cf. inf. p. 179, sq., et surtout, *Chronique d'Abou Zakaria*, préface.

Vivien de Saint-Martin. *Le Nord de l'Afrique dans l'antiquité grecque et romaine*, 1 vol. in 4, Paris, 1873. Ouvrage dans lequel toutes les traditions et tous les textes anciens relatifs aux indigènes de l'Afrique septentrionale sont discutés.

Faidherbe. *Collection complète des inscriptions numidiques* (libyques), avec des aperçus ethnographiques sur les Numides, in-8, Lille, 1870. C'est dans ces « aperçus » que se trouve la brillante hypothèse de M. le général Faidherbe sur l'origine des Blonds d'Afrique et son étude des relations les plus anciennes de l'Afrique et de l'Égypte d'après les monuments égyptiens.

Villot. *Mœurs, coutumes et institutions des indigènes de l'Algérie*, pet. in-8, Constantine, 1871. Chapitre Ier excellent. P. 10 : « Depuis quelques années, des polémistes plus ardents qu'éclairés se sont donné la mission de prouver l'immense supériorité des Berbères sur les Arabes. C'est là une question très controversable. La lutte entre les pasteurs et les laboureurs, entre les citadins et les paysans, est indépendante des questions d'ethnographie. Deux opinions sont émises sur l'origine des Berbères. Les uns pensent qu'ils représentent un peuple autochthone ; d'autres pensent que c'est un mélange des races diverses qui ont dominé tour à tour l'Afrique septentrionale. Pour nous, nous pensons que les différences qu'on a voulu voir entre les Arabes et les Berbères ne sont pas aussi profondes que des théories abstraites, conçues par amour des systèmes, voudraient nous le montrer. »

Mercier. *Ethnographie de l'Afrique septentrionale*. Notes sur l'origine du peuple berbère (Rev. Af. XV, p. 420 sq.). Scrupules sur l'extension du terme « Berber » : Les Egyptiens, d'après Hérodote, appelaient Barbar tout ce qui n'était pas Egyptien ; dans le Périple de la mer Erythrée, « barbarikè epeiros » signifie le littoral de la mer Rouge et le golfe d'Aden. Julius Honorius signale des « Barbares » près de la Malva. M. Mercier emploie cependant « Berber » dans son sens général, et attribue aux « Berbers » une origine asiatique. *Cf. inf.* Introd. — *Histoire de l'établissement des Arabes dans l'Afrique septentrionale*, avec deux cartes, in-8, 406 pp. Constantine, 1875. Cet ouvrage, qui s'étend depuis l'établissement des colonies phéniciennes en Afrique jusqu'à la prise d'Alger en 1830, est en réalité un résumé de toute l'histoire de l'Afrique septentrionale, d'ailleurs bien composé et puisé aux meilleures sources. En appendice, une note intéressante « sur l'origine du peuple berbère. »

Reboud. *Recueil d'inscriptions libyco-berbères*, in-4, 49 pp. 25 pl. et 1 carte, Paris, 1870.

Tauxier. *Examen des traditions grecques, latines et musulmanes relatives à l'origine du peuple berbère* (Rev. Af. VI, p. 353 sq.) — *Étude sur les migrations des tribus berbères avant l'islamisme* (ibid. p. 441 sq., et VII, p. 24 sq. — *Ethnographie de l'Afrique septentrionale au temps de Mahomet* (ibid. VII, p. 453 sq., VIII, p. 51, sq. et p. 458 sq.). Jugement sévère porté sur les traditions de Salluste, de Procope et des historiens arabes; généralités sur les migrations de peuples dans l'Afrique septentrionale classées par périodes. A noter, VIII, p. 33 : « Dans l'extrait de Julius Honorius conservé par Cassiodore on remarque une tribu nommée *Barbares*, dont le nom sera appliqué bientôt par les Arabes à tous les peuples de l'Afrique septentrionale. » *Cf. Inf.* Introd.

Masqueray. *Comparaison d'un vocabulaire du dialecte des Zenaga du Sénégal avec les vocabulaires correspondants des dialectes des Chawia et des Beni Mzab*, in-8, 61 pp. Paris, imp. nat. 1879 (Arch. des Miss. Série III, t. v). *Cf. inf.* p. 14.

G. Boissière. *Esquisse d'une histoire de la conquête et de l'administration romaines dans le nord de l'Afrique, et particulièrement dans la province de Numidie*, in-8, 430 pp. Paris 1878, liv. I, c. III : « Les indigènes. Qu'est-ce que le Berber ? » ; ch. IV : « Le Berber, principaux traits de la physionomie et du caractère berbères, Massinissa et Jugurtha » ; ch. III, p. 85, sq. : « Ainsi, voilà une race, une noble et vieille race, dont l'identité est reconnue et dont les titres sont établis, et à qui manque cette première de toutes les noblesses et ce premier de tous les patrimoines, un nom. . A tort ou à raison, dans l'état actuel de l'usage aussi bien que de la science, c'est le nom de Berbers qui prévaut ». *Cf. Inf.* Introd.

Masqueray. *Coup d'œil sur l'histoire de l'Afrique septentrionale* (Notices sur Alger et l'Algérie, in-18, Alger, Jourdan, 1881).

Corpus inscriptionum latinarum. Vol. VIII en deux tomes. Berlin, 1880. *Cf. inf.* Introd.

Basset, René. *Notes de lexicographie Berbères.* Comparaison entre divers dialectes de l'Algérie. Etude divisée en séries, dont la première a paru en 1883, la seconde en 1885, la troisième en 1886 (Journal Asiatique). *Cf. inf.* p. 14.

Broussais. *Recherches sur les transformations du berber* (Bullet. de Corr. Af. 1884).

Rinn. *Les premiers royaumes Berbères et la guerre de Jugurtha* (Revue Africaine, 1885, 4 articles). « Les populations indigènes se trouvent réparties en deux catégories, les sédentaires et les nomades. D'abord, on a cru que cette différence dans les habitudes des tribus était le résultat d'une dualité ethnologique .... plus tard, on a reconnu que cette classification ne répondait pas à la réalité des faits.... A aucune époque de son histoire, le Nord de l'Afrique n'a réussi à se grouper en une grande nationalité indigène... Si on essaie de débrouiller le chaos des origines berbères, on arrive, aussi bien par la linguistique que par l'anthropologie, à cette conclusion que, dans le Nord de l'Afrique, il y a eu jadis, et dès les temps les plus reculés, comme aujourd'hui, plusieurs races vivant côte à-côte... De nos jours, nous pouvons encore constater, dans un même arrondissement administratif de superficie médiocre, plusieurs peuples que nous regardons comme autochthones ou berbères, et qui ont conservé quelques unes de ces différences qui déjà, quatre siècles avant J.-C. avaient frappé Hérodote... (juillet 1885). » *Cf. inf.* Introd.

KABYLIE

Ammien Marcellin, XXIX, c. 5. Histoire de la révolte de Firmus et de la guerre du comte Théodose dans le massif du Mons Ferratus (Grande Kabylie actuelle). M. Berbrügger, dans ses « Epoques militaires de la Grande Kabylie », a tenté de commenter ce texte, et d'identifier les noms des tribus citées par Ammien. C'est vers la fin de ce chapitre 5 que se trouve l'entrevue et le curieux dialogue de Théodose et d'Igmazen. Cf. inf. p. 114 et 131.

Ibn Khaldoun, *Histoire des Berbères*, trad. de Slane, vol. 1, p. 173, et p. 200, cite et admet l'opinion d'Ibn Hazm qui regarde les Gaouaoua (Kabyles) comme frères des Ketama. Le même, *ibid.*, consacre trois pages importantes (255-258) aux Zouaoua, sous ce titre : « Notice des Zouaoua et des Zouagha, branches de la tribu de Dariça, peuple Berbère descendu d'El Abter. » Il y décrit exactement la Grande Kabylie, et en énumère les tribus ou les confédérations principales. Nous retrouvons aujourd'hui tous les noms qu'il a cités : Beni Idjer, Beni Manguellat, Beni Itroun (Betroun), Beni Yanni, etc. C'est encore Ibn Khaldoun qui nous a appris le rôle considérable joué chez les Beni Iraten, en 1330, par une princesse nommée Chimci. *Cf. inf.* p. 132.

Léon l'Africain, *Op. laud.*, IV : Montagnes du domaine de Gézéir (Alger). Plusieurs de ces montagnes sont habitées par des *gens nobles* et exempts de tout tribut. Souvente fois ils se font la guerre entr'eux-mêmes, tellement qu'aucun d'eux, ni étranger, ne peut passer s'il n'est accompagné par quelque religieux. »

Marmôl-Cavajal. *Op. Laud.* Vol. II. Détails très intéressants concernant le roi de Kouko et « Labès » (chef de la confédération des Beni Abbâs). *Cf. inf.*, p. 132.

Gramaye (1). *Africæ illustratæ libri decem.* In-4. Tournay, 1623. On trouve dans la compilation de Gramaye, qui d'ailleurs n'est qu'un plagiat de Marmol et de Léon l'Africain, une description de Bougie et de son territoire (liv. VII, c. 12), « Région très montagneuse dont les peuples sont braves et innombrables, fertile en noix, en orge, en lin, assez riche en mines de fer. Les habitants se fabriquent des vêtements grossiers, et se servent, pour monnaie, de plaques de fer marquées de certains signes ; presque tous sont tatoués de la croix... » Au chapitre XIII, Gramaye traite de Djijelli et quelque peu de l'Aouras, d'après Marmol. Au ch. XIV, parlant des montagnes entre Bougie et Bône, il nous apprend que les Kabyles « n'ont ni lois, ni juges, ni prêtres, et ne connaissent même pas l'écriture. » Dans les ch. XXIV et XXV, il copie le passage de Marmol relatif aux royaumes de Couco et de Labez.

De la Croix. *Relation universelle de l'Afrique ancienne et moderne.* 4 vol. in-12. Lyon, 1608. Ouvrage sans doute complet en son temps. On y peut lire, t. II, p. 58, que « la plaine de Motygie (Metidja), rapporte deux ou trois fois l'an du froment, de l'orge, et de l'avoine, sans compter les autres grains, et jusqu'à cent pour un », et, p. 59, « qu'il vient à Alger, des Mores de couleur basanée, originaires des montagnes de Couco et de Labez. »

Peyssonnel. *Relation d'un voyage sur les côtes de Barbarie, fait par ordre du Roi en 1724 et 1725* (rééditée par Dureau de la Malle, Paris, 1838). — Lettre XII, p. 378 sq. : « Nous passâmes à travers trois petits villages modernes, bâtis en terre et couverts de chaume, habités par des *Arabes* qu'on appelle *Kabayles*.... Ils sont pour la plupart des voleurs, ou plutôt des bêtes féroces qui habitent ces montagnes. » Lett. XIV, p. 475 sq. : Détails assez précis concernant la différence des mœurs des véritables Arabes et des Kabyles toujours regardés comme des sauvages insociables.

(1) Je dois les éléments de cette note à l'érudition et à la complaisance de M. de Grammont, président de la société historique Algérienne, qui publie en ce moment même une étude sur Gramaye.

Laugier de Tassy. *Histoire du royaume d'Alger.* 1 vol. in-18. Amsterdam, 1725. A noter seulement le chapitre 3 du livre Ier, comme un exemple du peu que l'on savait alors sur les populations de l'Afrique. « Des Arabes du royaume d'Alger... Les Maures de la campagne sont naturellement très grands voleurs..., ils s'appelaient autrefois Bérebères, etc. » D'ailleurs l'auteur copie visiblement Marmol.

Shaw. *Travels or observations relating to several parts of Barbary and the Levant.* 2 vol. in-fol. Oxford, 1736-40. Voyages de Shaw dans la Barbarie et le Levant, contenant des observations sur les royaumes d'Alger et de Tunis, etc., trad. de l'anglais. 2 vol. in-8°. La Haye, 1743. T. I, c. 3 de la traduction : observations exactes, mais trop brèves, sur les mœurs et la langue « des *Africains* qui se sont retirés sur les montagnes. »

Histoire des États barbaresques qui exercent la piraterie, par un auteur qui y a résidé plusieurs années avec un caractère public, traduite de l'anglais. Paris, 1757. L'auteur de la traduction est Boyer de Prébandier. L'ouvrage a peu de valeur, et paraît être une copie de celui de Laugier de Tassy, au moins en ce qui concerne « les Bérebères (p. 103), habitants primitifs du pays d'où descendent les tribus Moresques ». Laugier de Tassy avait lui-même copié Marmol.

Desfontaines. *Fragments d'un voyage dans les Régences de Tunis et d'Alger, fait de 1783 à 1786* (réédité par Dureau de la Malle. Paris, 1838). Ch. VI, p. 204. « Le chef de notre troupe attendit près de la forteresse (Hamza) que notre caravane fût réunie, afin de n'exposer personne à être volé par les *Kabayles* indomptés du Jergera... Les *Arabes* ont là un grand nombre de villages ; jamais les Algériens n'ont pu les soumettre. »

De Chenier. *Recherches historiques sur les Maures, et histoire de l'Empire de Maroc.* 3 vol. in-8°. Paris, 1787. Le discours préliminaire placé par l'auteur au commencement de son premier volume contient des réflexions encore utiles sur le peuplement de l'Afrique septentrionale.

Pananti. *Relation d'un séjour à Alger*, en italien, 2 vol. in-8°. 1817 ; trad. anglaise par Blaquière, 1 vol. in-4, 1818 ; trad. française par H. Lasalle, 1 vol. in-8, Paris, 1820. On n'y trouve, ch. IX, que quelques erreurs sous ce titre : « Coup d'œil sur les Kabiles et les tribus arabes. »

Quesné. *Histoire de l'esclavage en Afrique (pendant trente-quatre ans) de P. J. Dumont*. 3e édition, Paris, 1820, pet. in-8°, 157 pp.— Dumont, pris par les *Koubals* qu'il appelle des Arabes, à la suite d'un naufrage entre Oran et Alger, était un homme fort ignorant. Chez les *Koubals*, dit-il, p. 90, « les pères vendent leurs fils, les mères leurs filles, etc. »

W. Shaler. *Esquisse de l'État d'Alger*, trad. par Bianchi. Paris, 1830. Ch. IV, « Des différentes nations ou tribus qui habitent Alger. » L'auteur y consacre quelques lignes aux « Kabyles » dont il a remarqué le teint clair et les mœurs barbares.

Graberg de Hemso. *Cenni statistici e geografici della Reggenza di Algeri*. Milano, 1830. § 2 : « Ethnografia e statistica positiva. » Il est impossible de discerner lequel des deux, de Shaler ou de Graberg de Hemso, a copié l'autre.

Maffre. *La Kabylie, Recherches et observations sur cette riche contrée de l'Algérie par un colon établi à Bougie depuis les premiers jours d'octobre*, in-8. Paris, 1833. 2e éd., 1846. Brochure bien faite, dans laquelle se trouve un chapitre sur la constitution sociale et les mœurs des Kabyles, une énumération détaillée des tribus comprises entre Sétif, les Biban et Bougie, et des considérations sur la nécessité d'établir notre domination dans la Kabylie.

Rozet. *Voyage dans la Régence d'Alger*. 3 vol. in-8. Paris, 1833. Ouvrage important. Le premier volume concerne la nature, le second l'homme, le troisième Alger, Oran, etc. Dans le second volume, l'auteur consacre un chapitre (II, p. 0-49) aux « Berbères que les Algériens nomment Kbaïil. » Ses renseignements sont assez exacts pour la plupart ; mais il insiste beaucoup sur la cruauté des Kabyles, sur les marques de vénération qu'ils prodiguent à leurs marabouts, et conclut : « La première chose à faire pour civiliser ces cannibales, c'est de changer leur religion à quelque prix que ce soit : »

Sidy Hamdan ben Othman Khoja. *Aperçu historique et statistique sur la Régence d'Alger*, trad. de l'arabe par H.. D..., oriental (Haffounah Deghys de Tripoli), in-8. Paris, 1833. On y trouve, au début, les Khalifes Ommélades transformés en un conquérant de l'Afrique nommé Benyomié. L. I, c. I : Des Bédouins et de leur origine : « Les Bédouins se divisent en deux classes, ou mieux, en deux peuples distincts, Arabes et Berabers ou Kabaïls. » L'auteur connaît assez bien le Djurdjura et la montagne des Beni Abbàs ; il décrit sommairement le pays et les mœurs des habitants ; il insiste avec raison sur l'influence des marabouts. Un fragment de cet ouvrage (mœurs et usages de Berbers) a été reproduit dans la Revue Africaine dont les dix numéros (1836-1838) font suite aux « Annales algériennes » de Pellissier.

Genty de Bussy. *De l'établissement des Français dans la Régence d'Alger.* 1re édition tirée à *huit* exemplaires, in-4º, Alger, 1833 ou 1834 ; 2me éd. 2 vol. in-8, Paris, 1835 ; 3me éd., remaniée et augmentée, 2 vol. in-8, Paris, 1839. Vol, I, Ch. V, sect. 6, p. 169-207, renseignements curieux et exacts, pour le temps, sur les mœurs et l'organisation politique des Kabyles, sur l'influence prépondérante des marabouts, et même en particulier sur les villages des « Zouaouas ». Ibid. sect. 7, p. 207, 208, Mozabites. Malheureusement l'auteur ne pouvait savoir que bien peu de chose des Beni Mezâb. Il conclut ainsi : « Ils n'ont d'importance que par leur utilité. »

Berthezène. *Dix-huit mois à Alger*, pet. in-8, 305 pp. Montpellier, 1834. C. I, p. 32, sq. Des Arabes et des Cabaïls. « ... Outre une langue propre, totalement différente de l'arabe, le Cabyle se distingue par ses goûts sédentaires et plus de férocité dans le caractère. »

Wagner (Moritz). *Reisen in der Regentschaft Algier in den Iahren*

1836, 1837, und 1838. 2 vol. in-8. Leipsig, 1841. Ouvrage excellent pour l'époque. Au commencement du vol. II, chap. très bon : Die Völker der Regentschaft Algier. § 2, Die Kabylen, p. 54. « Il est très probable que les Kabyles sont un mélange des différents peuples qui se sont succédé en Afrique. » Remarques sur les blonds. Esquisse de l'organisation des Kabyles du Djurdjura. L'auteur estime, contre Pellissier de Reynaud, que la fusion entre les Européens et les « barbares » Kabyles est impossible. La plupart de ses renseignements lui ont été fournis par un renégat français nommé Baudoin.

Bolle. *Souvenirs de l'Algérie, ou relation d'un voyage en Afrique pendant les mois de septembre et d'octobre 1838,* in-8°, 276, pp. Angoulême, 1839. L'auteur, accompagné par le colonel Changarnier, va jusqu'à la limite des possessions françaises, telle que le traité de la Tafna l'avait fixée, et dit, p. 115 : « C'est un peu plus loin que l'on trouve les *Cabaïles* de Bougie, les plus redoutables de tous les indigènes. Tout le monde sait d'ailleurs que ces hommes ne sont autres que les anciens Numides, peuplades indomptables que les Romains eux-mêmes ne purent parvenir à subjuguer. »

Lapene. *Vingt-six mois à Bougie,* pet. in-8, Paris, 1839. « Notice morale, politique et militaire sur les Kabaïles (p. 113); comparaison des Kabaïles modernes avec les anciens peuples d'où ils sont sortis (p. 177). » Ces deux courts chapitres contiennent des observations très exactes, et ont été le point de départ de plusieurs études postérieures. *Tableau historique, moral et politique sur les Kabyles,* in-8°. Metz, 1846 (Extrait des Mémoires de l'Académie royale de Metz, ann. 1845-46). Développement des observations et des idées de la Notice, p. 113, des « Vingt-six mois à Bougie. » — *Tableau historique de l'Algérie depuis l'occupation romaine jusqu'à la conquête par les Français, en 1830.* Metz, 1845. Petit abrégé encore utile.

De Vinchon. *Histoire de l'Algérie et des autres États barbaresques,* in-8. Paris, 1839. Ch. VI, quelques bonnes pages (89 sq.). A noter (p. 92) : « Chaque montagne a sa république indépendante. On les appelle (les indigènes) Beraber ou Berber, d'où est venu probablement le nom de Barbarie ; mais ce ne sont là que des mots classiques, car ces peuples ne se doutent nullement s'ils sont Beraber ou Berber. »

Guibert (Aristide). *De la colonisation du Nord de l'Afrique*, in-8. Paris, 1840 ; 2ᵉ édit., Paris, 1841. A noter: ch. XXXI (culture par les indigènes), et ch. XXXII (Point de colonisation sans la fusion des races et des intérêts).

De Rotalier. *Histoire d'Alger*. 2 vol. in-8. Paris, 1841. Cet ouvrage, très estimable, se termine à la prise d'Alger. On y trouve, vol. II, ch. XXXII, des généralités sur les Kabyles, les Berabers, etc.

Tableau de la situation des établissements français en Algérie, 1841, p. 375. « Les Kabyles des environs de Bougie. » Une bonne page sur l'organisation des villages Kabyles.

Duvivier. *Solution de la question de l'Algérie*, in-8. Paris, 1841. Chap. LIX, deux bonnes pages sur les « Kabaïles » comparés aux Arabes : « Il est de toute évidence que la fixité Kabaïle, et l'amour de cette race pour le travail, devront être les plus forts pivots de notre politique pour nous établir avec ordre, succès, et stabilité en Afrique. »

Bavoux (Evariste). *Alger, voyage politique et descriptif dans le Nord de l'Afrique*, 2 vol. in-12. Paris, 1841. Ouvrage de polémique, destiné à répondre aux attaques de Desjobert (l'Algérie en 1838). On y peut noter, vol. I, p. 147 : « Les Kabyles (des « parages » de Guelma), habitants des montagnes, industrieux et attachés au sol, ont déjà compris la grande mission de civilisation que la France accomplit en Afrique, et considéraient Duvivier comme l'apôtre de cette œuvre. ».

Suchet (Abbé). *Lettres édifiantes et curieuses sur l'Algérie*. Tours, 1841. Une de ces lettres est datée de Bougie et contient des détails peu importants sur les Kabyles.

Barker-Webb et Sabin Berthelot. *Histoire naturelle des îles Canaries*. In-8, Paris, 1842. Vol. 1, 1re partie. Rapprochements remarquables avec les indigènes de l'Algérie et du Maroc, notamment pp. 282 et 283. *Cf. inf.* p. 5.

Campbell (Thomas). *Letters from Algiers*. 2 vol. in-8, 1re éd., 1843 (?) ; 2e éd. London, 1845. Les lettres V, VI, VII, contiennent des aperçus de touriste et des renseignements assez exacts sur les Kabyles, recueillis à Alger. La lettre VII est consacrée particulièrement aux Kabyles.

Poissonnier. *Souvenirs d'Afrique*, in-8, 251 pp. Poitiers, 1843. L'auteur débute par des « Observations générales » dans lesquelles il se montre partisan déclaré de la guerre sans merci et de l'occupation complète. « Les Kabyles, dit-il, p. 8, sont aussi faciles à manier et à apprivoiser que les lions de Vaanburg. » Puis il raconte les campagnes auxquelles il a pris part dans la province de Constantine.

Clausolles. *L'Algérie pittoresque*, in-4. Toulouse, 1843. Ouvrage de vulgarisation divisé en « partie ancienne » et « partie moderne. » Dans un chapitre intitulé « Population d'Alger » se trouve un paragraphe peu utile, intitulé « Les Berbères. ».

Enfantin. *Colonisation de l'Algérie*. in-8. Paris, 1843. A remarquer, p. 410, un curieux tableau des aptitudes des Chaouïa de la province de Constantine considérés comme des « intermédiaires » entre les Kabyles et les Arabes.

Brosselard. *Dictionnaire français-berbère, dialecte écrit et parlé par les Kabyles de la division d'Alger*, gr. in-8, imp. roy. Paris, 1844 (Ouvrage rédigé en collaboration de MM. Nully, Faubert, Delaporte et Sidi-Ahmed). On y trouve surtout le dialecte de Bougie.

Carette. *Étude des routes suivies par les Arabes dans la partie méridionale de l'Algérie et de la Régence de Tunis*, in-8 avec carte. Paris, imp. roy., 1844. Nombreux itinéraires recueillis par renseignements et comparés ; des rivières prises pour des villes ; mais en somme, travail bien fait pour le temps. L'intérieur de l'Aourâs y paraît encore absolument inconnu. L'auteur y attribue une importance singulière, sans doute d'après Shaw et Bruce, à « Nerdi » et à « Ksentina. »—*Études sur la Kabilie proprement dite*, 2 volumes in-4, imp. nat., 1848. 1er volume. Dénominations, divisions géographiques, industrie, commerce, périodes historiques, romaine, arabe, turque. Système des Turcs, avec carte. 2e volume. Analyse des confédérations (cantons) et des villages. Histoire et statistique mêlées. Le deuxième volume a été composé par renseignements. Étude remarquable, et encore aujourd'hui très utile. *Cf. inf.* p. 136.—*Recherches sur l'origine et les migrations des principales tribus de l'Afrique septentrionale et particulièrement de l'Algérie*, in-4, Imp. imp., 1853. Ouvrage très important, un des meilleurs qui aient été faits sur les révolutions de l'Afrique septentrionale. A noter : liv. I, c. II, « De l'origine des Berbers ». Il les regarde comme autochthones et désignés autrefois par le nom de Mazices. Concernant les Kabyles : liv. II, c. III, p. 1110, « Les Zouaoua ; » *Ibid.*, c. IV, « Origine de la division actuelle en Chaouïa et Kabyles ; » *Ibid.*, c. VII, « Origine de la confédération des Zouaoua en Kabylie. »

Pellissier, *Mémoires historiques et géographiques sur l'Algérie*, in-8, imp. roy. Paris, 1844. Dans ces Mémoires, peu de chose concernant la Kabylie, presque rien sur l'Aourâs ; mais comparaison intéressante de Ptolémée, d'Edrisi et de divers autres géographes.

Carette et Warnier, *Notice sur la division territoriale de l'Algérie*, in-4. Extrait de la « Situation des établissements français en Algérie en 1844-1845. » Suit une « Notice sur l'ancienne province de Titteri », par M. Urbain. La partie de la Kabylie alors soumise y est recensée sous les rubriques : « Cercle de Dellys » et « Khalifat du Sebaou. « Je n'hésite pas, dit M. Warnier, à classer les indigènes de l'Algérie, quant à leur origine, ainsi qu'il suit : Berbères berbérisants, 1,000,000. Berbères arabisants, 1,200,000. Arabes purs 500,000. »

Galibert. *Op. laud.* C. XIV, p. 340 : « Les Berbères appelés aussi Kabaïl, Amazig, Chellah, forment, sous le rapport ethnographique, une race entièrement distincte de celle des Arabes ; ils parlent la langue chellah, que certains orientalistes regardent comme dérivée du punique.... L'origine des Kebaïl n'a encore été qu'un champ de conjectures... » P. 382 : « La tribu arabe ou kabyle est divisée en plusieurs karoubas, ou districts, subdivisés à leur tour en dackeras, villages, agglomérations de cabanes, ou douairs, réunions de tentes... » P. 384 : « La guerre n'éclate entre elles qu'après une décision prise dans le conseil des Cheikhs. Le jour du combat est fixé, et il n'y a pas d'exemple qu'il ait été devancé. C'est presque la loyauté des anciens tournois... » — Autant de confusions ou d'erreurs.

Berbrugger, *Voyages dans le sud de l'Algérie et des États barbaresques de l'ouest et de l'est, par El Aïachi et par Moula Ahmed* (trad. et comment.), in-8, imp. roy. Paris, 1846. Moula Ahmed, p. 217 sq., traite de l'Aourâs, mais se contente de rapporter, d'après l'ouvrage d'un certain cheikh Mohammed ben Ali, l'histoire de Sidi Oqbah et celle de la Kahina. A consulter pour une étude des traditions de l'Aourâs. — *Les époques de la Grande Kabylie*, tableau historique de cette contrée, depuis l'époque romaine exclusivement jusqu'à nos jours. In-8, avec carte par M. Mac-Carthy. Paris, 1850. Opuscule très utile en son temps, dans lequel tous les faits alors connus sont bien présentés. — *Un chérif kabyle en 1804* (Revue Africaine), p. 209 sq. Biographie de Mohammed bel Harch, chérif de la petite Kabylie, vainqueur d'Osman Bey dans la montagne des Beni Ferguen.

Onze années d'esclavage chez les Kabyles, ou récit des aventures de Jean Fries, né à Deux-Ponts (Bavière). Alger, Bastide, 1846, in-16, 26 pp. Détails curieux sur la conversion forcée et le mariage d'un prisonnier européen chez les Gaouaoua.

Daumas et Fabar. *La grande Kabylie*, in-8, Paris, 1847. Ouvrage très important, malgré la modestie du début : « Ceci n'est point, à proprement parler, un livre d'histoire, mais plutôt une chronique contemporaine. » A signaler : le chap. II, « Tableau de la société kabyle », dans lequel l'opposition entre le Kabyle et l'Arabe est fortement accusée; le chap. V, Abd el Kader chez les Gaouaoua (*Cf. Inf.* p. 80); le chap. IX, Conquête de la vallée du Sebaou en 1844; le chap. XI, Opérations dans la vallée de la Summam; le chap. XII, « Que deviendra la grande Kabylie ? » — Daumas. *Mœurs et coutumes de l'Algérie (Tell, Kabylie, Sahara).* In-12, Paris, 1864 (4ᵉ édit.). Généralités (ch. I) sur les races qui peuplent l'Algérie. La Kabylie occupe les pages 185-279 (souvenirs historiques, société kabyle, institutions kabyles). A noter, p. 101 : « Les Kabyles dérivent d'un seul et même peuple, autrefois compacte, autrefois dominateur du monde entier. »

Bodichon. *Études sur l'Algérie et l'Afrique*, pet. in-8, Alger, 1847. Rêveries. On y remarque cependant, p. 112 sq., une conception assez juste du mélange des races africaines. Le fonds en serait « gétulé », suivant l'auteur.

O. Mac Carthy. *La Kabylie et les Kabyles*, Études économiques et ethnographiques (trois articles dans la Revue de l'Orient et de l'Algérie, 1847, t. I, p. 315, 1848, t. II, p. 28 sq. et 137 sq.). Premier essai de dénombrement des tribus indigènes dites berbères dans les trois provinces de Constantine, Oran et Alger, remarquable en ce qu'il suivit presque immédiatement la conquête de l'Aourâs et précéda de dix ans celle de la Kabylie. M. Mac Carthy concluait alors à un million « d'autochthones », et par conséquent à deux millions d'Arabes. Lui-même a démontré depuis que les Arabes au contraire sont en minorité. — *Géographie physique, économique et politique de l'Algérie.* Alger et Paris, 1858. Conception générale intéressante et notions de statistique utiles.

Fillias. *Études sur l'Algérie*, in-8, Paris, 1849. — *Histoire de la conquête et de la colonisation de l'Algérie* (1830-1860), in-8, Paris, 1860. — *Géographie physique et politique de l'Algérie*, 2ᵉ éd., in-8. Alger et Paris, 1873.

P. de Castellane. *La dernière expédition de Kabylie* (Revue des Deux-Mondes, juillet 1851). Récit d'une courte expédition commandée dans la petite Kabylie par le général de Saint-Arnaud. Quelques observations justes touchant certaines coutumes, et surtout la manière de combattre des Kabyles. L'auteur conclut : « La Kabylie ne peut être dominée par le commerce que lorsqu'elle aura été domptée par les armes. »

Ducuing. *La guerre de montagne en Kabylie* (Revue des Deux-Mondes, avril 1851). Considérations militaires dignes de remarque, d'après les campagnes du maréchal Bugeaud. Trois pages sur les institutions politiques et sociales de la Kabylie.

Dureau de la Malle. *Histoire ancienne de l'Algérie*, in-12, Paris, 1852. Deux pages à noter (35-38) très justes sur le peuplement de l'Algérie et les mœurs des sédentaires.

Chanony. *Mémoire d'un voyage en Algérie, et retour par l'Espagne*, pet. in-8, 101 pp. Paris, 1853. Presque rien d'utile.

Buvry. *De Algeriae incolis eorumque situ, origine et moribus*. Berlin. Sans date, mais probablement de 1854. Dissertation inaugurale présentée à l'université d'Iéna, 31 pp. L'auteur décrit avec exactitude la constitution sociale et les mœurs des Kabyles, sans craindre de parler, en latin, de la *kuebila* (qebîla), du *soff* (sof), de la *dia*, etc. D'ailleurs, il ne cite personne, pas même Daumas et Fabar.

Pellissier. *Annales Algériennes*. Dans les trois volumes, *passim*, concernant les Kabyles. A noter, à la fin du vol. III, Append., p. 454 (Mémoires sur les mœurs et les institutions sociales des populations indigènes du nord de l'Afrique), des renseignements intéressants, et particulièrement une analyse de la constitution des Beni Abbâs. *Cf. Inf.*, p. 114 et 133.

Carrey. *Récit de Kabylie (campagne de 1857)*, avec une carte, in-12, 324 pp. Paris, 1857. Expédition du maréchal Randon ; conquête et soumission de la Kabylie centrale par les divisions Mac-Mahon, Yusuf, Renault. Belle résistance des Beni Yenni. *Cf. Inf.* p. 113.

Leclerc. *Kouko, l'ancienne capitale de la Kabylie* (Revue Africaine, II, 1857-58. Lettre datée de Souk-el-Arba (Fort Napoléon). — *Campagne de Kabylie en 1850 (ibid.* IV, V). Description de la route de Sétif à Bougie et du village des Beni-Ourtilan. — Une mission médicale en Kabylie, in-8, avec carte, Paris, 1864.

Aucapitaine. *Les confins militaires de la Grande Kabylie sous la domination turque*, broch. 35 pp., Paris, 1857. A noter la « constitution *aristocratique* des Aoulâd Bellil. Cf. *Inf.* p. 116, sq. — *Le pays et la société kabyle* (Nouvelles Annales des voyages, sept. 1857) : « L'Arabe vit en société éminemment aristocratique... Le Kabyle est tout l'opposé. Le principe démocratique est la base du gouvernement en vigueur en Kabylie. » — *Djemâa Sahridj et Beni Raten* (Revue Africaine, 1859, p. 233-236), Combat des Beni Iraten à Iril-Guifri contre le bey Mohammed, qui fut tué. Récit. Cf. *Inf.* p. 118. — *Étude sur la domination romaine dans la haute Kabylie*, avec carte (Bullet. de la Société de géographie de Paris, 1860) *La Zaouïa de Chellata*, excursion chez les Zouaoua de la haute Kabylie (Mémoires de la Société de Géographie de Genève, 1860). Brochure intéressante concernant les mœurs et les traditions des Kabyles, accompagnée d'une carte. — *Étude sur le bey Mohammed et le gouvernement turc* (Revue de l'Orient, t. IX, p. 389). — *Notice sur la tribu des Aït Fraoucen* (Revue Africaine, 1860, p. 446-458). Bonne monographie. L'auteur cherche à identifier les *Aït Fraoucen* aux « satellites de *Faraxen*. » — *Colonies noires en Kabylie (ibid.*, pp. 73-77). L'origine de ces colonies se rattache à la politique suivie par les pachas d'Alger envers les Kabyles : zmalas ou fractions de zmalas. — *Kanoun du village de Thaourirt Amokran, chez les Aït Iraten* (Rev. Af., 1863, pp. 279-285). Généralités sur les ressemblances des Kanoun Kabyles avec d'autres lois barbares ; traduction du Kanoun, sans texte. — *Étude sur l'origine et l'histoire des tribus berbères de la Haute Kabylie* (Journal asiatique, 1859). Très court travail de 16 pages dans lequel les difficultés du sujet sont assez bien présentées. — *Les Kabyles et la colonisation de l'Algérie*, in-18, 182 pp. Paris, Challamel, 1864. Brochure remarquable, dans laquelle l'auteur, après avoir tracé un tableau de la Kabylie, propose d'appliquer les bonnes qualités de ses habitants à la culture de l'Algérie.

Vayss ite., *Une promenade dans la grande Kabylie* (simples notes de voyage), Alger, 1858. Pet. in-8, 21 pp. L'auteur passe par la vallée de l'Ouâd-Sahel, Tiklat et Chellata, et termine sa description à Fort-Napoléon.

Hanoteau, *Essai de grammaire kabyle, renfermant les principes du langage parlé par les populations du versant nord du Jurjura, et spécialement par les Igaouaouen (Zouaoua)*, etc., in-8, Alger, 1858. Excellent. — *Essai de grammaire de la langue Tamachek*, in-8, Paris, 1860. Ouvrage très important, accompagné d'une carte des groupes « Berbères berbérisants » en Algérie, qui se subdiviseraient ainsi, suivant l'auteur : Division de Constantine, 498,443 ; division d'Alger, 350,743 ; Oran, 5,973. Total : 855,159. Chiffres trop faibles. — *Poésies Populaires de la Kabylie du Jurjura*, texte kabile et traduction. In-8, Paris, 1867. A noter la chanson sur l'entrée des Français dans Alger, et la chanson sur l'introduction de la langue française en Kabylie. Ouvrage bien fait et qui devrait être continué sur le même plan.

Meyer. *Origine des habitants de la Kabylie d'après eux-mêmes* (Rev. Af., III, p. 357 sq.). D'après la tradition indigène, les habitants actuels des montagnes de la Kabylie seraient tous originaires de pays étrangers. Trois de leurs tribus (Fraoucen, Idjer, Robri) seraient persanes ; le reste serait arabe.

Devaux. *Les Kebaïles du Djerdjera*, in-12, Paris, 1859. Dans la préface, essai sur l'orthographe et la valeur des noms géographiques kabyles. Première partie très utile encore, concernant les institutions politiques et religieuses, les mœurs, le commerce et l'industrie des Kabyles du Djurjura. Dans la seconde partie, division de la Kabylie en confédérations, avec des notes historiques et des renseignements statistiques. Ouvrage bien fait en son temps et qui n'a pu être dépassé que par les trois volumes de MM. Hanoteau et Letourneux. *Cf. inf.* p. 103, 113, sq.

Hun, *Excursion dans la Haute Kabylie et ascension au tamgoutt de Lella Khedidja par un juge d'Alger en vacances*, in-8, Alger, 1859. L'auteur est le premier « voyageur civil » qui ait parcouru le Djurdjura. En dépit du tour plaisant du récit, on y trouve, notamment p. 155 sq., d'utiles observations sur les institutions et les mœurs des Gaouaoua. Conclusion très favorable aux Kabyles : « Il y a quelque chose, beaucoup même à faire avec un pareil peuple. »

Blakesley. *Four Months in Algeria*. Cambridge, 1859. Voyage d'un touriste instruit qui a visité Fort-National.

Constitution sociale de la Kabylie (Revue algérienne et coloniale, octobre 1859 ; extrait d'un rapport du général commandant la division territoriale d'Alger). Bon résumé de ce que l'on savait alors de la djemâa, du çof et du kanoun kabyles.

Crawford. *Through Algeria*, in-8, London, Bentley, 1862. Volume de touriste.

Guin. *Notes historiques sur les Nezlioua* (Rev. Af. VI). Renseignements concernant la rive droite de la vallée du Haut Isser, au XIXe siècle, avant la conquête française.

Féraud. *Zebouchi et Osman Bey* (Rev. Af. VI, pp. 120-127). Renseignements exacts sur le combat de Kheneg Alihem, où périt Osman Bey. — *Mœurs et coutumes kabyles* (ibid. VI, pp. 272-278, 420-440, et VII, pp. 67-84). Travail bien fait sur la Kabylie orientale. Kanoun des Aoulâd Barche (Embârek), fraction des Beni-Aïcha, texte et traduction. Curieuses coutumes : le mariage au chevreau, la fille donnée comme prix du sang, etc. Chansons de noce, de guerre et de funérailles, tex. et trad. Vendettas, coups de main. « Si une famille était assez puissante pour exercer une sorte d'intimidation sur la djemâa, sa volonté était souveraine. » Kanoun des Qebaïl Zouagha, Aras, Aoulâd Haïa, Aoulâd Aïdoun, Aoulâd Ben Khettal, etc. tex. et trad. — *Histoire des villes de la province de Constantine* : Bougie, Gigelli (Rec. de la Soc. arch. de Const., XIII et XIV). Contributions très étendues à l'histoire des Kabyles. — *Les chérifs kabyles* de 1804 à 1809 dans la province de Constantine (Rev. Af. XIII, pp. 211-224). — *Ferdjioua et Zouar'a* (Rev. Af. XXII, cinq articles, pp. 5-20, 81-105, 161-183, 241-350, 321-353). Luttes des Turcs contre les montagnards de la Kabylie orientale.

Hirsch. *Reise in das Innere von Algerien durch die Kabylie und Sahara*, in-8°, Berlin, 1862. Voyage de touriste exécuté en 1855 d'Alger à Aumale, Msila, Bou-Saada, Biskra, Batna, Lambèse, Constantine.

H. Freiherr von Maltzan. *Drei Jahre in nordwesten von Africa*, 4 vol. in-12. Leipzig, 1863. Vol. I, liv. I, ch. VIII : Die Kabylen. Les Kabyles y sont considérés comme autochthones, et l'auteur traite de leur langue et de leurs mœurs en général. Vol. II, liv. II. Là se trouvent douze chapitres consacrés entièrement à la Kabylie. De bonnes observations. Esquisse des institutions kabyles. — *Sittenbilder aus Tunis und Algerien*, in-8, 452 pp. Leipsig, 1869. — *Der Völkerkampf zwischen Arabern und Berbern in Nord-Afrika* (Ausland 1873, n° 23, p. 444 sq. et n° 24, p. 470 sq.).

Vian. *L'Algérie contemporaine*. In-18°, 272 pp. Paris, Challamel, 1863. Lettres peu importantes. On y trouve (lett. XIX, p. 49) quelques lignes sur les Kabyles.

Teissier. *Algérie : géographie, histoire, statistique, description des villes, villages et hameaux, organisation des tribus*, etc., in-16, 112 pp. Marseille, 1864.

Lommatzsch. *Die Eingebornen Algeriens unter der Herrschaft Frankreichs*. (Le Globe, vol. VI, liv. X, p. 313 sq., et liv. XI, p. 338 sq.). Tableau d'ensemble dans lequel quelques lignes sont consacrées aux Kabyles et aux confréries religieuses.

Bibesco. *Les Kabyles du Djurdjura* (Revue des Deux-Mondes, 4 articles : 1er avril, 15 avril, 15 décembre 1865, 1er mars 1866). La Société kabyle avant la conquête ; la Société kabyle depuis la conquête et la pacification ; la Kabylie au temps des Romains ; la grande Kabylie au temps de la Régence d'Alger, et la « nationalité kabyle » sous la domination française. L'expression « nationalité kabyle » indique suffisamment l'idée dominante de l'auteur. Il conclut ainsi : « Le mot d'alliance franco-kabyle n'a rien de contradictoire, parce qu'il représente une fraternité qui existe, une fraternité de caractères et d'idées. »

J. Duval. *Rapport sur les Tableaux de la situation des établissements français dans l'Algérie* (Bulletin de la Société de géographie de Paris, 1865). Rapport complet sur cette collection qui comprenait déjà, de 1837 à 1853, dix-sept volumes in-4°. A noter, pp. 80-83, « Occupation des pays kabyles ; » p. 89 sq. Populations indigènes. « Sur 2,691,812 habitants, les Kabyles comptent pour 700,000 âmes environ, et les Arabes pour 2,000,000. »

Farine. *A travers la Kabylie*, in-8, 495 pp. Paris, Ducrocq, 1865. — *Kabyles et Kroumirs*, in-8, 420 pp. Paris, Ducrocq, 1882. Volume dans lequel, sur trente-six chapitres, on n'en trouve qu'un, le trente-sixième, consacré aux Kroumirs, ou plutôt au « pays des Kroumirs. » Les vingt-trois chapitres précédents ont trait à la Kabylie. On y rencontre sous forme anecdotique des mœurs et des coutumes déjà notées et expliquées par MM. Daumas, Devaux, Letourneux, etc.

De Corentino. *L'Algérie en 1865*, grand in-8, 226 pp. Paris Challamel, 1865. Ouvrage de circonstance publié peu après le voyage de l'empereur Napoléon III en Algérie. C. I, pp. 11-37 quelques mots accidentellement sur les Kabyles.

Vayssettes. *Notice sur les canons de la Kalaa des Beni-Abbès* (Rec. de la Soc. arch. de Constantine, 1865).

Federmann et Aucapitaine. *Notice sur l'histoire et l'administration du beylik de Titeri* (Rev. Af. IX, deux articles, p. 280, sq.; ibid. XI, quatre articles : 113-120, 212-219, 289-301, 357-371).

Behaghel. *L'Algérie, histoire, géographie*, etc. in-12, 422 pp. Alger, 1865. Manuel bien fait, où sont exprimées sobrement les idées qui avaient cours sur les indigènes de l'Algérie en 1855. On y lit, p. 336 : « Les Berbères ou les Kabyles sont les aborigènes... L'ensemble de la physionomie du kabyle est germanique : il a la tête volumineuse, le visage carré, le front large et droit, le nez et les lèvres épaisses, les yeux bleus, les cheveux généralement rouges, le teint blanc. »

Duval. *La politique de l'empereur Napoléon III en Algérie.* Broch. Paris, 1866. L'auteur y distingue avec soin les « Berbères » des Arabes, pour combattre la théorie du royaume arabe.

Duhousset. *Excursion dans la grande Kabylie* (1864). — Tour du Monde, 1867, 2e semestre, p. 273 sq.— Tizi-Ouzzou, Fort-Napoléon, Kouko, Bougie, Dellys. Anecdotes; traits de mœurs peu nouveaux, même en 1864. Dessins parfois inexacts, notamment en ce qui concerne la coiffure des femmes kabyles. — *Les races algériennes : les Kabyles du Djurdjura*, mémoire présenté à l'Acad. des Sc., le 30 mars 1868 (Revue des Cours scientifiques, 11 avril 1868, et Mémoires de la Soc. d'anthropologie, 1872). Aperçu historique, quelques traits de la Société kabyle, description de types d'hommes aux yeux bleus, aux cheveux blonds, etc.

Michel. *Tunis, l'Orient africain ; Arabes, Maures, Kabyles*, etc. in-18, 340 pp. Paris, Garnier, 1867.

Paris. *Vingt-deux mois de colonne dans le Sahara algérien et en Kabylie*, in-8, 94 pp. (Extrait du Bulletin de la Société botan. de France, t. XIV, 22 mars 1867). Paris, Martinet, 1869.

Etlar, C. *Arabere og Kabyler. Skildringer.* in-8, 188 pp. Kopenhagen, Steen, 1868.

Devoulx. *Enlèvement d'un pacha d'Alger par les Kabyles.* (Rev. Af. XIII, p. 450).

D'Ault-Dumesnil. *Relation de l'expédition d'Afrique.* 2e éd. pet. in-8°, 522 pp. Paris, 1868. Introd. p. 5, sq., quelques mots sur les Berbères, « les plus anciens habitants indigènes, après les Libyens et les Gétules. » Append. p. 507 : «... Une faute capitale commise au point de vue de la colonisation a certainement été d'avoir méconnu que la race kabyle est le meilleur élément de la population de l'Algérie... L'Algérie ne peut être colonisée que si elle est évangélisée. »

Andry. *L'Algérie, promenade historique et topographique*. in-12, 166 pp. Paris, 1869.

Schneider. *Der klimatische kurort Algier*. in-8, 300 pp. Dresden, 1869. On trouve dans ce volume quelques peintures assez vives des Kabyles, des Arabes et des Maures.

De Verneuil et Bugnot. *Esquisse historique sur la Mauritanie Césarienne et Iol Cæsarea (Cherchell)*. (Rev. Af. XIV, pp. 45-71 et 130-165). En note, p. 151 : « Comment la nation des Barbares de la Maurétanie Tingitane a-t-elle imposé son nom à tout le territoire de l'ancienne Libye ?... La nation des Barbares est la première qui attira l'attention des Arabes ; elle se trouve mêlée au premier acte de résistance énergique que leur présence ait provoquée, et la même raison qui nous a fait donner aujourd'hui le nom d'Algériens à tous les indigènes des possessions françaises en Afrique aura fait donner le nom de Barbares (Berbères) à toutes les nations indigènes que l'invasion arabe voyait se dresser devant elle. » *Cf. Inf.* Introd.

Amsted. *The natives of Algeria* (illustrated travels, ed. by Bates, p. XX, 1870, pp. 235-239).

Kaltbrünner. *Recherches sur l'origine des Kabyles* (Le Globe, t. X, 1871, Mémoires, pp. 31-75). L'auteur tend à attribuer aux Kabyles, ainsi qu'aux Ibères, une origine asiatique. — Remarques intéressantes sur la ressemblance des divers dialectes berbères. Identification des Libyens et des Tamhou figurés sur les monuments égyptiens. Remarques curieuses sur les dolmens d'Afrique.

Revue maritime et coloniale, t. XXXI, 1871, p. 350 sq., et t. XXXII, p. 431, sq. *Relation de la part prise par la marine aux défenses de Dellys et de Djidjelli*. A noter, encore en 1871, une confusion perpétuelle entre les Kabyles et les Arabes.

Pomel. *Races indigènes de l'Algérie* (Arabes, Kabyles, Maures et Juifs), pet. in-8, 75 pp. Oran 1871. On y lit, p. 60 : « Si l'utopie de l'assimilation est réalisable entre l'Européen et l'indigène, c'est la race kabyle qui seule en sera capable ».

Hanoteau et Letourneux. *La Kabylie et les coutumes kabyles.* 3 vol. gr. in-8. Paris et Alger, 1872-1873. Les volumes II et III sont consacrés aux institutions et aux usages. De tous les ouvrages écrits sur la Kabylie, celui-là est le meilleur de beaucoup, et ne sera pas dépassé. La famille et son droit, la cité et sa loi, telles que les Kabyles les ont conçues, y sont étudiées avec une exactitude admirable. A remarquer surtout les comparaisons fréquentes entre les coutumes kabyles et les coutumes germaniques ou françaises, et les dissemblances très notables de ces coutumes kabyles et du droit musulman. On peut cependant encore contredire MM. Hanoteau et Letourneux sur quelques points de détail. *Cf. inf.* passim.

La colonisation de la Kabylie par l'immigration, avec itinéraires, cartes et plans, in-8, 105 pp. (sans nom d'auteur). Alger, Saint-Lager, 1872.

Bartling, H. *Aus Algerien. Studien und Skizzen* (Unsere Zeit. Hrsg. v. R. Gottschal. 8 Iahrg. 10, 12, 14 Heft.).

Herbert (Lady). *A Search after sunshine, or Algeria in 1871*, in-8, 266 pp., London, Bentley, 1872. — *L'Algérie contemporaine illustrée*, in-8, 359 pp., Paris, 1881. L'auteur raconte une de ses excursions en Kabylie, et termine par la citation d'un ouvrage manuscrit du comte de Stockelberg dans lequel on lit que la Kabylie est une terre *presque inconnue* des Français. Quelques réflexions justes sur la condition des femmes kabyles et la nécessité des écoles.

Robin. *Note sur l'organisation militaire et administrative des Turcs dans la Grande Kabylie* (Rev. Af. XVII, pp. 132-140, et 196-207) — *Note sur Yahia Agha* (ibid. XVIII, p. 50 sq., et 87 sq.). Yahia ben Mustapha, agha des Arabes de 1818 à 1822. Etude de son administration d'une partie de la Kabylie. — *Fetana Meriem, la guerre de Marie* (ibid.) Luttes de Çof; combats chez les Mecheddala du versant sud du Djurdjura. — *Les Imessebelen* (ibid. p. 401 sq.). Combats dans lesquels la coutume de se lier ensemble a été observée chez les Kabyles de la Grande Kabylie. — *Les Oulad ben Zamoun* (ibid. XIX, p. 32 sq.). Le gouvernement turc et les Flissa; grand rôle joué par El Hadj Mohammed ben Zamoun. — *Notes historiques sur la Grande Kabylie de 1830 à 1838* (ibid. XX, p. 42, 81, 103 sqq.). — Histoire très intéressante des révolutions intérieures qui suivirent en Kabylie la chute du gouvernement turc.

Creuzat (le père). *Essai d'un dictionnaire français-kabyle*. Alger, 1873. Dialecte des Gaouaoua. A noter certains mots de notre langue ecclésiastique traduits en kabyle.

Renan, *La société berbère* (Revue des Deux-Mondes, 1er septembre 1873). Analyse de l'ouvrage de MM. Hanoteau et Letourneux, à laquelle M. Renan a beaucoup ajouté : « Le vieux fonds de la race de l'Afrique du Nord est nettement déterminé. Le nom de berbère paraît à l'heure présente le meilleur pour désigner ce rameau du genre humain. Pour n'avoir qu'un rang assez humble dans l'échelle du génie, la race berbère n'en est pas moins importante dans l'histoire de l'humanité... Le monde berbère nous offre ce spectacle singulier d'un ordre social très réel, maintenu sans une ombre de gouvernement distinct du peuple lui-même. C'est l'idéal de la démocratie... » *Cf. inf.* p. 49. 139

Perier. *Des races dites berbères et de leur ethnogénie*, in-8, 55 p. (Soc. d'anthrop. 1870), Paris, Hennuyer, 1873.

Rapport sur la situation de l'Algérie (Répression de la révolte de la Grande Kabylie, emploi de l'impôt de guerre, colonisation), par l'amiral de Gueydon (Revue maritime et coloniale, t. XXVI, p. 378.

Watbled. *Un épisode de l'insurrection kabyle de 1871* (Revue des Deux-Mondes, 1er décembre 1873). L'auteur raconte le combat de l'Alma, et l'affaire de Palestro, puis conclut : « L'avenir de l'Algérie n'est que dans l'accroissement numérique des colons européens qui représentent la supériorité d'intelligence, de travail et de patriotisme ».

Topinard. *De la race indigène, ou race Berbère en Algérie*. Revue d'Anthropologie, t. III, 1874. Article de huit pages, dans lequel sont résumées heureusement, mais non sans exagération, les idées exprimées sur les Kabyles par MM. Hanoteau et Letourneux, Perier, Faidherbe. L'opposition entre les Berbers et les Arabes y est outrée.

Clamageran. L'*Algérie*, in-12, Paris, 1874. Ch. XV (La Petite Kabylie) ; ch. XVI (La Kabylie du Djurdjura) ; ch. XVII (Mœurs et institutions berbères). Le chapitre XVII, qui est le plus intéressant, est un résumé très succinct des volumes II et III de « La Kabylie et les coutumes kabyles » de MM. Hanoteau et Letourneux.

Faidherbe et Topinard. *Instructions sur l'anthropologie de l'Algérie*. Paris, Hennuyer, 1874.

Charmetant P. *Kabylie* (Journal de la propagation de la foi, 1874, VI, p. 29-42). Densité, résistance, sobriété des Kabyles.

Gaskell. *Algeria as it is*, in-8, London 1875. Livre de touriste. Un chapitre sur l'insurrection de 1871.

Lambel (de). *Illustrations d'Afrique*, in-8, Tours, Mame, 1876. Biographies sans importance. On y lit dans le chap. IX (Kabyles, Arabes, Maures, Koulouglis, Juifs, nègres) : « Les Kabyles descendent du peuple qui eut la gloire de donner à l'Eglise une foule innombrable de Martyrs et de Saints, parmi lesquels on distingue Monique et Augustin ».

Kostenko. *Reise in Nörd. Afrika*. Saint-Pétersburg, 1876.

Masqueray. *La Kabylie et le pays berbère* (Revue politique et littéraire, 19 et 26 février 1876). Impressions de voyage ; considérations sur l'instruction publique en Kabylie.

Duval. L'*Algérie et les colonies françaises*, in 8, 351 p., Paris, Guillaumin, 1877. Une page (135) sur les Touareg, les Kabyles et les Libyens confondus, et descendant d'un père commun, le patriarche Ber.

Kouropatkine. (1) *Aljiria* (en russe), in-8, Saint-Pétersbourg, 1877. Ch. III : Tableau statistique et militaire ; considérations sur les populations algériennes en général, et notamment sur les Kabyles.

Dugas (le P. Joseph). *La Kabylie et le peuple kabyle*, in-12, 260 pp., avec carte et gravure dans le texte. Paris, 1877. Ouvrage curieux, inspiré par le zèle chrétien. L'auteur consacre quatre chapitres (VIII-XII) à l'organisation et aux mœurs des Kabyles. La fin du volume (ch. XV, sq.) est affectée aux écoles ecclésiastiques du Djurdjura.

Aubanel et Maistre. *Notes sur l'Algérie*, in-8, 74 pp. Nîmes, Ballinet, 1878.

Champautet (de Larjos). *L'Algérie ancienne, actuelle et future*, in-8, 47 pp. Lyon, Georg, 1878.

Drohojowska. *Algérie Française*, 9ᵉ éd. Paris, 1878.

Fabiani. *Souvenirs d'Algérie et d'Orient*, 160 pp. Paris, Dentu, 1878.

De Fontanes. *Deux touristes en Algérie*, in-18, 331 pp. Paris, Lévy, 1879.

Camille Rousset. *La conquête d'Alger*. 1 vol. in-8. Paris, Plon, 1879. M. Rousset ne parle qu'accidentellement des Kabyles, par exemple dans le récit du combat de Staouéli, p. 130. La même

(1) Indication que j'ai le plaisir de devoir à M. Rambaud.

observation s'appliquerait aux articles qui continuent « La conquête d'Alger » dans la Revue des Deux Mondes.

Bourde. *A travers l'Algérie; souvenirs de l'excursion parlementaire*, in-18, 386 pp. Paris, Charpentier, 1880. A noter particulièrement dans cet excellent petit livre, les deux chapitres intitulés : *En Kabylie*, p. 208, et *La question indigène*, p. 220, sq. « ... Notre conquête ne sera définitivement assise que lorsqu'elle sera, non seulement reconnue, mais encore appréciée comme un bienfait par les indigènes. Arrachons-les donc résolument à leur barbarie; montrons leur l'instruction et l'acquisition de nos idées comme un moyen d'émancipation... Les Kabyles peuvent retrouver tous les droits de l'homme libre dans la société française. Qu'on le leur apprenne, et surtout qu'on le leur prouve, et nous n'aurons pas besoin de mesures coercitives pour préparer l'assimilation ; eux-mêmes la rechercheront avec empressement. Tout nous commande de les élever jusqu'à nous ». *Cf. inf.* Conclusion.

Lamothe (H. de). *L'Avenir de la colonisation et la question indigène en Algérie* (Bull. soc. géog. comm. Paris, 1880, n° 3, pp. 180-198).

Jourdan. *Croquis algériens*, in-18, 307 pp. Paris, Quantin, 1880.

Tchihatchef (de) *Espagne, Algérie et Tunisie*, in-8, 506 pp. Paris, 1880. Lettre XII, pp. 226, sq. Description d'une partie de la Grande Kabylie, gorges de l'Isser, Beni Mansour, vallée de l'Ouad Sahel, Bougie.

Knox. *The New Play ground : Wanderings in Algeria*, in-8, 480 pp. London, Kegan Paul, 1881. Volume de touriste, dans lequel il est traité de la Kabylie surtout au point de vue pittoresque.

Cherbonneau, *Kouko, ancienne capitale du Jurjura* (Drapeyron, Rev. de Géog. août 1881, pp. 131-134). *Cf. Inf.* p. 133.

J. Leclerq. *De Mogador à Biskra, Maroc et Algérie*, in-18. Paris; Challamel, 1881.

Beyerman. *Drie Maanden in Algerie*, 2 vol. in-8. S'Gravenhague.

Brunialti. *Algeria, Tunisia e Tripolitania*, in 8, 274 pp. Milano. Tréves, 1881.

Gat. *Les Kabyles*. Nouvelle Revue, 3ᵉ année, t. XII, 1ᵉʳ sept. 1881, pp. 179-183. Considérations fort justes sur les Kabyles ; opposition peut-être exagérée du Kabyle et de l'Arabe. Démonstration de la nécessité d'un puissant enseignement français en Kabylie. Conclusion, p. 192 : « Nous leur donnerons de la terre, nous leur prêterons des instruments de travail, nous ferons de tous ces déshérités de la fortune de petits propriétaires ; ils deviendront, à côté de nos colons de France, venus surtout pour chercher une fortune rapide, une sorte de demi-colons. »

Louise Vallory. *A l'aventure en Algérie*. In-12. Paris, Holzel. Sans date. Recherche du pittoresque. Quelques mots sur les Kabyles, entr'autres, p. 93 : « Les Kabyles ne seraient-ils pas les débris des anciens Carthaginois ? »

Barbier. *Algérie, Tunisie et Sahara central*. Paris, Challamel, 1881.

Barclay, *Mountain Life in Algeria*, in-8, 134 pp. London, Trench, 1882. Volume de touriste. Même remarque que sur Knox.

Schwarz. *Algerien (Küste, Atlas und Wüste) nach 50 Iahren französischer Herrschaft*. in-8. Leipzig, Frohberg, 1881.

Lélu. *En Algérie : Souvenirs d'un colon*, in-18, 373 pp. Paris, 1881.

Vernes d'Arlande. *En Algérie, à travers l'Espagne et le Maroc*, in-18. Paris, 1881.

Gourgeot. *Situation politique de l'Algérie*, in-8. Paris, 1881. Quelques considérations remarquables sur la condition des Zenata du département d'Oran.

Mercier. *L'Algérie en 1880*, in-8. Paris, 1881. — *L'Algérie et les questions algériennes*, in-8. Paris, 1883.

Noëllat. *L'Algérie en 1882*, in-8, 130 pp. Paris, Baudoin, 1882.

Leroy-Beaulieu. *La colonisation de l'Algérie* (Rev. des Deux Mondes, 1882, LIII, n° 4).

Wahl, *L'Algérie*, in-8, 348 p. Paris, 1882. Liv. II, c. 1. « Les premiers habitants »; liv. IV, c. III et IV, « Les Berbères. » Vues justes, bien qu'un peu rapides. L'auteur a mis à profit les travaux les plus récents, et insiste avec raison sur les tendances religieuses des indigènes.

Fallot. *L'Algérie*, in-8, 224 pp. Rouen, 1882.

Rabourdin. *La question africaine*. Paris, 1882.

Foncin, *L'instruction des indigènes en Algérie*. Revue internationale de l'enseignement, t. VI, juillet-décembre 1883, pp. 607-711, et 817 817. Travail d'une remarquable exactitude, inspiré par des idées élevées. P. 000 : « On ne conteste plus guère aujourd'hui la possibilité d'assimiler tôt ou tard les Berbères. Peut-être même a-t-on exagéré depuis quelques années les mérites d'un peuple à la vérité trop longtemps méconnu; peut-être a-t-on mis au compte de la race ce qui serait simplement le produit d'une organisation sociale différente, résultant elle-même d'un habitat différent. Quoiqu'il en soit, plus de la moitié des indigènes est de race berbère... » Suit un exposé de l'état de l'enseignement chez les indigènes de l'Algérie et des efforts qui ont été faits récemment pour provoquer la création d'écoles françaises chez les Kabyles.

Wahl. *Les Berbères*. Revue pol. et litt., 1882, janvier-juin, pp. 658-662. Extrait du volume du même auteur sur l'*Algérie*. Idées générales très-justes sur les Kabyles, les Chaouïa et les Beni Mezâb, et bon travail en somme, auquel il ne manque que les références.

Sabatier, *Essai sur l'origine, l'évolution et les conditions actuelles des Berbers sédentaires*. Revue d'Anthropologie, onzième année, 2º série, t. V (1882), pp. 412-442. Étude des constitutions des Kabyles du Djurjura et de deux groupes du Deren marocain, Aït Aïssa, Aït Messâd. L'auteur, après avoir passé en revue les organes principaux de la société kabyle, conclut, p. 429 : « Le Kabyle est essentiellement anticlérical. Voici quels sont les traits distinctifs du peuple Kabyle : caractère essentiellement démocratique, égalitaire et libéral de sa constitution politique ; organisation fortement constituée du groupe social connu sous le nom de karouba ; organisation républicaine du village, considéré à la fois comme état autonome et comme commune, etc. » Les constitutions des Aït Aïssa et Aït Messâd sont la partie la plus nouvelle et la plus sûre de ce travail. A noter encore, dans le dernier chapitre (Évolution des sociétés berbères), p. 436 : « Les Aït Messâd, les Aït Aïssa et les Kabyles du Djurdjura appartiennent à la même race. Pour cette race, je repousse le nom de Berber, vocable sous lequel on a trop souvent confondu des populations d'origine différente et d'instincts opposés. Je propose pour elle un nom qui a l'avantage d'être celui sous lequel elle se désignait elle-même, au témoignage formel de Salluste et de Strabon, celui d'Iaamauren, Maures. »

Gastu. *Le peuple algérien*, in-8, 143 pp. Paris, 1883. Brochure conçue dans un esprit très généreux en faveur des sédentaires indigènes.

Lambert. *A travers l'Algérie*, in-18, 300 pp. Paris, 1884.

P. Gaffarel. *L'Algérie : histoire, conquête et colonisation*, in-4, 708 pp. Paris, Didot, 1883. « Troisième période : la résistance nationale, pp. 267-320. Guerres de Kabylie. Perpétuité de la *race* kabyle. Usages kabyles : la djemâa, la *rebka*, l'anaïa, le çof, mœurs kabyles, etc. De la possibilité de rattacher les Kabyles à la cause française. » Retour sur « les Berbers ou les Kabyles », p. 570. On lit, p. 268 : Les Kabyles représentent, dans l'état actuel de nos connaissances, la couche humaine primitive, celle qui a précédé toutes les autres en Algérie. Tous les éléments étrangers se sont absorbés dans cette race primitive et vivace, dont la fixité est presque restée sans atteinte.... », et p. 270 : « Le Kabyle et l'Arabe ne se ressemblent nullement. Les Kabyles sont des républicains, mais des républicains d'une espèce particulière. »

D'Haussonville. *De la colonisation officielle en Algérie* (Rev. des Deux-Mondes, 1883).

Labatut. *Notes sur l'Algérie*. Alger, Jourdan, 1883.

Dieuzaide. *Histoire de l'Algérie* (1830-1878) in-8, vol. I, 459 p. Oran, Chazeau, 1883. Même observation que ci-dessus concernant M. C. Rousset.

Pearse. *The Kabyles*, in-8, 40 pp. London, Morgan, 1883.

C^t Niox. *Algérie*. Paris, Baudoin, 1884, 1 vol. in-12. P. 301, sq. Considérations générales sur les indigènes. « Les Kabyles ne se rattachent ni aux peuples sémitiques, ni aux peuples indo-européens.... Cette recherche ethnique nous paraît d'ailleurs stérile.... Une partie de la population de l'Algérie est sédentaire, l'autre est nomade. C'est dans cette diversité de vie qu'il faut rechercher surtout les caractéristiques des deux grandes fractions de la société indigène. »

Rinn. *Marabouts et Khouan. Etude sur l'Islam en Algérie*, avec une carte. 1 vol. grand in-8°, 552 pp. Alger, Jourdan, 1884. Chap. XXX, pp. 452-480, *Les Rahmanya*. Etude de la confrérie de St-Mohammed ben Abd er Rahman bou Qobrin, né chez les Aït Ismaïl, dans la Kabylie du Djurdjura. Renseignements importants et considérations très justes sur l'état d'esprit des Kabyles, au point de vue religieux, et sur les causes de la révolte de 1871. A comparer avec ce que nous savons des Donatistes et des Circoncellions.

Kobelt. *Reiseerinnerungen aus Algerien und Tunis*. Grand in-8, 480 pp. Frankfurt am Mein, 1885. Ouvrage écrit par un touriste naturaliste. L'auteur a pris un peu de tout et reçu de toutes les mains ; mais son livre contient beaucoup de choses justes et relativement nouvelles. A noter le chap. XI, *Die Kabylen des Dschurdschura*, p. 221-242, concernant l'organisation sociale des Kabyles, leurs mœurs, le degré de leur islamisation. On trouve là les idées les plus répandues, sinon tout à fait les plus exactes, sur le caractère démocratique des Kabyles, et sur les différences qui les séparent des Arabes.

Paul Bert. *Lettres de Kabylie*, in-8, 82 pp. Paris, Lemerre, 1885. Lettre IX (La Kabylie clef de l'Algérie), particulièrement remarquable. P. 64 : « En un mot, notre intérêt est là-bas d'accord avec celui des indigènes. Leur bonheur est fonction de notre sûreté. Si j'étais sculpteur, et qu'on me donnât, à la façon académique, à représenter le rôle de la France en Algérie, je figurerais la Justice appuyée sur la Force, et j'inscrirais sur le socle : Paix, Instruction, Liberté. »

Ficheur. *Itinéraires de la Grande Kabylie*. In-18, 33 pp. Alger, Jourdan, 1886.

Paul Leroy Beaulieu. *De la colonisation chez les peuples modernes*, in-8, 610 pp. Paris.

AOURAS.

Ibn Khaldoun, *Histoire des Berbères, passim* dans les trois premiers volumes, et notamment aux articles Djeraoua, Haouara, Aouadça, Zenata. La lutte des montagnards de l'Aourâs oriental (Djeraoua), sous la conduite de la Kahina, est relatée dans le volume III, p. 102-104. *Cf. Inf.*, p. 170. La défense de Tehouda (Thabudei) par Koeïla et la mort de Sidi Oqbah, vol. I, p. 187. *Cf. Inf.* p. 183.

Marmol. *Op. laud.* Quelques lignes seulement, tout à fait insignifiantes.

Shaw. *Op. laud.* Remarque intéressante concernant les « blonds » de la région occidentale de l'Aourâs.

Peyssonnel, *Op. laud.* p. 346-362. Description rapide de la bordure septentrionale de l'Aourâs : Lambèse, Baghaï, Sigus.

Dureau de la Malle. *Recherches sur l'histoire de la partie de l'Afrique septentrionale connue sous le nom de Régence d'Alger*, in-8, 140 pp. Paris, imp. roy. 1835. Commentaire étendu (c. V, p. 113, sq.) du texte de Procope, relatif à l'origine des Maures et à la campagne de Salomon dans l'Aourâs.

Berbrügger, *Voyage d'El Aiachi, op. laud.* Cf. sup. p. XIV

Carette. *Recherches sur l'origine et les migrations*, etc., liv. II, ch. IV : « Les Zenata et les Haouara sont originaires de l'Est ; ils sont devenus les *Chaouïa* de notre temps ; » histoire des Zenata depuis la défense de la Kahina dans l'*Aourâs* jusqu'à la chute des dynasties des Beni-Merin et des Beni-Zelan. *Ibid.* ch. VIII : Situation générale actuelle des tribus d'origine africaine.

Pellissier, *Annales algériennes*, vol. III, liv. 39, p. 164. Expédition de l'Aurès. Conquête des vallées des Aoulâd Abdi et des Aoulâd Daoud par le général Bedeau, en 1844.

Guyon. *Voyage d'Alger aux Ziban en 1847*. In-8, 331 pp. Alger, 1852. Quelques pages consacrées aux Chaouïa de l'Aourâs vus par l'auteur près de Lambèse (pp. 140-146). Discussion du texte de Procope concernant les Blonds.

Charles Bocher. *La prise de Narah* (janvier 1850), dans la Revue des Deux-Mondes du 15 juin 1857. Court résumé des opérations militaires exécutées dans l'Aourâs occidental avant 1850 ; marche du colonel Canrobert dans l'Ouâd 'Abdi. Prise et incendie de Narah.

Lettres du Maréchal de Saint-Arnaud. 2 vol. in-8. Paris, Michel Lévy, 1855. Vol. II, p. 262, sq. Lettres datées de Lambèse, de Khenchela, Tebessa, Khiran, Ouldja, Medina, Sanef, Tighanimine, Biskra, relatives à la soumission de l'Aourâs oriental et central.

Buvry. *Mittheilungen aus Algerien*. Berlin (sans date). In-8. Travail publié d'abord dans la *Zeitschrift für allg. Erdk. Neue Folge*, bd. II. L'auteur a visité la bordure occidentale de l'Aourâs en 1850 (Biskra, Beni Ferah, Beni Maafa, Batna). Bonne description générale de l'Aourâs, énumération satisfaisante des tribus, remarques concernant les mœurs et les costumes (*Der djebel Aures*, pp. 118-141). Erreurs sur l'origine des Chaouïa.

Vivien de Saint-Martin. *Op. laud.* Paris, 1863. A noter, p. 57, une remarque sur les Blonds de Procope (De Bell. Vand. II), qui ne sont pas à chercher dans l'Aourâs.

Seriziat. *Études sur l'oasis de Biskra* (Bulletin de la Société de climatologie algérienne, t. I, II, III). L'auteur signale la présence d'un élément blond dans l'Aourâs.

Féraud. *Kitâb el 'Adouâni* (traduction du), dans le Recueil de la

Société archéologique de Constantine, XII, 1. On y trouve les principales traditions de l'Aourâs relatives aux deux invasions arabes.

Carteron. *Voyage en Algérie*, in-12, Paris, Hetzel, 1866. L'auteur consacre un chapitre (pp. 295-327) au récit d'une excursion assez rapide de Batna à Biskra par Lambèse, Larbaa, Bou Zina, Tagoust, Menâa, Amentan, Beni Souîk, Djemora. Descriptions et observations intéressantes. Cependant on est surpris d'y trouver les Chaouïa qualifiés d'Arabes.

Pont, *Etudes historiques sur les Amâmra* (Recueil de la Société archéologique de Constantine, XII, 217). Monographie intéressante. Curieuses traditions de l'Aourâs oriental.

Cibot, *Souvenirs du Sahara*. Excursion dans les monts Aurès (cercle de Biskra). Texte et dessins, in-8, 14 pp. Constantine-Paris (Marle, Challamel, 1870).

Baudot, *Oasis de Negrin et de Besseriani* (Rec. de la Soc. arch. de Const. XVII, 111). Première étude de la région désertique qui s'étend au sud-est de l'Aourâs.

Ragot. *Le Sahara de la province de Constantine* (Rec. de la Soc. arch. de Const., 1873 et 1874, t. XVII et XVIII). Remarques intéressantes sur la bordure saharienne de l'Aourâs, particulièrement dans l'antiquité.

Féraud. *Les Harar, seigneurs des Hanencha* (Revue africaine XVIII, p. 11, 110, 191, 281, 321.) — Notice sur Tebessa (*ibid.*, p. 430). Renseignements historiques sur les tribus voisines de l'Aourâs, à l'est. Surtout quelques pages à noter sur les Nememcha.

Masqueray. *Voyage dans l'Aourâs* (Bull. Soc. de géog. de Paris, 1870, juillet, pp. 30-59; novembre, pp. 449-473). — *Les ruines de Thamgad* (Revue africaine, XX, 1876, quatre articles, pp. 164-172, 257-266, 352-366, 456-460). — *Seriana, le Bellezma*, etc (*ibid.* XXI, 1877, pp. 33-45). — *Documents historiques sur l'Aourâs* (*ibid.* p. 97-123). — *Le djebel Chechar* (*ibid.* XXII, 1878, quatre articles :

pp. 26-48, 129-145, 202-214, 259-281). — *Ruines anciennes de Khenchela (Mascula) à Besseriani (Ad majores)* (ibid. pp. 444-472, et XXIII, 1879, p. 65 sq. et p. 81 sq.). — *Note concernant les Aoulâd Daoud du mont Aurès*, in-12, Alger, 1870, avec cartes. — *L'Ouâd-Abdi* (Bulletin de Correspondance africaine, 1883, pp. 327-341). — *Tradition de l'Aourds oriental* (ibid., 1885, I-II)

Duveyrier. *Les monts Aourès*, exploration de M. Masqueray. (Année géographique, 15° année, 1876, p. 30, sq.). — *Le Chechar et ses habitants*, d'après M. Masqueray (ibid. 1877, p. 281, sq.).

Playfair. *Travels in the footsteps of Bruce in Algeria and Tunis*, in-4, 1877, London. Magnifique volume illustré des beaux dessins de Bruce. Les chapitres VI-XIII inclus concernent l'Aourâs et Tebessa. Descriptions exactes des ruines de Thamgad, du Foum-Qsantina, de l'Ouâd Abdi, du Chellia, de Khenchela. Réflexions justes sur les Chaouïa. Bruce n'avait vu pour sa part que Lambèse, le pays à huit milles au sud-est de Lambèse, Thamgad, Baghaï, la Meskiana. Cf. in Rev. af. XXII, pp. 401-433, un article de M. Playfair, intitulé : « Episode de l'histoire des relations de la Grande-Bretagne avec les Etats barbaresques. »

Latruffe. *Les monts Aourès* (Bull. Soc. de géog. Paris, sept. 1880, pp. 245-282). — *Itinéraire au pays des Nemencha* (ibid. 1882, pp. 384-401).

Tchihatchef (de). *Op. laud.* Lettre XV, p. 313, sq. Description très générale de l'Aourâs. Considérations sur le texte de Procope relatif aux Blonds voisins de ce massif.

C' Niox. *Op. laud.* pp. 215-230. Description exacte de l'Aourâs, du djebel Chechar et du pays des Nemencha. On y trouve, p. 226, une *guelaa* exactement figurée.

Rinn. *Les premiers royaumes berbères et la guerre de Jugurtha*. (Revue Africaine, 1885, 4 articles). Dans le 4° article de ce travail (juillet 1885), explications ingénieuses et parfois surprenantes, de quelques noms de lieu dans l'Aourâs. Rôle des montagnards de l'Aourâs dans le petit royaume de Syphax.

OUAD MEZAB.

Ibn Khaldoun. *Histoire des Berbers*, t. III, p. 304. Description du pays des Beni Mozab, qui sont une minime fraction de la race zenatienne. « Les Beni Mozab sont, avec les Beni Abd el Ouad, les Beni Toudjin, et les Beni Azerdal, une ramification des Beni Badin...... Leurs bourgades, situées endeçà des sables, à cinq journées au midi de la montagne de Titeri, occupent les sommets de plusieurs collines et rochers d'accès difficile, qui s'élèvent au milieu d'un pays brûlé par la chaleur. »

Marmol. *Op. laud.* Mesezab : « C'est une habitation du désert de Numidie....... Elle contient six châteaux et plusieurs villages, et les habitants sont adroits et vigilants dans le trafic qu'ils font aux quartiers des nègres. »

W. Shaler. *Op. laud. ibid.* Quelques lignes sur les Mozabites. « Un thalib de ce pays, qui habite Alger, m'a appris que chacune de leurs tribus était gouvernée par un conseil de douze notables, que leur population, à ce qu'il pensait, était de *deux cent cinquante mille âmes*, chose qui me semble exagérée..... D'après lui, il pleut rarement dans le pays. Ils boivent de l'eau *de source*, mais les dattes sont le produit le plus important du pays. Autour de cette contrée s'élèvent de hautes montagnes escarpées, où l'on trouve *des mines d'or*... Ils refusent de faire les cérémonies de leur culte dans les mosquées publiques ; ils les regardent comme des lieux impurs, à cause des égouts qui sont pratiqués en dessous. »

Graberg de Hemso. *Op. laud. ibid.* Même remarque que ci-dessus.

Carette. *Recherches sur l'origine et les migrations des principales tribus de l'Afrique septentrionale et particulièrement de l'Algérie,*

Op. laud., p. 303. « Toutes les villes de l'Ouad-Mzab, à l'exception de Mellili, sont peuplées par la race autochthone, qui y est désignée sous le nom de berbère; mais les tribus n'en sont pas moins toutes arabes. Mais la population berbère de l'Ouad-Mzab n'est point originaire du pays qu'elle habite aujourd'hui. Une tradition universellement accréditée parmi les habitants de cette oasis les fait venir du Djebel-Nfous dans la régence de Tripoli. A quelle époque cette colonie s'est-elle formée? Dans quelle circonstance s'est accompli ce mouvement d'émigration? C'est ce que je n'ai pu découvrir. »

H. Duveyrier. *Voyage dans le pays des Beni-Mozab* (Tour du Monde, 1861, 2ᵉ semestre.) Lettres de M. Duveyrier à son père, datées de Ghardaya et de Methlily, juillet, août et septembre 1859. Observations excellentes. Notons aussi la hardiesse du voyageur qui, malgré sa jeunesse et son isolement, poussa le premier jusqu'à El-Golea. Quelques mots sur l'origine des Mozabites, analyse d'un kanoun laïque de Ghardaïa; mais, ajoutait M. Duveyrier, « les tolba me fuient, car je ne suis à leurs yeux qu'un infidèle, et, qui plus est, un infidèle très indiscret. Ne vais-je pas jusqu'à leur demander de me montrer les chroniques de leur ville! Où ai-je appris les convenances? » Une erreur : « Le chef des Tolba porte le *titre* de cheikh Baba. »

Henri Duveyrier's *Reise nach Inner-Afrika* (Petermanns Mittheilungen, V, p. 315, VI, p. 55 sq.) Résumé de communications de M. Duveyrier touchant Laghouat, le Mezâb, et El-Golea. Description de la Pentapole du Mezâb.

Hun. *Op. laud.*, p. 266-268. Quelques mots sur les Beni-Mezâb : anecdote du fort l'Empereur repris par les Mozabites aux soldats de Charles-Quint.

Tristram. *The great Sahara*. London, 1860. L'auteur visita Laghouat, le Mezâb, Ouargla, Tougourt, etc. Description du Mezâb qui s'ajoute aux indications publiées par M. Duveyrier. Quelques grosses erreurs historiques.

H. Freiherr von Maltzan. *Op. laud.* vol. I, liv. I, ch. VIII. Quelques mots sur les Mozabites regardés par l'auteur comme « les protestants de l'Islam. »

Colomieu. *Voyage dans le Sahara algérien de Geryville à Ouargla* (Tour du Monde, 1863, 2⁰ semestre). A noter une description de Mellili et un dessin, p. 176, d'autant plus précieux que ce qçar est aujourd'hui ruiné.

Trumelet. *Les Français dans le désert*, in-8, 440 pp. Paris, 1863. Récit de l'expédition de 1853-1854 dirigée par le colonel Durrieu dans le Sahara. Il s'y trouve quelques pages très intéressantes sur les villes des Mozabites, et même des considérations sur leur origine.

Behaghel, *Op. laud.* p. 442. Quelques lignes plus ou moins exactes sur les Beni Mezâb : « Les Mzabis blonds ou bruns ont le front haut, plutôt étroit que large, les yeux obliques et impénétrables, le nez long, busqué comme celui des Juifs, la lèvre mince, dédaigneuse, estompée d'une légère moustache, le menton pointu..... ils sont schismatiques ; ils appartiennent à la secte de l'assassin d'Ali. »

De l'assimilation des Arabes suivie d'une étude sur les Touareg, par un ancien curé de Laghouat, in-12, 252 pp. Paris, 1866. — A la page 208 sq., description de la confession et de l'absolution publiques des Mozabites, dans lesquelles l'auteur voit « les tristes vestiges d'un christianisme évanoui, mais qui peut revivre. »

Aucapitaine. *Les Beni Mezab (Sahra algérien)*, dans les « Annales des voyages, 1867, t. II, p. 55-96 et p. 178-220 ». Étude dans laquelle on trouve des généralités satisfaisantes sur les Beni Mezâb, et une description de chacune des villes Mozabites, qui toutes ensemble forment, aux yeux de l'auteur, une heptapole. Singulières étymologies : Az Zab (évidemment Azzâbi), Ag Zab, fils du Zab ; Aouban, homme excellent, etc. A noter, à la fin, deux pièces curieuses, deux Kanoun, d'ailleurs assez courts. Il est regrettable que l'auteur n'ait pu s'en procurer davantage.

Jules Duval. *Troisième discours sur la géographie et l'économie politique. Les puits artésiens du Sahara.* Paris, 1867, in-8°, 80 pp. (Bullet. de la Soc. de géog. de Paris, fév. 1867). Récit des expéditions militaires entreprises dans le Sahara de 1852 à 1858, et dont une des conséquences a été la soumission du Mezâb, en 1853.

Naphegyi Dr G. *Ghardaïa, or Ninety days among the B'ni Mozab. Adventures in the oases of the desert of Sahara,* in-12, 348 pp., New-York, 1871.

Ville. *Exploration géologique du Mezab, du Sahara et de la région des steppes de la province d'Alger,* in-4. 540 pp. avec planches et cartes. Paris, 1873. Description minutieuse de la Chebka et des puits des Beni Mezâb. Notice concernant leur organisation politique. pp. 75-86. Cette notice dans laquelle l'auteur s'est essayé bien faiblement à traiter de l'origine et de la religion des Mozabites, avait été remise à M. Ville par M. le lieutenant Cajard, commandant de son escorte.

Kouropatkine, *Op. laud.* Lettres d'Algérie, X, XI, XII, pp. 234-251 : étude du Mezâb et de ses institutions, aussi exacte que pouvait la faire un voyageur et un étranger. Le voyage de M. Kouropatkine dans le Mezâb eut lieu au mois de février 1875.

Paul Soleillet. *L'Afrique occidentale (Algérie, Mezâb, Tidikelt),* in-12, 280 pp., avec carte. Paris, 1877. — Le chapitre V de ce petit livre dans lequel l'auteur a raconté son voyage à l'oasis d'In Salah, est consacré aux Beni Mezâb. On y trouve résumé en quatorze pages tout ce que l'on en savait en 1877.

Duveyrier. *Note sur le schisme ibâdite* (Bulletin de la Soc. de Géog. de Paris, juillet 1878, p. 75).

Masqueray. *Chronique d'Abou Zakaria, publiée pour la première* fois, *traduite et commentée*, in-8°, 410 pp. Alger, 1878. La traduction de la chronique est précédée d'une introduction concernant le schisme ouahbite-ibâdite. Les notes qui l'accompagnent sont extraites d'Ibn-Khaldoun et de quelques ouvrages Mozabites. Elle est suivie d'un appendice contenant des extraits de l'abrégé d'Ech Chemâkhi et de l'exposé d'Ech Chahrastâni. — *Les Beni Mezâb* (Bullet. de la Soc. Normande de Géographie), mars 1880, p. 65-92. Cf. *Inf.* passim.

Coyne, *Le Mezâb*, broch. in-8, Alger, 1879. — Brochure très bien faite, sauf une légère erreur, par un des officiers les plus versés dans les affaires indigènes.

Rinn, *Op. laud*. Le chapitre XI de cet ouvrage est consacré aux Musulmans Ibâdites de l'Algérie. On y trouve fort bien résumée, d'après la préface et les notes de la « Chronique d'Abou Zakaria », la constitution religieuse des Beni Mezâb.

C^t Robin. *Le Mzab et son annexion à la France*, in-8, 46 pp. Alger, Jourdan, 1884. Bon travail, dans lequel la constitution religieuse et laïque du Mezab est clairement expliquée. A noter quelques extraits de Kanoun laïques, p. 31.

C^t Niox. *Op. laud*. pp. 150-173. Description rapide de la Chebka du Mezâb et des villes Mozabites.

Brunnow. *Die Charidschiten unter den ersten Omayyaden*, in-8, 110 pp. Leiden, Brill, 1884. Dissertation inaugurale dans laquelle les origines des Kharidjites sont étudiées par précision, contribution très utile à la connaissance des Beni Mezâb, bien que l'auteur ne paraisse pas s'en être aperçu. A noter l'exacte définition de *Kharadja*, « sortir », d'où vient Kharidjite, p. 28, et le rapprochement constaté entre les anciens Ouahbites et les Ouahabites actuels, p. 47, n. 1. Cf. *Chronique d'Abou Zakaria*; Cf. *inf*, p. 178, sq.

A. de C. Motylinski. *Guerara depuis sa fondation*, in-8, 67 pp. Alger, Jourdan, 1885. Notice historique composée par un indigène des Cheurfa de Guerara, et accompagnée de notes excellentes, par M. De Motylinski. — *Les livres de la secte abadhite*, in-8, 62 pp. Alger, Fontana, 1885 (extrait du « Bulletin de correspondance africaine, » 1885, t. III). Brochure très importante, comprenant un catalogue des livres des Beni Mezâb, et l'analyse de leurs principales Chroniques : le livre d'Ibn S'r'ir, la Chronique d'Abou Zakarya, le Kitab t'abaqat el Mechaikh, le Kitab el djouaher el montaqat, le Kitab es siar.

INTRODUCTION

« Africains » employé de préférence à « Berbers ». Invasions successives qui ont formé la population actuelle de l'Afrique septentrionale. Confusion des races. Point de vue d'où les mœurs actuelles des Africains veulent être considérées. Sédentaires et Nomades. Principaux groupes des sédentaires: Kabyles, Chaouïa, Beni Mezâb.

C'est à dessein que j'ai substitué dans la suite de ce travail le nom général d'Africains à celui de Berbers qu'on applique d'ordinaire à toutes les populations de l'Afrique septentrionale regardées comme autochthones. Ce nom était inconnu dans l'antiquité grecque et romaine, et a paru pour la première fois chez les écrivains arabes. « Quand Sidi Oqbah fut parvenu près de Tanger, raconte En Noweiri (1), il demanda au comte Julien (Yuliân) où il pourrait trouver les chefs des Roum et des Berbers. «Les Roum, répondit Yuliân, tu les as laissés derrière toi, mais devant toi sont les Berbers et leur cavalerie; Dieu seul en sait le nombre. » — « Où se tiennent-ils ? » demanda Oqbah. — « Dans le Sous El Adna, répondit Yuliân ; c'est un peuple sans religion ; ils mangent des cadavres, ils boivent le sang des bestiaux, et ils vivent comme des brutes ; car ils ne croient pas en Dieu, et il ne le connaissent même pas. » Sur cela, Oqbah dit à ses compagnons : « Marchons avec la bénédiction de Dieu ! » De Tanger il se dirigea du côté du midi vers le Sous El Adna, jusqu'à ce qu'il atteignit une ville

---

(1) Ibn Khaldoun, *Histoire des Berbères*, trad. de Slane, vol. I, Append.

nommée Taroudant. Là il rencontra *les premières troupes berbères* et les mit en déroute après un combat sanglant. Sa cavalerie se mit à la poursuite des fuyards et pénétra dans le Sous El Adna. Les Berbers se réunirent alors en nombre si grand que Dieu seul pouvait les compter ; mais Oqbah les attaqua avec un acharnement inouï. Il en fit un massacre prodigieux et s'empara de quelques-unes de leurs femmes qui étaient d'une beauté sans égale. On rapporte qu'une seule de leurs jeunes filles fut vendue en Orient pour mille pièces d'or... etc. » C'est seulement depuis ce temps que l'usage s'est établi chez les lettrés d'appeler Berbères toutes les peuplades qu'Hérodote, Strabon, Pomponius Mela, Pline, Ptolémée, Procope, Corippus, et les inscriptions, avaient toujours désignées par des noms divers : Libyens, Mazices, Afri, Massyles, Massésyles, Gétules, Numides, Maures, Musulans, Bavares, Ketama, Quinquégentans, Louata. Les Arabes avaient cru sans doute rencontrer dans le Sous El Adna, où ni les armées romaines ni le christianisme n'avaient pénétré, les représentants les plus purs d'une race indigène, et ce nom de *Berbers* (1) auquel on peut donner le sens de *balbutiant, murmurant des sons inintelligibles,* leur paraissait bien convenir à des peuplades dont ils ne comprenaient pas les dialectes ; mais qu'est-on en droit d'en conclure ? Leurs généalogistes eux-mêmes confessent que l'origine des Africains est un problème très complexe et presque insoluble, et, à part les Berâber du Sahara ou de l'Atlas marocain (Deren), et les Beni Barbar du Djebel Chechar, toutes les tribus de la Tunisie, de l'Algérie et du Maroc, ignorent absolument cette dénomination de Berbers que nous leur appliquons à notre tour. Les remarques qu'on a faites sur le séjour d'une population *berbère* dans l'Inde et dans la

---

(1) Ibn Khaldoun. *Hist. des Berb.* vol. I.

Perse, sur la route qu'elle a pu suivre pour pénétrer jusqu'au bord de la Mer Rouge, et sur le long séjour qu'elle a dû faire dans la haute Égypte où il reste encore des *Barabras*, sont sans doute intéressantes (1) ; mais ce n'est encore là qu'une des études particulières auxquelles chacun des groupes nomades ou sédentaires de l'Afrique septentrionale peut donner lieu.

Considérons plutôt que l'Afrique a reçu sans cesse, depuis les temps les plus anciens, des fugitifs et des conquérants de toute provenance. Sa côte continue celle de l'Égypte, puis, se relevant vers le Nord depuis Gabès jusqu'à Cap Bon, fait face à la Palestine. Elle enveloppe ainsi le tiers du bassin oriental de la Méditerranée. D'autre part, elle touche presque à l'Espagne ; elle est reliée à l'Italie par Malte et la Sicile. Les peuples refoulés jusqu'aux pointes de nos deux grandes presqu'îles occidentales ont toujours pu se répandre sur ses hauts plateaux et dans ses déserts infinis. A l'intérieur du pays, aucune chaîne, aucun fleuve, ne s'y oppose à une invasion orientale. Au contraire, des plis de terrain parallèles y forment de larges voies orientées vers le nord-est, par lesquelles des nations s'avanceraient sans obstacle de la Tunisie jusque dans le cœur du Maroc. Les solitudes de la Cyrénaïque n'ont pas arrêté le flot des immigrants arabes du onzième siècle, et, depuis la Tripolitaine jusqu'à l'Océan Atlantique, par le Djerîd, le Zâb, Laghouat, Figuig et la vallée de l'Ouâd Drah, une route naturelle, jalonnée d'oasis, accompagne la bordure désertique. D'autre part, les montagnes qui, par leur direction, semblent se dresser comme des barrières devant les envahisseurs du Nord, ne sont, si l'on excepte le Deren (2)

---

(1) Carette, *Recherches sur l'origine des migrations des tribus d'Afrique septentrionale et particulièrement de l'Algérie*, in-8, Paris, 1853.
(2) Atlas marocain.

encore si mal connu, ni très hautes, ni continues ; elles peuvent être tournées de tous côtés sans peine ; elles ne sont bonnes qu'à servir de refuge à des vaincus : les peuplades agglomérées sur le Djurdjura ou sur l'Aourâs, comme sur des îlots, n'ont jamais été maîtresses des plaines qui les environnent. Cette région tout entière est un théâtre bien fait pour la rencontre de l'Orient et du Nord, un réceptacle ouvert à toutes les races de l'Asie et de l'Europe occidentale, un champ où des millions d'hommes différents sont venus se combattre sans cesse, et finalement confondre leur sang, leurs coutumes et leurs idées.

Nul ne peut dire exactement (1) quels en ont été les habitants primitifs. On conjecture que la race nègre qui a dominé dans tout le Sahara s'avançait autrefois jusqu'au bord des Hauts-Plateaux, quand le climat plus humide, les rivières plus abondantes, les forêts plus épaisses, permettaient à l'éléphant d'y vivre. Il est admissible aussi que des hommes bruns et de petite taille, semblables aux Ligures, aient formé le fonds de la population du Tell et de la côte. L'étude des cavernes préhistoriques en est à son début, et les monuments mégalithiques n'ont pas encore livré leur secret. Des squelettes repliés, la tête presque toujours tournée vers le nord, des colliers de verroterie, des poteries grossières, quelques ornements de bronze, voilà tout ce qu'ils renferment. Ils peuvent être très anciens pour la plupart; mais quelques-uns sont contemporains de la période romaine. Les Guanches des Canaries, préservés de mélanges trop fréquents par l'Océan qui les entoure, auraient donné lieu peut-être à une étude fructueuse, si la conquête espagnole

---

(1) Voy. Faidherbe, *Collection complète des inscriptions numidiques, avec des aperçus ethnographiques sur les Numides*, in-8, Lille, 1870. — Duveyrier, *Les Touareg du Nord*, in-8, Paris, 1864. — Faidherbe, *Les dolmens d'Afrique*, Paris, 1873. — Recueil de la Soc. arch. de Constantine, passim.

n'avait pas supprimé leurs coutumes, leur langue, et même leurs traditions ; mais quand on considère qu'ils se composaient de bruns et de blonds comme nos Aoulâd Abdi, que les noms de quelques-uns de leurs groupes se retrouvent dans les tribus actuelles de l'Algérie, que les mots qui restent de leur langue sont encore usités pour la plupart dans les dialectes de ces mêmes tribus, que leurs grottes taillées ne différaient pas de celles qui sont encore habitées dans le djebel Ahmar Khaddou, enfin qu'ils avaient reçu manifestement des Phéniciens et des Arabes certaines idées religieuses, on en vient à croire qu'ils ne nous auraient pas appris, touchant les origines, beaucoup plus que les Chaouïa de l'Aourâs ou les Kabyles du Djurdjura (1).

Cependant, il n'est pas douteux que, bien avant les temps historiques, la civilisation égyptienne ait pénétré fort bien loin dans l'Ouest. Corippus nous montre, au sixième siècle de notre ère, les tribus de la Tripolitaine sacrifiant à « Corniger Hammon », et l'invoquant dans leurs batailles. La Minerve armée qu'honoraient les Libyens du lac Triton, et la Virgo Cœlestis que l'Afrique entière adorait au temps de Tertullien, sont la déesse Neith. Ce courant proto-sémitique se trouvait interrompu par la colonie grecque de Cyrène et par l'empire continental de Carthage quand Hérodote écrivait son second livre ; mais l'historien grec en a constaté la trace à travers les tribus du désert libyque dont les mœurs étaient à demi-égytiennes. On ne doit donc pas être surpris de voir les généalogistes Arabes ou Africains attribuer une origine copte aux Nefzaoua et aux Louata, tribus répandues dans le sud de la Tripolitaine, dans la Tunisie actuelle, et dans le mont Aourâs. « Une grande diversité d'opinion, dit Ibn 'Abd el Berr (2), existe au sujet de l'origine des Berbers ; mais la

---

(1) Barker-Webb et Sabin Berthelot, *Histoire naturelle des îles Canaries*, 2 vol. in-4° et atlas in-fol., Paris 1836-1851, vol. I.

(2) Cité par Ibn Khaldoun, *Hist. des Berb.*, vol. I.

plus probable est celle qui représente ce peuple comme les enfants de *Cobt*, fils de Ham. Quand Cobt se fut établi en Egypte, ses fils en sortirent pour aller vers l'occident, et se répandirent dans le pays qui s'étend depuis la frontière de l'Égypte jusqu'à l'Océan Vert et la mer de l'Andalousie. Une de leurs familles, les Louata, occupa le territoire de Tripoli; une autre les Nefza, s'établit auprès de cette ville. De là, ils s'avancèrent jusqu'à Cairouan, et marchèrent en avant jusqu'à Tehert, Tanger, Sidjilmessa et Sous el Aqsa. Ces populations étaient les Sanhadja, les Ketama, les Dokkala etc...»

Par contre, des blonds (1) venus d'Europe s'étaient répandus en Afrique probablement deux mille ans avant Jésus-Christ. S'il est légitime de leur attribuer la plupart de ces nécropoles mégalithiques qui couvrent des collines entières en Algérie et en Tunisie, et de les regarder comme les ancêtres des blonds qui se rencontrent dans toutes les montagnes d'Afrique depuis le bord de l'Atlantique jusqu'au Cap Bon, il faut admettre avec M. le général Faidherbe qu'ils étaient très nombreux. Enveloppés depuis tant de siècles par des hommes de race brune ou noire, ils auraient dû disparaître sans laisser de trace, s'ils ne leur avaient pas fait équilibre en masse suffisante. On peut même admettre une période primitive pendant laquelle ils auraient été prépondérants. Hérodote mentionne, non sans surprise, des tribus blondes auprès du lac Triton ; Scylax déclare que « tous les Libyens sont blonds ». Mille ans avant Hérodote, ils avaient fait trembler l'Egypte. Quelques-unes de leurs confédérations dont les noms sont aisément reconnaissables sur les monuments pharaoniques, les Sebou, les Maschouach, étaient allés, soit par mer, soit par terre, livrer bataille à Rhamsès III, et étaient restés dans le Delta ; leurs chefs y étaient devenus

---

(1) Faidherbe, *Collection* etc.

des princes, et Psammitique avait peut-être été un des leurs. Il est curieux de rappeler à ce propos que, dix siècles après notre ère, cette marche d'Afrique en Égypte fut renouvelée par la tribu des Kemata (1) dévouée à la cause du Mahdi Fatimite. Ces Ketama, qui étaient la principale tribu de la petite Kabylie, allèrent aussi conquérir le Delta, et fondèrent le Caire. Les mêmes faits se répètent ainsi à de grands intervalles, et autorisent des conjectures qui paraissent d'abord peu vraisemblables.

Nous entrons dans l'histoire avec Salluste, Procope et Ibn Khaldoun. Ils nous indiquent nettement qu'une longue période d'invasions orientales en Afrique s'ouvrit quelques siècles avant la fondation de Carthage. Que l'on écarte, si l'on veut, les Mèdes, les Perses et les Arméniens de la légende punique résumée par Salluste; il faut au moins admettre, avec Procope et Ibn Khaldoun, que des Chananéens se sont réfugiés en Afrique, probablement après l'envahissement de leur pays par les Israélites. Le nom même des *Zenata*, qui occupent encore la bordure désertique et une partie des steppes de l'Algérie, nom glorieux dans l'histoire du moyen-âge, répond exactement à *Chananéens* (2). Carthage profita de ce mouvement, le régla, et tint l'Afrique ouverte à l'Orient pendant sept cents ans. Non seulement elle occupait l'Africa proprement dite, mais encore les places fortes de la Numidie, Theveste, Cirta, Thubursicum, Calama, étaient sous son autorité. Elle avait fondé Auzia dans la Maurétanie. Ses ports enveloppaient toute la côte depuis les Syrtes jusqu'au Sénégal peut-être; ses généraux allaient jusqu'au pied du Deren recruter des soldats et prendre des éléphants. Ses marchands et ses guerriers qui se

(1) Ibn Khaldoun, *hist. des Berb.* vol. II, *Append.*
(2) Zenata ou *Zanata* est la forme arabe de l'africain Iχanaten, dont le radical est « Xana », « Kana ».

disputaient la prééminence dans son Sénat, luttaient à l'envi pour accroître sa puissance et sa richesse (1). Son argent et ses armes, sa ténacité, sa politique sans scrupule, ouvraient devant elle un champ d'action immense à travers de petites nations barbares qui ne savaient même pas s'unir pour lui résister. Ses colons furent nombreux dans la Numidie centrale et septentrionale, et plus d'un de ses « negotiatores » alla s'établir au delà, dans l'Occident. Sa puissance colonisatrice fut telle que, trois cents ans après sa chute, les magistrats d'une ville Romaine, Calama, étaient encore désignés par le nom de Suffètes. On continua, jusqu'au cinquième siècle de notre ère, à graver des épitaphes en caractères puniques dans la Numidie septentrionale, et le clergé de Saint Augustin devait savoir le punique pour prêcher dans les campagnes des environs de Bône. Nous ne pouvons évaluer, faute de documents, le nombre d'hommes qu'elle introduisit en Afrique, mais il faut penser que, pendant toute la durée de sa domination, elle provoqua, grâce à la similitude des dialectes et des cultes des Sémites que le commerce attirait vers la Méditerranée occidentale, une suite d'émigrations semblables à celles qui se sont produites au moyen-âge sous le couvert de la religion musulmane. Très petite à l'origine, et incapable de s'accroître par elle-même, elle ne put certainement fonder son empire colonial qu'avec le concours d'une multitude considérable, et, comme elle excluait les Grecs, cette multitude était nécessairement asiatique.

Le courant punique fut arrêté brusquement par Rome. Une invasion septentrionale, puissante et régulière, lui succéda, et dura également sept siècles, depuis la ruine de Carthage jusqu'à l'an 533. Il suffit, pour en apprécier l'importance, de considérer que Rome livra l'Afrique à la

---

(1) Movers, *Die Phœnizier*, 4 vol. Meltzer, *Die Karthager*, vol. I.

fois à tous les peuples européens du bassin occidental de la Méditerranée, et disposa en leur faveur de toutes les terres des indigènes considérés comme « déditices. » L'Africa lui était échue dans le butin conquis sur Carthage ; la Numidie avait suivi le sort de Juba I vaincu par César; la Maurétanie avait été soumise par les armes après l'assassinat de Ptolémée. C'en était bien assez pour que l'Afrique septentrionale entière fût déclarée propriété du peuple romain. Le gouvernement romain n'avait aucune indemnité à prévoir pour créer des centres, et les limites qu'il traçait aux tribus étaient toujours provisoires. Dans ces terres immenses et comme vacantes, les empereurs s'étaient attribué des domaines considérables qu'ils faisaient gérer, sinon cultiver, par des Européens; des concessions énormes avaient été données à des particuliers qui employaient des intendants et des colons de toute race; la meilleure part de ce qui restait du pays cultivable avait été attribuée à des municipalités nombreuses et sans cesse accrues de vétérans ou de cultivateurs d'origine civile. Sans répéter les fables auxquelles la fertilité du bassin de la Medjerda a donné lieu, on peut penser que toute cette région, plus humide et mieux aménagée qu'elle ne l'est aujourd'hui, était alors très productive. Elle partageait avec l'Égypte le bénéfice à peu près exclusif de la culture du blé, elle jouait le rôle de la Russie contemporaine dans l'économie de l'Empire, et la main d'œuvre y était à vil prix, car les indigènes dépossédés continuaient de labourer leurs anciennes terres dans une condition voisine du servage. Il en résultait des bénéfices immenses. Là un soldat qui n'avait jamais eu que sa solde pour fortune, pouvait s'enrichir en peu d'années, et devenir flamine perpétuel, édile, enfin duumvir, c'est-à-dire à la fois administrateur, juge et chef de la milice d'une grande cité. Dans sa ferme fortifiée, ou, si le sort l'avait largement favorisé, dans sa villa entourée de fortins, il menait la vie d'un petit seigneur, et cette situation enviable lui était garantie par une armée invincible dont les garnisons s'échelonnaient depuis la ligne Ghadamès-Carthage jusqu'au bord de l'Océan (1). Nous pouvons juger encore aujourd'hui des effets vraiment prodigieux de ce système de colonisation. Ce ne sont pas seulement des arcs, des théâtres, des cirques, des temples et des aqueducs qu'il nous faut admirer en Afrique : bien plus surprenantes sont les petites ruines de villas et de maisons romaines qui en couvrent tant de vallées et de plaines maintenant désertes, si bien qu'au IIIe siècle de notre ère, la Maurétanie devait ressembler à la Provence, et la Numidie ou l'Africa à la Normandie contemporaine. Que l'on prenne au hasard, qu'on étudie par exemple dans le département de Constantine la région aujourd'hui aride ou marécageuse qui s'étend de Batna à Aïn-Beïda, et de Khenchela aux Aoulâd-Rahmoun. Lambèse, Thamgad, Claudi, Mascula, Bagaia, Sigus, Casæ, s'y élevaient autrefois et se reliaient par des routes jalonnées de fermes. Elles comptaient ensemble au moins 120,000 Européens, dix fois plus environ que nos petites villes qui les remplacent. Mais il est un calcul encore plus simple et peut-être plus juste. Depuis 1830, malgré les incertitudes de notre premier établissement, en dépit de l'obstacle que nous a créé la reconnaissance de la propriété indigène, cent quatre-vingt-quinze mille Français et cent quatre-vingt-deux mille Italiens ou Espagnols, en somme trois cent soixante dix-sept mille Européens sont venus s'établir en Algérie, et nous pouvons admettre que, si notre domination continue de s'affermir, le nombre de ces immigrants sera doublé dans cinquante ans. Or les Romains ont possédé non seulement l'Algérie, mais le

---

(1) Corpus inscriptionum latinarum, Berlin, in fol. vol. VIII.

Maroc, la Tunisie et la Tripolitaine, pendant sept siècles. C'est donc rester certainement au dessous de la réalité que leur attribuer, en ne tenant pas compte, si l'on veut, de trois de ces siècles, (les deux premiers et le dernier), l'introduction de quatre millions d'hommes dans l'Afrique septentrionale. Les Vandales sont peu de chose en comparaison ; mais ils méritent encore d'être comptés. Ces barbares aux cheveux roux qui, appelés en Afrique par un Romain, renouvelèrent, après deux mille cinq cents ans, l'invasion des blonds préhistoriques signalés par M. le général Faidherbe, pouvaient mettre en ligne quatre-vingt mille guerriers : cela suppose une population totale de plus de trois cent mille âmes.

Byzance ouvrit une troisième période. Le courant oriental reprit le dessus depuis la victoire de Bélisaire à Tricaméron jusqu'à 1830. L'Afrique fut envahie successivement pendant ces treize siècles, par des soldats de l'Empire grec, par des Arabes et par des Turcs, si bien que beaucoup de personnes la regardent encore comme une annexe de l'Orient. Cependant, en ce qui concerne le peuplement, l'importance de ces nombreux conquérants fut loin d'égaler celle de leurs prédécesseurs. Les Byzantins (1) eurent peine à se maintenir dans la Byzacène, la Tripolitaine et la Numidie, et n'y introduisirent pas de nouveaux colons civils. Leurs garnisons, éparpillées dans des forteresses, étaient peu nombreuses : il est vrai qu'elles demeuraient dans le pays, car les « limitanei », qui les composaient, cultivaient des terres et se mariaient avec des femmes indigènes ; mais on irait loin, je pense, en imaginant qu'elles aient ajouté cent mille hommes à l'Afrique depuis l'an 533 jusqu'à l'an 686, date de la prise de Carthage par Hassan ben Noman. Les milices arabes du viie siècle, ces

---

(1) Procope, *De bello Vandalico*, liv. II.

troupes hardies que les Califes ont envoyées à travers
« l'*Afrique perfide* » jusqu'au bord de l'Atlantique, sous la
conduite de Sidî Oqbah et de ses successeurs, ont étonné le
monde par leurs marches rapides et leurs foudroyantes victoires, puis ont été peu à peu refoulées, bloquées dans
l'Africa, et expulsées, ne laissant derrière elles que le nom
d'Allah et de son prophète. Les envahisseurs du xi° siècle, les Hilal, les Soleïm et les Ath Bedj de la Haute-Égypte,
dont Ibn Khaldoun (1) a maudit les dévastations en termes
si énergiques, sont demeurés maîtres de la moitié des steppes et des plaines fertiles de l'Afrique septentrionale, après
avoir ruiné pour une bonne part l'Empire des Almohades et
les monarchies des Beni Hafs, des Beni Zeian et des Beni Merin : ils auraient compté près de deux millions d'hommes, s'il
fallait en croire les légendes populaires ; mais on ne peut
guère leur en attribuer que cinq cent mille. Enfin les Turcs
n'ont fait qu'imiter les Byzantins dans des limites plus étroites, et avec des ressources bien moindres. Leurs garnisons
de Constantine, de Médéa, d'Alger, se composaient de soldats recrutés en Orient ; leurs Zmalas étaient organisées et
même distribuées comme l'étaient les « *limites* » antiques ; (2) ; mais des régions considérables où les Byzantins
avaient exercé un semblant d'autorité leur étaient fermées,
et les expéditions qu'ils étaient forcés d'entreprendre tous
les ans pour faire rentrer quelques impôts témoignent assez
de leur faiblesse. Cependant, si l'on ajoute tous ces groupes
les uns aux autres, et surtout si l'on considère que, pendant
une dizaine de siècles, l'Afrique musulmane fut sans cesse en
rapport avec l'Orient, ouvrant ses ports à ses commerçants,
ses zaouïat à ses docteurs et à ses saints, on en vient à pen-

---

(1) Hist. des Berb. I.
(2) Carette, *Etudes sur la Kabylie proprement dite*, 2 vol in 8. Paris,
1848. Vol. I.

ser que l'immigration orientale de toute cette période pourrait, sans grande erreur, être évaluée à un million d'hommes.

Maintenant, c'est l'Europe qui prédomine à son tour, une seconde fois, dans tout le bassin occidental de la Méditerranée. Nous y reprenons, en l'améliorant, l'œuvre des Romains. Notre politique ne diffère de la leur que sur un point, l'administration des vaincus que nous élèverons jusqu'à notre niveau au lieu de les réduire en servitude ; mais, pour tout le reste, nous marchons sur leurs traces. Nos villes et nos villages se bâtissent sur l'emplacement des leurs, et nous voulons comme eux, en Afrique, donner la suprématie à l'élément européen. Déjà nos trois cent soixante dix-sept mille Français, Italiens et Espagnols, égalent à peu près en nombre les Arabes venus de la Haute Égypte ; dans un siècle, nous ferons équilibre à tous les Orientaux qui les ont précédés depuis le commencement de la domination byzantine. Ainsi la loi qui préside aux destinées de ce pays, conformément à sa structure et à la place qu'il occupe sur le globe, se vérifie une fois de plus : l'Asie et l'Europe en sont alternativement maîtresses, et chacune y verse l'excédant de sa population pendant une longue suite de siècles.

Nous resterons peut-être en Afrique ; mais certainement aucun des peuples qui y est entré avant nous n'en est sorti. Aucune flotte n'a reporté en Orient les marchands et les agriculteurs de Carthage ; les colons de Rome n'ont pas repassé la mer ; les hordes arabes ne sont pas retournées sur les bords du Nil. Tous les hommes que les flots changeants des invasions ont déposés sur cette terre y demeurent encore : ils s'y sont lentement confondus. Les Éthiopiens chasseurs d'éléphants et de girafes, les Blonds constructeurs de dolmens, les Chananéens, les Coptes, les Syriens, n'ont pas de place distincte même dans les légendes populaires, et n'exercent que la sagacité des archéologues ; les Européens introduits par Rome ont aussi disparu dans la masse qui les environnait, bien qu'un grand nombre de fractions de tribus tentent encore de se distinguer des autres, en se disant d'origine romaine ; les Arabes eux-mêmes, qui sont les plus récents, se sont altérés en se subdivisant et en s'alliant au reste de la population, à tel point qu'on retrouve à peine quelques-uns de leurs petits groupes primitifs. Le temps, de longues guerres soutenues en commun, la religion musulmane qui courbe ses sectateurs sous le même niveau, et surtout, depuis la fin de l'Empire romain, le manque de gouvernement, qui les a forcés à mener ensemble la même vie barbare, ont atténué et presque effacé chez tous ces hommes les dissemblances originelles. La langue populaire dont ils se servent, quand ils n'emploient pas l'arabe, est peut-être la preuve la plus frappante de cette étonnante confusion. Elle a des rapports grammaticaux très étroits avec l'ancien égyptien et l'hébreu, et comprend dans son vocabulaire, outre certains radicaux dont il est encore difficile de se rendre compte, des mots singulièrement divers, hébreux ou phéniciens, éthiopiens, latins, arabes. Elle est comme le miroir de leur histoire. Or elle est parlée, depuis l'oasis de Syouah jusqu'à Mogador, par toutes les tribus non-arabes qui n'ont pas été trop gravement altérées par l'invasion des Hilal et des Soleïm, et les dialectes dans lesquels elle se subdivise diffèrent peu les uns des autres. Ce n'est donc pas à des caractères de race, et encore moins aux caractères d'une race particulière, qu'on doit s'adresser, si l'on veut se rendre compte des mœurs actuelles des Africains. Il faut remonter, pour cela, vers une cause infiniment plus puissante et plus variée dans ses effets, à savoir la nature du pays dans lequel ils vivent, et qu'ils sont incapables de modifier.

L'Afrique se compose de montagnes où des familles, même très faibles, peuvent se fixer et se défendre, et de steppes à travers lesquelles les tribus les plus fortes sont forcées de se déplacer de pâturage en pâturage. Ils sont donc sédentaires ou nomades. Voilà ce qui les distingue avant tout. Là est le secret de leurs habitudes ; là est la raison principale de leurs manières d'être, des petites sociétés qu'ils ont formées, et de presque toutes leurs lois.

Sédentaires, ils se sont construit des villages semblables aux nôtres, dans lesquels ils ont tenu des assemblées régulières et organisé de petites républiques. Tout alentour, ils ont créé des jardins, planté des arbres, labouré des champs, et séparé leurs cultures par des limites ; ils ont ainsi connu les plaisirs et les charges de la propriété individuelle. Chacun de leurs petits groupes, ennemi de son voisin, a eu ses coutumes particulières qu'il a défendues énergiquement, même contre la religion de Mohammed, quand des marabouts trop zélés ont voulu les abolir au nom de la fraternité universelle des musulmans. Confinés dans des vallées étroites ou réfugiés sur des pitons inaccessibles, ils ont peu communiqué avec le reste du monde : superstitieux et ignorants, ils ont adoré des faiseurs de miracles, et n'ont jamais appris la langue du Coran. Enfin ils ont eu le loisir d'être industrieux : ils se sont appliqués à tisser des étoffes, à orner leurs poteries de curieux dessins, à décorer l'intérieur de leurs maisons, à fabriquer des armes, à travailler le bois et le fer.

Nomades, ils n'ont eu besoin que de savoir dans quels mois l'herbe pousse sur les pentes du Tell et dans le Sahara : montés sur de bons chevaux, ils suivent leurs troupeaux qui leur donnent en abondance du lait, de la viande, et de la laine avec laquelle ils achètent de l'orge. Ils n'ont ni maisons ni magasins ; ils possèdent la terre en commun, ou plutôt ils la méprisent, comptant que leur vaillance leur en assurera toujours assez dans les plaines infinies qu'ils parcourent. Ils n'ont pas de coutumes écrites : la loi musulmane, qui semble faite pour eux, car le Prophète a dit que le déshonneur entre chez l'homme avec la charrue, leur convient et leur suffit. Ils aiment à parler l'arabe qu'ils regardent comme une langue noble, et qui leur permet d'être compris sur tous les marchés qu'ils fréquentent. Sceptiques d'ailleurs et d'humeur joyeuse, comme tous les guerriers, ils ne donnent pas trop à la religion. Ils ne fabriquent rien, ni leurs selles, ni leurs armes, ni leurs tapis, ni leurs bandes de tente ; ils les achètent aux sédentaires.

Il y a plusieurs degrés entre ces deux manières de vivre ; il est même juste de dire que la plupart des tribus africains sont plus ou moins nomades, et plus ou moins sédentaires ; mais il faut avoir cette opposition toujours présente à l'esprit, pour bien expliquer l'Algérie contemporaine.

On peut débuter indifféremment par l'étude de l'un ou de l'autre de ces extrêmes, soit qu'on regarde la vie sédentaire comme la plus naturelle à l'homme, et qu'on pense qu'il se dégrade à mesure qu'il perd le goût du travail et l'amour de la propriété, soit au contraire qu'on considère, avec les Arabes et leurs historiens, (1) les sociétés nomades comme la source du dévouement, du courage, de la générosité, et de toutes les belles qualités humaines qui servent à fonder les grandes villes et les empires ; cependant l'Algérie a la bonne fortune de posséder des modèles si parfaits de la vie barbare sédentaire qu'ils sollicitent d'abord l'attention, et la captivent. Indépendamment de l'attrait parti-

(1) Ibn Khaldoun, *Prolégomènes*, trad. de Slane, vol. 1, p. 254, sq.

culier qu'ils nous présentent, parce que nous y trouvons, sous une forme élémentaire, ce que nous sommes habitués à admirer chez nous-mêmes, il n'est assurément rien de plus net, de plus complet dans son genre, de mieux fait pour être analysé avec précision, que l'organisation des Kabyles de la Grande Kabylie, des Chaouïa de l'Aourâs, et des Beni Mezâb.

1° Compris entre l'Ouâd Sahel et la mer, les Kabyles forment comme une nation à part dans le massif montueux qu'ils habitent, et dont ils ont hérissé les crêtes de villages coniques semblables à des forteresses. Ils peuvent descendre, pour une part, des Quinquégentans du Mons Ferratus qui tinrent tête au comte Théodose sous la conduite de Firmus, et de ces Nababes dont une inscription nous a révélé l'existence précisément dans la vallée du Sebaou. Ils ne sont pas sans avoir recueilli des débris de la colonisation romaine, si l'on ajoute foi aux Beni Ouaguennoun qui prétendent descendre des Romains de Tigzirt. Enfin ils comprennent une masse considérable d'immigrants venus de l'est, Zouagha ou Sanhadja, sans compter les petits groupes, soi-disant arabes ou marocains, qualifiés de fractions maraboutiques. En tout cas, ils sont fixés dans leur montagne au moins depuis le quatorzième siècle, car les noms de leurs tribus principales sont exactement les mêmes que ceux qu'Ibn Khaldoun nous a transmis.

2° Les Chaouïa du mont Aourâs ne sont pas moins bien délimités par les vallées, les plaines et les déserts qui entourent ce massif célèbre de Batna à Khenchela et de Biskra à Khenga Sîdî Nadjî. Ils seraient, à les en croire, à moitié Romains et à moitié Chananéens (Zenata). Il est fort possible qu'une partie de la population des villes antiques de la Numidie méridionale se soit réfugiée dans leurs hautes vallées pendant l'invasion des Vandales ; il est certain, d'après les dires des historiens et leurs propres traditions, que les Djeraoua qui battirent Hassan ben Noman et que les Beni Toudjîn, ancêtres des Amamra, étaient d'origine Zenatienne. Le nom même des Oudjana établis sur le Chellia est un équivalent de « Zenata ». D'après Ibn Abd el Berr, il y faudrait ajouter des Coptes. En tout cas, ils ont tous à peu près les mêmes usages, et ils vivent, pour la plupart, groupés autour de magasins fortifiés qui ressemblent aux villages des Kabyles.

3° La « Chebka » (1) du Mezâb est comme séparée du monde. Là, bien loin de Laghouat et de Biskra, dans un désert brûlant, s'élèvent cinq villes saintes, Ghardaïa, Beni Sgen, Melika, Bou Noura, El Atef, d'où se sont détachées deux colonies, Berrian et Guerara. Elles ont été bâties, à partir du douzième siècle, par des puritains persécutés dont les pères et les ancêtres avaient fertilisé l'Ouâd-Rhir, colonisé Ouargla, fondé Tiaret, et livré plus d'un combat aux premiers envahisseurs arabes. Des « Orientaux » du djebel Nefousa, des « Occidentaux » du sud du Maroc et de l'oasis de Figuig, des fugitifs accourus de la montagne des Beni Rached (Djebel Amour), du pays de Qastîlia (Djerîd tunisien), et mêmes des plaines de la Numidie centrale, sont venus les accroître. Tous ensemble ont creusé des puits, planté des palmiers, ouvert des marchés, et il en est résulté, une fois de plus, un curieux mélange de races, dans lequel cependant le sang zénatien prédomine. Leurs villes sont non-seulement plus prospères, plus grandes, plus propres, que les villages des Chaouïa et des Kabyles, mais encore l'organisation en est plus complexe, et peu s'en faut qu'elles ne ressemblent exactement aux nôtres.

Il y a longtemps déjà que la lecture du grand ouvrage de MM. Hanoteau et Letourneux, bien qu'il n'y soit traité que des Kabyles, m'a montré tout l'intérêt qu'offrirait une

(1) Filet, terrain raviné profondément et en tout sens.

étude de ces trois groupes si bien disposés pour être analysés séparément, puis comparés l'un avec l'autre. MM. Hanoteau et Letourneux ont ouvert la voie à tous les chercheurs, et même à tous les hommes politiques, qui prennent souci de l'Afrique sédentaire ; leur livre est bien fait, complet en son genre, d'une parfaite exactitude, et je m'honorerais de me dire leur disciple. Ensuite, plusieurs voyages personnels, que je dois au moins mentionner pour justifier une partie des affirmations qui vont suivre, m'ont permis d'apprécier par moi-même toute l'importance du sujet, d'en mesurer l'étendue, et d'en aborder quelques parties.

J'ai vu la Kabylie pour la première fois en 1873, quand elle venait d'être reconquise, encore frémissante et presque intacte, car le gouvernement militaire avait changé peu de chose à son organisation. J'y suis retourné souvent, et j'y ai séjourné pendant trois mois en 1882, quand M. le Ministre de l'Instruction publique a bien voulu me confier les études préliminaires qui ont eu pour résultat la création des écoles de Beni Yenni, Tizi Rached, Mira, et Djemâat Sahridj. J'ai visité un à un presque tous ses villages.

J'ai habité l'Aourâs pendant deux ans, chargé d'y étudier les vestiges de l'antiquité romaine, les coutumes, les traditions, et les dialectes des Chaouïa. J'en connais toutes les vallées, et j'ai même visité tout le pays environnant, jusqu'à Zaatcha d'une part, et jusqu'à Negrîn de l'autre.

Je suis resté dans la Chebka du Mezâb pendant près de trois mois, quand ce pays n'était pas encore réuni à la France. J'ai obtenu des Clercs qui en gouvernaient alors les villes certains ouvrages de jurisprudence, d'histoire, et de controverse religieuse, qu'ils avaient tenus secrets jusque là, et j'ai mis à profit la lenteur de cette négociation pour étudier le mieux possible le Mezâb lui-même.

Or, parmi les sujets d'étude dont j'ai réuni les éléments, il en est un auquel je me suis d'abord appliqué de préférence, à savoir l'organisation des petites cités dans lesquelles j'ai passé de si longues journées. J'ai cherché à en connaître les rouages, à en noter les dissemblances, à déterminer la loi qui préside à leur formation, et j'ai cru voir qu'elles procèdent, indépendamment de toute idée religieuse, du désir qu'ont naturellement les hommes de s'assurer la plus grande part possible de liberté personnelle, que loin d'être un prolongement des institutions étroites de la famille, elles se développent en dehors d'elles, et leur sont même contraires dès le premier moment de leur existence, qu'elles sont constituées, en général, sur un seul et même modèle, que leurs codes rudimentaires sont à peu près identiques et tournés vers le même but, et qu'elles sont toutes gouvernées par des assemblées moins démocratiques en réalité qu'en apparence, mais qu'en même temps, par suite de diverses causes locales, les unes sont restées confinées dans les limites étroites de très petits villages, tandis que les autres, s'unissant à quelques-unes de leurs voisines, sont parvenues à former des cités d'un ordre supérieur dans lesquelles leurs éléments premiers ont presque disparu. C'est par ce dernier trait que le Mezâb diffère de la Kabylie, qui elle-même diffère de l'Aourâs. Le lecteur de ce petit volume appréciera la valeur de mes recherches. Je souhaite seulement, en terminant, que les quelques mots arabes ou africains dont j'ai dû me servir, et qui ont le défaut d'être moins connus que les mots grecs ou latins correspondants, ne nuisent pas à la clarté de mon exposition.

I.

CARACTÈRES ESSENTIELS DES CITÉS DE LA KABYLIE, DE L'AOURAS ET DU MEZAB.

Principes de ces sortes de cités : l'individualisme et l'amitié libre. En quoi elles s'opposent aux familles. La horma (l'honneur); la anaia (l'assistance); le mechmel (le bien communal); les fêtes publiques; la djemaa (l'assemblée publique) démocratique ou aristocratique suivant les lieux, mais le plus souvent aristocratique; le kanoun (la loi). Formation des kanoun. Exemples de kanoun du Mezâb, de l'Aourâs et de la Kabylie.

PRINCIPES DE CES SORTES DE CITÉS.

Chez nos Africains sédentaires, la famille née de la guerre, constituée par la nécessité de vivre au milieu des luttes qui déchirent les peuples privés de gouvernement, composée tantôt de descendants d'un seul ancêtre, tantôt d'individus de provenance diverse, tantôt d'un groupe principal et de fractions qui sont venues s'y souder, intimement unie par les dangers dont tous ses membres sont menacés, incapable de subsister sinon par l'humble dévouement des faibles autant que par le courage des forts, met tout en commun, richesse et pauvreté, douleur et joie, et doit être, sous peine de périr, ordonnée comme un régiment, disciplinée comme un équipage. La liberté individuelle y est inconnue. L'individu n'est qu'un grain de ce bloc de granit, une partie minime de cet être presque vivant, dans les veines duquel un seul et même sang coule ou est supposé couler. L'individu y porte un nom commun, n'y jouit que d'un bien commun, n'y a qu'un intérêt commun, qu'une vie commune (1). Le jour où sa famille frappée par une famille voisine le choisit pour son exécuteur, il faut qu'il tue, et, s'il est tué, sa mort est un dommage aussi grand pour ses cousins que pour son père. Usufruitier, jamais propriétaire, sinon d'objets de mince valeur, il ne peut tester qu'en faveur de sa famille, et sous la surveillance de ses proches parents qui le traitent comme un mineur. Que dire de la femme ? Egale de l'homme en principe, elle est astreinte à le servir, parce qu'il faut que la maison soit tenue pendant que les guerriers combattent, veillent ou labourent, et c'est elle qui remplit les vides que la vieillesse ou les balles font parmi les hommes. Son devoir est, double et d'une rigueur extrême, en dépit de ce que la coutume a pu faire pour l'alléger.

Mais on ne peut concevoir l'Afrique, ni aucune autre région du monde civilisé, comme couverte uniquement de familles isolées. Il faut que ces petits états se dissolvent peu à peu et donnent naissance à des sociétés nouvelles dont l'esprit leur est contraire. En effet, l'individu ne saurait périr. Quelque grave et persistant que soit le désordre général dont il redoute les suites, quelqu'étroitement discipliné que soit le groupe dans lequel il s'est réfugié, aurait-il renoncé de cœur et de bouche à tous ses droits pour éviter la mort qui l'aurait frappé partout ailleurs, il échappe toujours par quelque endroit, et saisit l'occasion d'agir en homme libre, dès qu'il croit le pouvoir faire sans léser les intérêts ni l'honneur de ses frères. Les relations commerciales qui commencent par l'échange des produits du travail personnel, lui en offrent le moyen à chaque instant de sa vie. S'il n'est pas sollicité par le lucre, au moins le besoin le pousse un jour, hors de sa famille, vers un homme sorti comme lui du hameau voisin.

(1) Hanoteau et Letourneux, *La Kabylie et les coutumes Kabyles*. vol. II.

Il en résulte des contrats qui se renouvellent et se multiplient. Les combats font place aux trèves ; un ancien champ de bataille devient un marché. Bientôt des associations se forment, non seulement commerciales, mais agricoles. Un homme qui possède dans sa famille plus de terre qu'il n'en peut labourer avec ses bœufs s'associe avec un de ses voisins d'une autre famille qui se trouve dans une condition contraire, ou bien deux laboureurs, également pourvus des deux parts, s'entendent pour défricher un terrain vague : l'un fournit la semence, l'autre les instruments. Ils opèrent avec plus de sécurité qu'ils ne le feraient seuls dans leurs familles réciproques ; car leur œuvre étant indivise jouit d'une protection double. En cas de guerre, leur champ commun serait le dernier ravagé. L'amitié naît enfin. L'étranger de la veille devient un hôte qui franchit quand il lui plaît, confiant et sans armes, la palissade du hameau. Sa personne est alors sacrée. Des mariages achèvent et scellent ces alliances privées. La jeune fille est, il est vrai, comme perdue pour sa famille quand elle se marie à l'étranger et l'usage est même resté dans le Mezâb de simuler un combat pour la défendre. Les amis du père accueillent ceux du mari par une salve de tromblons chargés à poudre, et la bande qui doit être victorieuse compte toujours quelques brûlures. Cependant la nature crée des liens durables entre les gendres et les beaux-pères, et malgré le proverbe kabyle qui veut que « les pires conseils soient ceux de l'oreiller », ces unions contribuent grandement à la paix : on a vu des femmes africaines se jeter, comme les Sabines, entre leurs pères et leurs époux prêts à se combattre. Il se forme ainsi, en dehors de deux familles dont les membres communiquent de leur plein gré, une infinité de relations qui s'entrecroisent. C'est comme un tissu qui s'étend entre elles, sans cesse accru de fils nouveaux, sans cesse épaissi.

Il n'est bientôt personne dans l'une qui ne compte un ami dans l'autre, et tous les intérêts, toutes les affections de ces individus se confondent tellement à la longue qu'on n'en saurait plus faire le partage. Alors, et c'est là le signe de l'union absolue, les nouveaux amis enterrent leurs morts ensemble. Ces hommes, dont la sympathie libre a créé un monde nouveau, ne se sépareront plus.

Les membres d'une troisième famille, puis d'une quatrième, entrent l'un après l'autre dans cette société encore indécise, ou bien c'est en même temps que les hommes de quatre ou cinq familles diverses confondent leurs intérêts. Toutefois cette fusion est promptement circonscrite, parce que la même loi, qui forme un groupe nouveau, en produit alentour plusieurs autres semblables, et que tous ces groupes, loin de se rien céder, se considèrent avec méfiance comme les familles isolées de la première heure.

Ainsi naît la cité chez nos Africains sédentaires, quelque nom qu'elle porte, *Taddèrt* chez les Kabyles, *Thaquelèth* dans l'Aourâs, *Arch* chez les Beni Mezâb, *Tireremt* au Maroc ; elle n'est composée que d'individus, elle ne connaît que des individus, elle ne protégera et ne punira que des individus. Quel que soit le nombre de ses membres, ne serait-il que la somme des jeunes gens et des hommes de deux familles, elle a, dès qu'elle se forme, ce caractère d'être l'expression d'énergies individuelles. Nous la verrons bientôt s'organiser pour vivre ; elle se manifestera par la réunion de ses guerriers ; elle sera gouvernée par un sénat ; ici elle se rédigera tout un code ; là elle se contentera de règlements rudimentaires ; en principe et partout, elle sera un concert de volontés libres, tandis que la famille consistait dans l'abandon de la personnalité. Anticipant sur ce qui doit suivre, je n'en sais pas d'exemple plus éclatant que la Djemâa kabyle, qui n'admet pas même la prépondérance d'une majorité, grave défaut sans doute, mais preuve évidente de l'égalité essentielle de tous les hommes qui la constituent. Dans la plus petite de ses cités le barbare oubliera par instants ses liens de sang, les droits et les devoirs que lui imposent les haines et les vengeances de ses frères naturels ; il concevra un état définitif, dans lequel il puisse être affranchi de leurs exigences et de leur intervention continuelle ; il sentira qu'il est maître de lui-même ; enfin il parlera librement devant des hommes qui n'auront d'autorité que celle qu'il leur aura accordée, et ne pourront lui imposer silence que s'il y a consenti. La cité est par essence si libérale, qu'elle recevra quelquefois dans son sénat la femme même, quand l'âge l'aura délivrée de la tutelle pénible que la maternité lui imposait.

Plusieurs causes secondaires contribuent à la formation des cités africaines, mais aucune d'elles n'est suffisante exclusivement. La moins décisive est peut-être, en dépit de certaines théories, la nature du lieu dans lequel les familles se sont fixées. Sans doute une vallée étroite et fermée par un étranglement, un piton aux pentes raides à peine relié par une chaussée aux hauteurs voisines, un plateau de quelques mètres entouré de falaises verticales, séparent leurs habitants du reste du monde, et les invitent à s'unir : on ne concevrait guère des familles vivant isolées dans une *Ouldja* (1) de l'Ouâd el Arab, dans la déchirure du Djurdjura qu'occupent les Aït ou Aban, sur la pointe de Taberdega, sur le rocher de Moummo, ou sur la Kâlaa des Beni Abbàs ; mais ces formes de la nature sont exceptionnelles. Les vallées et les montagnes sont presque toutes assez longues ou assez larges pour qu'une population peu nombreuse y vive disséminée, et même les lieux abruptes et perdus dans des cantons

(1) Dépression généralement cultivée. Cf. Masqueray, *Le Djebel Chechar* (Revue Africaine).

sauvages ont pour rôle moins de confondre des familles qui s'ignorent que de recevoir des confédérations déjà formées. Si une famille unique s'y établit d'abord, il est évident qu'elle n'accueille auprès d'elle que des alliés. Cette sorte de voisinage peut resserrer, mais ne crée pas l'amitié. Nous savons positivement que les familles qui sont aujourd'hui groupées dans le village de Taourirt Mimoun des Beni Yenni habitaient d'abord le flanc de leur montagne, et ne se sont réunies au sommet qu'après s'être associées ; il en fut de même des premières familles ibâdites qui fondèrent la Tafilalet de Beni Sgen et les autres villes fortes de l'Ouâd Mezâb. Mille exemples de ce genre, non pas choisis, mais recueillis au hasard dans toute l'Afrique, réduiraient à peu de chose la part de la topographie.

Vient ensuite la communauté de race ou de provenance. Les Aoulad Abdi, les Touaba de l'Aourâs, et quelques villes de l'Ouâd Mezâb, nous montrent clairement ce qu'il faut en penser.

Les Aoulâd Abdi se prétendent tous descendants de Bourk, romain, et doivent peut-être leur cohésion à cette antique parenté. Cependant, le lien qui les unit s'est rompu plus d'une fois avant qu'un ordonnateur inconnu, leur eût imposé l'organisation curieuse dont nous parlerons plus loin. Contiguës à l'Abdi sont Menâa et Nara, deux villes, dont la première est assez considérable : toutes deux se vantent de la même origine, et revendiquent à leur tour Bourk pour leur ancêtre ; or, non seulement leurs constitutions étaient tout à fait différentes de celles des Aoulad Abdi, mais encore elles s'étaient combattues jusqu'à nos jours avec un acharnement extraordinaire. Dans l'Ouâd Mezâb, les Aoulâd ba Ismaïl et les Aoulâd ba Alouân, bien que venus presque ensemble du Sahara de Ouargla après la ruine d'Isedraten, ne se sont pas établis sur le même point, et n'ont même conservé aucune relation. Les Aoulâd ba Alouân se sont unis à une partie de la population de Ghardaïa ; les Aoulâd ba Ismaïl, dont le nombre était plus considérable, se sont subdivisés et se trouvent aujourd'hui à Beni Sgen, à Bou Noura et même dans une fraction de Ghardaïa, qui n'a d'ailleurs rien de commun avec les Aoulâd ba Alouân (1).

On pourrait aussi se demander si, les familles africaines étant pour la plupart étrangères aux lieux qu'elles habitent, ces groupes n'auraient pas été formés par l'esprit de conquête. La cité africaine ne serait plus qu'un fait historique, et la constitution sociale de l'Afrique entière serait alors expliquée : car il n'est pas de contrée qui ait présenté pendant de plus longues périodes un spectacle plus confus de tribus entrechoquées, envahissantes et envahies. Sans rappeler Hassan ben Noman (2) qui transporta près de Tanger les peuplades guerrières de l'Aourâs septentrional, ne faisant en cela qu'imiter Maximien Hercule et Hamilcar, on a pu voir, au moyen âge, toutes les tribus qui avaient accepté l'Ibâdisme dispersées par les Ketama Chiites. Ces Ketama, qui jouaient près du Mahdi Obaïd Allah le même rôle que les Ostrasiens près de Charlemagne, partirent pour l'Egypte en très grand nombre, laissant la place libre à leurs voisins, les Sanhadja. Ces derniers se répandirent dans toute l'Afrique septentrionale ; et en même temps des Zenata, qui s'étaient tenus jusque-là sur la bordure désertique envahirent les anciennes Maurétanies Tingitane et Césarienne. Les dominations des Almoravides et des Almohades, la formation et le démembrement des royaumes de Fez, de Tlemcen et de Tunis ont produit du douzième au seizième

---

(1) Voy. nos études sur les Aoulâd Abdi, les Aoulâd Daoud de l'Aourâs, et sur les Mozabites, citées ci-dessus dans la Bibliographie.
(2) Voy. Ibn Khaldoun, *Hist. des Berb.*, vol. I.

siècle des courants puissants, des transports continuels, dans ces masses de peuplades, dont la seule nomenclature effraye l'imagination. Si nous considérons une région déterminée, le plateau de Nememcha, par exemple, désert depuis la ruine et la dispersion des colons romains, a été disputé sans cesse et jusque sous nos yeux par des tribus d'origines différentes. Dans la plaine des Harakta, ce ne sont que gens venus de l'ouest, fugitifs de l'Aoûras pour la plupart; dans l'Aoûras occidental, les Aoulâd Azzîz ont été expulsés par les Aoulâd Zeîan, envahisseurs arabes, mais eux-mêmes en avaient chassé quelque autre tribu, et c'est à peine si l'on trouve une trace des Haouara et des Aou Adça qu'Ibn Khaldoun y a mentionnés. De nos jours, les Aoulâd Abdi avaient peine à se défendre contre les Aoulâd Zeîan, quand nous sommes intervenus. En Kabylie, au milieu de ce Mons Ferratus (1) qui semblerait avoir dû être une réserve inviolable, personne ne se dit autochtone (2) : les Gaouaoua ont même un souvenir confus de la population primitive qu'ils y ont vaincue et peut-être absorbée. Dans ce désordre universel, nous n'avons pas à tenir seulement compte des nations et des tribus, mais encore et surtout des clans détachés, des petites familles que la nécessité ou le caprice ont dispersées dans mille sens divers. Rapprochées pêle-mêle, comme des compagnies de différentes armes sur des terres nouvelles, il leur aura fallu s'unir pour lutter contre les propriétaires anciens qu'elles dépossédaient. De là seront résultées des relations d'amitié, des associations, des mariages entre les individus dont elles étaient composées. Si d'autres sont venues ensuite et ont arraché quelque lambeau de terre à ces conquérants, elles ont dû se grouper à leur tour en

---

(1) Voy. dans Ammien Marcellin l'expédition du comte Théodose en Afrique. Cf. Berbrügger, *Époques militaires*, etc.
(2) Meyer. *Origine des habitants de la Kabylie* (Rev. Af.).

obéissant à la même loi. Toutes les cités d'un territoire seraient ainsi nées d'une série d'oppositions. J'avoue que cette conception suffirait à nous expliquer la formation d'un grand nombre de villages et de tribus sédentaires ou nomades. Ainsi, les principales fractions des Nememcha et des Harakta citées ci-dessus, qui embrassent plusieurs familles très diverses, résultent certainement des chocs extérieurs qui les ont comme cristallisées. Cependant, on s'exposerait encore à de graves méprises, si l'on n'admettait pas là comme ailleurs une infinité d'exceptions. On voit souvent des familles venues ensemble en pays étranger se diviser au lieu de s'unir quand elles se trouvent en présence, non pas d'un seul groupe, mais de deux établis avant elles, les unes se joignant à l'un, les autres à l'autre; et ce fait lui-même, bien qu'il soit fréquemment constaté, ne saurait servir de règle; car il se peut que les deux groupes premiers, se trouvant suffisamment équilibrés, ne consentent pas à s'accroître. Alors les nouveaux venus s'unissent entre eux et jouent le rôle de conciliateurs. Le Mezâb, auquel je préfère recourir, parce que j'y ai recueilli des documents écrits sur lesquels l'histoire s'appuie plus solidement que sur les traditions orales de l'Aourâs et de la Kabylie, nous offre un exemple intéressant de ces combinaisons. La ville actuelle de Beni Sgen a été fondée d'abord par des familles (Aoulâd Bessa ben Salah, Aoulâd Ismaïl, Aoulâd Kacem ou Amar) venues immédiatement du village fortifié de Mourki, mais antérieurement d'Isedraten. A côté de ce groupe, des familles de Melika, originaires de l'ouest (Aoulâd Ouinten, Aoulâd Bakli, Aoulâd Doudou), en ont formé un autre. Le premier porte le nom général d'Aoulâd Idder, le second celui d'Aoulâd Mouça. Plusieurs familles étrangères, désireuses de se fixer à Beni Sgen, ont accru soit les Aoulâd Idder, soit les Aoulâd Mouça, de manière à les rendre à peu près égaux en nombre ; ensuite, d'autres étrangers, Aoulâd ba Ahman, Aoulâd Addoun ben Aïssa, Aoulâd Khaled, Aoulâd ba Mhamed, Aoulâd Fadel, se sont agglomérés à Beni Sgen sous le nom commun d'Aoulâd Anan. La plupart sont Cheurfa. Leur rôle tout pacifique a été de prévenir les querelles entre les Mouça et les Idder.

Il serait aisé de multiplier ainsi les contradictions et d'accumuler les difficultés, pour démontrer qu'en pareille matière aucune solution tirée des idées de lieu, de race, ou de temps, ne doit être reçue de confiance. Peut-on fortifier ces sortes de causes l'une par l'autre, c'est-à-dire faire appel tout ensemble aux conditions géographiques, aux origines, et à l'histoire ? Mais dans quelle mesure ces éléments se combinent-ils entre eux, et ne doit-on pas craindre de tomber là dans une multitude de faits particuliers, d'où l'on risquerait de ne rien conclure après de longues controverses ? Il me semble plus sage de s'attacher, pour expliquer les cités africaines, à cette cause universelle, permanente, humaine et parfaitement simple, que l'individu tend sans cesse, dans quelque situation qu'il se trouve, à user de sa liberté et à témoigner de sa sympathie envers ses semblables. C'est de là qu'elles sont nées, dans le Djurdjura, dans l'Aourâs, dans l'Ouâd Mezâb, dans le Deren, aussi bien, je pense, que toutes leurs sœurs, dans l'Europe gréco-latine et germanique.

LA HORMA, LA ANAIA. LE MECHMEL, LES FÊTES PUBLIQUES.

Dès sa première apparition, la cité affirme sa supériorité sur les familles, et nous en avons un curieux témoignage linguistique. Tant que la famille est considérée isolément, et qu'on ne parle d'elle que comme d'un groupe sans rapport avec quoi que ce soit, il n'est pas de nom pour elle dans les dialectes africains : on dit simplement « les gens »,

Aït, Ahel, avant un nom de lieu, de plante, ou d'homme. Ainsi Ahel el Qçar (les gens du château), Ahel Tezzoulet (les gens du genêt), Aït el Hadj, Aït Mansour. Dans ce dernier cas nous traduisons avec raison *Fils* d'El Hadj, *Fils* de Mansour, car cette dénomination correspond inversement à la patronymie grecque en *idès*. Je ne sais que peu d'exceptions à cette règle. Il n'en est plus de même quand la famille est considérée par rapport à la cité. Alors on la désigne, en tant que forme sociale, par un nom commun précédant le nom propre. L'arabe *refga* (compagnie), employé dans un assez grand nombre de tribus, et l'arabe *hachira* (rassemblement) usité surtout au Mezâb, sont des mots encore assez vagues ; mais en revanche certains noms que les Kabyles du Djurdjura et quelques tribus marocaines ont conservés, sont singulièrement expressifs. Les Kabyles disent « *Kharrouba* », par une comparaison tirée du règne végétal. Une *Kharrouba* est proprement une des gousses qui pendent aux branches du caroubier, et sont remplies de graines. Les graines sont assimilées aux individus, et la kharrouba à la famille ; la branche est la cité. Les Aïd Messad du Deren disent *ires*, « os », au lieu de *kharrouba* ; si on leur demande combien un de leurs villages comprend de familles, ils répondent : tel *arerem* (1) a tant d'os (*iresan*). Ce genre de comparaison se rencontre d'ailleurs chez les Arabes purs, qui expriment par les mots « veine, cuisse, ventre », des sociétés successives et de plus en plus larges. N'est-ce pas là signifier que la cité est une personne véritable ayant sa vie propre, son action distincte, son rôle nettement tranché, et que les familles, aux dépens desquelles elle se constitue, ne sont que les instruments de sa volonté ?

Son premier soin est d'exiger le respect. Quiconque

---

(1) Village. On retrouve ce mot au Mezâb.

attente par un acte de violence à la liberté et à la sécurité des individus que son devoir est de protéger, encourt sa colère. Son honneur (*horma*) ne fait qu'un avec le bon ordre ; elle est plus ou moins honorable suivant qu'elle n'est pas ou est divisée par des querelles intestines. Cette horma se superpose aux hormat des familles (kharroubat), et de là résulte la pénalité mixte qui n'est pas le trait le moins remarquable des sociétés africaines ; mais elle ne se confond pas avec elles ; encore moins en est-elle une résultante, et ce qui le prouve est qu'elle peut être lésée gravement sans que les kharroubat paraissent intéressées. Ainsi quiconque introduit l'ennemi dans la cité par trahison commet le plus grand des crimes, mais n'est responsable qu'envers la cité ; c'est la cité, et non pas sa kharrouba, ni quelque autre, qui le condamne à la peine de mort. Toutes les mesures d'ordre qui doivent assurer la conservation de la cité sont prises sans que les kharroubat, qui d'ailleurs en profitent, aient à intervenir. Bien plus, il est certains cas où l'honneur des kharroubat le cède à celui de la cité, sans conflit, et par suite d'une discipline toute naturelle. Si, par exemple, l'honneur d'une kharrouba exige qu'elle se venge de sa voisine par une représaille violente ou même par un assassinat, la cité s'interpose immédiatement, parce qu'il en peut résulter un désordre public et de graves dommages pour les individus ; des pourparlers s'engagent, des compensations sont offertes et souvent acceptées, et la terrible *reqba* (vendetta) est au moins restreinte. La horma de la cité n'est pas davantage une somme de hormat individuelles. Un village n'aura pas plus de *horma* qu'un autre, parce qu'il renfermera un plus grand nombre d'individus puissants, jaloux de leurs droits, gardiens scrupuleux de leur honneur et de leur considération personnelle, mais uniquement, parce qu'il sera mieux ordonné. Le fait est certain ; on peut même observer que les individus ont d'autant plus d'honneur personnel que la cité à laquelle ils appartiennent jouit d'une paix plus profonde et plus sûre. Ainsi, récemment encore, quand des dissensions éclataient dans une ville mozabite, les habitants s'en regardaient d'abord comme déshonorés, et ceux de Beni Sgen étaient fiers entre tous parce que Beni Sgen, douée d'une constitution heureuse, inviolée par les Arabes, faisait toujours régner l'ordre dans son enceinte. Cette vérité serait au besoin confirmée par un passage des « Prolégomènes » (1), dans lequel Ibn Khaldoun critique la définition qu'Aristote a donnée de la noblesse. « On n'est pas noble, dit-il en substance, parce qu'on descend directement d'ancêtres qui se sont illustrés par leur vaillance ou ont occupé de hauts emplois, mais parce qu'on fait partie d'une tribu (cité) dont tous les membres sont demeurés intimement unis depuis une haute antiquité. » Rien ne fait mieux comprendre la *horma* que cette page remarquable, qui d'ailleurs peut expliquer l'attitude tout à fait noble de beaucoup de nos indigènes pauvres et sans naissance.

La *horma* a pour conséquence immédiate la *Anaia* (assistance). Exactement comme la famille, la cité accorde sa protection au fugitif, au voyageur, et même impose la paix à ses voisins au risque d'une guerre, si son influence est méconnue. Cette générosité a toujours fait honneur aux Africains ; mais s'il est très naturel qu'une famille accorde sans discussion son *Anaia*, parce que tous ses membres, liés par une étroite parenté, se décident comme une seule personne, il est admirable qu'une société composée d'individus s'engage tout entière à courir les plus grands dangers pour un motif qui semble quelquefois futile. La cité n'hésite jamais cependant, parce qu'elle prouve par là la solidarité

(1) Partie I, p. 282.

de tous ses membres : aux yeux d'un observateur exact, il y va pour elle de l'honneur. Il est vrai qu'elle ne se jette pas dans le péril à la légère. Faut-il protéger un voyageur, elle s'enquiert du but de son voyage, de ses parents, de ses dettes de sang surtout. Faut-il intervenir entre deux partis, elle paraît juste au moment où le vaincu allait invoquer une main secourable, et où le vainqueur commençait à regretter ses pertes, sachant bien que, dans une circonstance pareille, ce bon office lui sera rendu. Quoi qu'il en soit, son anaïa est tellement prépondérante vis-à-vis de celles des kharroubat qu'elle les anéantit presque. Dans les rapports qu'elles soutiennent entr'elles, les kharroubat d'une seule et même cité n'ont point de raison sérieuse d'exercer leur anaïa. Elles n'ont personne à protéger en particulier l'une contre l'autre. A l'extérieur, la anaïa d'une kharrouba se confond avec celle de la cité. C'est là surtout que la personnalité de cette dernière éclate avec une singulière netteté, et communique à l'individu, suivant les cas, une force immense. Il est à peu près sans exemple que la anaïa accordée par un Kabyle n'ait pas engagé tout son village. Le plus pauvre dispose ainsi d'une centaine de fusils toujours prêts à « parler », si un voyageur, ou même un inconnu qu'il protège, a été insulté.

Il est très rare qu'une kharrouba ait une caisse, plus rare encore qu'elle ait un *Mechmel* ; par ce dernier mot il faut entendre un « bien communal ». La caisse de la kharrouba est la fortune collective de tous les frères et parents qui la composent. A quoi bon faire une réserve pour des besoins imprévus ? On s'entraidera, on continuera de courir même fortune dans les mauvais comme dans les bons jours. Il n'en est pas de même dans la cité. Les individus qui forment cet état rudimentaire le considèrent déjà comme une providence qui assumera quelques-uns de leurs devoirs, moyennant une subvention légère. Ils lui abandonnent

l'instruction des enfants, l'entretien de la voirie, la réparation des bâtiments publics, la fourniture des munitions et des vivres en temps de guerre, les frais de réception des étrangers, certaines fêtes enfin, qui consacrent la fraternité des citoyens, fêtes joyeuses ou funèbres, très semblables à celles de nos villages de France. Il faut même qu'elle rétribue des fonctionnaires, dont le premier est le maître d'école, secrétaire du conseil dans la plupart des villages kabyles, et le dernier l'agent de police des villes mozabites, véritable *servus publicus*. Or elle n'y peut subvenir que si elle dispose de quelque biens, auxquels s'ajoutent, il est vrai, les amendes, les impositions, et les dons volontaires. La ressource des amendes est réduite chez les Mozabites par l'influence des Clercs qui considèrent cette peine comme contraire à la religion ; elle avait même complètement disparu de la savante et rigide Beni Sgen. En revanche, elle est exploitée dans certains villages kabyles avec un soin dont l'administration la plus tracassière du monde serait jalouse. « Celui qui dit à un autre, « grison comme un san-
« glier », paye deux réaux d'amende. Celui qui rencontre un
« chien ou un chat emportant un morceau de viande et le lui
« arrache, doit rendre cette viande au propriétaire ; s'il ne
« la rend pas, il paye quatre réaux d'amende. La femme qui
« s'arrête au milieu de la rue du village paye une amende
« de 1/8 de réal. Celui qui écoute aux portes paye un réal. »
La naissance, la circoncision, l'admission dans l'assemblée, presque tous les actes importants de la vie, les donations, la mort même, sont imposés par la cité. Nous trouvons là tous les germes de nos frais d'actes, et de nos frais d'enregistrement. Quant aux dons volontaires, ils ne sont pas seulement reçus, mais provoqués avec une audace dont on ne peut s'empêcher de sourire. Afin que nul n'en ignore, la cité décrète que chacun est libre de lui donner autant qu'il

le veut. Si un particulier s'engage par un mouvement excessif de générosité, il ne peut reculer. Ses parents ne sont pas reçus à intervenir. Ici reparaît l'opposition de la cité et de la famille : la cité l'emporte toujours.

Quel intérêt mesquin pourrait d'ailleurs tenir contre la sympathie dont le courant entraîne tous les individus vers ce monde supérieur, amour universel qui comprend et multiplie les unes par les autres mille affections, mille joies secrètes, et qui mérite bien le beau nom de patriotisme? Il suffirait, pour couper court à l'égoïsme, que tous les citoyens, menacés dans leurs plus chers intérêts, fussent descendus une seule fois, côte à côte, à la rencontre de l'ennemi, partageant les mêmes dangers, et fiers ensemble d'une victoire. La patrie préservée, l'honneur sauvé, l'Arabe ou le Roumi fuyant dans la plaine, en voilà certes bien assez pour qu'on ne refuse pas au moins d'acheter de la poudre en commun. Il est encore d'autres fêtes, moins périlleuses et plus fréquentes, dans lesquelles nos Africains s'élèvent tout autant au-dessus des intérêts vulgaires, fêtes anciennes, mutilées, incomplètes, qui subsistent dans une contrée et ne paraissent plus dans une autre, mais qui toutes ont ce caractère d'être absolument civiles, c'est-à-dire de réunir les habitants de chaque village dans une pensée commune. Telles sont les *Timcherout* des Kabyles. Dans leurs petites cités, quand les amendes et les donations ont produit une somme suffisante, on achète un bœuf ou des moutons, et on en divise la chair par portions égales entre toutes les maisons. Cet usage est peut-être un souvenir des sacrifices antiques, et présente une ressemblance frappante avec les banquets publics de Sparte. Le premier résultat d'une telle communion est de fortifier les plus débiles, ceux qui ne mangent guère que de l'orge et des glands; elle rappelle à tous qu'ils font partie d'une famille supérieure à celles qui leur ont donné naissance;

elle est enfin une cérémonie symbolique : la portion de viande de la timecheret engage le citoyen qui l'a reçue comme la participation à l'égorgement du taureau engageait les initiés au culte de Mithra. A Menâa, dans l'Aourâs, la grande fête publique est la fête du printemps, païenne ou chrétienne, occasion de démonstrations solennelles en faveur de la concorde, au moment où, l'hiver étant passé, de nouvelles relations vont se nouer avec l'extérieur. L'année s'ouvre, brillante et pleine de promesses dans ce canton fertile : nul ne peut garder sa joie dans son cœur. On sort de la ville dès le matin, par un beau jour de février, hommes, femmes, enfants mêlés, au son des flûtes. Tous doivent être à jeun. Ils se dirigent en procession vers la montagne voisine, ils y cueillent des fleurs et des herbes vertes, puis chaque famille rentre dans sa maison. Après le repas, les femmes se réunissent, chantent, dansent et jouent à la balle ; les hommes, de leur côté, font parler la poudre. Ces divertissements durent au moins trois jours, et les détails en sont réglés par la tradition : ainsi les chants et la danse qui commencent dès le matin, doivent cesser vers trois ou quatre heures du soir. Le Mezâb a gardé la Fête des Morts. Ses tombeaux élevés au-dessus du sol, bâtis et alignés comme des monuments mégalithiques, sont encore couverts de bouteilles d'argile qui reçoivent parfois des libations funéraires en dépit de l'islamisme. Les saints, protecteurs de leurs fidèles, occupent au milieu du cimetière une place élevée. C'est là que le peuple se réunit à certains jours avec ses clercs. Des négresses apportent sur leurs têtes des plateaux de bois chargés de farine et de viande. Les clercs assis en cercle psalmodient. Le repas qui suit les chants, pris en silence, est un véritable banquet funèbre. J'ai assisté, par occasion, à une de ces réunions pieuses près de Ghardaïa. J'étais assis sur un tertre sablonneux, assez loin de la foule évidemment surprise de me voir assister à la manifestation de ses sentiments les plus délicats et les plus intimes. J'ai gardé un souvenir ineffaçable de cet « acte de foi », de ce lieu aride inondé d'une lumière ardente, de ces prêtres drapés dans leurs étoffes blanches au milieu des tombes, de ce peuple rangé en dehors sur la pente d'une colline, attendant la fin des prières et la bénédiction demandée à Allah pour les vivants et les morts. Que de coutumes antiques, modifiées l'une par l'autre depuis les temps les plus reculés jusqu'à nos jours, paraissaient encore ou se laissaient deviner là, pour attester la profondeur, l'éternité du sentiment qui crée, soutient, aliment la cité, même dans une chobka pierreuse du Sahara ! Commu n trait de lumière parti d'un foyer immortel, la fraternité o le passe à travers les âges, les sociétés et les religions, en se colorant de teintes diverses, mais demeure toujours la même en tous lieux ; et là elle se manifestait avec une netteté admirable, une énergie suprême. Car toute cette cérémonie solennelle et touchante n'était pas autre chose qu'une affirmation de la cité devant la mort, un serment, une prière commune adressée à la divinité du fond de tous les cœurs, afin que ce qui avait été fût encore, et que les fils restassent inséparables comme les pères l'étaient dans leur dernière demeure.

LA DJEMAA

Enfin les cités africaines ont leurs assemblées, leurs Djemâat ou *Imzourfa*, comme disent les montagnards du Deren. Nous touchons là à leur organe spécial, essentiel, et ne devons rien épargner pour le bien décrire. La méthode la plus sûre est de le considérer d'abord dans quelques exemples :

Menâa et Nara, que nous avons déjà nommées, ensuite Tagoust, Bou Zina, El Arbaa, villages peu distants les uns des autres dans la même partie de l'Aourâs, appartiennent à deux groupes ethnographiques différents. Menâa et Nara sont regardées par les indigènes comme peuplées de « *Roumania* », c'est-à-dire de colons romains ; les gens de Tagoust, Bou Zina, el Arbaa, seraient des « *Berberia* ». Cependant leurs constitutions politiques étaient identiques. « Personne ne nous commandait, me disait un homme de Menâa ; nous ne connaissions que la Djemâa ». Cela signifie que, dans tous ces villages, la seule autorité constituée était l'assemblée générale des citoyens. Qu'il faille entendre par « citoyens » seulement les notables, c'est-à-dire ceux qui tiraient quelque avantage exceptionnel de leur intelligence, de leur leur force et de leur richesse, ou que cette djemâa comprît réellement tous les adultes capables de porter les armes, du moins, et ce fait est très remarquable, ils n'admettaient pas de président, Amîn, ou Kebîr, et ne déléguaient pas leurs pouvoirs à des représentants, ou Mqöddemîn. On ne saurait imaginer un gouvernement plus direct. Pour faire exécuter ses décisions, cette assemblée désignait dans chaque famille un certain nombre de Qobdjîa, (« *qbd* », saisir), dont le nom seul indique la fonction. Ces Qobdjîa arrêtaient les coupables, et les forçaient à payer leurs amendes. Au dire de mes interlocuteurs, on ne s'avisait guère de leur résister : il était rare que la djemâa ne fut pas obéie.

Les Aoulâd Abdi étaient primitivement composés, d'après leur propre tradition, de quatre tribus, Aoulâd Ali ben Youcef, Aoulâd Ali Ben Daoud, Aoulâd Mahdi, Aoulâd Msellem. Nous adoptons ici le mot « tribus » dont ils se servent, sans pouvoir discerner si ces « tribus » n'étaient pas plutôt des familles. Ils pénétrèrent ensemble dans la vallée qu'ils occupent aujourd'hui. Leurs quatre groupes y vécurent longtemps séparés, chacun d'eux possédant un ou plusieurs villages presque contigus ; mais un jour vint où ils se confondirent volontairement, et se répartirent par portions à peu près égales dans ces mêmes villages, de sorte que Chîr, par exemple, comprend à la fois des Aoulâd Msellem, des Aoulâd Mahdi, des Aoulâd Ali ben Daoud, et des Aoulâd Ali ben Youcef. Il en est résulté une forme spéciale de gouvernement. Dans chaque village, un ancien (*Amghar*, ou *Kebir*) représentait une fraction ; il jugeait, et ses décisions devenaient des lois. Les quatre Kebar réunis formaient un sénat restreint dont l'autorité était incontestée. L'*assemblée* toute puissante de Nara, Menâa, Tagoust, était presque inconnue chez les Abdi. Quand une contestation s'élevait entre deux ou trois hommes de fractions différentes, le débat était porté devant les deux ou trois Kebar correspondants. Ainsi, quand un homme des Ali ben Youcef, dans le village de Chîr, contestait la propriété d'un mur à un homme des Msellem, tous deux exposaient ensemble leur cause devant les deux Kebar des Ali ben Youcef et des Msellem. Les sentences étaient rendues exécutoires, en cas de résistance, par l'intermédiaire des *Qobdjia*, dans l'Ouâd Abdi comme à Menâa. Chîr en comptait quarante, dix par fraction. C'étaient des hommes de choix recommandés par leur fortune ou leur courage. Ils n'étaient pas payés, n'avaient ni costume ni insigne spécial, et travaillaient à leurs champs comme tous les autres Chaouïa ; mais eux seuls avaient le droit d'appréhender les criminels, et de marcher à la tête de la tribu quand elle sortait pour repousser les Touaba ou les Aoulâd Zeïân.

Dans le Deren, la tribu des Aït Aïssa nous offre le modèle de la plupart des constitutions indigènes du Maroc. D'après l'étude par renseignements qu'en a faite M. Sabatier, elle comprend huit « Arerem, correspondant à la Taddèrt Kabyle », c'est-à-dire huit cités. L'arerem consiste lui-même en une fédération d'*Iresan* (familles) « qui sont identiques aux Kharroubat des Kabyles du Djurdjura ». Dans chaque arerem chaque *ires* nomme un ancien *(Amokran)*, qui répond au *Damen* de la kharrouba kabyle, et a les mêmes attributions. La réunion des imokranen forme la Djemâa Cette djemâa nomme à son tour le chef du village, l'*Amghar* « qui est ainsi désigné par une élection de deuxième degré. Les fonctions de l'*Amghar* durent un an. Généralement chaque amokran est nommé amghar à son tour; toutefois il arrive assez souvent que, pour témoigner à un amghar la satisfaction qu'a causée son administration, on renouvelle ses pouvoirs pour l'année suivante. Il arrive aussi parfois qu'un amokran à qui la djemâa a quelques reproches à faire, est privé, quand vient son tour, de l'honneur d'administrer le village. Au-dessous de l'amghar, et désigné par la djemâa, existe un fonctionnaire connu sous le nom d'*Amazal*. Les fonctions de celui-ci sont de recueillir des mains de chaque amokran l'impôt, suivant les bases déterminées par la djemâa, et de veiller à l'accomplissement des devoirs de l'hospitalité ».

Les cités du Mezâb ne sont pas simples, mais composées, comme nous le verrons plus loin en détail, de deux ou même de trois plus petites, qui se sont à peu près confondues. Elles sont des cités de second degré. Les deux éléments essentiels de la population de Ghardaïa sont les Aoulâd Ammi Aïssa et les Aoulâd Ba Sliman. Or ces deux groupes ne sont pas des familles, mais des sociétés déjà fort complexes en elles-mêmes, des cités devenues secondaires par rapport à une cité plus grande, ou, pour employer les termes dont se servent les Mozabites eux-mêmes, des *Qebîlat* dans un *Arch*. Les Aoulâd Ammi Aïssa se subdivisent en Aoulâd El Hadj Messaoud, Aoulâd bou Shaba, venus de l'Ouest, et Aoulâd bou Alouân venus d'Isedraten. Les deux premières de ces familles, qui sont prépondérantes, font enterrer leurs morts au-dessous du tombeau d'un Marabout maugrebin comme elles, Mohammed ben Yahia, surnommé Ammi Aïssa, et c'est pourquoi Ammi Aïssa est devenu le héros éponyme de toute la Qebila. D'autre part, les Aoulâd ba Sliman se composent d'Aoulâd ba Ahmed qui se disent venus du Djebel Amour, et d'Aoulâd bel Hadj qui se prétendent originaires de Tamesna. Ils vénèrent un certain Ba el Hadj Daoud, dont une tradition, fabriquée sans doute en vue de la concorde, a fait le petit-fils (fils de la fille) de Ammi Aïssa. On va même plus loin : on parle d'un autre saint, Ba Sliman, qui serait le propre frère de Ammi Aïssa, et se trouverait être le véritable héros éponyme de la seconde qebila de Ghardaïa. Toutes les familles de ces qebilat, quelle qu'en soit l'origine, ont rattaché par des parentés imaginaires leurs marabouts particuliers à ces deux personnages ; mais ces tentatives d'unification politique et religieuse ne nous empêchent pas encore de voir de combien d'éléments disparates Ghardaïa s'est composée.

Melika se partage en deux qebîlat inégales, les Aoulâd-Reflan et les Aoulâd Brahim. Leurs querelles intérieures suffiraient à nous empêcher de les confondre avec des familles. On compte quatre familles, ou *hachaïr*, dans la première, et huit dans la seconde. Bou-Noura présente un spectacle curieux, mais peu différent. Là c'est une seule famille, les Aoulâd Abd Allah, qui occupe une partie de la ville, en face d'une qebila composée de sept *hachaïr* (familles). A El Atef, deux minarets, qui s'aperçoivent de loin, signalent d'avance au voyageur le dualisme de la cité. Souvent l'assemblée s'y partage en assemblée d'en haut et en assemblée d'en bas, *Djemâa fauqania, Djemâa tahtania* ; mais ce sont bien encore deux qebîlat, et non deux familles, qui s'y querellent, savoir les Aoulâd Khalfi qui comprennent trois *hachaïr*, et les Aoulâd Abd Allah qui en comptent quatre.

Dans ces villes, trois éléments différents au point de vue politique sont donc superposés ; les familles, ou *hachaïr*, à la base, les qebîlat au milieu, la ville au sommet. La ville est dite *Qçar* en tant que forteresse, et *Arch* en tant que personne civile. Le premier et le dernier de ces éléments sont très importants ; le second l'est beaucoup moins. Tant que la qebîla, qui n'est pas autre chose que la cité première, *Taddert*, ou *Arerem*, formée par l'initiative de tous les individus d'un certain nombre de familles, vivait isolée, elle était un pouvoir public indépendant, elle édictait des lois ; mais le Arch est devenu son héritier universel : cette société plus large, de même nature qu'elle, l'a absorbée presqu'en entier, et elle n'a conservé qu'une faible part de son autorité antérieure. Il n'en est pas de même des familles : ces dernières demeurent vis-à-vis du arch ce qu'elles étaient vis-à-vis des qebîlat. Elles n'ont fait que changer d'autorité supérieure, et, si l'on veut, d'adversaire.

Les constitutions qui dérivent de ces principes sont remarquables, indépendamment de l'organisation religieuse, qui donne au Mezâb sa physionomie particuculière, mais qu'il n'est pas encore nécessaire d'expliquer.

Ghardaïa, en tant que laïque, est administrée par deux *Kebar* (Grands), assez semblables à deux maires, dont l'un appartient aux Aoulâd Ammi Aïssa, et l'autre aux Aoulâd ba Sliman. Chacun est assisté par deux *Mqödddemîn* (Présidents). Du côté des Aoulâd Ammi Aïssa, ces Mqöddemin représentent les Aoulâd El Hadj Messaoud et les Aoulâd bou Shaba ; du côté des Aoulâd ba Sliman, ils représentent les Aoulâd ba Hamed et les Aoulâd bel Hadj. Les Kebar sont chargés de la police générale, jugent les simples délits et infligent des amendes légères. Les Mqöddemîn font exécuter les jugements, tiennent les comptes de la cité, reçoivent les étrangers. En outre, les Aoulâd Ammi-Aïssa et les Aoulâd ba Sliman élisent par moitié douze Anciens (*Imokranen*), dont chacun représente une *hachîra* (famille), et qui composent proprement la djemâa. Cette djemâa n'est convoquée par les Kebar que dans les cas extraordinaires, quand il s'agit soit d'édicter une proscription ou une défense nouvelle, soit de statuer sur un délit considérable, soit de terminer un différent dangereux pour la sécurité publique. Il convient d'ajouter qu'alors les clercs interviennent, et réduisent à peu de chose l'initiative des laïques. La réunion a lieu, non pas dans la basse ville, mais dans la *Tamesguida* (mosquée). Les douze *Iazzâben* (reclus, clercs majeurs) y prennent part ; c'est leur Cheik qui préside ; il parle le premier ; les Kebar seuls ont le droit de parler ensuite, et l'assemblée ne fait qu'approuver leur décision. Jamais il n'est fait appel au peuple assemblé. Bien que les Imokranen, les Mqöddemîn et les Kebar soient élus, et que les qebilat soient consultées séparément à la façon des curies de l'ancienne Rome, il est difficile d'imaginer une constitution plus aristocratique en apparence.

Beni Sgen compte trois grandes fractions, ou qebilat, et non pas deux comme Ghardaïa et les autres villes Mozabites. C'est là son caractère distinctif, qui lui assure, dans toute la confédération du Mezâb, une supériorité morale sur laquelle nous aurons occasion de revenir. Chacune de ces fractions a son administrateur-juge, son maire, analogue au maire des Aoulâd Ammi Aïssa ou des Aoulâd ba Sliman de Ghardaïa. Après eux viennent trois Mqöddemîn (présidents), un par fraction. Ces Mqöddemîn doivent, comme ceux de Ghardaïa, tenir les comptes de la cité et recevoir les étrangers. Enfin chaque qebila nomme cinq Imokranen qui correspondent à ses cinq *hachaïr* (familles), et ces quinze, réunis aux Mqöddemîn et aux Kebar, sont dits proprement la Djemâa. La djemâa de Beni Sgen, comme celle de Ghardaïa, ne siège jamais que de concert avec les Clercs majeurs (Iazzâben), dont le Cheikh est de droit président de l'assemblée. D'ailleurs les délibérations y ont un caractère presque exclusivement religieux, car la discipline ibâdite est encore mieux observée à Beni Sgen qu'à Ghardaïa. Même s'il ne s'agit que de fautes très-légères dont la répression doit-être immédiate, les trois maires (Kebar) ne jugent pas sans consulter les *Tolba* (clers). On est allé si loin dans ce sens à Beni Sgen, que l'amende, peine laïque, y a été remplacé par la peine ecclésiastique de la prison. Le peuple, (si l'on entend, par là, la masse de tous les citoyens réunis) n'est jamais convoqué à Beni-Sgen ; néanmoins sa volonté peut s'y déclarer par une voie indirecte comme à Ghardaïa, car les Mqöddemîn consultent leurs qebîlat séparément (curiatim), et il n'est pas d'amokran qui se présente dans la djemâa sans avoir pris l'avis de son hachîra.

Dans les cités kabyles nous voyons fonctionner ensemble des assemblées universelles comme celles de Menâa et de Nara, et des djemâat étroites comme celles de Ghardaïa et de Beni Sgen. Tout homme majeur fait partie de l'assemblée générale, et encourt une amende, s'il se dispense d'y paraître sans motif valable. Cette réunion se tient une fois par semaine, ordinairement le lendemain du jour du marché. Les séances ont lieu en plein air pendant l'été, et dans un bâtiment public pendant l'hiver. Tous les assistants ont, en principe, le droit d'y prendre la parole. L'assemblée restreinte, dite aussi djemâa, se compose seulement des autorités et des notables. Les autorités sont l'*Amîn*, l'*Oukil* et les *Temmân* ; les notables sont les *Oqqâl*. L'Amîn, administrateur-maire, et juge dans une certaine mesure, est nommé par tous les citoyens. Les Kabyles l'appellent souvent le berger « Amoksa ». N'est-il pas en effet un « pasteur d'hommes », comme le βασιλευς d'Homère ? Son action s'étend à tout ce qui intéresse l'ordre, la morale, l'exécution des règlements, la protection des personnes et des propriétés. Il préside toutes les réunions publiques, quelles qu'elles soient, il veille à l'entretien et à la conservation des biens communaux, répartit les corvées, perçoit les amendes, fait rentrer les impôts, pourvoit à la sécurité des étrangers, assigne les postes en cas de guerre, visite les armes, distribue les munitions. L'Oukîl est son adjoint. On discute aujourd'hui sur le rôle de l'oukîl Kabyle, tant notre conquête a déjà confondu les principes élémentaires de ces constitutions barbares ; M. Letourneux le regarde comme un personnage spécial chargé de la comptabilité des biens religieux, et dont le rôle se serait borné, soit à percevoir les revenus de la mosquée, soit à solder les dépenses ordonnées par la djemâa. D'autres voient au contraire dans ce personnage un égal et comme un adversaire de l'amîn, auquel la gestion de tous les biens de la cité aurait été proprement attribuée ; il aurait eu toujours son parti, son *Çof*, en face de celui de l'amîn, et n'aurait jamais été nommé que pour le surveiller. Nous pensons que l'oukîl d'un village kabyle est exactement le mqöddem d'une qebîla mozabite. Assesseur de l'amîn, s'il s'occupe surtout des finances, c'est que l'amîn a besoin de tout son temps pour veiller à la sécurité publique ; il le fortifie au lieu de le diminuer, et, quand il entre en lutte avec lui, cette division est le signe d'un grand désordre dans la cité. Les Temmân (répondants) kabyles sont les Imokrânen du Mezâb. Leur nom indique suffisamment leur rôle. Chacun d'eux est choisi par l'amîn dans une kharrouba et s'engage à y faire respecter les décisions de la djemâa ; mais il est en même temps l'élu de la kharrouba, car un amîn ne risquerait jamais de nommer un *Tâmen* qui ne jouît pas d'une autorité suffisante. Le nombre des Oqqâl est variable ; ce sont les cinq ou six principaux de chaque kharrouba. Leurs fonctions, assez mal définies, consistent surtout, comme celles des Qebdjia de l'Aourâs, à prévenir ou à réprimer des désordres. C'est pourquoi ils sont *Oqqál*, « hommes sensés, prud'hommes », d'après la traduction communément acceptée du radical arabe '*aql*. Cependant '*aql* comporte un autre sens que celui de « être intelligent », et ces Oqqâl kabyles pourraient bien être simplement la '*aqîla* des Arabes, c'est-à-dire les proches parents qui répondent les uns des autres. Quoiqu'il en soit, ce sont ces Oqqâl, ces Temmân, l'Oukîl, et l'Amîn, qui, formant une sorte de petit sénat, gouvernent ordinairement la cité, en gèrent les finances, y assurent l'ordre, en font les lois. L'assemblée générale n'est saisie d'une question que quand ils l'ont traitée, et, dans tous les cas, leur « parole » est décisive. « Un membre de l'assemblée, dit M. Letourneux, peut se mêler à la discussion et donner son avis. S'il le fait en termes convenables, il sera toujours écouté ; mais il s'en faut que tous indistinctement usent de cette liberté. Bien que l'égalité des droits soit la base fondamentale de leur société, les Kabyles accordent dans la direction de leurs affaires, une influence prépondérante à l'âge, à la fortune, à la naissance, même à la profession. Un vieillard à barbe grise ne saurait admettre que sa voix n'ait pas plus d'autorité, dans les conseils du village, que celle du jeune homme dont la raison n'a pas été mûrie par l'expérience de la vie ; le descendant d'une famille qui vit depuis longtemps dans l'aisance, ou qui a donné des chefs au pays, n'accepte pas davantage l'égalité d'influence avec le prolétaire tenu loin des affaires par les exigences d'un travail journalier, et encore moins avec l'homme exerçant une des professions réputées viles…….. Ces préjugés ont pour conséquence de réduire singulièrement le nombre des personnes qui prennent une part effective à la conduite des affaires, et la véritable djemâa, celle qui, en réalité, gouverne le village, ne se compose guère que des hommes jouissant d'une influence héréditaire, des chef de Çof, de l'Amîn, des Temmân et de quelques Akâl. *Lorsqu'un Kabyle parle de la Djemâa de son village, c'est le plus souvent à cette assemblée qu'il fait allusion..........* Toutes les affaires, avant d'être soumises à la discussion publique, sont examinées par cette djemâa restreinte, qui en règle définitivement un certain nombre. Quand elle a statué d'un commun accord sur une question, l'approbation de sa décision par l'assemblée générale n'est plus qu'une simple formalité. L'homme qui voudrait sortir de la foule où il est confondu, pour faire de l'opposition, risquerait beaucoup de se voir accueilli par les rires moqueurs et par les huées de l'assistance. »

Ces exemples prouvent que les cités des Africains sédentaires admettent toutes les formes de constitution. Les unes peuvent être absolument démocratiques, les autres aristocratiques ; d'autres enfin se composent de démocratie et d'aristocratie. Plus on étudiera, sans parti pris, l'organisation de ces petits peuples qui ont toujours tendu, en dépit de mille difficultés, à former des sociétés semblables aux nôtres, plus on y discernera de formes diverses, bien que déduites du même principe, la souveraineté populaire. Quelle distance ne sépare pas l'assemblée tumultueuse de Menâa du conseil étroit des Kebar et des Mqöddemin de Beni Sgen, et combien on compte de degrés entre ces deux extrêmes ! J'estime que l'aristocratie paraît toujours dès le début, même dans la plus égalitaire de ces sociétés, et qu'elle ne fait qu'y grandir, non par la violence, ni par la corruption, ni par l'insolence, mais par la libéralité paternelle, la gravité mêlée de bonhomie, la modération calculée, dont les exemples sont une bonne moitié de l'histoire de toutes les Républiques. Quelque séduisante qu'ait paru l'idée d'une

Berbérie absolument pure de tous les préjugés aristocratiques dont la race Arabe est, dit-on, pénétrée, quelques services qu'on en ait attendu dans le domaine de la politique, et même quelque profit que nos malheureux Kabyles en aient tiré, la vérité ne saurait s'en accommoder sans réserve. Les voyages devenus faciles à travers le Djurdjura depuis 1859, ont révélé sans doute une Kabylie bien différente de celle que nous avions entrevue, quand nos troupes dépassaient à peine le « col des Beni Aïcha » (1), et que nous ne faisions que nous substituer à l'occupation turque autour de ce massif redouté. Les Kabyles nous étaient apparus de loin comme groupés en grandes masses féodales ; nous les avons trouvés, chez eux, divisés en une multitude de villages dont chacun a son maire, son conseil municipal, ses élections. Cela nous a suffi pour les classer à part, et les louer hautement d'avoir, seuls à travers les siècles, conservé intact le dépôt sacré de la liberté et de l'égalité dans leurs refuges inaccessibles ; on va même jusqu'à nier aujourd'hui complètement l'aristocratie africaine, en dépit de Salluste, de Procope, d'Ibn Khaldoun, de Marmol, malgré les faits qui s'offrent encore tous les jours à nos yeux, ou, quand on est forcé de l'admettre dans quelques cas particuliers, on l'explique hardiment par une altération de la race ; mais ces illusions, bien que partagées dans une certaine mesure par un grand esprit (1), et consacrées par la magie de son style, doivent céder à un examen attentif. Ce que nous voyons dans l'Afrique n'est ni merveilleux ni rare ; l'histoire n'a pas de privilège à lui reconnaître. On y trouve exactement tous les faits observés partout ailleurs, dans tous les temps, et j'irai jusqu'à dire que la « *Politique* » d'Aristote ne convient

(2) Auj. Ménerville.
(2) M. Renan, (*Rev. des Deux-Mondes*). Cf. Bibliog.

pas moins à ses bourgs de moëllon et de boue qu'aux cités éclatantes du monde grec.

LE KANOUN.

La Djemâa, virtuellement composée de tous les adultes capables de porter les armes, mais dirigée le plus souvent par un groupe de citoyens notables, et comme réduite, dans la pratique, à ce qu'elle a de meilleur, est l'expression la plus haute et la plus intime de la cité. Elle est la cité vivante, maîtresse d'elle-même, libre de pourvoir, comme elle l'entend, à sa sécurité intérieure. Sa fonction principale est donc de réprimer, d'empêcher, de prévenir les violences, les délits, et les crimes qui entravent la liberté d'action des individus ou mettent leur vie en danger. Cette protection des individus est proprement sa raison d'être, comme elle est celle de la cité. Quiconque lèse son prochain la défie. Elle s'inquiète même de tous les actes qui, sans être absolument blâmables, peuvent un jour où l'autre causer quelque désordre. Elle en avertit les auteurs, et les suit d'un regard soupçonneux. Or elle est armée, comme tous les pouvoirs souverains des époques anciennes, de deux droits redoutables : tantôt elle prononce que telle infraction de la paix publique sera punie de telle peine, ou que telle pratique sera interdite dans l'intérêt général ; tantôt elle juge que tel individu, coupable, mérite le châtiment qu'elle a fixé. Ces deux droits, *jus edicendi, jus judicandi,* n'en font qu'un, en réalité, et il est bien difficile de dire lequel peut avoir précédé l'autre. Un jour, un citoyen aura injurié, lésé, frappé son voisin ; la djemâa l'aura condamné à une amende, puis, dans plusieurs cas analogues, aura fait le même usage de son autorité. Une règle sera résultée de tous ces faits particuliers ; cette règle, proclamée, est un édit. Il est permis de supposer que la première de toutes les réunions de la djemâa ait été provoquée par un vol ou par un homicide ; le premier de ses actes aura donc été un jugement. Enfin, si l'on considère que les lois de toutes les cités africaines se présentent à nos yeux sous la forme de séries de prescriptions presque indépendantes les unes des autres, accrues sans cesse et comme au hasard, que des témoignages précis nous indiquent le moment où quelques-uns des délits qu'elles visent se sont d'abord produits, qu'enfin ce ne peuvent être que les coupables eux-mêmes qui aient fourni aux législateurs cette variété de rapines, d'injures, et de coups, qui excite la surprise dans un Kanoun (loi) kabyle ou mozabite tout autant que dans la loi salique, on est fort incliné à croire que la djemâa a été juge avant d'être législatrice. Cette théorie serait spécieuse sans doute ; cependant elle ne nous paraît pas répondre exactement à la réalité. Aucune société en formation n'attend qu'il se commette un meurtre ou un vol considérable pour édicter qu'elle réprimera les voleurs ou les meurtriers, et indiquer la peine qu'elle leur infligera. Il y a des édits nécessaires, fondamentaux, qu'il est de son devoir de prendre et de promulguer sans que l'occasion s'en soit produite, ou plutôt mille occasions antérieures à son existence, et naturellement présentes à l'esprit de tous ses membres, la portent à faire usage, sans plus, de son *jus edicendi*. Et en effet, il n'est pas de loi, si rudimentaire qu'elle soit, où l'on ne trouve des peines formulées contre le voleur et le meurtrier. Restent les délits ou crimes spéciaux. Quand ils se produisent, la djemâa peut les juger immédiatement en les assimilant à des cas déterminés ; mais le plus souvent elle suspend son jugement, si peu que ce soit, afin d'édicter d'abord les peines convenables, à la suite de délibérations particulières. Ainsi, qu'un vol de figues ait eu lieu, il se peut que la djemâa n'ait encore rien édicté dans l'espèce, et le voleur sera puni immédiatement de la peine portée contre le voleur d'un sac de blé, mais la djemâa préférera convenir d'abord de cette identification, édicter avant de juger. Qu'est-ce à dire, si le délit ou le crime n'est assimilable à aucun autre ? Et comment la djemâa procède-t-elle, quand elle a, non pas à punir, mais à prévenir, non pas à rétablir l'ordre, mais à empêcher qu'il soit troublé ? C'est alors que l'antériorité du *jus edicendi* sur le *jus judicandi* devient évidente. « Autrefois, lisons-nous (1) au début du *Kanoun* d'Agouni n Tsellent, le nombre des délits était moins grand qu'aujourd'hui ; les gens étaient plus sages. Maintenant que le désordre a augmenté, que le fort cherche à opprimer le faible, les gens sages ont décidé d'élever le chiffre des amendes et d'ajouter de nouveaux articles à l'ancien kanoun. » Nous lisons aussi vers la fin du kanoun de Taourirt Abdallah et d'Adrar Amellal : « Ici se termine l'ancien kanoun. Les articles qui suivent sont des additions faites à plusieurs reprises depuis la première rédaction du kanoun ci-dessus, et adoptées par la djemâa. Copié à la date de l'an 1262 de l'hégire (1847 de J.-C.) : . . . . Il a été dit plus haut que les habitants de Taourirt Abdallah pouvaient se prendre mutuellement pour mandataires ; maintenant, ils sont convenus de ne pas donner procuration à une personne de parenté éloignée. . . . . Le tuteur ne peut prendre le tiers des biens de son pupille, car on est tuteur pour l'amour de Dieu et non pas par intérêt. . . . . . Tel est l'avis de la djemâa qui a été adopté du temps de l'Amîn El Hadj Mohammed es Said Naït Yahia et de ses temmân. . . . . Celui qui volera des gerbes sera puni d'une amende égale à celle que l'on inflige à celui qui dérobe une claie de figues. Celui qui se disputera avec l'amîn ou le dhamen au sujet de ce qu'il doit payer à la dje-

---

(1) Ces kanoun Kabyles sont cités d'après l'appendice de « La Kabylie » de MM. Hanoteau et Letourneux.

mâa, sera passible d'une amende que fixeront les Akal. Ceci a été écrit du temps de l'Amîn el Hosseïn Naït Mohammed ou Saïd et de ses temmân. Les djemâat de ces deux villages ont adopté cette décision. . . . . Le susnommé El Hadj Mohammed Arab et Touati a ajouté ce paragraphe au présent kanoun : « Celui qui frappera quelqu'un avec un bâton ferré payera une amende de 4 réaux ». Ce dernier trait est caractéristique. Un seul membre de la djemâa restreinte a pensé qu'il était nécessaire de distinguer par une pénalité spéciale les coups portés avec un bâton ferré, et son initiative a suffi pour qu'un nouvel article fût ajouté à la loi.

La plupart de ces prescriptions sont des interdits plutôt encore que des édits. Les interdits (*interdicta*) du droit romain étaient des formules solennelles par lesquelles le préteur ordonnait ou défendait de faire quelque chose. Ils consistaient surtout en défenses, dit Gaius. Ils étaient fondés sur l'autorité du magistrat dont l'action était déterminée par certains faits ou circonstances. Ils étaient usités dès l'époque des XII Tables, alors que les magistrats ne rendaient pas encore d'édits. Ils se rapportaient aux choses divines et aux choses humaines. Ainsi, il était *interdit* de se servir d'un terrain sacré pour y élever ou y appuyer une construction ou un ouvrage quelconque, et les travaux faits dans de certaines conditions devaient être enlevés. Un *interdit* tendait à assurer la jouissance paisible de celui qu'un bail régulier avait mis en possession d'un bien public. D'autres interdits se rapportaient aux voies et chemins publics ; il était *interdit* de faire sur ces voies et chemins des ouvrages propres à les détériorer. Les fleuves publics ayant droit à la même protection que les routes terrestres, il était interdit de faire sur leurs rives des ouvrages qui gêneraient leur marche ou le stationnement des navires. L'interdit *de liberto exhibendo*

assurait au patron le droit de se faire représenter son
affranchi pour exiger de lui des services promis. L'interdit
de homine exhibendo visait quiconque détenait fraudulen-
sement une personne libre. L'exécution des décrets qui prononçaient un envoi en possession étaient assurée par l'interdit *ne vis fiat ei qui in possessionem missus erit*. Ajoutez
les interdits *de arboribus cædendis, de migrando, de
glande legenda*. M. Accarias, recherchant dans son *Précis
de Droit Romain* quelle fut l'origine des interdits, c'est-à-
dire « comment le magistrat fut amené à régler les diverses
matières qui en font l'objet, puis pourquoi il procédait dans
chaque cas par voie d'ordre ou de défense », est amené à
démontrer que ces interdits furent créés pour suppléer au
défaut d'action civile, et que l'usage en remonte aux commencements de Rome. Nous ne le suivrons pas plus loin ;
mais nous sommes frappé de la ressemblance singulière que
ces *interdicta* de l'ancienne Rome présentent avec les lé-
gislations rudimentaires de la Kabylie ou du Mezâb. Ces dernières ne se composent en réalité que de défenses, les unes
simplement énoncées, les autres accompagnées d'une peine,
d'autres enfin condensées dans la fameuse formule : « *Si
quis.....* », qui ne comporte que l'indication de la pénalité.
Melika nous fournit un modèle du premier genre, d'autant
plus précieux que nous y trouvons inscrit en tête le mot *interdit*. Il s'agit de prescriptions somptuaires arrêtées d'un
commun accord par les clercs et les laïques. En voici le début : « Enregistrement des *interdictions* formulées par les
croyants. Les croyants ont décidé ce qui suit : En cas de
noces, deux esclaves seulement dans la maison du mari, et
deux seulement dans la maison de la mariée peuvent être
employés aux préparatifs. Ni dans l'une ni dans l'autre on
ne jouera d'instruments de musique......, etc. » On peut noter aussi, dans les kanoun kabyles, différents articles ana-

logues : ainsi, dans le kanoun de Kouko : « Celui qui donne un jardin de figuiers à rahnia *ne peut* rembourser son créancier qu'après que celui-ci a fait la récolte ; *il est défendu* d'enterrer les morts dans la mosquée ; la permission ne peut être donnée pour de l'argent. » Dans le kanoun de Taguemount ou Kerrouch : « Les femmes n'héritent ni peu ni beaucoup ; si une femme achète un bien de son argent, personne *ne peut* le lui enlever ; il n'y a pas de droit de chefaa pour les échanges de terrain ; la veuve tutrice *ne peut* vendre les biens des mineurs qu'après avoir pris l'avis des notables. » Dans le kanoun des Aït El Ader : « Celui qui veut revenir sur une affaire réglée par notre justice ou par la djemâa *n'est pas admis* à le faire. » Les exemples de la seconde forme, c'est-à-dire les articles qui contiennent à la fois une défense et la peine correspondante, sont beaucoup plus rares. Cependant nous lisons encore dans le kanoun des Aït Ameur ou Saïd, à l'article 20 : « Si la division se met dans le village, aucun des deux partis *ne peut* se nommer un amîn particulier : l'amîn qui se laisserait nommer payerait 50 réaux, et la même amende serait infligée à chacun des temmân nommé par cet amîn » ; et, dans celui des Imecheddâlen, aux articles 1 et 2 : « La tahmamt de la femme qui n'a pas encore été mariée est fixée à 50 réaux : celui qui recevrait plus que ce qui vient d'être stipulé payerait à la djemâa toute la valeur de la tahmamt, plus une amende de 20 réaux. » La rareté de ces exemples provient certainement de ce que les législateurs ont regardé la troisième forme comme suffisante. La formule de défense devient en effet superflue, quand la peine est exprimée en même temps que le fait délictueux dans une seule phrase de ce genre : « Celui qui insulte un dhamen paye 2 douros ; si un dhamen insulte un citoyen, il paye 2 douros. Celui qui tire un sabre du fourreau, sans frapper, paye 2 douros ; s'il frappe, il paye 5 douros. » Ce dernier genre d'articles abonde dans les codes africains (comme dans la loi salique et dans la loi des XII Tables), au détriment des défenses simples, dont quelques-uns sont même tout à fait dépourvus. Nous aurons occasion bientôt d'en indiquer la raison principale ; mais ici nous voulons marquer qu'il y faut voir, comme dans tout le reste, des *interdits*. Ce sont, sans aucun doute, des interdictions qui sont exprimées dans ces formules pénales : « Celui qui fera paître des animaux dans le terrain d'autrui payera un douro d'amende; celui qui fera paître dans un verger, un douro ; celui qui coupera une petite branche de frêne, un douro ; celui qui détournera l'eau d'une rigole et la fera couler sur un chemin, 5 douros. » A plus forte raison est-il *interdit* de battre, de voler, d'incendier, de porter un faux témoignage, de commettre un meurtre ou un adultère, sans qu'il soit nécessaire de le rappeler avant de prononcer que celui qui vole un bœuf payera 25 douros d'amende, que l'adultère payera 50 douros, etc... D'ailleurs, le caractère essentiel de la plupart de ces prescriptions africaines est exactement le même que celui des *interdicta* romains : elles ne visent que des faits particuliers, elles paraissent l'une après l'autre comme des jugements anticipés, et il n'en peut être autrement. C'est seulement dans les récits de Denys d'Halicarnasse et des historiens de son école que l'on voit les sociétés se former tout d'une pièce et sortir du sol sous la baguette d'un législateur inspiré. La nature veut, au contraire, qu'elles croissent et se fortifient au gré des circonstances. Aussi est-ce l'une après l'autre qu'elles fabriquent les lois qui sont leurs armes, à mesure qu'elles se sentent plus capables de se défendre, et qu'elles prévoient de nouveaux dangers.

FORMATION DES KANOUN : KANOUN DU MEZAB.

Ces arrêts de la Djemâa, conservateurs de la cité, et, par essence, éminemment protecteurs de la liberté individuelle, sont consignés sur des registres, ou confiés à la mémoire, suivant les lieux. Les registres sont d'usage au Mezâb. Là, une discipline religieuse toute puritaine, qui impose aux vrais croyants une certaine science, et notamment invalide les prières dont le sens n'est pas très bien compris par ceux qui les récitent, a depuis longtemps habitué le peuple à lire et à écrire la langue du Koran. Les clercs, assez nombreux dans toutes les cités mozabites, ont toujours regardé le soin de l'instruction publique comme leur premier devoir. Enfin le commerce, dont les Beni Mezâb avaient le privilège sous la domination turque, et qu'ils exercent encore dans presque toutes les villes de l'Afrique septentrionale, les a forcés à tenir des livres et à mettre en ordre leur correspondance. Il était naturel qu'ils suivissent la même méthode dans leur vie politique. Les cités de l'Aourâs et de la Kabylie, beaucoup moins religieuses et moins adonnées au commerce, bien qu'un bon nombre de Kabyles témoignent d'aptitudes qui ne le cèdent pas à celles des Beni Mezâb, se sont contentées de la tradition orale, de l'usage, du témoignage permanent des intéressés, pour conserver la suite de leurs décisions. Dans quelques villages où des marabouts sachant écrire l'arabe se sont rencontrés, et seulement quand il a paru nécessaire soit de fixer dans les esprits un tarif de pénalité, soit de promulguer, d'abolir, ou de renouveler, une « ordonnance » très importante, un Taleb a rédigé une liste plus ou moins longue dont nous déterminerons plus loin le caractère ; mais, en général on peut dire que les éléments de la législation kabyle n'ont jamais été confiés qu'à la mémoire des Anciens.

Cependant, ni les cahiers mozabites, ni la mémoire des Aurasiens ou des Kabyles ne peuvent recevoir ou conserver tous les arrêtés des djemâat. Les Mozabites appellent leurs recueils « listes de *conventions* », soit parce que leurs décisions résultent d'un accord entre les divers Imokrânen laïques, soit parce qu'elles exigent une entente préalable de ces derniers avec les Clercs. J'ai pu en feuilleter un à Melika, par une faveur spéciale ; il était fort mal tenu, et je doute qu'ailleurs il en fût autrement. Le recueil de Ghardaïa m'a été caché, et si bien que le Cheikh de la mosquée, El Hadj Salah lui-même, n'a pu le retrouver ; mais j'ai su qu'on avait cessé de le tenir à jour pendant un long intervalle. Celui de Berriân a été copié pour moi sur la demande et presque sur l'ordre d'un ami de la France, Ben Djeriba. Je n'y ai trouvé qu'une trentaine de pièces fort importantes sans doute, mais très disparates. J'ai tout lieu de croire que Beni Sgen, El Atef, Bou Noura, Guerara, ne m'auraient pas fourni davantage. Si le goût de l'ordre a porté les Mozabites laïques à tenir compte de leurs délibérations, les clercs ont toujours été sourdement hostiles à la composition de répertoires qui n'étaient rien moins que des lois civiles embryonnaires. Leur loi religieuse, autrefois répandue dans une infinité de volumes et condensée au commencement de ce siècle dans le Kitâb n Nil du Cheikh Abd el Aziz de Beni Sgen, suffisait, suivant eux, à tous les besoins de la société ibâdite qu'ils considéraient d'abord et avant tout, comme une réunion de saints. Il n'est donc pas surprenant que, présidant de droit toutes les assemblées politiques, et chargés par les laïques eux-mêmes du soin de tenir les registres de Tifâqat (conventions) à cause de leur connaissance supérieure de la langue arabe, ils aient mis beaucoup de négligence à rédiger ces *Pactus*. Toutefois il était nécessaire que les Imokrânen fissent observer par le peuple, sans variation, toutes les décisions prises, au moins celles qui concernaient les crimes et délits, et que le peuple eût un moyen de revoir en peu d'instants quelles défenses il devait observer, quelles peines il pouvait encourir. De là vint l'usage d'extraire des Tifaqat ce qu'elles renfermaient d'essentiel, et d'en former des règles dont les unes sont facilement contenues dans quelques lignes, et ...nt les autres remplissent plusieurs feuillets, suivant les temps, ou plutôt suivant le caprice des rédacteurs, mais qui toutes sont des sortes d'*album* destinés à la publicité. Les premiers articles de ces règles, ceux qu'on est toujours certain d'y rencontrer et sans lesquels elles n'auraient vraiment aucune raison d'être, sont les tarifs du meurtre, du vol, de la violence, des injures. Tous les bons citoyens doivent savoir d'abord comment la cité entend protéger leurs personnes et leurs biens, et il est utile que les méchants soient avertis. Il est sage aussi de ne pas laisser le juge libre d'appliquer à son gré les peines aux délits, dans un état naissant où les familles sont encore très puissantes, et où s'organisent bientôt des partis extrêmes. Viennent ensuite les défenses proprement dites qu'accompagne ou n'accompagne pas encore une sanction pénale. Tels sont les règlements somptuaires destinés à maintenir la concorde, et qui doivent être très anciens, car leur rôle n'est pas tant de s'opposer au luxe et à la corruption étrangères que de prévenir le ressentiment des pauvres bravés par le faste bruyant des riches; ils expriment l'égalité primitive de la cité. Telles sont encore les interdictions si fréquentes du droit de réunion, droit naturel que chaque famille indépendante possède vis-à-vis d'une autre, mais qui tombe nécessairement quand la cité se constitue : le soin avec lequel les djemâat mozabites veillent à ce qu'il ne se forme aucun groupe politique à l'intérieur de leurs communes, est très remarquable, mais ne leur est pas particulier; nous en trouvons maint exemple dans les villages kabyles. Telles sont enfin diverses prohibitions spéciales qu'il serait trop long d'énumérer, par lesquelles la cité tend toujours à diminuer l'autorité excessive des familles, et affranchit en conséquence les individus. Ces règles sont loin d'être des codes, au sens moderne du mot; elles ne contiennent que quelques conventions, et nous sommes forcé de répéter qu'elles sont parfois tout à fait rudimentaires; mais elles résultent d'un choix, elles sont composées pour être lues ; or *lex est quod legitur*. Ce sont des lois. Les Mozabites, comme tous les Africains, les appellent *Kanoun*, de *Kanòn*, dit-on, et cette étymologie est recevable, parce que les dialectes africains ont retenu plusieurs mots de l'occupation romaine : *alemoun* (temo) timon, *falcho* (falco) faucon, *agrado* (gradus) gradin, *stöl* (situla) petit seau, *lôd* (lutum) boue, *oulmo* (ulmus), orme, ourtho (hortus) jardin, *maro* (murus) mur, *sokedja* (jugum) paire de bœufs, *doum* (dumus) buisson de palmier nain. Je ne pense pas que *Kanòn* leur soit venu de la langue ecclésiastique, car leurs lois n'ont rien de semblable aux canons de l'Eglise, mais plutôt de la langue administrative de leurs anciens conquérants. Les prestations qu'ils avaient à fournir aux Romains étaient dites « indictions canoniques »; tous les tarifs romains étaient des *canons*. Or l'élément premier de leurs lois est un tarif de pénalité ; elles se réduisent à cela le plus souvent. Il était naturel qu'ils les désignassent par un mot usuel qui leur convenait si bien.

Il me paraît intéressant de citer ici les principales conventions de Melika, en les disposant par ordre de dates autant que possible, pour faire voir clairement en quoi consistent ces Tifaqat mozabites, et surtout pour montrer par les faits eux-mêmes comment se forme un kanoun.

I

1052 de l'hégire. — Les grands et les petits, les clercs et les laïques de Melika, réunis sous la présidence du Cheikh de Beni Sgen, ont décidé que les Beni Methar n'entreront pas individuellement dans les qebaïl (1) existantes, mais formeront une qebîla à part. Ils ne feront ni n'accepteront aucune avance ; ils n'engageront pas de pourparlers ni n'échangeront d'invitations avec les autres qebaïl. Toutefois ils pourront intervenir dans l'intérêt de la paix, à la façon des Tolba, et les meilleurs d'entre eux seront consultés par les autres qebaïl quand il s'agira du paiement d'une bezra (2), ou de la formation d'une mahalla (3). Etaient présents : El Hadj Nouh ben Youb, Cheikh de la Djemâa de Beni Sgen, président, etc... Le même jour il a été arrêté que : quiconque aura menacé de frapper avec le fer payera 25 réaux d'amende ; quiconque aura frappé avec le fer payera 50 réaux, et sera banni ; quiconque aura aidé son parent dans une querelle, 25 réaux ; quiconque aura dit qu'un tel ne payera pas l'amende, payera lui-même cinq réaux ; le voleur payera cinquante réaux et sera banni, qu'il ait volé dans la ville ou dans les jardins ; quiconque aura insulté une femme payera 25 réaux ; quiconque aura dit qu'il veut sortir de sa qebîla payera 25 réaux, et n'en sortira pas ; quiconque aura cherché à diviser les qebaïl payera 25 réaux..... Etaient présents, etc.

II.

1108 de l'hégire. — Enregistrement des interdictions formulées par les croyants ; les croyants ont décidé ce qui suit:

(1) Forme de pluriel de *qebîla*. On dit aussi *qebîlat*.
(2) Contribution.
(3) Expédition.

En cas de noces, deux esclaves seulement dans la maison du mari, et deux seulement dans la maison de la mariée, peuvent être employés aux préparatifs. Ni dans l'une ni dans l'autre on ne jouera d'instruments de musique. La négresse qui porte la *gheddâra* aura un *sa'a* de blé, et cette ghedâra devra être sans œufs ni safran (1), et l'on n'emploiera pas la farine nommée *adjîd*. Tout cela est interdit. Le mulet et le cheval sont également interdits pour porter la mariée ; elle doit marcher à pied. Il n'entrera pas de joueurs de flûte dans la maison du marié ; on n'y fumera pas, car le tabac est haïssable. La négresse qui porte le pain dans la maison de la mariée recevra deux petits pots de blé. Le pain du septième jour ne s'élèvera pas au-dessus d'une petite mesure de blé : l'homme donnera en retour, dans le mouchoir, la moitié d'un réal, rien de plus. La servante qui porte le guecaa de refis (2) ne doit recevoir qu'une bouchée de la main de sa maîtresse. La servante qui reste près de la mariée recevra un huitième de réal. Le jeu est interdit dans le Qçar aux joueurs de flûte, et aux esclaves. Il est interdit de tirer des coups de fusil dans l'intérieur du Qçar. Il est interdit de porter la zemmîta (3) à l'accouchée ou à la mariée, quand elle est entrée chez son mari. Est interdit pareillement l'usage de porter des plats à la mariée, soit de dattes, soit de blé, soit de toute autre chose ; quant à la ghedâra que fait la belle-mère pour le premier jour, elle ne doit pas s'élever au-dessus de huit plateaux. La belle-mère ne doit pas faire, en l'honneur de son gendre, de plat de couscous pour les compagnons de ce dernier, ni de refis, que son gendre soit marié ou vizir. (4) Elle ne doit pas

---

(1) *Ghedara*, sorte de mets. *Sâa*, sac de blé ou d'orge.
(2) *Guecaa*, plateau de bois ; *Réfis*, mets de dattes et de semoule.
(3) Sorte de mets.
(4) L'usage veut, au Mezab, que le fiancé, traité comme un roi pendant trois jours avant son mariage, soit escorté par deux de ses amis qui sont ses ministres (ouzir, pl. ouzra).

non plus faire de refis le jour où elle reçoit les présents de son gendre, ni lui en envoyer. Celui qui fait ces choses s'expose à la réprobation des musulmans. Celui qui fait crédit à un enfant en puissance paternelle ou à une femme, sans l'assistance de trois hommes de son *hachîra* (1) (car l'enfant en puissance paternelle et la femme ne peuvent absolument rien vendre sans l'assistance de leur hachîra), perd tout droit sur ce qu'il a vendu.....

Fait et convenu par la Djemâa des gens de Melika, clercs et laïques, à la date des premiers jours de redjeb de l'année 1108 de l'hégire de l'Apôtre.

III.

1160 de l'hégire. — A la suite d'une querelle qui s'était élevée pendant la nuit sur l'Argoub, interdiction de jouer de la flûte en cet endroit. Si cet ordre n'est pas observé, les clercs s'enfermeront dans leur mosquée, et refuseront d'en sortir.

IV.

1190 de l'hégire. — Comme il paraissait nécessaire de fixer la durée des bannissements, les clercs et les laïques de Melika ont décidé que : quiconque aura frappé avec le fer, ou volé, et quiconque aura frappé ou insulté un clerc, sera banni pour deux ans ; quiconque aura commis un meurtre sera banni à perpétuité ; quiconque se cachera pour ne pas payer une amende devra sortir du pays.

V.

1200 de l'hégire. — Louange à Dieu unique. Convention des gens de Melika, clercs et laïques, concernant les délits

---

(1) Famille.

commis sur le territoire de Melika, bourg et jardins. Quiconque aura été irrévérencieux envers les clers, membres de la Halqa (1), ou étudiants, payera une amende de six réaux ayant cours, et subira un exil de deux ans à Alger ou à Tunis, soit qu'il ait prononcé une parole injurieuse, soit qu'il ait nui par ses propos à la réputation du clerc. Peu importe qu'il soit de sa qebîla ou d'une autre, car les Azzâba (2) n'ont pas de famille, et sont dits la famille d'Allah....... Quiconque aura donné une fête trop bruyante à propos d'une circoncision, d'un mariage, d'une naissance, etc...., transgressant ainsi la loi, payera une amende de 20 ou 25 réaux ayant cours, et sera frappé de l'excommunication mineure des clercs, qu'il soit libre, esclave, ou Arabe. Quiconque aura fait venir des invités dans sa maison pour prendre part à une fête bruyante de ce genre sera puni par les Tolba et paiera une amende de cinq réaux ayant cours.... Quiconque aura levé le fer contre son frère, soit un yatagan, soit un couteau, soit un sabre, s'il l'en a frappé, payera cinquante réaux ayant cours, et sera banni. Quiconque aura frappé d'une arme de fer et aura tué, payera cent réaux et sera banni jusqu'au jour de la résurrection..... Etaient présents (suivant les signatures).

VI.

Convention non datée, mais à peu près de la même époque que la précédente, au dire d'un clerc de Melika. Les gens des cinq Qçour (bourgs) des Beni-Mezâb, clercs et laïques, se sont réunis dans le jardin du Cheikh Ammi Saïd et ont arrêté : que le voleur, en quelque lieu qu'il ait commis

---

(1) M. à m. *carcan*. On désigne par ce mot le cercle étroit des Clercs majeurs qui gouvernaient chaque ville du Mezâb.

(2) Forme arabe du pluriel de *Azzâbî* (reclus), à laquelle répond la forme populaire *lazzaben*.

son vol, ne doit trouver refuge dans aucun des Qçour (1) du Mezâb, mais doit être rendu à son Qçar (bourg) où sa loi lui sera appliquée.... Que tout citoyen d'un Qçar qui aura une action à exercer contre un homme fixé et domicilié dans un autre Qçar, devra se rendre dans ledit Qçar, et appeler son adversaire en jugement ; s'il a droit, les gens dudit Qçar lui feront rendre justice, mais il ne saurait s'agir d'une vengence ; car celui qui chercherait la vengeance serait au contraire puni par les gens du Qçar.....

VII.

En 1201 de l'hégire. — Il est arrêté que les clercs qui prendront part à une noce et tireront des coups de fusil seront punis, les clercs majeurs de l'excommunication complète et les clercs mineurs du bâton. Celui qui, dans une fête, criera « vive » qui ou quoi que ce soit, sera puni d'un an de bannissement. Celui qui tirera un coup de fusil dans une fête de nuit, sera puni de la même peine. Il est rappelé que le crieur public doit fournir une caution.

VIII.

En 1200 de l'hégire. — Une forte querelle éclata dans Melika à cause des prétentions des Aoulâd Alouan qui voulaient prendre sur le marché, la place des Aoulâd Abd Allah expulsés. Il fut arrêté par les clercs et les laïques réunis que les Aoulâd Alouan n'avaient pas droit.

IX.

En 1243 de l'hégire. — Les clercs et les laïques ont décidé, à la suite d'actes très répréhensibles commis par des Arabes dans la mosquée, que quiconque ne respecterait

---

(1) Pl. de Qçar.

pas ladite mosquée, pourrait être battu et même tué impunément.

X.

En 1246 de l'hégire. — Convention des clercs et des laïques, en vertu de laquelle les gens qui vivent en concubinage seront poursuivis et expulsés à la réquisition des clercs. Il est aussi spécifié que quiconque prononcera la malédiction *Inâl* (que Dieu maudisse), payera 2 réaux d'amende. Egalement spécifié que les Iazzâben (clers majeurs) ne feront pas de corvée, ne monteront pas la garde, ne répareront pas les murs, ne contribueront pas à la réception des hôtes, etc.

XI.

En 1262 de l'hégire. — Convention des clercs et des laïques relative aux ventes à la criée, aux dégradations commises sur le marché, aux disputes qui surgissent entre les esclaves vendeurs de viande, et à la caution fournie par le crieur public.

XII.

En 1264 de l'hégire. — Pacification de la ville de Melika mettant fin aux dissensions survenues entre les Beni Alouân et les Beni Khelil ; les Chaamba avaient soutenu les Aoulâd Alouan ; l'ordre fut rétabli par les gens de Bou Noura et surtout par le cheikh de Ghardaïa.

XIII.

En 1271 de l'hégire. — Convention en vertu de laquelle on revient dans une certaine mesure à l'ancienne constitution politique de la cité, savoir, la création de deux Mqöddemîn supérieurs aux douze délégués qui composent la djemâa.

XIV.

En 1272 de l'hégire. — Convention des délégués des cinq Qçour réunis à Ammi Saîd, en vertu de laquelle quiconque donnera le même objet en gage à deux personnes sera assimilé au voleur et en subira la peine.

XV.

En 1273 de l'hégire. — Convention par laquelle il est interdit aux particuliers d'avoir une porte donnant sur l'enceinte extérieure de la ville.

XVI.

Document fort maltraité, sans date. — Convention entre les gens de Melika et les Chaamba de Metlili.

Les gens de Melika habitant le Qçar de Metlili commanderont à Metlili.

En l'absence des Chaamba retenus dans leurs pâturages, toutes les conventions passées par les Beni Mezâb avec l'étranger seront valables.

Tout berger donnera à la djemâa des Beni Mezâb de Metlili une toison, un mouton, et la quantité de beurre qu'il aura faite le vendredi.

Les Chaamba ne feront rien sans consulter les Beni Mezâb, et ceux-ci n'auront pas besoin de les consulter.

Les Beni Mezâb ont envoyé dix familles à Metlili, soit deux familles par qebîla ; on a commencé par les Beni Khelîl.

Les Chaamba ont envoyé dix familles à Melika.

Les gens de Melika résidant à Metlili seront jugés en Ibâdites, et les Chaamba de Melika en Malékites.

XVII.

Document de même genre que le précédent, sans date. — Les Chaamba de Metlili n'auront point à s'occuper des affaires de leurs frères de Melika ; les gens de Melika ne s'occuperont pas des affaires de leurs frères de Metlili. Les gens de Melika suivront la loi des Chaambaa à Metlili ; Les Chaamba résidant à Melika seront jugés par le cheikh ibâdite. Aucun Chaambi connu comme « coupeur de routes » n'entrera dans Melika.

XVIII.

Pièce non datée. — Les gens de Melika, clercs et laïques, ont arrêté que quiconque porte la main sur une femme de bonnes mœurs, et lui dit des paroles qui ont trait à la débauche, est exilé sur l'heure à Tunis ou à Alger, et doit payer 100 réaux. Quiconque est accusé de ce crime et n'a pas de témoins, prête le serment judiciaire. Il a été pareillement arrêté par la djemâa susdite que, en cas de trouble dans le Qçar, si quelqu'un se réfugie dans un oratoire de la ville ou des jardins, oratoire consacré à l'un des Mchaikh (1) (qu'Allah leur fasse miséricorde), par exemple l'oratoire du cheikh Abd er Rahman El Kourti, ou celui de El Hadj Messaoud, cet homme ne peut être poursuivi. Quiconque lui porte un coup, ou fond sur lui ouvertement, ou le fait sortir par ruse ou par force, puis le frappe, encourt le bannissement à Alger ou Tunis pendant deux années complètes, et paye en outre 100 réaux. Il en est de même de quiconque se barricade dans un oratoire pour frapper plus sûrement ses adversaires pendant le combat. Le châtiment est pareil dans les deux cas. Si un homme a été tué comme il entrait dans

(1) Pl. de Cheikh.

une maison pour en insulter ou en frapper les habitants, sa mort ne doit même pas donner lieu à une compensation pécuniaire. Les membres d'une hachîra ont le droit de se réunir entre eux pour traiter de leurs affaires ; mais il en est pas de même des hachaïr. Si deux hachaïr se réunissent, la peine encourue est l'excommunication religieuse. Si, un tumulte s'étant produit dans la ville, quelqu'un monte sur une des terrasses, et de là jette des pierres et autres projectiles, que le coupable soit un homme ou une femme, il est condamné à payer 10 réaux d'argent, et est excommunié.

XIX.

Pièce dont la date, barrée, est incertaine. — Convention des gens de Melîka concernant le vol. Les gens de Melîka, clercs et laïques, ont arrêté que : Si le vol est évident, le voleur ne doit pas demeurer un instant de plus dans le pays, bourg ou jardins, qu'il soit libre, Arabe ou esclave. S'il est esclave, son maître ne peut entrer dans la mosquée avant qu'il l'ait vendu. S'il est libre, son hachîra doit l'expulser elle-même, ou se faire aider en cas de besoin ; sinon l'entrée de la mosquée lui demeure interdite. Quiconque parle en sa faveur encourt l'excommunication. Son exil doit durer deux ans, soit à Tunis, soit à Alger, et il ne peut choisir un autre séjour : s'il revient avant d'avoir accompli ces deux années d'exil, il est renvoyé de la ville jusqu'à l'expiration de sa peine.

XX.

Pièce d'une date incertaine. — Convention interdisant de jouer de la flûte ou de chanter dans la ville de Melîka.

Je puis affirmer qu'il n'existe pas d'autre registre de Tifâqat à Melika que celui que j'ai parcouru, et que je viens de reproduire presque en entier. J'ai déjà dit avec raison qu'il était fort mal tenu : car, s'il avait été rédigé régulièrement, ce n'est pas une vingtaine, mais un millier de pièces que nous y aurions trouvées. En outre il était abandonné dans la maison d'un des clercs majeurs (Iazzâben), au risque d'être perdu, et le conservateur de ces déplorables archives n'était pas toujours disposé à les communiquer au public. C'est pourquoi, à une époque que nous ne pouvons déterminer, mais qui n'est pas très éloignée de l'introduction des Beni Methar dans Melika, les Imokranen en firent faire un extrait, laissant au clerc chargé de ce soin la faculté de choisir, et même d'abréger, les arrêtés qui lui paraîtraient les plus importants. Or comment procéda ce taleb ? Rien n'est plus digne de remarque, la méthode qu'il suivit ayant été précisément celle qu'ont adoptée tous les auteurs de Kanoun quels qu'ils aient été, lettrés ou illettrés, scribes ou imokranen. Peut-être n'est-il même pas de code barbare dont ce procédé n'explique la composition, chez tous les peuples et dans tous les temps. Notre taleb de Melika commença par copier la pièce citée ci-dessus n° 1, celle qui contient les peines afflictives du vol, de la violence, des injures et de la conjuration ; il y ajouta la pièce n° 3, qui comporte la durée des bannissements en cas d'injure envers les clercs, de meurtre, ou de rébellion ; puis la pièce n° 4, dans laquelle on trouvait une sanction nouvelle du respect que l'on doit aux clercs, l'interdiction des fêtes trop bruyantes accompagnée d'une pénalité, et le rappel des peines relatives aux coups et blessures ; enfin la très curieuse loi somptuaire de l'an 1108 de l'hégire. Ces documents composèrent le *Kanoun* de Melika. On rassembla les bandes de papier sur lesquelles ils avaient été copiés, on les enroula autour d'une tige de bois, et ce *Volumen* fut enfermé dans un tube de fer.

Le kanoun de Bou Noura a été en quelque sorte reconstitué sous mes yeux. Dans cette petite ville déchirée par de longues guerres civiles, à moitié détruite, veuve de deux de ses fractions chassées et dispersées dans Beni Sgen et dans Melika, dépourvue de clercs instruits, réduite enfin au dernier rang des bourgades barbares, les anciens recueils de conventions avaient été anéantis ; mais les Imokranen en avaient retenu les peines qu'ils avaient coutume d'appliquer aux crimes et aux délits. Quand je demandai le kanoun, une commission fut formée, et voici le document qui me fut remis :

« *Kanoun de Bou Noura* rédigé en présence de la Djemâa : 1° Le meurtrier est banni. 2° Le voleur est banni pour deux ans et il doit avoir vu la mer ; sinon, son bannissement ne compte pas. Il paye une amende. 3° Quand même le parent du mort accepterait la dia, le meurtrier ne rentre jamais dans le pays. La djemâa ne l'accepte pas. 4° Celui qui prend le fusil pour se battre, ou tire le couteau, ou frappe, soit avec une clef de fer, soit avec une tanast armée de clous, paye 25 réaux à la cité. 5° Celui qui frappe avec la clef de bois paye 5 réaux à la cité. 6° Celui qui lance une pierre, n'aurait-il pas atteint son adversaire, paye 5 réaux. 7° Celui qui, tenant une pierre dans la main, frappe son adversaire, et ne lâche la pierre que par force, paye 2 réaux. 8° Si deux hommes se disputent violemment, et en viennent aux mains, chacun d'eux paye 2 réaux. 9° Quiconque saisit violemment quelqu'un par le burnous paye 2 réaux. 10° Quiconque prononce des paroles injurieuses paye 2 réaux. 11° Quiconque prend une poignée de terre, et la jette sur autrui, paye 2 réaux. 12° Quiconque feint de cracher sur autrui paye 2 réaux. 13° Quiconque prend part à une querelle pour l'animer, serait-il parent d'un des deux adversaires, paye 5 réaux. Chacun des deux adversaires paye seulement 2 réaux. 14° Quiconque entre dans une maison pour commettre un acte de violence, paye 25 réaux et est banni. La femme n'est jamais bannie ; mais dans ce cas elle paye, comme l'homme, 25 réaux. 15° Quiconque tire un coup de feu dans un tumulte, n'aurait-il tué, ni blessé personne, paye 33 douros et 1 réal. 16° Quiconque résiste violemment à un agent de l'autorité paye 5 réaux. 17° Quiconque refuse d'obéir à un ordre de la djemâa communiqué par l'Oucif (servus publicus) paye 2 réaux. 18° Quiconque tient des propos à la femme d'autrui, paye 25 réaux et est banni ».

LES KANOUN DE L'AOURAS ET DE LA KABYLIE.

L'Aourâs et la Kabylie offrent le même spectacle. Les souvenirs des anciens y tiennent lieu, comme nous l'avons marqué, de « Recueils de conventions », mais ils sont souvent plus fidèles que tous les cahiers du Mezâb. Le service que les Kabyles obtiennent de la mémoire exercée constamment et sans aide est même surprenant, et peut donner lieu aux remarques les plus curieuses. Or les arrêtés qui sont portés sur ce registre naturel n'y sont pas disposés sur une même ligne, bien qu'ils soient tous de même valeur, en tant que décisions prises par les djemâat. Les uns sont, en effet, d'un usage beaucoup plus fréquent que les autres. Sur le fond du tableau qu'ils composent, en quelque sorte, se détachent vigoureusement d'abord les peines édictées contre les délits et les crimes, puis les prohibitions concernant les sources et les chemins publics, puis les règlements de simple police, enfin les restrictions apportées aux droits excessifs des familles, en matière de préemption, de vengeances, et de représailles. Le kanoun se forme ainsi de lui-même dans l'esprit des Anciens, et tout y est bien disposé sans être écrit. Dans un grand nombre de villages aurasiens ou kabyles, on n'a jamais songé à dresser une liste semblable à celle dont nous avons surpris la formation à Melika et à Bou Noura; et cependant, si l'on demande à un des imokrânen de réciter le kanoun, jamais il n'hésite. Il énumère d'abord les peines; il y ajoute les principales prohibitions, et ensuite ce qu'on peut appeler les coutumes en général, suivant l'ordre que j'ai indiqué, parce que cet ordre est celui dans lequel sa mémoire les lui reproduit. Les amendes sont une liste de nombres toujours présente à son esprit; les défenses non sanctionnées lui paraissent encore assez nettes et faciles à retenir, mais il lui en échappe quelques-unes; quant aux limitations des droits des familles, il n'en énonce que deux ou trois, et il peut même répondre qu'elles ne font pas rigoureusement partie du kanoun. Rien n'est plus conforme à la définition du mot, telle que nous l'avons donnée plus haut. Il est arrivé quelquefois, et, je pense, à la suite de contestations dans la djemâa, qu'un taleb a été prié d'écrire le kanoun. Il n'a fait alors que fixer sur une feuille la loi que tous les Imokrânen portaient en eux-mêmes. Ces rédactions se sont multipliées depuis notre conquête et surtout depuis que nous leur avons donné une valeur légale en face de notre code; mais l'ordre en est presque invariable. La pénalité en est la partie essententielle, et, dans beaucoup de cas, on ne va pas au delà. Tels sont, dans l'Aourâs, les kanoun de Menâa, de Chîr, et de Tâgoust. Ces exemples sont d'autant plus intéressants que l'assemblée était souveraine à Menâa et à Tâgoust, tandis qu'elle était loin de l'être à Chîr. La composition de ces lois, ne dépend donc en rien de la constitution politique des cités. Les voici telles qu'elles m'ont été remises par les indigènes en 1878 :

« *Kanoun de Menâa*. A monsieur, etc. ...

« Ceci est la coutume de notre pays tout entière.

« 1° Quiconque vole la nuit est frappé d'une amende de 10 douros par la djemâa, et paye 5 douros au maître de la maison. 2° Quiconque vole pendant le jour subit la même peine, suivant la coutume ; voilà pour celui qui vole dans une maison 3° Quiconque vole une chèvre est frappé par la djemâa d'une amende de 15 douros, et le propriétaire lui prend deux chèvres selon la coutume du pays. 4° Telle est la coutume concernant les adultes. Quant aux enfants, si l'un d'eux vole dans un jardin pendant le jour, sa peine est une amende de 1 franc, plus la valeur de la chose. 5° Quiconque tue dans une querelle est puni par la djemâa d'une amende de 50 douros ; il paye en outre 500 francs de dia. Tout son bien est ravagé et pillé complètement par la djemâa ; il ne s'agit que des produits et non du fonds. 6° Quiconque tire un coup de fusil et blesse, paye une amende de 50 douros. 7° Quiconque tire un coup de fusil, sans blesser la personne qu'il a visée, paye 5 douros. 8° Quiconque poursuit une femme de propos grossiers paye 25 douros d'amende. 9° Quiconque a frappé un homme d'une pierre ou d'un bâton, si le sang est sorti, paye une amende de 12 douros, et, si le sang n'est pas sorti, une amende de 1 douro. 10° Quiconque donne un coup de poing paye un demi-douro d'amende. Enfin la djemâa était souveraine maîtresse ».

« *Coutume de Chir.* — Exposé de ce qu'était la coutume de l'Ouâd Abdi dans le temps passé, avant l'établissement du gouvernement français, en ce qui concerne le meurtre et les coups portés, ou les blessures faites avec un sabre, une pioche, une pierre, un couteau ou une arme à feu.

Quiconque avait tué était condamné à payer 4,000 francs ; tout son bétail, chèvres ou moutons, était confisqué, tous ses arbres étaient coupés, et il ne restait rien de son bien. — Quiconque avait frappé avec un sabre payait 25 francs ; avec une pioche 25 francs ; avec un couteau 25 francs. — Quiconque, ayant frappé avec une pierre, avait causé une blessure qui exigeait les soins d'un médecin, payait 75 francs. — Quiconque s'était servi d'une arme à feu, mais sans blesser, payait 25 francs. — Quiconque avait arraché une dent à son adversaire, en lui portant un coup, payait 12 francs. — Quiconque avait déchiré l'oreille d'une femme, payait 12 francs. — Quiconque s'était approché d'une femme en puissance de mari était condamné à une amende de 75 francs, et, s'il se refusait à la payer, tout son bien était ravagé. — Quiconque avait volé dans un jardin potager, payait 25 francs. — Quiconque avait volé dans une maison, 85 francs. — Quiconque s'était enfui avec une femme en puissance de mari, et avait cohabité avec elle, était laissé en possession de son bien, mais devait payer au mari la somme réclamée par ce dernier comme prix de son mariage. — D'après leur coutume, quiconque épousait une femme devait payer 50 francs, et en outre 25, s'il l'épousait pendant la Aïdda. — Quiconque tenant un fusil, faisait partir le coup sans intention, et tuait un homme, devait la moitié de la dïa. — Si un mulet donné (prêté) venait à mourir, la perte était supportée par celui chez qui l'animal était mort. — Si un fusil prêté s'était perdu, la perte en devait être supportée par celui chez lequel il s'était perdu ».

« *Coutume de Tâgoust.* — Kanoun de la dïa, 750 francs. — La djemâa prélevait sur le meurtrier 100 fr. ; sa maison était démolie, ses arbres étaient coupés, et il devait s'exiler pendant une année entière ; ensuite il revenait et donnait ce qui est porté ci-dessus. — Kanoun de la dïa de la femme, 375 fr. — Dïa du meurtre involontaire, 375 fr. — Dïa de l'enfant qui a tué quelqu'un, 375 fr. — Talion de la tête, 37 fr. — Si un homme a pris un fusil pour frapper, 50 fr. — S'il a frappé avec ce fusil, 100 fr. — S'il a frappé avec un sabre, 20 fr. — S'il a dégainé sans frapper, 12 fr. — Quiconque a frappé avec un bâton, 12 fr. — Quiconque a frappé avec une pierre, 12 fr. — Quiconque a menacé d'un bâton ou d'une pierre sans frapper, 2 fr. — Quiconque a frappé avec le poing, 2 fr. — Quiconque a volé, 75 fr. plus la valeur de l'objet volé. La djemâa lui impose en outre une amende de 20 fr. — Quiconque a eu des relations avec la femme d'autrui, paye 25 fr. — Quiconque s'enfuit dans sa maison avec la femme d'autrui, 50 fr. »

M. Féraud, demandant le Kanoun des Zouâgha de la petite Kabylie (1) était exactement dans le cas où je me suis trouvé à Bou Noura des Beni Mezâb ou à Chîr des Aoulâd Abdi : « Je suis redevable, disait-il, de ce nouveau document authentique au Caïd Si Hammou ben Ali et à Si Ahmed ben Youssef, khodja de l'annexe d'El Milia, qui ont eu l'obligeance de l'écrire dans le pays même, *sous la dictée de membres d'anciennes Djemâat.* » Si quelques kanoun des Kabyles du Djurdjura, se trouvaient écrits avant que MM. Hanoteau et Letourneux en demandassent communication, les rédactions en avaient été provoquées par des causes locales que nous ignorons, mais les djemâat avaient sans doute « empêché le mal et ordonné le bien » pendant de longues années avant qu'on y songeât. Il suffit de les comparer pour y surprendre le caprice, sinon l'indécision. Ainsi les kanoun des Aït Bou Chennacha, de Kouko, de Tikichourt, des Aït Aïssa ou Mimoun, se composent de 43, 47, 48, 37 articles ; celui des Aït Ousammeur en compte 118, celui de Taourirt Abdallah 138, et celui d'Agouni Tsellent 249. Est-ce à dire que ce qui était défendu et puni dans tel

(1) Cf. Sup. *Bibliog.*

village ne l'était pas dans tel autre ? A part quelques variantes, il serait absurde de le penser. Comment admettre, en effet, si on compare le kanoun de Tikichourt à celui d'Agouni Tsellent, villages dont les habitants sont égaux d'intelligence et de discipline, que la djemâa de Tikichourt n'ait jamais édicté de loi somptuaire, jamais empêché le créancier d'être trop dur envers son débiteur, jamais défendu à des héritiers avides d'expulser la veuve de la maison de son mari, jamais eu occasion d'interdire que personne sortît du village en temps de guerre, jamais rendu un habitant responsable des délits de son hôte, jamais condamné un homme qui se serait servi dans une dispute d'une bague à crochets de fer, pour lacérer le visage de son ennemi, en un mot n'ait jamais pris aucune des décisions qui sont mentionnées dans le kanoun d'Agouni Tsellent, mais ne le sont pas dans le sien, tel du moins que nous le trouvons reproduit par MM. Hanoteau et Letourneux ? Ces différences ne proviennent que de la négligence des rédacteurs indigènes.

Il est enfin trop facile de voir que la pénalité y occupe la première place. Elle y parait seule assez souvent, et, quand il s'y ajoute des prescriptions et des défenses touchant soit le mariage, soit la préemption, soit les droits des mineurs, elle reste toujours prépondérante.

Un exemple du premier cas, nous est offert par le kanoun du même village de Tikichourt. Il n'est pas un article de ce kanoun qui ne soit une prohibition accompagnée d'une sanction pénale, et l'on n'y trouve rien qui ressemble à une disposition de notre code civil. En voici les premiers articles : « 1° Celui qui épouse une femme pendant la Aïdda, paye 5 réaux. Celui qui a servi d'intermédiaire est passible de la même peine. — 2° Celui qui, après avoir répudié sa femme, la reprend, payera 5 réaux. — 3° La femme qui sortira dans la rue, sans se couvrir la tête, payera 1 réal. — 4° Celui qui, par un mensonge, portera préjudice à quelqu'un, sera passible de l'amende qu'encourt le menteur d'après nos usages. — 5° Celui qui attaquera l'honneur de quelqu'un à propos de sa femme ou de sa sœur, payera 50 réaux. — 6° Si une femme va seule au moulin, elle paye 1 réal. — 7· Si une femme va seule à la fontaine avant le lever du soleil, elle paye 9 réaux d'amende. — 8° Si une femme s'arrête dans la rue et reste debout, elle paye 1/4 de réal. »

On peut, d'autre part, citer comme exemple du genre mixte dans lequel les sanctions pénales sont mêlées à des prescriptions diverses, une partie du kanoun de Taourirt Abdallah : « 10° Celui qui se mariera avec une femme qu'il ne peut épouser d'une manière légale, payera une amende de 100 réaux. — 12° Une veuve a le droit de demeurer dans la maison de son mari défunt ; aucun héritier ne peut l'en faire sortir. Tout héritier qui la chassera payera une amende de 20 réaux. — 13° Si cette même veuve épouse un des parents de son mari, et s'il ne la rend pas heureuse, elle aura le droit d'aller demeurer chez l'orphelin (c'est-à-dire l'enfant de son premier mari) et de vivre séparément sur le bien de son fils. — 15° Un orphelin qui demeure chez son oncle paternel a le droit, si tel est son désir, de séparer ses intérêts de ceux de son oncle. La femme d'un absent devra attendre six ans et ne se remarier que la septième année. Après le mariage, si le premier mari revient, on lui rendra la somme qu'il aura donnée pour la Tahmamt. — 23° Celui qui, ayant une dette de sang avec ses frères et ne voulant pas subir la mort, donnera de l'argent pour faire tuer un de ses frères à sa place, devra payer 100 réaux d'amende. — 24° Celui qui arrêtera un individu sur la route, ou qui lui donnera un coup de maillet, entre le coucher et le lever du soleil, que la victime soit endormie ou non, sera puni d'une amende de 10 réaux. — 25° Celui qui aura tiré un couteau ou un sabre de sa gaîne, mais sans frapper, sera puni de 2 réaux. — 26° Celui qui aura frappé avec le couteau ou avec le sabre, sera condamné à 4 réaux d'amende, etc. »

Tel est, avec les variétés et les irrégularités qu'il comporte, ce dernier et principal organe de la cité africaine. Voyons-la maintenant vivre et se développer.

II

LA TADDÈRT, LE ARCH, ET LA QEBILA KABYLES

Le lieu de réunion de l'assemblée *(djemâa)*. Le Toufiq, les Ikhelidjen, la Taddèrt proprement dite. Tableau des villages kabyles. Leur esprit particulier. Répugnance des Kabyles aux idées générales. Leur refus de se joindre à Abd-el-Kader. Opinion de M. Letourneux sur le Arch kabyle. Ce qu'est le Arch au-dessus de la Taddèrt. Ses caractères principaux. Comment il se fortifie et se précise. Les Qebilat dans les temps modernes et dans l'antiquité. Consistance de quelques Qebilat. Les grands chefs en Kabylie. Une opinion de M. Carette.

LE LIEU DE RÉUNION DE L'ASSEMBLÉE (DJEMAA).

Jalouse de son honneur, fière de l'assistance qu'elle donne aux faibles qui l'invoquent, enrichie déjà par des donations et quelques amendes, dirigée par sa djemâa, protégée par sa loi, la cité africaine existe en principe sans murailles ni édifices. Elle n'a pas besoin, pour être et pour régner, d'être bâtie sur la terre, visible, matérielle, délimitée par un Romulus ou un Thésée. Elle est dans le cœur de tous les hommes libres qui la composent. Sa manifestation régulière est la réunion des Imokrânen qui gravement délibèrent, prennent des arrêtés, décident de la paix ou de la guerre avec les voisins. Elle paraît avec éclat dans les cas exceptionnels, quand le peuple entier des adultes, assis en cercle, médite une dernière fois sur la conduite qu'il veut tenir, écoute ses orateurs, se tait ou applaudit. Que l'hôtel de ville soit un plateau du Djurdjura entouré de frênes, une pelouse ombragée de noyers dans le Haut-Abdi, un jardin sablonneux sous un dôme de palmes entrecroisées dans le Sahara des Mozabites, peu importe en vérité ; on y vient avec empressement des hauteurs ou des vallées voisines ; les décisions prises, ou du moins acceptées par tous, sont exécutées. L'Amîn présidait ; les Imokranen et les Oqqâl ont résolu : cela suffit. La cité africaine fonctionne dès lors aussi régulièrement que Rome, Athènes ou Lacédémone.

Cependant l'assemblée ne tarde pas à décider, elle peut même arrêter dès le premier jour, qu'elle tiendra ses séances dans un lieu couvert. La pluie et la neige, ou l'ardeur du soleil, suffiraient à l'y contraindre. Au Mezâb, les Kebar et les Mqöddemîn se réunissent, quand la délibération n'a que peu d'importance, dans la maison commune que l'on met à la disposition des étrangers ; mais le plus souvent ils se joignent aux Tolba, dans une salle attenant à la mosquée. En Kabylie, nous trouvons des « maisons d'assemblée », ou simplement des « assemblées », Djemâat, qui méritent une description spéciale. La djemâa du village de Souama des Beni bou Chaïb, et celle du village d'Aït Ferahounen des Ililten, sont des bâtiments isolés, assez petits, situés à l'entrée même du village. A l'intérieur sont deux bancs, ou plutôt deux plates-formes dallées, sur lesquelles on peut, non seulement s'asseoir, mais s'étendre. Une distance d'un mètre environ les sépare, formant couloir. Dans la plupart des autres villages, la djemâa n'est pas une maison, mais un tronçon de rue recouvert d'un toit, ou plutôt l'entrée même du village transformée en une porte profonde par laquelle on passe librement. A droite et à gauche sont encore de larges bancs dallés, sur lesquels l'Amîn, les Temmân et les Oqqâl siégent face à face. Une des remarques qui m'ont le plus confirmé dans l'opinion que les assemblées kabyles ne sont jamais des *meeting* populaires, est précisément l'exiguité relative de ces lieux de réunion. Il n'est pas de djemâa qui puisse contenir seulement la dixième partie d'une cité, c'est-à-dire d'un Toufiq ou d'une Taddèrt (1) un peu considérable. Chez les Aït-Boudrar, le toufiq de Bou-Adenan compte 1248 habitants, et la taddèrt des Aït Ali ou Harzoun 1400. Or, je doute que quarante personnes tiennent à l'aise dans leurs djemâat. Il est alors très surprenant que l'usage exige la présence de tous les adultes aux assemblées et même que certains kânoun punissent les absents d'une amende. Ou la réunion qui se tient dans la djemâa n'est pas la djemâa (2), ou la loi kabyle si souvent citée est incompréhensible. Cette contradiction disparaît, si l'on considère que la salle de réunion est très largement ouverte sur une de ses faces ou à ses deux extrémités. L'Amîn et les gens les plus considérables y entrent et la remplissent, mais la foule n'est pas exclue pour cela. Elle assiste de fort près à la délibération ; on discute sous ses yeux. Il est aussi permis de croire (et cette supposition s'accorde avec ce que nous avons marqué plus haut) (3) qu'un local si restreint convient aux habitudes kabyles, parce que les réunions générales ont bien plus pour but d'instruire le peuple d'une décision que de la lui soumettre. Quand l'Amîn, les Temman, et les Oqqâl ont résolu d'appliquer une peine nouvelle à quelque délit, ou d'interdire un usage nuisible, ils connaissent assez par avance les sentiments de leurs parents et concitoyens pour être sûrs d'être approuvés, et c'est pourquoi il n'est pas besoin d'instituer un débat solennel dans une salle spacieuse ; mais en même temps il faut que tous, jusqu'au dernier des forgerons et des bergers, soient bien

(1) *Toufiq*, petit canton, *pagus* ; *Taddèrt*, village, *vicus*.
(2) Ici le mot *djemâa* est pris dans les deux sens que l'usage lui a donnés en Kabylie : *Maison de l'assemblée* ; *Assemblée*.
(3) P. 17.

avertis. C'est là plutôt une promulgation qu'un plébiscite. L'usage d'installer la djemâa près de la porte de la ville n'est-il pas aussi très remarquable? L'Amîn, les Temman, et les Oqqâl sont des juges. Ils ont à décider des contestations entre citoyens et étrangers, et la prudence conseille de ne pas admettre l'étranger au cœur de la ville. Combien de souvenirs antiques cette observation peut évoquer!

LE TOUFIQ, LES IKHELIDJEN, LA TADDÉRT.

Quand la cité se compose de familles réparties dans plusieurs hameaux distincts, la djemâa se tient nécessairement dans l'un d'eux, et le plus souvent dans celui dont l'Amîn est originaire. Cet état social est encore fréquent chez nos Africains, et s'exprime en Kabylie par un terme spécial, *Toufîq*, de l'arabe *ouafaqa, convenit*. Dans le Djurdjura, les Aït Hadda, Aït Ouaggour, Tirilt n Tala, Aït Ahmed ou Iounès, Aït Rached, Aït Mahmoud, forment le *Toufîq* des Aït El Aziz; les bourgades de *Anwir n Ameur ou Saïd*, Ighil Bouguenî, Tililit, Thasega, Melloul, Ighil Qeçir, Tamekerest, Tarezzout, le *Toufîq* des *Aït Ameur ou Saïd*; enfin *Tasroul*, Aït Abdallah, Takhelidjt, forment le *Toufîq* de *Tasroul*. On voit par là que le Toufîq porte tantôt le nom d'un des lieux qu'il comprend, comme *Tasroul*, tantôt le nom d'une des familles qui le constituent, comme *Aït Ameur ou Saïd*, tantôt un nom absolument étranger. Tous les membres du toufîq ont, sans regard au lieu qu'ils habitent, l'autorité que leur vaut leur fortune, leur bravoure ou leur intelligence; et cependant il est facile de surprendre dans cette formation une attraction vers un centre dont la langue n'a pas négligé de tenir compte. *Taddèrt* est un mot vague, applicable à tous les groupes de maisons quels qu'ils soient, car il signifie proprement « pluralité de maisons », étant composé de l'arabe *dar* et des affixes qui indiquent la collectivité dans les dialectes africains. C'est ainsi que t Ouchchèn t *(Touchchènt)* signifie « chacalière », lieu où se réunissent les chacals, et ta bellirej t *(tabellirejt)*, « cigognière », lieu où se rencontrent les cigognes. Chaque hameau habité par une famille peut donc être appelé *Taddèrt* en tant que réunion d'habitations, comme il est dit *Kharrouba*, en tant que fraction de la cité ; mais lequel de tous les hameaux d'un touſiq mérite de préférence le nom de *taddèrt*, celui qui ne compte qu'une vingtaine de maisons, mal assises sur un piton, et habitées par de pauvres gens sans influence, ou celui qui, longuement étendu sur une crête, a l'honneur de donner fréquemment un amin au touſiq, contient la djemâa principale dans laquelle les questions les plus importantes ont été traitées, reçoit ordinairement tous les habitant du touſiq réunis en assemblée générale, est enfin, pour ainsi dire, le sanctuaire des lois ? L'usage s'est naturellement introduit d'affecter cette désignation au plus considérable d'entre eux, et d'appeler les autres d'un nom qui va jusqu'à faire penser que leur rôle politique est inférieur, *Takhelijt* (pl. Ikhelidjen), qui signifie « petit canal », « vaisseau ». Il semble que la *Taddèrt* soit le cœur du touſiq, et que les *Ikhelidjen* en soient les artères. Mais le plus souvent, à cause de la nature des lieux, ou en vertu de certaines affinités qui nous échappent, tous les individus qui constituent le touſiq prennent le parti de ne plus rester divisés et de former un village unique, sans laisser aucune *Takhelijt* autour d'eux ; il est même arrivé que du premier coup, les *familles* primitives ont résolu de former une cité compacte et de se fondre en un seul bloc au sommet d'une montagne. Voilà la *Taddèrt* ou le village par excellence, la forme visible et tangible d'association politique que l'on se plaît très justement à présenter comme l'expression la plus nette du génie kabyle, en tant que les circonstances extérieures lui ont permis de se développer. Les Kabyles n'ont pu s'élever de beaucoup au-dessus de ces cités de premier degré, cependant elles sont déjà un résultat précieux de leur instinct commercial et de leur amour de la concorde. Si parfois on a vu, dans ces *Tiddar* (1), des familles récemment unies se séparer l'une de l'autre par de petits murs intérieurs, des causes futiles réveiller d'anciennes jalousies, les « gens d'en bas », s'armer contre les « gens d'en haut », et le sang couler dans la djemâa, la paix, l'intime et fraternelle paix, est toujours parvenue, après plus ou moins de temps, à maintenir chacun de ces groupes d'hommes d'origines diverses en un tout indivisible, dans une seule enceinte.

LES VILLAGES KABYLES.

C'est ce tableau qui donne, indépendamment de la majesté et de la beauté sauvage de la contrée, tant d'attrait à la Kabylie du Djurdjura contemplée de la terrasse de Fort National, quand les brumes du nord-ouest, qui la couvrent d'ordinaire, se relèvent, et que toutes ses arêtes se détachent sur le fond bleu du ciel du sud. Sur la haute cime grise, ravagée par les pluies, mais qui garde encore un témoin de sa grandeur ancienne, le Lalla Khedidja (2), apparaît une dentelure de cèdres ; en-dessous, des chênes-verts mal venus poussent à côté d'oliviers grêles. Toute la zône inférieure, schisteuse et délitée par des milliers de sources, est un immense verger entremêlé de cultures. L'olivier y abonde, et l'orme, et le tremble, et le frêne dont le feuillage nourrit les bestiaux pendant l'hiver. Au bord des vallées, l'humus est profond, l'orge épaisse défie nos plus belles

(1) Pluriel de *Taddèrt*.
(2) Le Lalla Khedidja, qui porte le nom d'une Sainte célèbre dans le Djurdjura, est, après le Chellia du massif aurasique, la plus haute montagne de l'Algérie.

moissons d'Europe ; on trouve même des pépinières dans le gravier des torrents. Tout autre serait le spectacle si l'on franchissait la muraille protectrice qui s'oppose au vent saharien ; on verrait le Djurdjura descendre en une seule pente vers le lit lointain de l'Ouâd Sahel, sans arbres, à peine couvert de buissons rabougris et de touffes de hautes herbes sèches, des terrains violacés, arides, se suivre et comme fuir dans une lumière fauve ; et au-delà de l'Ouâd, des montagnes nues et claires s'esquisser à travers l'air transparent, en un mot l'Afrique de Salluste apparaître « Ager arboribus infecundus, cœlo terraque penuria aquarum » ; mais, de ce côté-ci de la Méditerranée, dans cette région d'une richesse sévère, vêtue presque en entier de beaux arbres, il semble qu'on soit en France, et encore en Auvergne ou en Savoie plutôt qu'en Provence. Là, dans un chaos de massifs isolés, de crêtes nettes et tranchantes, de pitons noirâtres qui surgissent comme des écueils, on distingue une centaine de points aériens séparés par des vallées creuses dans lesquelles les aigles plongent, les ailes étendues. Ce sont des villages, allongés ou circulaires, presque tous coniques au sommet et couverts de tuiles rouges. Ils se ressemblent tellement que, même quand on en sait les noms, on les prend indéfiniment les uns pour les autres. Les maisons privées, dont chacun d'eux est composé, sont jointes entre elles, et si bien, qu'elles en font de véritables forteresses : elles suffisent par elles-mêmes à leur défense, comme les corps de leurs citoyens, qui se lient l'un à l'autre dans les batailles solennelles, protègent leur honneur et leur fortune. On pressent, en dépit des divisions qu'il faut toujours soupçonner, une cohésion puissante, une discipline égale, une communauté intime de besoins et d'aspirations dans ces blocs posés comme des vigies au point d'intersection de talus presqu'à pic, et cette impression devient plus forte à mesure qu'on en approche. De tous, à la même heure, des femmes brunes vêtues de bleu, la tête parée d'un foulard rouge, les bras et les jambes ornés de bracelets d'argent, descendent à la file dans des chemins creux. Elles portent sur leurs épaules les amphores qu'elles vont remplir à la fontaine. Des enfants jouent en dehors des portes, des hommes dorment sur les dalles des djemâat. Les rues principales, s'il en est, se divisent bientôt en ruelles étroites et pavées de cailloux pointus. Toutes les maisons s'ouvrent sur ces ruelles. De même que les costumes des hommes, vêtus du burnous, ne se distinguent entre eux que par la propreté, les maisons des riches ne l'emportent sur celles des pauvres que par les dimensions des pièces, mais sont distribuées de même sorte, et servent exactement aux mêmes usages. La porte, très épaisse, s'ouvre sur une salle carrée qui ne reçoit qu'un peu de lumière de quelque trou percé dans le haut du mur. Au milieu est le foyer creusé en terre. Sur un des côtés, et le plus souvent à droite, sont d'énormes jarres d'argile bâties sur placé, et des sacs faits de paille tressée : on y conserve l'huile, l'orge et le blé. A gauche et en contre-bas est l'écurie, dans laquelle les bœufs et les mulets descendent en tournant, après avoir franchi le seuil ; le plafond en est peu élevé par rapport au niveau de la salle ; les animaux respirent par de larges baies qui s'ouvrent sur l'intérieur. Au-dessus de cette écurie est un plancher supporté par de fortes poutres : là dorment les femmes et les enfants auprès des provisions de figues, de fèves, de beurre et de viande séchée. Le tout, une fois la porte fermée est dans la maison du maître, du *pater familias*.

Assurément, c'est là un monde, sinon nouveau, du moins bien fait pour nous surprendre, que ces petites ruches humaines, ces cités minuscules visiblement indépendantes les unes et les autres, ces républiques en enfance qui ne forment pas une nation, ce peuple sans capitale, ce moyen-âge sans châteaux, et l'on s'explique sans peine l'étonnement qu'il a provoqué chez les Français du XIXᵉ siècle gravissant pour la première fois la montagne des Aït Iraten. Maintenant qu'il nous est ouvert, et que notre civilisation commence à le modifier profondément, pour son bien et pour le nôtre, on ne saurait l'étudier avec trop de soin ni de patience. Il se peut que la Taddèrt soit un obstacle à nos desseins ; on peut croire aussi que sa constitution, qui offre tant d'analogie avec nos institutions républicaines, mérite d'être mise à profit. Quoiqu'on en décide, on ne saurait méconnaître, sans commettre de graves erreurs, le tour d'esprit particulier que le Kabyle a contracté dans une forme de société si restreinte. Nous montrerons nous-même immédiatement qu'il est capable de conceptions plus hautes ; mais en réalité avant notre conquête, c'était sa taddèrt seule qui lui infligeait une amende quand il était coupable d'un délit ou d'un crime, et, cette amende payée, il était absolument libre de toute inquiétude envers un pouvoir public quelconque. Avait-t-il un procès, c'était devant la djemâa de sa taddèrt qu'il produisait ses titres et réunissait ses témoins : sa taddèrt le jugeait ou lui donnait des juges. S'il abandonnait quoi que ce fût, d'accord avec les membres de sa kharrouba, de son droit absolu de représailles et de vengeance, c'est à la taddèrt qu'il le cédait. En un mot il n'admettait de loi que celle de cette Taddèrt. De là une étroitesse de vues singulière, une inaptitude surprenante à comprendre certaines idées générales, une aversion irréfléchie de tout ce qui n'est pas renfermé dans l'horizon qu'on embrasse du haut d'un piton du Djurdjura, qu'il s'agisse de théories sociales, de conceptions politiques, ou de systèmes religieux. Ne nous plaignons pas trop de ce défaut, qui résulte d'ailleurs simplement du temps et des circonstances, et ne saurait être le signe d'une race. Nous lui devons, dans une certaine mesure, notre conquête de l'Algérie.

LA TADDÈRT KABYLE ET ABD EL KADER.

Quand Abd el Kader, maître de presque toute la province d'Oran, disposant d'une cavalerie considérable, entouré d'admirateurs fanatiques de son génie, tous dévoués à sa fortune, et décidés aux plus grands sacrifices pour faciliter l'accomplissement de sa mission providentielle, résolut de prendre une seconde fois les armes contre nous, son succès eût été assuré s'il eût pu communiquer la flamme de son patriotisme et de sa foi aux fantassins kabyles qui avaient donné tant de preuves de courage et de ténacité dans leurs luttes dramatiques contre la domination turque. Pour lui, il n'avait pas hésité un instant à croire que le pied du chrétien sur la terre de l'Islam, les mosquées profanées, les tombeaux des saints souillés ou détruits, les fidèles abreuvés d'insultes et frappés d'impôts, étaient des motifs bien suffisants pour émouvoir des âmes musulmanes dans les cantons les plus reculés du monde ; et si même il se trouvait des hommes assez durs pour ne pas entendre l'appel de leurs frères, il croyait que leur intérêt au moins devait les porter à prendre les armes; car il était manifeste que la conquête infidèle irait gagnant sans cesse comme un incendie les montagnes après les plaines, depuis Médéa jusqu'à Sétif, et plus loin encore, jusqu'à l'Aourâs, et aux confins du désert. Il était donc venu chez les Kabyles en simple pélerin, en prêtre de la guerre sainte plutôt qu'en guerrier, à peine escorté, mais entouré du reflet de sa jeune gloire, fort de son renoncement intérieur et de ses espérances. Les Kabyles étaient accourus de toutes parts : Oumena, Temmân, Oqqâl et leur suite, étaient descendus de leurs *Tiddar* du Djurdjura, mal couverts, comme d'ordinaire, de vêtements rapiécés et tachés d'huile. Ils envahissaient sa tente et se poussaient les uns les autres comme des moutons, pour voir et toucher cet homme étrange, de petite taille, enveloppé d'un burnous « blanc comme l'ivoire du Soudan », aux mains fines, au teint mat, à la barbe soyeuse et noire, aux grands yeux bordés de kohol. Il ne voulait pas qu'on les écartât, disant doucement : « Laissez-les faire, ce sont des gens sans éducation. » Écoutez maintenant ce dialogue mi-partie sublime et grossier, si émouvant et si vrai, si humain surtout; car chez combien d'autres peuples et dans combien d'autres circonstances ne l'a-t-on pas entendu !

« Où sont les chefs qui vous commandent? demandait Abd el Kader. » — « Nous n'avons pas de chefs étrangers à notre nation, nos chefs sont tirés d'entre-nous ; nous obéissons aux âmines (1) et aux marabouts. » — « S'il en est ainsi, je recommande aux âmines d'être bien avec mon khalifa (2), de le servir et d'obéir à ses ordres. » — « Nous ne demandons pas mieux que de vivre en bonne intelligence avec votre khalifa ; mais qu'il ne nous parle jamais d'impôts, comme il a déjà fait dans les plaines, car nos ancêtres n'en ont jamais payé et nous voulons suivre leur chemin. » — « Vous donnerez au moins la zecca et l'achour (3), ajouta l'Emir ; ces contributions sont d'origine divine. » — Oui nous donnerons la zecca et l'achour prescrits par la loi religieuse, crièrent les Kabyles en s'animant, mais nos zaouïas (4) les recueilleront, et nos pauvres en profiteront ; telle est notre habitude.

(1) Pluriel français de amin (amine), équivalent de *Oumena*.
(2) Lieutenant.
(3) *Zekka*, impôt prélevé sur les troupeaux ; *Achour*, dîme prélevée sur la terre.
(4) Pluriel français de Zaouïa (couvent, école), équivalent de *Zaouïat*.

Vous vous êtes annoncé chez nous en qualité de pélerin, et nous vous avons offert la diffa. Cessez ce langage dont vous pourriez mal vous trouver ; sachez bien que, si vous étiez venu comme *maghzen* (1), au lieu de couscoussou blanc, nous vous aurions rassasié de couscoussou noir (de poudre). »

— Si vous me dites, répliqua Abd el Kader, l'Est est plus fort que l'Ouest, je vous répondrai : Dieu fait marcher la victoire à ma suite, à cause de la pureté des motifs qui me guident. Vous savez au surplus ce que dit le Koran : que d'éléphants ont été inquiétés par des moucherons, et que de lions ont été tués par le dab! Sachez bien que, si je ne m'étais opposé aux empiètements des Français, si je ne leur avais fait connaître leur impuissance, depuis longtemps déjà ils auraient nagé jusqu'à vous comme une mer en furie, et vous auriez vu alors ce que n'ont jamais vu ni les temps passés, ni les temps présents. Ils n'ont quitté leur pays que pour conquérir et faire esclave le nôtre. Je suis l'épine que Dieu a placée dans leur œil ; si vous m'aidez, je les jetterai dans la mer. Dans le cas contraire ils vous aviliront. Rendez-moi donc des actions de grâces de ce que je suis l'ennemi mortel de votre ennemi. Réveillez-vous de votre apathie : croyez-le, je n'ai rien plus à cœur que le bonheur et la prospérité des Musulmans. Je n'exige de vous, pour triompher des infidèles, qu'obéissance, accord, et marche conforme à notre Sainte Loi, comme je ne vous demande, pour soutenir mes armées, que ce qui vous est ordonné par Dieu, maître du monde. Obéissez donc à Ben Salem ; il sera pour vous la boussole qui vous indiquera le bien. Je prends Dieu à témoin de la vérité et de la sincérité de mes paroles ; si elles n'ont pu trouver le chemin de vos cœurs, vous vous en repentirez un jour, mais d'un repentir inutile. C'est par la

---

(1) *Maghzen*, gouvernement.

raison et non par la violence que j'ai voulu vous convaincre, et je prie le Tout-Puissant qu'il vous éclaire et vous dirige. Je ne suis venu vous trouver qu'avec une poignée de monde, parce que je vous croyais des hommes sages, capables d'écouter les avis de ceux qui ont vu ce que vous n'avez pu voir ; je me suis trompé, vous n'êtes que des troncs noueux et inflexibles. » — « Nous vous jurons, répondirent les Kabyles, que nous sommes des gens sensés et connaissant l'état des choses, mais nous ne voulons pas que personne s'initie à nos affaires, ou cherche à nous imposer d'autres lois que les nôtres. Nous savons encore ce qu'il nous convient de faire, eu égard aux préceptes de la religion. Comme nous vous l'avons dit, nous donnerons à nos mosquées la zecca et l'achour : mais nous n'entendons pas que des étrangers en profitent. *Quant aux Chrétiens, s'ils viennent jamais chez nous, nous leur apprendrons ce que peuvent les Zouaouas* (1) *à la tête et aux pieds nus.* » — « Assez ! assez ! interrompit Abd el Kader, le pèlerin s'en retournera comme il est venu. Que la volonté de Dieu soit faite ! » — « Allez donc en paix, reprirent les Kabyles, puisque vous êtes venu simplement nous visiter. Les pèlerins et les voyageurs ont toujours été bien reçus chez nous; nous pratiquons l'hospitalité ; nous avons de la fierté, et nous craignons les actions qui peuvent attirer sur nous le blâme ou la déconsidération. Une autre fois, présentez-vous avec la splendeur d'un prince, traînez à votre suite une armée nombreuse, et *demandez-nous ne fût-ce que la valeur d'un grain de moutarde, vous n'obtiendrez de nous que de la poudre.* Voilà notre dernier mot. (2) »

C'est ainsi que la Taddèrt kabyle contribua pour sa part

(1) Pluriel français de Zouaoua, que les Kabyles prononcent plus souvent Gaouaoua. Ce mot se décompose peut-être en Ag (fils de) et Aoua, d'après une remarque de M. Hanoteau.
(2) Daumas et Fabar, *La Grande Kabylie*, V, 5.

à la défaite d'Abd el Kader, en lui refusant son concours. La perte de sa zmâla, par laquelle, disait-il lui-même, « Dieu le délivra de beaucoup de gens, qui l'empêchaient de faire son devoir, » lui fut moins sensible que ces brutales réponses qui lui prouvèrent que l'Afrique ne comprenait pas l'urgence et la grandeur des combats qu'il livrait pour son indépendance ; son prestige en fut amoindri; il ne fut plus dès lors aux yeux de la foule qu'un partisan aventureux suivi à regret, puis lentement abandonné de Dieu et des hommes. Est-ce à dire que cette taddèrt soit réfractaire et ne puisse céder à des pressions d'une autre nature et toutes pacifiques ? L'avenir seul nous le fera connaître, en révélant les résultats obtenus par notre administration civile, à la suite de la conquête militaire. Il nous dira si le Kabyle est un barbare incapable de concevoir mieux que son village, ou si, comme je me plais à le soutenir, la taddèrt n'étant qu'un fait historique, il peut s'élever jusqu'à notre civilisation pourvu que nous l'aidions à franchir les degrés intermédiaires. Mais déjà nous allons en acquérir la certitude en continuant cette analyse. Nous allons le voir tenter de constituer, au dessus de ses *Tiddar*, des sociétés ou des semblants de société plus larges, dont l'étude n'est ni moins utile, ni moins intéressante, bien qu'elle doive être traitée d'une manière moins rigoureuse.

LE ARCH KABYLE : OPINION DE MM. LETOURNEUX ET HANOTEAU.

La même cause qui a rompu les mailles des Kharroubat, fait fléchir les barrières des Tiddar. L'attraction naturelle et toute humaine de l'individu par l'individu a toujours pour effet de désagréger, si peu que ce soit, la société la plus compacte. Un travail de cette nature plus ou moins lent, contrarié par mille causes, mais incessant, se fait dans les Tiddar groupés suivant la configuration du sol, et tend à les dissoudre, afin que tous leurs citoyens répandus au dehors forment des sociétés nouvelles. Ces sociétés apparaissent déjà ; elles s'appellent « Arch » (Tribus), et elles-mêmes, à peine esquissées sont en péril. A mesure qu'ils se forment, les « Arch » peuvent s'unir avec leurs voisins et se confondre accidentellement dans des sortes d'Etats dont l'organisation est encore très imparfaite, et les contours très mal accusés. Ces états sont dits Qebîlat ou Qebaïl (fédérations). Par une singulière erreur, nous nous servons de ce nom Qebaïl (Kabyles) pour désigner tous les individus du Djurdjura.

Suivant MM. Hanoteau et Letourneux, le « Arch » n'est qu'une fédération politique, et la preuve en est qu'il peut se démembrer ou s'incorporer tout entier à un autre : « Le « nom des Isammadhien, disent-ils, qui faisaient partie de « la Qebîla des Aït Iraten, a disparu. Ces Isammadhien com- « prenaient les villages ou les Toufiq des Iabbouden, de « Tizi Rached, d'Agouni Oujilban et d'Iril Guifri. Or les « Iabbouden se sont réunis aux Aït Oumalou, et les autres « villages aux Aït Akerma. La tribu (Arch) des Aït ou Bel « Kassem s'est démembrée de la même manière et a cessé « de figurer dans la confédération des Aït Bethroun. Un des « quatre villages qui la formaient, celui des Aït Ali ou Har- « zoun, s'est réuni aux Aït Boudrar ; deux autres, les Aït « Erbah et Thasaft Ouguemmoun, aux Aït ou Acif, et le « dernier, Taourirt El Hadjadj, aux Aït Yenni. Parfois les « villages se détachent de leur tribu pour se réunir à un « autre. Ainsi, dans la confédération des Aït Aïssi, le vil- « lage de Tala Khelil s'est séparé de la tribu (Arch) des Aït « Mahmoud pour s'incorporer aux Aït Douala. Ces exemples, « que des recherches spéciales multiplieraient sans aucun « doute, font voir comment des noms de tribus peuvent dis- « paraître, sans que pour cela les habitants aient péri ou

« aient quitté le pays par suite d'un exil forcé ou volontaire.
« Ils montrent aussi combien est erronée l'opinion qui
« assigne pour cause unique à la formation de la tribu une
« communauté d'origine et même un ancêtre commun. Cette
« hypothèse, fort difficile à admettre partout ailleurs, est
« moins acceptable encore en Kabylie, où la tribu est une
« *fédération politique* que nous voyons se modifier avec le
« temps et au gré des confédérés (La Kab. II, p. 67) ».

CE QU'EST LE ARCH AU DESSUS DE LA TADDÈRT; SES CARACTÈRES PRINCIPAUX.

Quelque valeur qu'il faille reconnaître à ces arguments, le Arch est pour nous une forme spéciale qui tient le milieu entre la fédération et la cité véritable qui est la *Taddèrt*. Nous avons déjà montré les Kharroubat vivant isolées, comme des états indépendants, avant qu'elles se réunissent en « Touafeq » (1) et en « Tiddar ». Si l'on excepte peut être quelque coin du Maroc encore inconnu, cette dissémination ne se rencontre plus dans l'Afrique septentrionale. Or les Tiddar Kabyles sont entre elles comme étaient ces familles de la première heure, au moment où elles se constituèrent en cités. Considérons par exemple la Taddèrt des Aït El Ahsen, celle des Aït El Arba, celle de Taourirt Mimoun, celle de Taourirt El Hadjaj, celle d'Agouni Ahmed, et celle de Tigzirt dans le haut-Djurdjura ; elles couvrent le sommet d'un mamelon, et des ravins les séparent de toutes les masses montueuses qui les environnent. Il est naturel qu'elles communiquent ensemble, ne serait-ce que pour repousser les attaques de leurs voisines pareillement groupées. Aussi forment-elles un tout, désigné par un nom commun, *Arch*, ou tribu, des *Beni Yenni*. A certaines époques irrégulières, déterminées

---

(1) « Touafeq » pluriel de « Toufiq », comme « Tiddar », est le pluriel de « Taddèrt ».

seulement plusieurs jours d'avance, leurs Oumena et quelques notables se réunissent à l'ombre de beaux arbres, en un lieu également distant d'Aït el Arba et de Taourirt Mimoun, d'où l'on découvre d'une part la crête du Djurjura, et de l'autre toute la ligne de faîte qui sépare l'Ouâd Djemâa de l'Ouâd Sebaou. Là ils s'occupent des querelles qui menacent d'armer les villages les uns contre les autres, ils empêchent les représailles, ou du moins ils font en sorte qu'elles soient regardées comme des faits individuels, ils conviennent de divers règlements pour assurer la police des marchés, et c'est là un de leurs soucis les plus graves, enfin ils délibèrent sur les relations internationales de la tribu, c'est-à-dire sur tous ses rapports avec les tribus d'alentour. Le président de l'assemblée choisi par ses collègues est dit *Amîn*, comme le maire d'une Taddèrt. Si la guerre éclate, c'est lui qui règle le nombre et la composition des contingents. Les guerriers descendent sur son ordre, du sommet de la montagne, partagés en petits corps : chaque village a fourni son peloton, et, dans chacun, les kharroubat forment des sections distinctes. Ainsi combattaient les Germains de Tacite. Les « Oumena » des villages et les « Temmân » des kharroubat font le coup de feu avec leurs hommes ; mais l'Amîn du Arch, assisté d'un petit nombre d'Anciens, demeure sur une colline, suit le combat des yeux, et détache, en cas de besoin, un de ses aides de camp vers tel ou tel groupe pour donner un conseil. Il est l'âme de la tribu, impassible et maîtresse d'elle-même. Toutes les Tiddar de la Kabylie groupées en tribus (Arch) pouvaient offrir un spectacle pareil avant notre conquête. Il y a plus, le Arch est, dans une certaine mesure, un gouvernement dont l'autorité s'exerce directement sur les individus. M. Letourneux constate que « les prestations en nature sont obligatoires pour le « Arch » comme pour la Taddèrt, que dans quelques localités la tribu perçoit une amende en même temps que le village pour des crimes ou délits graves, tels que le meurtre, le vol, etc., enfin que, si une question délicate d'intérêt particulier ou général divise la djemâa d'un village, et ne peut être résolue sans désordre par ses habitants, les notables de la *tribu* sont appelés comme arbitres. » C'est un fait déjà considérable, bien qu'il n'ait pas eu en Kabylie toutes ses conséquences, que l'action, même faible et intermittente, de cette juridiction supérieure. Elle habituait l'individu à concevoir peu à peu un monde supérieur à celui de son village. Dans cette société indécise, nous distinguons des traits qui nous sont connus. Le Arch a sa horma, déjà sensible, moins irritable cependant que celle de la taddèrt, parce que les individus qui le composent sont loin d'être parfaitement unis. Il a son anaîa : lui aussi protège, à de longues distances, le voyageur qui lui a demandé son appui ; il interpose sa neutralité en cas de guerre entre deux tribus voisines. Il peut avoir ses biens *mechmel*, et c'est ainsi que certains villages du Djurdjura exploitent en commun les pâturages de leurs hautes vallées : Ils y envoient leurs troupeaux sous une garde commune. Enfin, une même manière de vivre, l'exploitation des mêmes produits, un même genre de commerce et d'industrie, entretiennent et développent dans la tribu (Arch) un sentiment de fraternité tout à fait semblable à celui d'où le village est résulté. On peut remarquer, dans les rues d'Alger, des Kabyles de la tribu des Beni Djennâd qui viennent louer leurs services comme terrassiers, maçons, baigneurs ; ils amassent un petit pécule, puis retournent dans leurs villages. Or, si on leur demande, à Alger, d'où ils sont, ils répondent invariablement : « des Beni Djennâd ». La mention de leurs villages leur paraît inutile. Dans le Haut-Sebaou sont de vastes forêts où le chêne abonde, et surtout le chêne zèn, au beau feuillage souple, pareil à celui du châtaignier. Au bord de ces forêts sont les villages de la tribu des Beni Ghobri, les plus rudes peut-être de tous les Kabyles. La plupart des individus qui les habitent vivent du même métier : ils dépouillent les chênes de leur écorce, et tannent des peaux de chèvre qu'ils vont vendre dans nos villes. Ils font route ensemble, s'entr'aidant sans distinction de villages. En dehors de leur pays ils sont Beni Ghobri. Les Benni Yenni, dont la montagne est comme le cœur de la Kabylie, sont intimement unis presque tous, ou du moins ceux qui peuplent les trois gros villages de Aït El Arba, Aït et Ahsen, et Taourirt Mimoun, parce qu'ils exercent en commun les métiers de fondeurs, ciseleurs de métaux, fabricants d'armes blanches et de fusils. C'était d'eux surtout que provenait la fausse monnaie prohibée sur les marchés kabyles, mais exportée au-delà du Djurdjura ; d'ailleurs, sans user de cette ressource, il leur était facile de s'enrichir, avant notre occupation, quand les Aït Iraten combattaient le bey Mohammed et les Amraoua dans la vallée du Sebaou, ou quand tous les montagnards du Djurdjura allaient en grandes bandes arrêter le maréchal Bugeaud, *Bou baretta* (1), sur les pentes du Djebel Faraoun. Ils étaient les fournisseurs de ces étranges armées qui comptaient plus de couteaux que de fusils, et de bâtons que de sabres. Aujourd'hui, ils se contentent de fabriquer des flissas pour les amateurs étrangers, et des bijoux d'argent, émaillés de vert et de bleu, pour les femmes de leurs villages et des environs ; mais leur petit groupe n'a rien perdu de sa cohésion. J'ai recueilli l'unanimité quand je leur ai proposé une école française. Chez les Beni bou Drar, et surtout chez les Beni bou Akkache, nous retrouvons le collectivisme de certains de nos montagnards de France

(1) Surnom populaire du Maréchal : l'homme à la casquette. Il vaudrait mieux écrire : *Bou berreta* (béret).

porté jusqu'à l'extrême, par suite d'un écart énorme entre la densité de la population et la superficie du sol cultivable. C'est, je pense, M. Letourneux qui a signalé le premier, sous une forme scientifique, la densité de la population kabyle en général et de celle du Djurdjura en particulier. « Six
« départements français seulement, écrivait-il en 1872, dont
« deux, la Seine et le Rhône sont tout à fait exceptionnels,
« ont une population spécifique supérieure à celle du cercle
« de Fort Napoléon, *qui se trouve classée entre celles du*
« *Pas-de-Calais et du Haut-Rhin !*... La population spéci-
« fique de la Kabylie entière, représentée par 75,25, est
« sensiblement supérieure à celle de la France qui n'est
« que de 68,837. Sur les quatre-vingt-neuf départements,
« vingt et un seulement sont donc plus peuplés spécifique-
« ment que la Kabylie, soixante-huit sont moins peuplés.
« La Kabylie est deux fois plus peuplée spécifiquement que
« les départements des Landes, de la Corse et de la Lozère,
« et trois fois plus que les Hautes-Alpes et les Basses-
« Alpes ». Mais ces chiffres, bien que frappants, sont peu de chose en comparaison de la réalité. La crête des Beni bou Akkache est longue de trois kilomètres, et juste de la largeur d'un chemin, en moyenne ; elle offre sur trois points seulement des surfaces planes, qui sont occupées par des villages. Des deux côtés, le terrain s'abaisse en pente raide vers deux torrents profonds. C'est à peine si on y trouve un ressaut pour piquer quelques figuiers, ensemencer une poignée de blé. On ne sait où enterrer les morts ; on les place côte à côte, on les pose les uns au-dessus des autres, séparés par des dalles, au milieu de la mince voie qui relie les villages. Les hommes et les animaux passent sans ménagement sur les tombes. Des ossements humains apparaissent sous les bancs qui bordent les maisons. Et cependant sur ce **tranchant infertile on compte sept mille habitants ; les villages**

sont beaux et très bien tenus pour des villages kabyles ; on y voit des rues régulières et beaucoup de maisons blanchies à la chaux. Le commerce extérieur est la seule cause de cette extraordinaire prospérité. Vous ne rencontreriez là, du printemps à l'automne, que des femmes, des vieillards, et une multitude prodigieuse d'enfants. Les hommes valides sont tous partis. Le plus petit nombre est allé prendre quelques ballots d'étoffe chez les Juifs d'Alger, et les débite un peu partout dans la Kabylie. La plupart sont dans la province de Constantine. Ils s'approvisionnent chez les Juifs et les Mozabites de Souk Ahras, chargent sur de maigres mulets des épices, du calicot, des foulards, des oranges, tout ce qui peut plaire aux Nomades et surtout à leurs femmes, et s'enfoncent dans le sud. Il faut les voir entrer dans les douars, assaillis par les chiens qu'ils écartent de leurs longs bâtons. Ils se contentent du moindre gain, acceptent des poignées de laine pour un miroir, de l'orge pour du poivre, font même crédit, et passent leurs nuits sous de petites tentes blanches comme des tentes françaises, non sans soupçon de la part des maris arabes. On les rencontre chez les Nememcha, à Negrîn, plus loin encore, et l'on se demande quelle aberration nous fait négliger ces agents intrépides tout prêts à propager notre langue, et à porter directement nos marchandises, au lieu de parler un arabe corrompu et de débiter, à notre détriment, de mauvaises étoffes anglaises. Il est aisé de comprendre que, jetés ainsi dans des régions qui leur sont étrangères, tous les Beni bou Akkache oublient leurs villages et ne se réclament que de leur tribu quand on les interroge. Ils vont même plus loin : ils se disent simplement *Gaouaoua*. C'est comme Gaouaoua qu'ils se soutiennent, et qu'ils se vengent, en cas de besoin, avec la tenacité qui leur est particulière. J'en ai constaté un exemple curieux à Khenchela. Un Kabyle des Beni Bou Akkache ayant disparu chez les Nememcha, on vit venir au bureau arabe un autre Kabyle qui réclama le prix de son sang sans pouvoir prouver qu'il était son parent. Il ignorait les meurtriers, mais il soutenait que le gouvernement, qui lui devait justice, était capable de les trouver. Comme l'instruction semblait impossible, on tenta de l'écarter. Il s'obstina pendant un mois à la porte du bureau, très-humble, mais inflexible. A la fin, on se mit en campagne ; le hasard fit qu'on trouva quelques objets volés au Gaouaoui ; les coupables furent arrêtés, et ce pauvre déguenillé retourna dans sa montagne, conter qu'il avait fait respecter bien loin dans le sud l'honneur de sa tribu. C'est ainsi que les Beni bou Akkache deviennent homogènes: en général c'est ainsi que le Arch, une fois formé, se consolide, et se condense pour ainsi dire au dessus des Tiddar.

LA QEBÎLA

Si le Arch est une forme incertaine qui tient le milieu entre la cité et la confédération, il n'en est pas de même de la *Qebîla* qui est nettement un confédération, et rien de plus. L'usage des mots arabes, entendus comme le veulent les historiens et les jurisconsultes musulmans, peut induire en erreur dans ce cas comme dans beaucoup d'autres. Il faut bien savoir que la Qebîla kabyle n'a aucune ressemblance avec la Qebîla de Ibn Abd er Rabboh et de Ibn el Kelbi. « Par le mot *Chîb*, dit Ibn el Kelbi, on « désigne un plus grand nombre d'hommes que par le mot « *K'abîla*. Après le mot *K'abîla* vient celui de *imâra* « peu- « ple » puis *batn* « ventre » (rameau, branche), puis *fakhîd* « cuisse » (ramification), puis *achîra* « famille » en général « (tous les parents de famille), puis enfin « *fac'îla* » (la fa- « mille en particulier de chaque individu). On a dit encore: « le nom de Chîb ou « peuple » est appliqué aux nations non

» arabes d'origine, et le nom de K'abîla est affecté spécia-
« lement aux Arabes. On a appelé la tribu K'abîla pour indi-
« quer (par le sens étymologique arabe) qu'ils étaient pla-
« cés pour 'ainsi dire comme voisins, *en face les uns des
« autres*, dans leurs déserts, et qu'ils étaient tous de valeur
« égale (1).» On voit par ce texte que *Qebila* signifie en arabe
la première subdivision d'un peuple ; mais pour que cela fût
exact en kabyle, il faudrait qu'il existât un peuple kabyle :
or la dénomination très vague (*Kabyles*, confédérations), par
laquelle nous désignons tous les montagnards du Djurdjura,
prouve par elle-même que ce peuple n'existe pas. La
Qebîla kabyle n'est pas une partie d'un tout, mais une somme
très indécise.

Remarquons ici, quitte à reprendre ce sujet un peu
plus tard, combien la conception des historiens arabes
est différente de la réalité, quand il s'agit des constitutions
barbares. Héritiers, dans une certaine mesure, des civilisations anciennes, vivant dans des États assez bien organisés
qui se subdivisaient en provinces et en cités, habitués surtout, en tant que Musulmans, à considérer l'humanité comme
un arbre immense dont chaque peuple est un rameau, les
plus exacts et les plus hardis, même ceux qui se séparaient
assez des idées modernes pour affirmer que la fondation des
villes est une œuvre de décadence, un Ibn Khaldoun, par
exemple, n'ont pu s'empêcher de concevoir toujours le
monde barbare comme une masse homogène, subdivisée en
nations, peuplades, tribus, familles, de sorte que, dans leur
système, la nation engendre la peuplade, la peuplade la
tribu, et ainsi de suite jusqu'à l'individu qui se trouve être
la fin, non le début de la société. C'est le contraire qui est
vrai. Le monde barbare et surtout celui que nous étudions,

---

(1) Perron, *Traduction de Sidi Khelil*. Cf. Bibl.

très semblable, dans sa petitesse, au noyau des nébuleuses célestes, se forme de l'intérieur à l'extérieur par la superposition de couches successives. La première de ces couches est le village; la seconde est la tribu. Elles se solidifient lentement, et, pendant ce temps, les éléments qui doivent s'y ajouter pour former la peuplade, puis le peuple, puis la nation, flottent, plus ou moins consistants, tout alentour.

Un bon nombre de tribus kabyles ne se sont peut-être jamais confédérées. Telles sont les Ililten, les Itsourar, les Aït Yaya, les Illoulen Oumalou, les Aït Zekki, dans l'ancien cercle de Fort Napoléon, les Iamraouïen, les Izerfaouen, les Aït Tiguerin, les Aït Hosain, les Iazzouzen, les Aït Flik, les Aït Roubri, les Aït Bou Chaïb, les Aït Khelili, les Aït Fraoucen, dans l'ancien cercle de Tizi Ouzzou ; les Harchaoua, les Inezliouen, les Aklan, les Aït Khalfoun, dans l'ancien cercle de Drah el Mizan ; les Aït Ilegguem, les Beni Thour, les Aït Taourga, les Isser el Djedian, les Isser Aoulâd Smir, les Isser el Ouidan, les Isser Droua dans l'ancien cercle de Dellys. Si parfois ces tribus se sont unies, ce n'a jamais été que par l'effet d'une terreur passagère, à l'époque de la domination turque, aux approches de notre conquête, ou pendant la révolte de 1871. Leurs intérêts sont restés tout-à-fait distincts les uns des autres, et cette division a même été la cause principale de leur soumission définitive. Même les confédérations qui méritent le nom de *Qebilat* ont toutes paru très-incertaines à nos premiers observateurs ; celles qui semblaient le plus nettement constituées se sont accrues et ont diminué sous nos yeux au gré des circonstances. C'est ainsi qu'en 1859, dans ses *Kebaïles du Djerdjera*, M. Desvaux a tracé un tableau de la qebila des Aït Iraten, qui ne répond pas à celui que nous trouvons dans l'ouvrage de MM. Hanoteau et Letourneux publié en 1873. « Des Aït bou Chaïb, dit M. Desvaux, des

« Aït Khelili, des Aït Fraoucen et des Aït Iraten, j'ai
« formé une confédération à laquelle j'ai donné le nom de
« la tribu principale (Aït Iraten), quoique à vrai dire il n'y
« ait pas entre ces tribus la même compacité que chez les
« Aït Sedka et les Aït Betroun. Comme elles ont dans le
« temps suivi la ligne de conduite tracée par les Aït Iraten,
« *j'ai cru simplifier les divisions en les groupant ensemble,*
« bien qu'actuellement il n'y ait plus rien de commun en-
« tre elles. » Or, suivant MM. Hanoteau et Letourneux, la
qebîla des Aït Iraten se compose uniquement du groupe
les Iraten, que M. Desvaux considérait comme une simple
tribu. La seule qebîla des Aït Betroun pourrait faire exception. Elle était très-compacte, suivant M. Desvaux, et
en effet, toutes les listes modernes nous la présentent
comme composée des Aït Yenni, Aït ou Acif, Aït bou Akkache, Aït bou Drar, mais en avait-il été toujours de même ?
Il est permis d'en douter, quand on voit, chez Ibn Khaldoun,
ces Aït Betroun nettement distingués de la tribu des Beni
Yenni. Nous ne surprenons pas dans tout cela le moindre
signe d'une société véritable, s'il est vrai qu'une société
soit un concert d'individus. Nous n'y trouvons que des masses
juxtaposées, des tribus traitant avec des tribus, des confé-
rences accidentelles, et non des assemblées régulières. En
réalité c'est la guerre seule, c'est l'ennemi marchant vers la
montagne, ce sont les premiers gourbis incendiés, les
hommes frappés sans distinction par le Romain, l'Arabe ou le
Turc, qui ont fait la Qebîla. Les appels de secours et les cris de
vengeance s'échangeaient spontanément de tous les pitons
voisins les uns des autres, une ligue se formait, on convenait de combattre ; mais chaque tribu marchait à son
heure, combattait comme elle voulait, se retirait quand il
lui plaisait. Elles ne se devaient rien. Si l'une d'elles jugeait
que ses enfants, ses femmes et ses vieillards étaient aban-

donnés depuis trop longtemps, son droit strict, indiscutable, était de poser les armes. Au moyen-âge, quand les Ibâdites luttant contre les souverains Aghlabites de l'Ifrikia, envahissaient les Marches de Tobna, Baghaï, Lorbus, et poussaient devant eux les troupes arabes submergées ; Plus tard, quand Abou Yezîd, *l'homme à l'âne*, chef de la secte des Noukkar, héritier inconscient de l'évêque donatiste Optat de Thamgad, réunissait tous les hommes valides de l'Aoûras et du Djerîd, envahissait à leur tête la Tunisie, prenait Tebessa, Kirouan, Lorbus, et ne s'arrêtait que devant la résistance désespérée du souverain Fatimite dans Mahdia sa dernière ville ; enfin, quand les Zenata, auxquels revint l'honneur de défendre l'Afrique contre les envahisseurs arabes du XIe siècle, se portaient en masse au devant de ces hordes affamées qui malheureusement s'ouvraient et s'éparpillaient comme des nuées de sauterelles ; à toutes ces époques (1), les armées africaines se formaient avec une rapidité extraordinaire, mais se dissolvaient en un clin d'œil sans laisser de traces, qu'elles fussent vaincus ou victorieuses. Chaque tribu, chaque taddòrt rentrait chez elle à son heure sans souci de sa qebîla. Lorsque le maréchal Bugeaud, à la veille de livrer cette bataille du Djebel Faraoun qui nous ouvrit la Kabylie centrale (2), dirigeait sa lorgnette sur la montagne, et comptait de sang froid les groupes blancs qui s'y multipliaient d'heure en heure, moins occupé des chances de la lutte que des inquiétudes de ses officiers, ce qu'il voyait était précisément ce que nous tentons de décrire ici, des qebîlat en action c'est-à-dire une multitude de tribus mal jointes et déjà disloquées sans combat. La confédération des Iraten et celle des Sedka, et celle des Flissa, et celle des Gaouaoua, ceux-là même qui avaient si mal reçu Abd El

---

(1) Ibn Khaldoun, *Hist. des Berb.* — Chronique d'Abou Zakaria, notes.
(2) Daumas et Fabar, *La Grande Kabylie*, IX, 3.

Kader, avaient bien résolu d'agir de concert, et représentaient, si l'on veut, les brigades d'un corps d'armée, mais chaque régiment arrivait à sa convenance, et il s'en trouva qui ne se présentèrent qu'après la bataille. A la fin de la journée, qui d'ailleurs fut assez chaude, toute cette masse s'égrena par vingt sentiers divers. Le Maréchal avait prédit leur défaite avec une lucidité surprenante : « Messieurs, avait-
« il dit à son état-major, ne discutez pas sur leur nombre,
« ce nombre nous importe peu. Je voudrais, pour ma part,
« qu'ils fussent quarante mille ; car nous en tuerions da-
« vantage et la leçon serait plus durable, sans que pour
« cela notre succès en devint moins assuré. Je vous l'ai
« déjà dit maintes fois : au delà d'un certain nombre qui
« leur permet de nous envelopper et d'agir en totalité con-
« tre nous, les masses confuses, tumultueuses, ne gagnent
« aucune force réelle par leur accroissement numérique ;
« au contraire le désordre, la confusion augmentent en raison
« directe de leur multitude : » Paroles admirables assurément ; mais, sans rien diminuer de la valeur constante de ce raisonnement mathématique, n'est-ce pas surtout la nature embryonnaire et flottante de la Qebîla qui justifia la hardiesse de Bugeaud dans cette affaire, et assura sa victoire ?

LES QEBÎLAT DANS L'ANTIQUITÉ

Combien de traits semblables nous fournirait aussi l'antiquité classique, comme pour prouver surabondamment que les mêmes faits s'expliquent par les mêmes causes dans tous les temps ! Jugurtha, que nous nous garderons bien de comparer avec Abd El Kader, tant la différence est grande entre la fourberie, la cupidité, la cruauté, l'égoïsme de l'adversaire de Rome, et la noblesse, la générosité, le désintéressement du plus grand homme que l'Islam ait produit dans les temps modernes, fut tout à coup précipité de ses succès dans une situation presque désespérée par un coup de fortune en apparence inexplicable. Au lendemain de la bataille acharnée qu'il avait livrée sur le Muthul à Metellus, et dans laquelle il s'était montré l'égal du général romain, bataille incertaine en somme, funeste tout au plus à ses éléphants, il vit son armée disparaître en un clin d'œil. Lui-même abandonné, fugitif, fut réduit à errer à travers les steppes et les montagnes dans son propre royaume, et Metellus envoya dans toutes les directions pour en avoir nouvelle. « Il « détacha des transfuges et d'autres hommes de confiance, « dit Salluste, pour découvrir où se trouvait Jugurtha, ce « qu'il faisait, s'il était avec peu de monde, ou s'il avait une « armée ». C'est que Jugurtha ne commandait réellement qu'à un noyau de réguliers (*regii equites*), et que tout le reste de ses troupes était une multitude de tribus constituées en qebilat. Les Numides « bergers et laboureurs » qui les composaient, ne manquaient pas de courage, quoique Salluste les ait accusés de se servir beaucoup plus de leurs pieds que de leurs armes; mais la tactique de leur habile chef leur avait fait perdre beaucoup de temps en marches et contre-marches depuis le commencement de la belle saison, et aucun d'eux n'avait plus de six mois de misère à son service. Quelque pressantes que fussent ses instances, quelque redoutable que parût la conquête romaine, il fallait rentrer chez soi pour faire la moisson et les premiers labours. Sans cela, la famine emporterait l'année suivante les femmes, les enfants et les guerriers eux-mêmes. Dans ces sortes de cas, les Qebilat se dissolvent régulièrement, en vertu d'une nécessité supérieure et inéluctable. Salluste l'indique, mais sans bien l'entendre: « La cause en était, dit-il, qu'à part les cava- « liers royaux, personne, parmi les Numides, ne suit le roi « dans sa fuite; chacun d'eux se retire où bon lui semble,

« sans croire que son honneur de soldat en puisse être dimi-
« nué : telles sont leurs mœurs. » Ce n'est point affaire de
mœurs et il n'y a là rien de particulier aux Africains : les Gau-
lois, les Germains, et les Latins eux-mêmes, dans le temps
où leur état social ne différait pas de celui des Numides,
n'auraient pas agi autrement. Mais quel beau jeu cette dispersion fait à l'armée victorieuse, et comme elle en profite,
si elle est bien dirigée, pour tout brûler et massacrer autour
d'elle ! Ces exécutions de guerriers cultivateurs, qui ne peuvent même pas se rassembler, emportent aux yeux des indigènes une sorte de déloyauté, et cependant, si l'on attendait qu'ils fussent prêts à recommencer, les batailles numides seraient éternelles : il faut en finir de suite pour que la
civilisation, qui a créé des armées permanentes à tant de
frais, profite de son avantage. Là, le tableau de Salluste est
d'une effroyable et constante vérité. « Metellus, dit-il, réso-
« lut alors de ne plus livrer de combats ni de batailles,
« mais de mener autrement la guerre. C'est pourquoi il mar-
« che sur les cantons les plus fertiles de la Numidie, il dé-
« vaste les champs, prend beaucoup de châteaux et de lieux
« forts mal pourvus ou sans défense, et y met le feu : il or-
« donne de tuer les adultes ; tout le reste est la proie du
« soldat... Quand on avait besoin de blé ou de fourrage, les
« cohortes formaient la garde avec toute la cavalerie : Me-
« tellus lui-même conduisait une partie de la colonne, et
« Marius le reste ; mais on brûlait beaucoup plus qu'on n'em-
« portait. Les deux sections campaient séparément à peu de
« distance l'une de l'autre. Elles se réunissaient s'il était
« besoin d'un coup de force ; mais le plus souvent elles
« agissaient séparément, afin d'étendre au loin le désert et
« l'épouvante. » En effet, la terreur des malheureuses tribus ainsi ravagées est bientôt à son comble. Tout ce que
demande le général est envoyé sur l'heure. Les ôtages arri-

vent au camp, le bétail, les mulets, le blé, la viande séchée, tout est poussé, jeté aux pieds du vainqueur. (1) Mais voici la fin de l'hiver, l'orge ensemencée commence à naître. On a labouré ce qu'on a pu : De ci et de là quelques champs verdissent au milieu des plaines laissées en friche. Jugurtha reparaît. Il a vécu pendant les trois derniers mois comme un condottière, courant le pays, entretenant sa petite troupe de son mieux, coupant les convois, multipliant les marches rapides de nuit et de jour qui déconcertent en Afrique les lourdes armées du Nord ; un instant, il est vrai, la fatigue et le doute l'ont envahi, le traître Bomilcar lui a persuadé les larmes aux yeux de faire la paix : il a livré des quantités d'argent considérables, tous ses éléphants, des chevaux, des armes, tous les transfuges qui étaient ses meilleurs soldats ; mais sur le point de se livrer lui-même, il a préféré reprendre la lutte. Or sur quoi peut-il compter, sinon, une fois de plus, sur les qebilat indigènes ? La répression romaine a été rude, les tribus hésitent, et cependant elles se risquent encore parce que l'année paraît favorable, et qu'on n'a plus rien à faire dans les gourbis ou sous les tentes. Voilà les contingents qui reviennent comme d'habitude, les uns après les autres, et Jugurtha perd une fois de plus son temps à les discipliner, pour qu'ils combattent au moins comme au bord du *Muthul* ; mais Metellus accourt et le surprend au milieu de ses préparatifs. (2) La défaite était encore certaine : elle est cette fois irrémédiable. Chaque tribu ne songe plus désormais qu'à son salut, et Jugurtha, décidément abandonné par la Numidie, va faire appel aux nomades

---

(1) *Ea formidine multi mortales Romanis dediti obsides : frumentum et alia quæ usui forent, affatim præbita : ubicumque res postulabat, præsidium impositum.* Sall. *De bell. jug.*, LIV, 6 ; LV, 5.

(2) *Inter eas moras repente sese Metellus cum exercitu ostendit. Numidæ ab Jugurtha pro tempore parati instructique. Deinde prœlium incipitur.* Sall., LXXIV, 2.

Guechtoula toujours prêts à envahir le Tell, puis à Bocchus.

Formée comme un orage à l'approche de l'ennemi, la Qebila disparaît quand il s'éloigne. Il est donc essentiellement contradictoire de conclure la paix avec elle : c'est aux tribus ou, mieux encore, aux villages qui la composent, qu'il faut s'adresser : car le village répond de tous ses habitants, et la tribu répond à peu près de tous ses villages, mais cette fédération qui n'est que l'ombre d'une société, ne répond ni d'aucun groupe, ni d'aucun individu. Nous verrons bientôt qu'elle peut avoir un chef unique et rester longtemps sous sa direction : ce chef n'a qu'une autorité précaire, et les engagements qu'il prend l'exposent lui-même à de graves mécomptes. Il en résulte que le conquérant en Kabylie, et même dans toute l'Afrique barbare, ne peut jamais remporter d'abord un succès définitif : car ce ne sont que des qebilat en tant que qebilat qui s'offrent à ses premiers coups. Derrière ces voiles déchirés, les tribus restent entières et parfaitement libres, les unes portées à se soumettre, les autres décidées à résister, et si ces dernières reprennent les armes, nul ne peut les en blâmer, encore moins les accuser de trahison ou de légèreté. Nos généraux en ont fait l'expérience, après les légats romains et les chefs de milice turque, et en sont venus toujours, par la force des choses, à ne tenir compte que des pacifications partielles.

N'est-ce pas ici l'occasion de rectifier, en l'expliquant, une erreur classique? Les Numides ou les Maures n'étaient ni plus légers ni plus perfides au 1er qu'au XIXe siècle de notre ère ; mais les Romains dédaignaient d'examiner de près leur organisation sociale. C'en est une preuve bien frappante que cette courte phrase de Pline : « Africæ popu-
« lorum, oppidorum nomina vel maxime sunt ineffabilia

« prætorquam ipsorum linguis, et alias castella forme inha-
« bitant (1). » Quel intérêt pouvait offrir l'organisation de
peuplades qu'il était fastidieux même de nommer ? Les quelques lignes que Strabon et Pomponius Mela ont consacrées aux mœurs des Africains auraient pu être écrites par un navigateur phénicien envoyé à la découverte de terres inconnues, mille ans avant le Christ, et certes il est surprenant que la haute société romaine se soit contentée de renseignements aussi vagues, quarante ans après l'annexion de la Numidie à la vieille Africa, lorsque des colonies romaines étaient déjà fondées dans l'Ouad Sahel et sur les bords du Chélif. Pour revenir à Pline, que penserions-nous d'un auteur qui, écrivant en 1883 et composant un tableau de l'Afrique septentrionale, nous décrirait l'Algérie de 1840 ? Tel est cependant le cas de l'illustre naturaliste qui ne s'est servi que de documents du temps de Claude. Dans une pareille disposition d'esprit, les officiers romains qui avaient affaire aux qebîlat africaines se contentaient facilement de l'apparence. Il leur suffisait de les avoir vues réunies contre eux sous la direction d'un chef d'aventure, puis dispersées ensemble, pour qu'ils les considérassent comme de petites nations gouvernées par des rois. Il les frappaient d'une lourde amende, recevaient l'hommage de quelques ambitieux et se flattaient d'avoir imposé une fois de plus la paix romaine. Tout-à-coup la moitié de ces mêmes hommes, qu'ils avaient cru pacifier la veille, les assaillait avec des cris de guerre. N'était-ce pas là une preuve évidente de l'inconstance numide ? Un mot passé dans l'usage expliquait tout. Notons que cette fameuse duplicité n'est jamais reprochée aux indigènes de l'Africa proprement dite, mieux connus en tant que serfs anciens de Carthage, et qu'il n'en est plus guère parlé après le premier siècle. C'est seulement chez les poètes que la

---

(1) *Hist. nat.*, V, 1.

mesure du vers et l'imitation des vieux modèles ont conservé la « foi punique, » et les « esprits légers » des Numides, non sans analogie avec la légèreté de leurs montures. En vérité ce jugement n'était que l'effet du premier contact d'une société très-sûre de sa supériorité avec un monde barbare absolument méconnu. Sous Trajan et ses successeurs, quand les Romains colonisèrent sérieusement la Numidie et les Maurétanies, y fondèrent des villes et des villages, bâtirent des villas fortifiées, cantonnèrent les tribus et donnèrent aux plus remuantes des *principes* ou des *præfecti*, créèrent enfin, comme nous-mêmes, des communes de différents degrés, et purent se faire l'illusion d'avoir entraîné tous les vaincus dans le large courant de leur civilisation, parce qu'ils en avaient assimilé les plus habiles, ils constatèrent nécessairement, en traitant avec chacun de leurs petits groupes, la solidité bien plus que l'inconstance de nos Africains, mais ils n'eurent pas le moindre souci de réformer l'opinion qu'ils en avaient faite, et d'ailleurs il est des intérêts de la masse indigène bien autrement graves dont ils n'ont voulu ni pu tenir compte, à leur détriment.

CONSISTANCE DE QUELQUES QEBÎLAT

Ce que nous venons de voir de la Qebîla, sa nature flottante, sa forme inachevée par rapport aux tribus et aux villages, le peu de crainte qu'elle doit inspirer, le peu de confiance qu'elle mérite, s'applique à ce genre de fédération dans tous les temps et dans tous les cas. Elle n'est essentiellement qu'un fait de guerre ; mais la répétition ou la durée des guerres, surtout contre l'étranger, doit avoir eu pour résultat de la modifier quelquefois dans une certaine mesure, ou même d'y ajouter des traits nouveaux. Il est impossible que des coups continuels frappés du dehors n'aient pas retenti dans sa constitution intérieure. Or quelques groupes kabyles ont soutenu des luttes séculaires.

Les Aït Iraten ont certainement tenu tête aux Romains et aux Arabes, avant de combattre contre les Turcs et contre nous. Leur montagne, comprise dans le confluent de l'Ouâd Aïssi et du Sebaou, est comme l'éperon de la Kabylie centrale du côté de Dellys et d'Alger. Que l'on ait remonté l'Ouâd Nisa, ou franchi le col de Tizi Ouzzou, c'est ce massif hérissé de villages coniques qu'il faut attaquer d'abord, si l'on veut pénétrer de vive force dans le Djurjura, et en effet, c'est de sa base que s'élève la route militaire actuelle qui serpente à travers les oliviers jusqu'à Fort-National, puis se dirige, droite et horizontale, vers le col de Tirourda sur une ligne de crêtes. Le village des Aït Atelli y conserve une trace pacifique de l'occupation romaine ; mais nous savons aussi que, près de Tizi Ouzzou, était le Castellum Tulei commandé par un prince indigène, et il est impossible que les Aït Iraten n'aient pas pris part aux mouvements des Quinquégentans, si même ils n'étaient pas une des qebilat qui les composaient. On se souvient encore dans le Djurdjura, où l'on oublie si vite, des défaites infligées aux Turcs, de la déroute et de la mort du Bey Mohammed : ce furent les Aït Iraten qui lui prirent ses canons ; c'est un homme des Aït Iraten qui le tua d'une balle. Nous les avons vus au Djebel Faraoun. Il fallut plus tard, pour les réduire, une armée et des généraux tels que Mac-Mahon, Lallemand, Yousouf, qui comptèrent à bon droit cette rude expédition parmi leurs titres de gloire.

Les Sedka, les Beni bou Akkache, les Beni bou Drar, qu'on appelle souvent d'un mot les *Gaouaoua*, ont une situation correspondante à celle des Iraten. Leurs villages sont rangés les uns derrière les autres en face de la trouée de Drah el Mizan. La meilleure preuve des luttes qu'ils ont dû soutenir contre l'empire romain est qu'on ne trouve pas chez eux une seule ruine, ni de tour, ni de maison romaine, pas même un tombeau. C'est là le cœur du Mons Ferratus, et certainement l'homme qui, s'adressant au comte Théodose, lui demanda ce qu'il venait faire (1), était un Gaouaoui. Pendant la période turque, ils avaient affaire au Caïd de Boghni soutenu par ses Zmoul (2), et, de nos jours, il suffit de rappeler qu'ils furent placés d'abord sous la surveillance du lieutenant Beauprêtre.

Les Beni Ouaguennoun, entre la mer et le Sebaou, se disent Romains, pour la plupart : ils avaient donc été pénétrés par la civilisation romaine ; mais il est encore possible qu'ils se soient accrus simplement d'un bon nombre de colons romains après la chute de l'Empire. Là comme ailleurs, ces Européens isolés auraient adopté les mœurs et le costume indigènes, par un singulier retour des choses. C'est seulement au temps des Turcs que nous les voyons engagés dans une guerre : cette lutte fut très-longue, incessante et pleine de périls. Ils avaient à se défendre contre la colonie des Amraoua, ramassis de bandits et de bannis qui tenaient tout le plat pays de Taourga à Mokla Berouâg ; peu s'en fallut qu'ils ne fussent jetés à la mer.

Si du Djurdjura nous passons dans l'Ouâd Sahel, nous trouvons sur le côté droit de cette large vallée un massif couvert de forêts de pins, raviné, dentelé, découpé en forteresses naturelles. C'est la montagne des Beni Abbâs, qui combattirent aussi contre les Turcs, quand ces derniers, reprenant inconsciemment l'œuvre de la colonisation antique, afin d'assurer leurs relations avec Constantine et Bougie, envoyèrent des colonnes dans l'Ouâd Sahel et bâtirent leurs petites forteresses de Bordj Hamza et de Bordj Med-

(1) Ammien Marcellin, XXIX.
(2) Pl. de « Zmala », troupe mixte au service du gouvernement turc.

jana. Ils ne nous ont laissé prendre pied dans leur pays qu'après avoir subi une défaite complète. Ce sont peut-être, de tous les Kabyles, ceux dont la confédération s'est le plus souvent renouvelée par la guerre.

Si ces peuples avaient une histoire précise, il serait facile de multiplier de tels exemples. Il s'ensuit nécessairement que certaines Qebilat ont fini par former, à certaines époques, des agglomérations relativement homogènes. Sans se fondre encore en un seul bloc, les tribus qui les composaient partageaient les mêmes craintes et les mêmes colères, prenaient l'habitude de marcher d'accord, et n'étaient pas loin de devenir toutes ensemble une sorte de tribu supérieure. Bien plus, redoutables par leur habitude de la guerre, illustrées par quelques victoires, elles exerçaient une suprématie naturelle sur toutes les tribus incertaines qui les entouraient, et les entraînaient dans leur mouvement : leur cohésion était assez forte pour retenir ces satellites longtemps autour d'elles. Il ne saurait s'agir là d'une clientèle, car les Kabyles, dont l'état social n'admet même pas la subordination d'un village à l'autre, ne conçoivent en aucune façon qu'une Qebila commande régulièrement à des tribus, si faibles qu'elles soient ; néanmoins si un danger universel appelait sur un même point une multitude de guerriers, tous les petits groupes isolés, si indisciplinés qu'ils fussent, se laissaient diriger, pendant le temps de l'action, par cette confédération prépondérante. Son nom s'appliquait alors à un très-grand nombre de groupes qui n'y étaient pas comptés d'ordinaire. Une sorte de nation se dessinait ainsi, puis s'effaçait à peine ébauchée, à mesure que les idées générales, les sentiments universels qui l'avaient produite, diminuaient d'intensité. C'est cette action dominatrice d'une Qebila dans quelques cas, et l'élasticité de la zone dans laquelle elle s'exerçait, qui expliquent toutes les contradictions que nous avons déjà notées chez les historiens et les géographes de la Kabylie du Djurdjura.

LES GRANDS CHEFS EN KABYLIE.

Or ces milieux où fermentent des éléments si divers, réunis et presque confondus par instants, ces agglomérations parfois considérables qu'agitent des intrigues incessantes, enfin ces levées tumultueuses qui toujours attendent la victoire d'un homme prédestiné, sont bien faites pour tenter les esprits hardis qui, dans la Kabylie comme dans le reste du monde, estiment que la domination est le bonheur suprême. Les Washington y sont rares, et je doute même qu'on y rencontre un seul homme capable de comprendre le désintéressement du fondateur des États-Unis. Il ne faut pas confondre l'horreur de la tyrannie avec l'amour de l'égalité. Nos Kabyles, dont la plupart descendent probablement de fugitifs et de révoltés de toute espèce, détestent plus que personne les impôts et les corvées, mais ce serait assimiler étrangement leur demi-barbarie à la plus élevée des civilisations que croire qu'un seul d'entre eux refusât par une sorte de pudeur de s'élever au-dessus de ses frères. Si l'on ne s'arrête pas à l'aspect égalitaire de leurs demeures, à l'uniformité de leurs costumes, à la familiarité quasi-républicaine de leur langage, que nous admirons comme il convient, on distingue bientôt, je le répète, dans toutes leurs relations, depuis celles de l'Akhammâs (1) avec son patron, jusqu'à celles de l'Amîn ou des Kebar avec leurs justiciables, une infinité de degrés et de nuances. Avant notre conquête, la dignité exceptionnelle de l'Amîn et des Kebar était défendue par des amendes, tout comme l'autorité de nos administrateurs l'est aujourd'hui, et ce n'est pas seulement dans la

---

(1) Colon partiaire qui reçoit le cinquième (Khams) de la récolte.

Djemâa qu'un pauvre prenait rarement la parole contre un riche.

Nous le voyons s'élever, le futur grand chef, dans la première Taddèrt venue. C'est un homme d'âge moyen, maître d'une fortune considérable pour un Kabyle. Il possède un morceau de terre au pied du village, des vergers, des figuiers, des champs de fèves et d'orge, une petite forêt d'oliviers, en dessous. Plusieurs de ses charrues labourent dans la plaine. Il s'est fait bâtir une ferme isolée, un *Azib*, qui pourrait être mis en état de défense et devenir un « bordj » (1). Son père ou lui-même a gagné beaucoup d'argent dans le commerce. Ses *douros* sont dans la terre, secrètement enfouis, ou déposés chez un marchand inconnu. Un tel homme est absolument indépendant, et c'est là une condition première de son succès. Sa Taddèrt est divisée, comme le sont toutes les cités et tous les états du monde, en deux partis ou Çof qui s'enflent ou diminuent au moindre souffle. Car un Çof kabyle est l'idéal de la liberté absolue : On y entre et on en sort pour des motifs futiles, le plus souvent pour de l'argent. Il devient rapidement *tête* d'un Çof, qu'il lui est très facile d'accroître. Deux ou trois bons avis donnés en temps utile font de lui un « Maître du Conseil ». Qu'il ramène des bœufs volés par les voisins, ou leur fasse subir une représaille lucrative, le voilà « Maître du bras, maître de la poudre ». Grave dans la Djemâa, toujours consulté, toujours écouté, il est le Chef réel, rien ne se fait sans lui, qu'il soit Amîn ou non. Restent à gagner les villages d'alentour qui, ajoutés au sien, constituent la tribu. Il y parvient sans changer de méthode ; car le parti qu'il dirige n'est pas contenu dans son pays natal, mais inégalement répandu dans tous les environs et même dans la Kabylie entière. Les Blancs et les Noirs, les Gras et les Maigres, les

---

(1) Burgus, château.

Guelfes et les Gibelins, s'appellent en Kabylie « Ceux d'en haut » et « Ceux d'en bas », *Soufella*, *Souadda*. Il ne tarde pas à être le guide et le conseil de tous les *Oufella* ou de tous les *Souadda* de la tribu, et ne peut dès lors avoir qu'un seul rival digne de lui, le chef de la faction contraire, si ce dernier a des qualités naturelles et surtout une fortune égale à la sienne. Qu'une guerre éclate, et que la Qebîla se forme, il est un des trois ou quatre hommes capables de la conduire. Ce ne sont pas d'abord ses talents militaires que l'on considère. Une guerre kabyle se réduit à des opérations si simples qu'elle a rarement besoin d'un stratège. Son courage personnel n'est même pas d'un grand poids ; car, si l'Amîn el Arch (1) ne combat pas de sa personne, à plus forte raison le chef suprême qui concerte les mouvements de plusieurs tribus. Ce qu'il faut à la Qebîla, dont les éléments sont toujours distincts et indépendants les uns des autres, même à l'heure des plus grands périls, c'est un politique assez rompu aux intrigues locales pour la maintenir compacte pendant toute la durée des hostilités, assez ferme pour réprimer les défections individuelles avec le concours des Oumena (2) des villages, assez riche pour payer une part des munitions, pour équiper et pour nourrir les plus indigents pendant que la culture et le commerce sont interrompus. Les douros sortent alors de leurs cachettes. Il est élu, on combat, la Qebîla victorieuse pille ses ennemis, coupe leurs récoltes, prend leurs bonnes terres. Notre ambitieux recouvre ses avances ; il profite de l'enivrement de la victoire pour se faire attribuer une bonne part du *blàd baroud*, « pays de poudre », nouvellement conquis, ou l'envahit sans mot dire ; il double et triple le nombre de ses Ikhamma-

---

(1) Chef de la tribu.
(2) Pluriel de Amîn.

son (1) ; mais en même temps il entre dans une période nouvelle de sa vie, la plus difficile, souvent la plus dangereuse, et il doit y déployer des qualités nouvelles, car les artifices par lesquels il s'est élevé ne lui servent plus à se maintenir. Le zèle de son parti ne lui a donné que l'apparence du pouvoir suprême ; pour que ce pouvoir devienne une réalité durable, il lui faut gagner ses anciens adversaires. S'il s'engage imprudemment dans cette voie, qui cependant est la seule ouverte devant lui, on l'accuse de trahison : les tentatives de conciliation, quand elles dépassent une certaine mesure, sont des faiblesses incompréhensibles aux yeux des barbares. Si au contraire il demeure chef de Çof, absolument dévoué aux intérêts et aux passions de son groupe, il ouvre une ère de violences et de vengeances qui provoquent à coup sûr une guerre civile. Les Oufella sont plus puissants dans tel village, plus faibles dans tel autre que les Souadda, et, si l'on considère de loin cette pondération curieuse, on voit non sans surprise, qu'en somme les deux partis, à peu près égaux, se font équilibre, les plus nombreux sur un point craignant d'abuser de leurs force parce que leurs amis seraient certainement écrasés ailleurs. Que cet équilibre soit détruit, on ne peut prévoir combien de coups de main, de pillages et de meurtres en seront la conséquence, et l'homme dont l'imprudence aura causé un tel désastre sera certainement repoussé de toutes parts comme un brouillon funeste, quand l'épuisement des partis aura ramené la concorde. Mais nous supposons notre personnage aussi sage qu'heureux. Déjà il n'habite plus son village. Il s'est retiré à quelque distance dans son « Azib » ou dans une demeure isolée qu'il a fait construire à dessein, spacieuse et forte, capable de recevoir des hôtes nombreux et de soutenir un siège. Là

(1) Pluriel de Akhammds.

il reçoit tous les jours, portes ouvertes, les pauvres qu'il protège indistinctement, et les Oumena qui l'instruisent de ce qui se passe dans les tiddar. On ne le voit plus dans les Djemâat : il veut que les Kebar fassent leurs affaires eux-mêmes. Il s'occupe d'intérêts plus généraux. C'est lui qui mène les négociations avec les étrangers. Il lui faut pour cela des cavaliers qui vont et viennent armés. On ne l'indemnise pas de ces frais dont il veut bien prendre charge, mais on lui fait de temps à autre des présents assez considérables. Qu'une nouvelle et longue guerre éclate maintenant avec un ennemi voisin, qu'il l'achève heureusement, qu'il y ait enfin par le monde un sultan éloigné auquel il fasse connaître son existence et dont il reçoive un cachet ; il ne lui manque plus que de battre monnaie pour être un petit sultan à son tour : car ses cavaliers de service deviennent une garde, les Kebar sa cour, et les présents de son parti, des impôts.

Les difficultés de la tâche rendent ce succès fort rare ; mais il est en Kabylie, comme dans le reste de l'Afrique septentrionale, toute une classe de personnes qui peuvent aspirer aussi haut sans courir d'aussi grands risques.

Nous ne saurions trop insister sur les conséquences funestes que peut avoir l'élévation d'un chef de Çof vindicatif à la dignité de chef de Qebîla. Si ce n'est le signal d'une guerre civile, la Qebîla peut du moins être frappée d'impuissance par ce seul fait. Les villages inégalement favorisés refusent d'agir de concert et s'offrent désunis aux coups de l'ennemi. Mieux vaudrait pour eux qu'ils ne se fussent jamais confédérés. C'est pourquoi beaucoup de Qebîlat n'ont pas de chef. Les tribus qui les composent vont au combat toutes en même temps, conduites par leurs Oumena. Une délibération générale suffit à marquer d'avance les places de bataille et les postes à garder. Telle a été la conduite tenue par les Beni Abbâs quand ils ont tenté de repousser l'attaque du maréchal Bugeaud. Cependant s'il est indispensable qu'un chef soit nommé, et si ce doit être un Kabyle, il ne reste aux Kebar qu'à faire taire leurs appréhensions, et à courir le risque de se donner un maître sans protester. Car vous ne trouverez pas un seul Kabyle qui ne fasse partie d'un Çof. On comprend donc aisément, bien que cette proposition puisse paraître surprenante, qu'en Kabylie beaucoup d'hommes sages, instruits par la rude expérience à défaut de méditations politiques, désirent souvent s'en remettre à la direction d'un étranger, quand il s'agit d'intérêts très généraux comme ceux d'une Qebîla. Quelqu'étroites que soient leurs coutumes locales, quelqu'exclusif que soit leur esprit, quand ils se renferment dans l'enceinte de leurs Iddar (1), ils conçoivent que leur salut puisse dépendre d'une abdication momentanée de toutes leurs prétentions personnelles, et l'on voit alors poindre dans ces sauvages montagnes la conception du *podesta* des Républiques italiennes, de la Florence ou de la Pise du moyen-âge qui, déchirées par des dissensions irrémédiables, incapables d'action, et sur le point de périr par l'excès de leurs énergies vitales, empruntaient à quelque cité voisine un homme dont l'impartiale fermeté tournait toutes les volontés contraires vers un but commun. Or il existe en Kabylie, au milieu des tribus et des villages, des individus, des familles, des groupes, qui vivent de la vie kabyle, et lui sont cependant étrangers, qui jouissent de tous les biens du pays et ne prennent part à aucune revendication ni querelle locale, sont assurés d'une sécurité absolue, et ne portent jamais d'armes, connaissent toutes les affaires des cités et ne font pas partie des Djemâat, sont unis aux Kabyles

(1) Pluriel de Taddèrt.

par les liens du mariage et ne leur donnent pas leurs filles. Ce sont les groupes maraboutiques. On a grand tort d'écrire « Marabouts-Kabyles. » Un Marabout n'est pas un Kabyle, et cette distinction est nettement marquée même dans certains Kanoun. Nous n'entendons assurément parler ici que de ceux qui affectent de se distinguer de la masse indigène : car il en est un bon nombre qui n'ont gardé qu'un souvenir très vague de leur prééminence, et sont confondus dans la multitude des cultivateurs et des guerriers de la montagne. On dissertera longtemps encore sur leur origine. M. Desvaux, veut qu'ils soient venus d'Espagne ; mais la tradition la plus répandue est qu'ils sont sortis, il y a deux ou trois siècles, du bassin de la Saguiet el Hamra (1) : rien n'est plus contestable ; car ce n'est pas dans la Kabylie seulement, c'est dans l'Aourâs, dans les steppes de nos trois provinces, dans toute l'Algérie en un mot, que ces marabouts soi-disant originaires de la Saguiet el Hamra pullulent ; et cette petite vallée saharienne, qui s'ouvre sur l'Océan Atlantique au sud de l'Ouâd Drah, n'a certainement pas été une ruche inépuisable de missionnaires. Beaucoup d'entre eux se disent Arabes, pour faire croire sans doute que la langue du Koran est leur langue naturelle ; mais qu'en peut-on croire ? Les Arabes sont peu nombreux dans l'Afrique septentrionale, et cette race guerrière, avide surtout de plaisirs et de luxe, n'a jamais été fertile en saints : le paysan africain, lourd et crédule, semble au contraire fait pour adopter et propager la superstition ; enfin il serait facile de faire remonter les origines de ce maraboutisme jusqu'à une époque historique antérieure à l'invasion arabe. Quoiqu'il en soit, qu'ils viennent de Tunis ou du Maroc, ou, ce qui est le plus fréquent, des environs mêmes de la Kaby-

(1) La Saguiet el Hamra (le canal rouge) est un fleuve qui se jette dans l'Océan Atlantique un peu au sud de l'Ouâd-Drah.

lie, leur fonction exige qu'ils vivent à part : non seulement ils ne se mêlent point aux Kabyles, mais encore la langue qu'ils parlent et enseignent est la langue arabe que les Kabyles regardent comme complètement différente de la leur, et leur code est le Précis de Sidi Khelil, tout à fait contraire aux coutumes kabyles. Leur mariage n'est pas le mariage kabyle ; leur droit successoral n'est pas le droit successoral kabyle ; ils n'admettent ni l'Ousiga, ni la Reqba (1), ni aucune des peines qui sont les garanties des sociétés primitives du Djurdjura.

Les Kabyles ont l'habitude de les prendre pour arbitres, et je ne puis mieux faire que citer sur ce sujet quelques lignes très précises de l'ouvrage de MM. Hanoteau et Letourneux :

« Les parties soumettent souvent la décision du litige qui
« les divise à l'appréciation d'une ou plusieurs personnes,
« dans la présence ou le mérite desquelles elles ont une
« égale confiance. Lorsqu'il s'agit d'une question de droit,
« on a recours à un savant (Alem), qui est toujours un ma-
« rabout, et auquel nous réservons le titre de juge arbitre.
« Sa décision n'est souveraine qu'autant que les parties lui
« ont reconnu formellement le pouvoir de prononcer sans
« appel. L'Alem choisi ou désigné doit être marabout, de
« bonne extraction, cité pour sa science, juste, inaccessible
« à la haine, insensible à la crainte, vivre dans une aisance
« qui le mette au-dessus du besoin, et surtout s'être fait
« remarquer par son amour pour la conciliation. Ce sont là
« des qualités qui se trouvent rarement réunies dans le
« même homme en Kabylie, mais l'esprit de conciliation
« anime en revanche presque tous les marabouts; beaucoup,

(1) Ousiga, droit de représailles en cas de vol. Reqba, droit de représailles en cas de meurtre.

« et des plus vénérés, refusent de prononcer un jugement,
« et renvoient les parties qu'ils n'ont pu réussir à concilier.
« Les parties qui sont convenues de se présenter directe-
« ment devant l'âlem se transportent à son domicile, accom-
« pagnées de témoins honorables, le plus souvent des
« Akal ou des Temman de leur Kharouba. Si l'affaire est
« simple et ne comporte qu'une question de pur droit, si
« d'ailleurs les parties ne réclament pas de délai, l'âlem
« ouvre la séance en présence des autres marabouts de la
« Zaouïa, ou de l'amîn, ou même de quelques Akal de son
« village. Les marabouts qui étudient dans les mâmerat (1)
« la jurisprudence de Sidi Khelil, et qui, à raison de leur
« caractère religieux, ne veulent pas violer ouvertement le
« Koran, basent presque toujours leur décision sur un texte
« orthodoxe, souvent torturé par les déductions qu'ils en
« tirent. S'ils ne peuvent trouver dans l'arsenal des com-
« mentaires un passage qui puisse leur servir d'arme, ils se
« résignent à appliquer simplement la coutume, mais refu-
« sent absolument d'écrire ou de laisser rédiger leur juge-
« ment. Leur décision n'en est pas moins valable : en Ka-
« bylie, les écrits sont presque toujours un luxe que paye
« la partie qui les requiert. La séance est terminée par la
« récitation de la fatiha (2) ; si le perdant murmure, l'âlem
« fait semblant de ne pas l'entendre. Quant le marabout se
« transporte au village des plaideurs, il est accompagné par
« les Akal délégués, qui l'escortent respectueusement pour
« lui faire honneur, mais ne le perdent pas de vue et empê-
« chent toute communication particulière avec l'une des
« parties. L'audience doit être publique ; elle se tient soit
« dans la Djemâa, soit dans une mosquée, soit en plein air,
« suivant la saison et la température. Chaque plaideur est

(1) Ecoles de droit musulman.
(2) Première sourate du Koran.

« assisté du tamen de sa kharouba, qui le maintient, le rap-
« pelle à la modération, et l'empêche de se livrer à des
« voies de fait. Quand le jugement est rendu, le plaideur qui
« succombe a, de même que chez l'âlem, le droit de la
« plainte et des récriminations. Il est dans la nature hu-
« maine de maudire son juge. Pendant le séjour du mara-
« bout dans le village, il est nourri alternativement par cha-
« cune des parties, et si l'une d'elles ne se montre pas suf-
« fisamment généreuse, le juge reçoit la diffa aux frais de
« la Djemâa, qui se fait rembourser. »

Ces arbitrages habituent tous les particuliers à se conformer aux décisions des marabouts et leur assurent une grande autorité ; en outre, la constitution de la société kabyle leur donne mille occasions de dépasser les limites de la jurisprudence et de jouer un rôle politique considérable. Quand un homme en a tué un autre, et que ses parents, tous engagés par une dette de sang envers les parents de la victime, ignorant lequel d'entre eux sera assassiné en compensation du meurtre, prennent les armes pour se défendre, l'unité de la taddèrt est momentanément rompue : car les deux kharroubat entre lesquelles le sang a été versé redeviennent vis-à-vis l'une de l'autre deux petits états indépendants. Les kebar de la Djemâa font de grands efforts pour rétablir l'ordre, ils frappent le meurtrier d'une lourde amende, et limitent étroitement le nombre des personnes qui ont droit à la vengeance ; mais l'intervention des marabouts est souvent plus efficace, et, dans beaucoup de tribus, ce sont eux qui font adopter les seules mesures capables de ramener la paix publique. On sait comment ils procèdent. Invoquant la fraternité musulmane, pénétrés de l'esprit du Koran dans lequel il est écrit : « Le pardon vaut mieux », ils prient la famille du mort de pardonner, et, si elle y consent, ils lui font accepter, comme signe de réconciliation, un présent qui ne peut être supérieur au chiffre fixé par la loi religieuse. S'il s'agit d'un vol commis au préjudice d'un village par les habitants du village voisin, la coutume veut qu'un dommage pareil leur soit causé sur l'heure. Que des coups de feu soient échangés, voilà l'existence de la tribu compromise. Les *Oumena* qui composent le conseil du Arch peuvent alors avoir, chacun dans son village, une autorité suffisante, comme maires et présidents de Djemâat, mais ils sont loin d'être tout puissants en tant que membres de ce conseil : car bien que le Arch soit déjà une sorte d'État, comme nous l'avons montré, les villages sont jaloux à l'extrême de leur autonomie. La règle imposée à l'amîn de village est qu'il fasse tous ses efforts pour que les prétentions des siens triomphent; et il ne saurait leur faire accepter une concession sans compromettre son autorité personnelle. Dans ce cas, et plus encore que dans le précédent, les marabouts sont les seuls personnages qui soient capables d'intervenir. Leur esprit d'équité, leur impartialité reconnue leur rend la tâche facile. Ils transforment cette querelle internationale en un débat juridique, et il est rare que leur décision ne soit pas acceptée. Qu'est-ce à dire en cas de guerre entre deux tribus? Le premier combat s'est engagé pour un motif futile ; bientôt, les morts et les blessés, les maisons incendiées, les oliviers coupés, les moissons foulées et ravagées ont suscité des deux parts des haines qui semblent implacables, et l'honneur veut que les combattants persistent. Les journées douloureuses à la fin desquelles on ramène les plus vaillants percés de balles se suivent sans trêve ; les contingents alliés réparent les pertes des deux adversaires, la lutte semble interminable, et le vainqueur même regrette ses succès et sa gloire. Le conseil de la Qebîla, c'est-à-dire la réunion des « Amîn el Oumena » et des Kebar des tribus peut-il mettre fin aux hostilités ? Il a moins d'influence encore sur les tribus que le conseil du Arch n'en a sur les villages ; c'est à peine s'il existe, car il ne se forme et ne siège qu'en temps de guerre contre l'étranger. Il est vrai qu'une tribu neutre peut intervenir; elle jette son anaïa (1) entre les combattants qui doivent poser les armes immédiatement ; mais la paix définitive, qui la fera conclure ; les indemnités, qui les règlera ? Les marabouts. Supérieurs aux kharroubat quand elles sont divisées, supérieurs aux villages quand ils se combattent, ils apparaissent encore au-dessus des qebîlât ; ils sont enfin, dans toutes les circonstances graves, en raison de leur tact et de leur amour de la paix, les autorités suprêmes. Tel est le sens profond de cette réponse faite par les Kabyles à Abd el Kader : « Nous n'obéissons qu'à nos amîn et à nos marabouts. »

Imaginons maintenant dans un groupe maraboutique un homme d'une intelligence supérieure, qui aura réconcilié plus d'une fois des familles prêtes à se combattre, pacifié des tribus, étudié de haut tous les éléments du monde barbare et violent qui l'entoure, analysé toutes les passions, pesé tous les intérêts, prévu toujours à coup sûr les résultats les plus lointains de tous les actes de la vie kabyle. Les Kebar les plus riches et les Ikhammasen se seront tenus devant lui, attendant son jugement, sollicitant sa faveur ; l'un lui devra ses biens, l'autre son honneur, des centaines d'hommes, de femmes et d'enfants, la vie. Partout où il s'est présenté, il a occupé la première place ; on n'a jamais pris de résolution importante sans avoir entendu sa « parole ». Plus les intérêts en jeu sont considérables, plus on craint de rien engager avant de consulter ce « seigneur », car tel est le nom qu'on lui donne dans la vie courante ; à plus forte raison

---

(1) Protection toujours accordée au plus faible. Voir ci-dessus page 33.

n'obéirait-on qu'à lui, s'il s'agissait de prendre parti pour ou contre une puissance étrangère, car lui seul a lu dans les livres de quels Etats et de quelles religions se compose le monde présent depuis la muraille de Gog et de Magog (1) jusqu'au pays de Mouley Abd er Rahman (2) ; lui seul a, dans ses voyages, appris autre chose que le cours de l'huile et des figues. Il est clair que, si les qebîlat Kabyles s'ébranlent au nom de la Religion, soit qu'elles marchent contre d'autres qebîlat indigènes regardées comme hérétiques, comme cela s'est vu au dixième siècle, soit qu'elles descendent sur les premiers contreforts de leurs montagnes pour s'opposer aux Chrétiens, c'est lui qui les dirige, précédé de tambours, entouré d'une garde, comme le sultan légitime de la Guerre sainte ; mais, même dans les guerres intestines, quelle autorité peut l'emporter sur la sienne, s'il consent à négliger ses occupations religieuses pour s'abaisser jusqu'au soin des affaires temporelles, surtout quand le pouvoir suprême est disputé, comme il arrive, par trois ou quatre compétiteurs avides, également redoutés et soutenus par des factions ? Seul il n'a besoin pour être élu ni des clameurs d'un çof, ni de dépenses considérables, ni de promesses toujours difficiles à tenir. Il suffit qu'il s'engage d'un mot à se consacrer aux intérêts présents de la Qebîla ; il la reçoit sous son patronage, et devient d'un seul coup une sorte de souverain d'autant moins discuté que le suffrage qui l'investit est plus large et pour ainsi dire universel. Les Kabyles ne sont pas plus surpris de le voir monter à cheval et passer des revues que nos ancêtres ne l'étaient de voir un évêque ou même un pape commander des armées et donner l'assaut à des forteresses. Cependant, quand la guerre est terminée et que

---

(1) Asie centrale.
(2) Maroc.

les négociations qui s'ensuivent ont été conclues, notre chef ecclésiastique ne doit pas être moins habile que le laïque, s'il veut conserver sa situation exceptionnelle et la léguer à ses descendants. Il est de règle que la Qebîla se dissolve alors, que sa garde se disperse, et que les corvées qu'il imposait en vue de la défense commune cessent d'être exigibles. Comment, sans grandes ressources personnelles et sans parti, contraindrait-il qui que ce soit à lui obéir ? Quelques-uns ont imaginé de jouer le tout pour le tout en renouvelant la guerre et entourant leurs qebîlat d'ennemis irréconciliables. Ils ont pu, favorisés par d'heureux succès, se transformer peu à peu, et devenir, après un quart de siècle, de véritables princes nationaux : Tel fut, je pense, le rôle que Joua, vers la fin du quinzième siècle, le père du seigneur de Kouko, dont le surnom, El Qâdi, nous atteste l'origine maraboutique ; mais le plus souvent il n'en est pas ainsi. En apparence satisfait et même fatigué des acclamations du peuple, le marabout se retire, lui aussi, dans une grande maison isolée, avec ses fils qui l'ont accompagné sur les champs de bataille, et ses femmes que sa gloire rend véritablement sacrées. Il n'a près de lui que des serviteurs religieux, vêtus de blanc et sans armes, et il dépense ses revenus en aumônes ; cependant sa cour est remplie d'Oumena qui viennent prendre ses ordres, et il s'enrichit de jour en jour ; car son bien lui est rendu au centuple par des donations et des legs de toute sorte. Son nom est célébré dans les moindres villages : il est enfin le *Moula sebîl* (1), beaucoup plus respecté et mieux obéi que le *Moula drah*. Comme ses bienfaits engagent non-seulement les individus auxquels

---

(1) « Maître de l'aumône », surnom donné d'ordinaire à tous les chefs pacifiques et généreux. Moula drah « Maître du bras », surnom des guerriers.

il donne, mais leurs familles entières, et comme il prend soin de les répandre également dans toutes les tribus qui se sont confédérées pendant la guerre, la qebíla subsiste à l'état latent, grâce à lui. Quelque indépendants qu'en soient redevenus les membres, leurs obligations envers lui les rattachent par un lien commun ; ils vont même jusqu'à se dire ses « sujets » (Raïa), par une déférence gracieuse. A l'exemple de ses frères en religion qui sont les agents du commerce et de la civilisation dans les parties les moins sûres du Sahara, ils se garde bien de négliger aucune des relations pacifiques de ses compatriotes avec le dehors. Il leur crée des débouchés en entretenant une correspondance suivie avec les marabouts voisins, et, si l'occasion se présente, avec des souverains étrangers. Il timbre de son cachet des centaines de lettres qu'il fait écrire par son sécrétaire, et ce sont autant de permis de circulation qu'il délivre à des marchands et à des colporteurs partant pour le Maroc ou la Tunisie. D'autre part, il est le seul auquel l'étranger s'adresse pour pénétrer dans les villages, ou simplement traverser le pays : les Kabyles lui sont redevables de tant de bons offices et ont une telle confiance en lui que le dernier de ses serviteurs précédant leur ennemi le plus détesté lui ouvrirait passage au milieu d'eux. Qu'est-ce à dire, si un gouvernement puissant prétend exiger de ces rudes montagnards un tribut, un signe de soumission, ou même un acte de complaisance? Il n'est personne autre qui les y puisse décider, et la guerre éclate s'il s'y oppose. Ainsi son autorité s'appuie sur une double base. Fort à l'intérieur, et capable de se faire soutenir du dehors en cas de résistance, à quoi ne peut-il pas parvenir? On l'a vu clairement pendant la période turque. Les Beys qui avaient enveloppé la Kabylie de cheikhats héréditaires n'avaient pas trouvé de moyen plus sûr pour y établir des dominations régulières que de venir en aide aux marabouts ambitieux. Ils ne se servaient que d'eux, s'étudiant à les faire accepter par les Kabyles comme des chefs réels, et il est à croire que, s'ils avaient eu plus de ressources ou si leur pouvoir avait duré plus longtemps, le Djurdjura aurait fini par compter plus d'une principauté ecclésiastique.

Ammien Marcellin, Ibn Khaldoun, Marmol, tous les historiens enfin anciens ou modernes qui de près ou de loin ont traité de la Kabylie semblent s'être accordés pour confirmer ces observations par d'éclatants exemples, et même avoir pris soin de mettre sur le premier rang ces principicules issus d'une double origine, comme pour prouver que l'histoire du Djurdjura, pareille jusqu'au bout à beaucoup d'autres, n'est, pour une large part, que celles de leurs entreprises. Le N'al d'Ammien était un chef laïque qui avait su, au quatrième siècle de notre ère, dominer dans le Mons Ferratus, y assurer la sécurité des routes, la rentrée des impôts, et, tout autour, établir ses fils dans des fermes fortifiées au bord du Sebaou et de l'Ouâd Sahel. Sa principauté fut ruinée par ces mêmes fils, surtout Firmus, qui mena la fameuse révolte contre Valentinien, sans doute à l'instigation des évêques Donatistes, et Gildon qui, d'abord au service du gouvernement romain contre son frère, finit par périr à la tête des Circoncellions de l'Aourâs. Nous ne savons malheureusement rien des petites seigneuries, peut-être antérieures, que des inscriptions Latines et Libyques et des dessins fort curieux nous ont révélées près de Tizi-Ouzzou, d'Abizar, d'Azeffoun et de Souama des Beni bou Chaïb. Après la nuit de l'occupation Byzantine et de la première conquête arabe, les Gaouaoua, c'est-à-dire tous les montagnards de la Kabylie centrale, nous apparaissent comme alliés des Ketama, leurs voisins et frères, qui firent la fortune de l'empire Fatimite : Ainsi nos Kabyles prirent part à l'expulsion des Arabes, à la conquête de l'Egypte et peut-être à la fondation du Caire. Ils servirent ensuite avec dévouement les Zirites, dynastie essentiellement africaine, et comme eux Sanhâdjienne. Ils obéirent positivement au chef Ziri Ibn Adjana ; mais ce Zirite fut tué par ordre de Bâdis Ibn Mansour, et son héritage ne fut pas recueilli. Les Aït Iraten, qui de nos jours ont défendu leur indépendance avec tant d'énergie contre le maréchal Randon, se donnèrent plus tard à une famille, les Beni Abd es Semed, dans laquelle, au dire d'Ibn Khaldoun, ils prenaient tous leurs chefs. Il arriva même, au commencement du quatorzième siècle, qu'un de ces chefs fut une femme nommée Chimci. Ses lieutenants étaient ses fils, au nombre de dix, et peu s'en fallut qu'elle ne reprît le rôle qu'avait joué, six cent quarante trois ans auparavant, Damia, la Kakina, souveraine des Djeraoua de l'Aourâs, devant laquelle Hassan ben Noman, le destructeur de Carthage, avait fui avec les débris de son armée dans la plaine de Nini. Ces Abd el Semed disparurent pendant le quinzième siècle, et les Beni Iraten se confondirent aux yeux de Marmol dans la masse des « Berébères et Azuagues qui habitaient les montagnes au Sud-Est de la Meticha (Mitidja) gens belliqueux qui vivaient la plupart du temps sans reconnaître aucun seigneur, ni payer tribut à personne, et étaient riches en bleds et en troupeaux et en chevaux de combat. » La montagne de Couco eut, vers 1515, son *Roi*, dont le pouvoir s'étendit au moins sur les Aït Yaya, Aït bou Chaïb, Aït Fraoucen. Ce personnage se nommait Ben El Qâdi. Le Cheikh arabe Selim El Toumi chef des Aoulâd Thaleba de la souche de Mâkil, était son parent, et quand ce dernier eut été tué par Barberousse, Ben el Qâdi se déclara ennemi des Turcs. Ces derniers étaient encore loin de dominer dans le Sebaou; ils ne purent que faire inquiéter le roi de Couco par un autre seigneur africain son ennemi, Abd El Azîz, maître de la Kalaa des Beni Abbas, et Hassan Pacha fit enfin la paix avec lui en épousant une de ses filles. C'était d'ailleurs un puissant seigneur pour ce temps et pour ce pays. « Il avait, dit Marmol, cinq mille arquebuziers et quinze cents chevaux, sans compter plusieurs autres gens de pied armés à la façon du pays, tous braves et experts dans les armes, mais fort mal vêtus, si ce n'est en guerre. Alors ils mettaient du drap et du linge et s'équipaient de leur mieux. » Sa résidence n'avait rien de méprisable. Elle pouvait revendiquer une origine romaine. Posée sur un des pitons élevés qui commandent la rive gauche de l'Ouâd Bou Behir, elle était défendue par une muraille bastionnée d'environ 2.000 mètres de tour, et armée de canons dont deux s'y voyaient encore en 1850. Le *jardin de la princesse de Kouko*, est assez célèbre dans toute la Kabylie. Il est difficile d'admettre que ce Ben el Qâdi ait été d'origine arabe, en dépit de sa parenté ou de son alliance avec Selim el Toumi ; Marmol semble indiquer que sa famille était indigène ; mais M. Desvaux va peut-être loin en le regardant comme un lieutenant (Khalifa) du Sultan de Tlemcen. Son nom prouve, comme nous l'avons dit, qu'il descendait d'une famille maraboutique, et, sans aller jusqu'à Tlemcen, les gouverneurs de Bougie étaient bien capables de subvenir seuls à l'ambition de ce podesta kabyle, en vue du bon ordre et du progrès de l'Islamisme. Enfin notre époque nous a montré la formation et le développement éphémères de plus d'une de ces principautés du Djurdjura. Sans parler de Ben-Salem, Khalifa de l'Emir Abd-El-Kader, qui ne fut jamais accepté même dans sa propre tribu, et manqua, par une faiblesse inconcevable, la seule occasion qu'il eût rencontrée de devenir le héros de l'indépendance kabyle, le rôle joué par Sid el Djoudi chez les Aït bou Drar et dans les tribus environnantes mérite assurément d'être remarqué. Sid el Djoudi descendait d'un saint homme venu de l'Ouest qui s'était établi dans le village des Aït Meraou. Son père lui avait légué un bien assez considérable chez les Beni bou Drar, à Ighil bou Ammâs, où sa maison se voit encore, et chez les Sedka Ouadhia, dans le village d'Ighil Igoulmimen. Les Aït bou Drar font partie de la confédération des Aït Bethroun qui sont voisins des Aït Attaf, des Aït Aqbil, des Aït bou Youcef, des Aït Menguellat, et constituent avec eux les Gaouaoua proprement dits. Toutes ces peuplades étaient divisées par des querelles incessantes, avant notre arrivée, mais en 1844, quand le maréchal Bugeaud, campé sur l'Isser, menaça les Flissa et les Amraoura de brûler leurs villages s'ils ne se soumettaient pas à la France, elles sentirent la nécessité de faire taire leurs inimitiés et de se grouper autour d'un chef. Or, Sid el Djoudi, au dire des Kabyles que j'ai interrogés, paraissait réunir toutes les qualités nécessaires. Il était prudent, rompu aux intrigues, assez riche pour être indépendant; surtout sa qualité de marabout l'élevait au-dessus de tous les partis comme un arbitre étranger. Tous les Gaouaoua lui obéirent; les Sedka, puis les Aït Iraten, ne tardèrent pas à les suivre : il fut maître enfin de la portion la plus difficile de la Kabylie. Il eut ses gardes et sa musique, signe de souveraineté. Il vint à la tête de contingents considérables prendre part à cette bataille du Djebel Faraoum qui fut, à côté de celle d'Isly un des triomphes du maréchal Bugeaud. Malheureusement son caractère ne répondit pas aux espérances qu'il avait fait naître. La bataille perdue il ramena sa petite armée dans la montagne, sans se soucier davantage des Kabyles du Sebaou, persuadé d'ailleurs que 300,000 combattants allaient arriver de Constantinople, et,

quand il lui fallut désespérer de ce secours providentiel, il n'attendit même pas le coup terrible que le maréchal Randon, les généraux de Mac-Mahon, Bourbaki, Yousouf, Gastu, Renaud, Chabaud-Latour, devaient porter au cœur de la Kabylie en 1857. Effrayé par une expédition du général Pélissier, il fit des ouvertures au commandant supérieur de Drah el Mizan en 1851, et reçut l'année suivante de l'autorité française le titre de Bach Agha du Djurdjura.

A côté de Sid el Djoudi, et même un peu avant lui, un Kabyle laïque des Beni Ouaguennoun, Bel Kassem ou Kaci, avait tenu en main les Beni Djennad, les Beni Ouaguennoun, les Flisset el Bahar, les Aït Fraoucen, les Aït bou Chaïb, les Beni Ghobri, les Beni Hidjer, étendu son influence sur les Aït Iraten, commandé à cent quatre-vingt-seize villages, disposé de près de vingt-deux mille fusils. Sa domination s'était établie avant que nos armes portassent l'effroi dans le Djurdjura : notre approche la fortifia, mais ne la fit pas naître. Dans le même temps, les Flisset oum El Lil continuaient d'obéir, avec les Beni Khalfoun et les Nezlioua, à la famille des Ben Zamoun, bien qu'elle fût d'origine arabe, et prétendît même être venue de Kirouân.

Mais ces exemples peuvent suffire. Il en faut conclure une fois de plus que les Kabyles sont loin de ne pouvoir s'accommoder d'un gouvernement fort, suivant les temps et les circonstances, à condition, qu'il ne leur soit pas imposé trop brutalement par l'étranger. Les mêmes gens qui répondirent à Abd el Kader : « Une autre fois, présentez-vous « avec la splendeur d'un prince, et demandez-nous seule- « ment la valeur d'un grain de moutarde, vous n'obtiendrez « de nous que de la poudre », étaient inféodés à Sid el Djoudi, à Bel Kassem ou Kaci, à Ben Zamoun, et contribuaient à leur grandeur. C'est qu'El Djoudi, Bel Kassem, et Ben Zamoun avaient su les prendre. Ils s'étaient bornés, sans pouvoir d'ailleurs mieux faire, à professer toujours un profond respect pour les Djemâa', les Oumena, les Oukala (1), et les derniers des Oqqal, à distribuer de l'argent à propos, à rendre une infinité de services vulgaires, à nouer et dénouer mille intrigues fastidieuses, à sonder toutes les rancunes des uns et tous les besoins des autres, à se servir enfin de la *Taddèrt* et du *Arch* tels qu'ils étaient, au lieu de s'élever et de vouloir entraîner avec eux leurs barbares concitoyens vers un idéal inaccessible. Il leur avait suffi d'être de leur pays et de leur temps pour réussir là où le plus noble courage et le plus beau génie ne pouvait recueillir que l'insolence et l'incrédulité.

UNE OPINION DE M. CARETTE.

Cette théorie de la formation des grandes Qebilat africaines toujours incertaines, et cependant capables de donner naissance à des sortes de princes, est profondément différente de celle que M. Carette a esquissée vers la fin du premier volume de ses *Études sur la Kabilie proprement dite*, et c'est là une objection très-sérieuse à nos yeux. Bien que l'ouvrage de M. Carette porte une date déjà lointaine, et que MM. Hanoteau et Letourneux aient élevé depuis sur la même base un monument nouveau à peu près définitif, il est peu d'études sur les populations africaines qui soient mieux ordonnées ni mieux suivies, et c'est une bonne fortune qu'y trouver, décrite avec fidélité, la Kabylie indépendante dans le temps où, récemment délivrée du joug des Turcs, elle gardait encore en face de nous sa barbare constitution guerrière. En 1847, les excursions faites par la garnison de Bougie n'avaient pas dépassé un rayon de douze à quinze kilomètres; les expéditions parties de Dellys n'a-

(1) Pluriel de Oukil.

vaient pas remonté la vallée du Sebaou au delà de Djemâat Sahridj ; le corps d'occupation de Médéa ne s'était avancé dans l'est que jusqu'au col de Djaboub qui sépare les trois bassins de l'Isser, de l'Akbou et de l'Amraoua ; on regardait à bon droit comme deux grands succès qu'une expédition partie de Sétif sous les ordres du commandant supérieur de la province de Constantine eût parcouru la route de Sétif à Bougie, et qu'à la même époque une autre colonne, partie d'Aumale, eût descendu toute la vallée de l'Ouâd Akbou, sous le commandement du gouverneur général. Ceux-là seuls qui savent comme il est difficile, sinon de recueillir, au moins de contrôler et de coordonner les renseignements des indigènes, apprécient bien le mérite de M. Carette ; mais tous les lecteurs peuvent juger de l'élévation de ses idées et du patriotisme bien entendu qui donne au commentaire de ses plus sèches nomenclatures la valeur de documents politiques. C'est dix ans avant la conquête de la Kabylie que M. Carette, capitaine du génie, écrivait : « Est-ce bien à la guerre à civiliser un peuple que l'industrie a tant de moyens de conquérir ? », et plus loin : « Si, par l'entremise des courtiers kabiles, notre commerce recevait, aux prix et jours convenus, les commandes qu'il aurait faites ; si, d'un autre côté, notre industrie obtenait, par l'emploi des artisans kabiles, une réduction considérable sur le prix aujourd'hui exorbitant de la main d'œuvre, ne serait-on pas fondé à regarder ce double résultat comme une conquête plus productive que celle des armes ? » C'est aussi M. Carette qui a eu l'honneur de conseiller le premier d'associer les intérêts des indigènes aux nôtres dans nos institutions de crédit : « Nous possédons en France, écrivait-il, une institution qui offre aux économies de la classe ouvrière d'immenses sûretés dans la garantie du gouvernement lui-même. Pourquoi cette institution ne s'étendrait-elle pas, sauf quelques différences nécessitées par les mœurs locales, à la population ouvrière de l'Algérie? Pourquoi le Biskri et le Kabile ne s'accoutumeraient ils pas à regarder le Trésor public comme le plus fidèle des dépositaires, et la caisse du payeur comme la plus sûre de toutes les cachettes? Pourquoi le portefaix saharien et le maçon montagnard n'auraient-ils pas leur livret de caisse d'épargne comme nos artisans? Il ne serait peut-être pas plus difficile de l'introduire chez eux qu'il ne l'a été de l'accréditer chez nous, surtout si l'appât d'un intérêt exactement servi, et servi surtout à termes rapprochés, secondait les efforts que l'on pourrait tenter pour appeler la confiance. » Il n'est pas surprenant que M. Carette, ainsi disposé à s'affranchir de la timidité et des préjugés dont nous souffrons encore, pour s'élever jusqu'aux principes économiques qui régissent les sociétés africaines comme toutes les autres, ait tenté de découvrir si quelque fait historique considérable ne pouvait pas expliquer les formes diverses de la société Kabyle, et surtout ces qebilat énormes, à demi-féodales, qui lui semblaient de loin singulièrement homogènes, sortes de principautés en décadence, restes possibles de quelque grand empire brisé. Ses études d'histoire générale, résumées dans son autre et non moins remarquable ouvrage « *Origine et migrations des tribus,* » l'avaient retenu pendant longtemps devant la grande figure de Youcef ben Tachefin. Il lui sembla reconnaître à travers les siècles, depuis les agglomérations modernes des Gaouaoua et des Beni Abbâs jusqu'à l'immense monarchie de ce Charlemagne de l'Afrique septentrionale une longue chaîne brisée dont les royaumes du *Seigneur* de Kouko et de « La Abès » (1) auraient été les anneaux intermédiaires, et voici la conception hardie qu'il formula :

(1) C'est ainsi que Marmol désigne le chef de la Qebila des Beni Abbâs.

« La constitution intérieure des Kabyles, est un mélange
« des trois formes aristocratique, théocratique, et démocra-
« tique. Les deux premières paraissent avoir été introdui-
« tes par les révolutions qui, au moyen-âge, ont agité
« l'Afrique septentrionale. *Ce sont les restes de l'ancienne*
« *théocratie africaine*, dont le principe s'est conservé au
« Maroc, dans la dynastie des chérifs, mais il est constant
« qu'elles s'effacent peu à peu, et laissent reparaître la
« forme démocratique, qui correspond mieux au besoin
« d'indépendance, si impérieux parmi les peuples de cette
« contrée.

« Déjà, au temps de Marmol, les principautés qui occu-
« paient la plus grande partie de ce pays avaient perdu
« le caractère sacerdotal que Youcef ben Tachefin, le prin-
« cipal chef de la restauration africaine, avait apporté du
« Sud ; elles avaient revêtu le caractère féodal.

« Dans le groupe des Beni Jubar, de La-Abez et de
« Kouko, mentionnés par cet écrivain, l'autorité était hé-
« réditaire, mais rien ne porte à croire qu'elle reposât sur
« une base religieuse. De nos jours l'hérédité elle-même
« a perdu sa puissance ; le lien fédératif se substitue peu
« à peu au lien féodal.

« Ce dernier existe encore dans les tribus soumises à
« l'influence suzeraine des Beni-Abd-el-Djebbar, il se relâ-
« che chez les Beni-Abbès ; il a disparu chez les Zouaoua,
« restes de l'ancienne principauté de Kouko.

« Les Beni-Abd-el-Djebbar exercent encore une influence
« considérable sur toutes les tribus qui les entourent. Pres-
« que tout le massif compris entre l'Ouad Ilmaïn, la mer et
« l'Ouad-Akbou, reconnaît traditionnellement leur autorité,
« et leur paye une contribution, signe et gage de leur dé-
« pendance. Mais les entraves apportées pendant dix-sept
« ans aux communications de ces tribus avec Bougie, leur

« métropole commerciale, ont déjà enlevé une partie de
« son prestige à la domination seigneuriale du cheikh des
« Oulad-Tazmalt, comme il arrive lorsque le droit de la
« naissance entre en lutte contre le droit du travail.

« Chez les Beni-Abbès l'unité féodale s'est conservée
« dans quelques villages, d'autres s'en sont détachés et ne
« sont restés liés à l'ensemble de la confédération que par
« la communauté de nom et d'intérêt. Ils sont rentrés, par
« leur constitution intérieure, dans la forme démocratique,
« en rendant le pouvoir électif.

« Les Zouaoua (1), qui originairement, ainsi que l'histoire
« nous l'apprend, formaient une seule nation compacte,
« réunie sous l'autorité d'un seul chef, n'ont aujourd'hui de
« commun entre eux que le nom qu'ils portent, le génie in-
« dustrieux qui les anime, la contrée rugueuse qu'ils habi-
« tent, et le double besoin d'indépendance au dedans et,
« en même temps, d'expansion au dehors, qui forme un
« des traits saillants de leur caractère national.

« Du reste chaque tribu a son chef et son gouvernement
« distinct. Quelquefois il porte le nom d'Amin, quelquefois
« celui de cheikh. Ses attributions sont d'ailleurs assez
« restreintes, chacun vivant à peu près comme il lui con-
« vient.

« Le démembrement de l'ancienne principauté de Kouko
« ne s'est point arrêté là : sur quelques points elle est des-
« cendue de la tribu au village. Alors chaque village a son
« cheikh indépendant des autres, de sorte qu'une bourgade
« d'une centaine d'âmes représente à elle seule une petite
« nation. On assure même que dans quelques villages cha-
« que famille s'administre isolément et conclut des traités

---

(1) M. Carette écrit *Zouaoua*. Les indigènes préfèrent prononcer *Gaouaoua*, plus conforme d'ailleurs à l'étymologie : Ag Aoua.

« d'alliance offensive et défensive avec les familles voisi-
« nes par l'intermédiaire de pauvres Marabouts, absolu-
« ment comme le feraient deux grands peuples par l'entre-
« mise de leurs plénipotentiaires.

« D'autres tribus que celles des Zouaoua vivent dans le
« même état de division.

« Cependant le lien féodal subsiste toujours mais à l'état
« latent, comme disent les physiciens. Que la bourgade
« voisine vienne attaquer une de ces familles, à l'instant
« toutes s'émeuvent, le lien fédératif reparaît et les rap-
« proche. Les guerriers courent aux armes et vont se réu-
« nir autour de la Mosquée commune, sous les ordres d'un
« même chef qu'ils élisent.

« Que la tribu vienne attaquer un village indépendant,
« tronçon séparé d'une autre tribu dont le nom seul existe,
« à l'instant tous les villages s'émeuvent ; la cause d'un
« seul devient la cause de tous ; le lien fédératif reparaît
« encore et réunit tous les guerriers sous une bannière
« commune.

« Si une tribu détachée de quelque confédération reçoit
« une injure de la confédération voisine, à l'instant elle fait
« appel à la confraternité d'origine et à la communauté de
« nom ; la cause d'une seule tribu devient encore la cause
« de toutes.

« Le sentiment de la solidarité s'élève ainsi de la famille
« au village, du village à la tribu, de la tribu à la confédé-
« ration. Survient-il une querelle de village, on laisse dor-
« mir pour quelque temps les querelles de famille. Survient-
« il une querelle de tribu, on laisse dormir les querelles de
« village. Survient-il une querelle de confédération, on
« laisse dormir les querelles de tribu.

« Dans les premières années de l'occupation de Bougie,
« les attaques contre cette ville réunissaient toutes les

« tribus du voisinage ; elles oubliaient leurs rivalités mu-
« tuelles pour servir la cause de l'indépendance commune.
« Mais après l'action, la discorde reprenait ses droits, et il
« n'était pas rare de les voir, au sortir d'un engagement où
« elles avaient figuré sous la même bannière, se battre
« entre elles et épuiser le reste de leurs cartouches dans la
« guerre de clocher. »

Cette thèse est séduisante, mais ne consiste réellement qu'en une affirmation très difficile à justifier ; car nous ne possédons aucun document sur l'histoire de la Kabylie depuis Youcef ben Tachefin jusqu'à la fin de l'occupation turque, si l'on excepte la page d'Ibn Khaldoun et les courts chapitres que Marmol a consacrés au « Seigneur de Kouko » et à « La Abès ». Et d'abord nous ne pouvons admettre que la confédération des Gaouaoua ait été un reste de l'ancienne principauté de Kouko. Il s'agit là de deux parties très distinctes de la Kabylie, qu'il n'est pas permis de confondre. Les témoignages précis des indigènes limitent la domination du seigneur de Kouko à l'Ouâd Bou-Behîr et à l'Ouâd des Amraoua. Son influence s'étendait sans doute beaucoup plus loin ; mais, en dépit de ses arquebusiers et de sa cavalerie, il ne fut jamais maître de la montagne des Gaouaoua. Ses contingents pouvaient guerroyer avec ceux de « La Abez » sur la pente méridionale du Djurdjura ou dans l'Ouâd Akbou, et d'autre part assurer la rentrée des impôts dans tout l'Ouâd Amraoua; mais descendre presque à pic dans l'Ouâd Djemâa et donner l'assaut aux mamelons isolés, couronnés de forteresses, des Aït (1) Yenni, des Aït Menguellat, des Aït Bou Drar, était un exploit au-dessus de ses forces. Je ne crois même pas que les Aït Iraten lui aient obéi, bien qu'il eût pu les atteindre sans trop de difficulté en suivant

---

(1) On dit indifféremment *Aït* et *Beni*.

la ligne des crêtes de Ferahounen (voisin de Kouko) à Icherriten. Ensuite, la seigneurie de Kouko existait-elle dès le xiiiᵉ siècle ? Il est permis de le mettre en doute ; car, dans ce cas, Ibn Khaldoun qui écrivait au xivᵉ n'aurait pas manqué de la nommer à côté de celle des Abd es Semed chez les Aït Iraten, et les indigènes du xviᵉ lui auraient certainement attribué une antiquité reculée dont le souvenir aurait passé dans le livre de Marmol. Il est possible qu'elle se soit formée seulement dans la dernière moitié du quinzième siècle. Les Beni Abd el Djebar qui nous firent tête dans la vallée de la Soumam au lendemain de la conquête de Bougie, semblent bien être les « Beni Jubar » de Marmol ; mais ce dernier est le seul qui les mentionne, et qui nous dit que cette famille n'a pas été simplement, comme celle des seigneurs de Kouko, suscitée et soutenue par les gouverneurs de Bougie peu de temps avant les entreprises espagnoles et turques, c'est-à-dire, encore une fois, vers le milieu du quinzième siècle ? Le même raisonnement s'appliquerait aux seigneurs des Beni Abbâs. Il est positif que les Turcs rencontrèrent dans Abd el Azîz, le « La Abès » de Marmol, un petit prince féodal véritable, très semblable à beaucoup de nos seigneurs du moyen âge ; mais il faut se garder d'en trop conclure. Quand notre armée gravit pour la première fois les pentes des Beni Abbâs, elle eut affaire, comme nous l'avons vu, à une confédération toute républicaine, sans prince ni chef déclaré. Ces montagnards n'ont-ils pu avoir une organisation pareille, au temps de Youcef ben Tachefin ? La domination quasi-royale de la famille d'Abd el Azîz se serait établie chez eux entre le treizième et le seizième siècle, et c'est là un intervalle de temps déjà considérable pour une dynastie africaine. Si même nous admettions, ce que nous ne pouvons faire à défaut de preuves, que les petites principautés citées par Marmol aient existé dès l'époque de Youcef ben Tachefin, ce fait n'aurait pas la valeur que M. Carette veut lui attribuer. Elles ne seraient pas nécessairement les restes et comme les témoins de « *l'ancienne théocratie africaine* ». Sans doute Youcef ben Tachefin organisa ou tenta d'organiser le Maghreb de manière à en faire un état régulier, et investit de son autorité sur tous les points principaux de ce grand territoire les familles déjà puissantes qui lui offraient leur concours ; mais, depuis les temps les plus reculés, et surtout depuis la chute de l'Empire romain, il s'est toujours trouvé dans l'Afrique septentrionale des hommes hardis qui ont su fonder des dynasties éphémères, principicules aventureux, embryons de rois, établis à côté de confédérations indépendantes ou de villages tout à fait désunis, comme pour prouver que l'esprit de nos Africains conçoit et tolère toutes les formes d'organisation sociale. Youcef ben Tachefin s'en est servi ; il ne les a pas créés. Ce n'est donc pas à lui qu'il faut remonter, et encore moins s'arrêter, pour se rendre compte des seigneuries kabyles du seizième siècle. Il faut reculer plus loin, et même sortir de l'histoire proprement dite ; car c'est là un fait universel qui s'explique en tous lieux par les mêmes causes morales, l'ambition, l'adresse, la ténacité.

III

LA THAQUELÈTH ET LE ARCH DE L'AOURAS.

La structure de l'Aourâs, raison de certaines particularités sociales. Déplacements fréquents des habitants de l'Aourâs. Vie municipale peu développée dans les thaquelathin. Compacité des tribus (arch) dans les vallées. Impossibilité d'organiser des confédérations. Oppositions réciproques des tribus aurasiques. Les grands chefs dans l'Aourâs.

Les villages (thaquelathin) (1) de l'Aourâs ressemblent aux villages kabyles. Ils ont à peu près la même forme et sont pareillement situés sur des pitons ; mais ils ne servent pas tout à fait aux mêmes usages. La vie municipale y est moins intense ; la djemâa y a moins d'autorité. Les tribus aurasiques sont aussi moins compactes que les tribus kabyles ; enfin, elles ne se sont pas unies pour former des qebîlat. Ici nous devons faire une large part à la nature : car c'est précisément le climat et la structure de ce massif montueux qui expliquent cette surprenante différence. La nature ne produit pas les sociétés, mais elle les favorise ou leur nuit, et si, dès le début, nous avons presque nié son influence quand il s'agissait de la formation des cités en général, maintenant au contraire nous devons tenir grand compte des formes de terrain et des agents atmosphériques.

LA STRUCTURE DE L'AOURAS.

Le massif que nous nommons Aourâs, subdivisé en Aourâs Chergui et Aourâs Gharbi (2), est compris, de l'est à

---

(1) Pluriel de *Thaquelèth*, altération de l'arabe *guelaa*, château.
(2) Oriental et Occidental. Voy. Bullet. de Corr. Af. 1885, fasc. 1-2, *Tradition de l'Aourâs oriental*.

l'ouest, entre l'Ouâd el Kantara qui se perd dans le Sahara au-delà de Biskra, et l'Ouâd Moghâr qui devient l'Ouâd el Arab, et débouche aussi dans le désert à Khenga Sidi Nadji. Au nord, de Batna à Khenchela, ses deux points extrêmes, il s'élève en croupes arrondies sur le bord du plateau de la Numidie centrale dont la hauteur moyenne est déjà de treize cents mètres. Complètement boisé et sombre, il s'entr'ouvre pour donner passage à des ruisseaux, et laisse voir, sur un arrière-plan assez proche, des sommets couverts de cèdres. Le plus remarquable en est le Chellia, qui d'ailleurs ne paraît pas fort élevé, car la différence entre le plateau Numide et sa cime n'est que de mille mètres. Au sud, devant le Sahara, de Biskra à Khenga Sidi Nadji, l'Aourâs est d'un éclat merveilleux et d'une aridité sans nom. Vu de Biskra, on l'a surnommé « la joue rose » (1). Tous les tons fins dont la lumière saharienne est si prodigue se succèdent du matin à la nuit sur ses roches roussâtres qui ne nourrissent pas une herbe. La falaise continue qui le borde, usée par un soleil ardent et battue par des vents d'une violence extrême, recule depuis des milliers d'années devant l'Océan de terre infertile, immense et bleu comme un océan d'eau, qui s'élève devant elle, dans les profondeurs de l'horizon. Elle se creuse en golfes, en embouchures de fleuves, projette des caps, abandonne des îles. L'illusion est complète, quand on l'aperçoit du désert. Elle affleure au-dessus, puis s'élève comme une côte. Ses oasis semblent des ports.

Le Sahara est, en moyenne, le long de cette falaise, à quarante mètres au-dessus du niveau de la mer, et la ligne de partage d'eaux de la région aurasique est le plus près possible de sa bande septentrionale : on peut en fixer la hauteur à 1700 mètres. Or la distance qui les sépare, à vol

(1) Djebel Ahmar Khaddou.

d'oiseau, est de quatre-vingt kilomètres tout au plus. Par suite, en tenant compte de leur direction et de leurs détours, les rivières qui sillonnent le versant méridional de l'Aourâs n'ont pas plus de cent kilomètres, depuis le point où elles réunissent leurs premières eaux sauvages jusqu'à celui où elles s'étalent et disparaissent dans les sables. Elles arrivent donc avec une furie irrésistible quand la chaleur du printemps fait fondre en quelques jours les neiges accumulées dans leurs petits bassins supérieurs. C'est une fête à Biskra, de voir « passer la rivière » ; mais le spectacle est vraiment beau dans la montagne même. On juge alors des forces qui, depuis des milliers d'années ont strié en tout sens et comme sculpté le massif tout entier. Par un affouillement incessant, les eaux ont creusé ces quatre vallées profondes et parallèles de l'Ouâd el Ahmar, de l'Ouâd Abdi, de l'Ouâd el Abiod et de l'Ouâd Abala, qui, réunies deux par deux à Menâa et près de Tkouts, donnent à la moitié occidentale de la montagne une physionomie si régulière. Ensuite, elles se sont ouvert passage de Menâa à Branis et de Tranimine à Mchounech, à travers des masses énormes de roches qu'elles ont percées. Le travail qu'elles ont accompli à Mchounech surtout est formidable. L'Ouâd y est surplombé par des murailles verticales de deux cents mètres de hauteur. Dans l'Aourâs oriental, les ruisseaux du Chellia ont produit un autre effet : ils ont séparé la belle chaîne couverte de cèdres du Djebel Faraoun (1) du pâté des Beni Yemloul, puis ont formé en se courbant la vallée de l'Ouâd el Arab qui n'est qu'une suite de cuvettes (Ouledj) jusqu'au débouché encore étroit de Khenga Sîdî Nadji. La montagne des Beni Yemloul, bien que découpée par de nombreux ravins, est restée à l'état

---

(1) Nous avons déjà vu en Kabylie un Djebel Faraoun. Cf. Bullet. de Corr. Af. 1885, fasc. I — II, *Ibid*.

de massif isolé, comme le Djebel Faraoun et le Chellia. Ce sont là des demeures toutes faites et admirablement délimitées, pour des tribus barbares. Quoi de plus facile à défendre que la vallée des Aoulâd Daoud fermée par le défilé de Tranimine (1), ou que ce Chellia triangulaire qu'un seul pli de terrain (Tizi Tizougazine) relie aux hauteurs voisines ?

D'autre part, si l'on observe que le palmier, arbre saharien par excellence, se maintient dans l'Aourâs jusqu'à deux cents mètres d'altitude environ, et que le cèdre commence d'y paraître à la hauteur de quatorze cents mètres sur les pentes abritées, on peut comprendre quelle variété de végétation ce massif nous offre, et surtout quel étonnement ses vallées longues provoquent chez le voyageur qu'elles élèvent, en deux jours, des jardins artificiels du Sud remplis d'abricotiers et de grenadiers sous des dômes de palmes, aux champs d'oliviers de la France méridionale, aux bois de pins de l'Italie, aux pelouses ombragées de noyers du Dauphiné, enfin aux forêts sombres de la Savoie ; mais ce spectacle est encore plus instructif que surprenant. L'étude des rapports des végétaux entre eux, et de leur convenance ou de leur résistance au climat, nous indique ce que l'homme peut faire de cette région mixte, saharienne d'un côté, européenne de l'autre, si bien qu'une bonne carte botanique de l'Aourâs serait peut-être la meilleure à joindre à son histoire.

En dessous d'une ligne passant par El Kantara, Menâa, Tranimine, Khîran, il faut excepter une bande presque entièrement infertile. Le palmier pousse et donne des fruits mangeables jusque-là. C'est dire que toute cette section est saharienne. Le désert remonte en effet de trente kilomètres environ dans les couloirs de l'Ouâd el Arab, de l'Ouâd el

---

(1) Voy. Lettres du maréchal de Saint-Arnaud, 7 et 12 juin 1850.

Abiod, et de l'Ouâd Abdi. Le contraste célèbre de la passe d'El Kantara (1) entre les plaines ternes, le ciel gris, les montagnes noirâtres du Nord, et l'éblouissante apparition d'une oasis, se reproduit plus ou moins à toutes les extrémités septentrionales de ces voies par lesquelles le sable pénètre au cœur de la montagne. A droite et à gauche des jardins qui se suivent dans le fond des ravins, les pentes calcinées sont absolument nues, et les crêtes intermédiaires ne portent que de rares génévriers dont les racines sont dures comme la pierre qu'elles traversent : elles se couvrent seulement, dans des années exceptionnelles, des fleurs éphémères des steppes. Voilà donc une superficie considérable de terrain enlevée au pâturage et à la culture. On peut l'évaluer à un quart de la superficie totale de l'Aourás.

Au nord de cette zône, le Sahara cesse, mais le vent saharien, le *Chehli,* règne encore en maître. Si l'on s'en plaint dans le reste de l'Algérie, et s'il peut même, au-delà de la Méditerranée, dessécher les côtes de Provence, à plus forte raison doit-il éprouver l'Aourás qui reçoit son premier assaut. Quand il souffle, l'air se remplit d'une brume électrique dans laquelle tout flotte comme dans un mirage ; il irrite et étourdit les animaux et les hommes ; il est surtout prodigieusement avide d'eau. Les sources des plaines tarissent, et celles des hauteurs semblent fuir devant lui. Sur tous les terrains qu'il frappe, les arbres qui subsistent ne sont plus que des buissons rabougris, ligneux, au feuillage métallique. Les cèdres ne paraissent nulle part, serait-ce à la hauteur de 2,000 mètres, sur une pente exposée au Chehli. Le Djebel Isloubila, qui se trouve juste à l'extrémité de la pointe méridionale du Chellia. n'en porte pas un seul. Il en est de même de la face de l'Ich m Oul

(1) Il n'est guère de touriste qui ne l'ait décrite, parce qu'elle se trouve au milieu de la route que l'on suit d'ordinaire de Batna à Biskra.

qui regarde la vallée des Aoulâd Daoud, et de tout le versant sud-ouest des hautes montagnes qui forment le flanc de l'Aourâs oriental entre Khenchela et l'Ouâd Mellagou. Les pins qui sont, après les cèdres, l'ornement naturel de l'Aourâs, et forment dans certains cantons de si belles forêts, ne bravent pas le Chehli davantage, et si parfois on en voit quelques-uns border une crête, ce n'est que l'avant-garde, d'ailleurs fort compromise, d'un groupe bien abrité. On l'observe fort bien au sud du Chellia, dans le massif des Bradja. Cette montagne abonde en pins, et notamment la Châbet (1) Chir Chabane, tournée vers le nord, en est remplie; mais toutes ses arêtes, et à plus forte raison ses flancs méridionaux, sont à peu près nus. Restent les chênes-verts et les génevriers. Eux seuls sont assez robustes pour tenir tête au Chehli. Les premiers semblent occuper la place des cèdres, et les seconds celle des pins, en face de l'ennemi : c'est ainsi que, sur les pentes relativement basses des Beni Yemloul et de l'Ahmar Khaddou, on trouve des bois de génevriers. Mais quel aspect désolant ils présentent, isolés, arides et tellement durcis que les chèvres mêmes ne parviennent pas à en ronger les branches ! Au contraire, du côté du nord, non-seulement à l'abri des hautes cimes, mais derrière les crêtes les plus basses, la végétation se développe avec vigueur sur un sol arrosé par des sources nombreuses et couvert d'un humus profond. Les cèdres abrités descendent du Chellia dans la vallée de l'Ouâd Talha jusqu'à 1,500 mètres. Ils s'y mêlent à des pins, et surtout à des chênes qui sont les plus beaux qui se puissent voir. Les génevriers, chétifs dans le sud, y rivalisent avec eux. Sur la pente septentrionale de l'Ich m Oul, habitée seulement par des bandits et des bêtes fauves, la forêt est inextricable, et s'il est

---

(1) Chaba : ravin.

un spectacle en Afrique bien fait pour ravir un homme du Nord, c'est assurément le Djebel Faraoun vu du côté qui fait face au Chellia. En bas, une plaine étroite, détrempée par les eaux une partie de l'année, est couverte de moissons ; des pins s'élèvent au-dessus, puis des chênes-verts, tous magnifiques, puis des milliers de cèdres, non pas à demi brisés par les tempêtes, comme ceux de Teniet el Had, mais élancés en flèches et régulièrement étagés jusqu'au sommet de la montagne conique. Ajoutez à cette végétation sauvage les témoins de la colonisation romaine, les amandiers de Châbet el Louz, les noyers d'Aïdouça, des rejetons de cerisiers et de pêchers, des ormes dont les ancêtres soutenaient des rameaux de vignes, en un mot tous les arbres de nos routes et de nos vergers d'Europe, qui ne peuvent pas plus que nous-mêmes supporter l'inclémence du Sahara. L'olivier seul se rencontre partout dans l'Aourâs. J'ai vu des oliviers redevenus sauvages, non-seulement dans l'oasis de Biskra où l'eau abonde et où les fûts des palmiers les protègent contre le Chehli, mais dans des ravins desséchés et exposés à toute l'influence désertique. Si l'on ajoute à ce fait, et à quelques autres semblables, que des pierres destinées à la fabrication de l'huile subsistent dans toutes les ruines de l'Aourâs, sans oublier les témoignages si remarquables des historiens arabes (1), il est permis de supposer que les Romains avaient couvert d'oliviers précisément tous les versants de l'Aourâs tournés vers le midi, et tiraient ainsi parti d'une surface considérable maintenant improductive. Ces arbres lents à croître, véritables symboles de la paix parce qu'ils ne sont plantés et cultivés que par des populations sûres de leur lendemain, ont à peu près disparu depuis le huitième siècle qui ouvrit l'ère

(1) Ibn Khaldoun, *Histoire des Berbères*, vol. I.

de la dévastation en Afrique ; mais il est bon de noter que nos Chaouïa fabriquent encore de l'huile sur deux points très distants, aux extrémités de l'Aourâs oriental et de l'Aourâs occidental. Dans la vallée des Beni Barbar est un bois d'oliviers qui appartient à une zaouïa : les indigènes se contentent d'en broyer les fruits par un procédé des plus grossiers. Dans une vallée qui s'ouvre sur Biskra, les Beni Ferah mettent à profit plus savamment quelques beaux arbres qui poussent près de leur village. Ils usent encore de l'ancien pressoir romain, et c'est là peut-être le seul lieu du monde où l'on puisse étudier le *torcular* décrit par Caton l'Ancien. Il ne serait pas impossible qu'un gouvernement s'inspirant de ces exemples, et associant libéralement les indigènes à son œuvre, parvînt à revêtir une seconde fois l'Aourâs de son manteau d'oliviers. Cinquante ans suffiraient peut-être à réparer les désastres de dix siècles. Du moins l'anecdote suivante, que nous empruntons à l'histoire de la conquête de l'Égypte composée dans la première moitié du troisième siècle de l'hégire par Abd er Rahman ibn Abd el Hakem (1), mérite d'être méditée : « Abd Allah ibn Saad, qui envahit l'Ifrikia, voyant les pièces monnayées qu'on avait mises en tas devant lui, demanda aux Africains d'où cet argent leur était venu ; l'un d'entre eux se mit à aller de côté et d'autre, comme s'il cherchait quelque chose, et ayant trouvé une olive, il l'apporta à Abd Allah, et lui dit : « C'est avec ceci que nous nous procurons de l'argent. — Comment cela ? dit Abd Allah. — Les Grecs, répondit cet homme, n'ont pas d'olives chez eux, et ils viennent chez nous acheter de l'huile avec ces pièces de monnaie. »

(1) *Append. à l'hist. des Berb. d'Ibn Khaldoun*, VII, vol. I.

DÉPLACEMENTS FRÉQUENTS DES HABITANTS DE L'AOURAS.

Quoi qu'il en soit, au-dessus de la ligne que nous avons tracée d'El Kantara à Khîran, les plus petites buttes comme les plus hautes montagnes de l'Aourâs ont chacune un côté presque dépourvu de végétation, et un autre très boisé ou du moins propre à la culture. Ces surfaces étant ajoutées les unes aux autres, l'Aourâs entier se divise en deux parts, l'une bonne tout au plus à nourrir quelques moutons, l'autre fertile en blé, en orge, et même en maïs dans les parties basses. Comme les plus hauts sommets se trouvent tous dans le Nord, c'est dans le Nord qu'est la plus grande étendue de terrain utilisable. Or la population de l'Aourâs est relativement très dense. A la suite de longues guerres qui duraient encore quand nous sommes intervenus, ces bonnes terres de la bordure septentrionale ont été partagées en sections correspondant aux tribus qui pouvaient y atteindre ; mais aucune de ces tribus n'en possède assez pour se suffire. A plus forte raison celles qui en sont trop éloignées, comme les Brarcha et les Beni Yemloul, doivent-elles tirer tout le parti possible de la double nature des petits massifs auxquels elles sont réduites. Il en est résulté pour toutes un genre de vie mixte, à la fois nomade et sédentaire. Elles ont quelques terres de labour, elles possèdent quelques troupeaux, elles cultivent quelques palmiers dans la zône saharienne, et c'est le tout qui leur permet de vivre. Ainsi les Aoulâd Abdi occupent une part de l'oasis d'Amentan, mettent en valeur le fond de leur vallée, labourent le long de l'Ouâd Taga de concert avec les Aoulâd Zeîan, et font paître sur les flancs du Mehmel. Les Aoulâd Daoud achètent des dattes à Mchouneeh, entretiennent des jardins au pied de leurs villages sur la rive droite de leur ouâd, labourent la moitié de la plaine de Medina, et toutes les dépressions comprises entre cette plaine et celle de Firaz. Les Beni bou Slîman ont leur village principal à Tkouts, vont de là jusqu'à l'oasis de Mchounech, conduisent leurs troupeaux sur le Djebel Seran, et disputent la plaine de Medina aux Aoulâd Daoud. Les Beni Yemloul n'ont que de fort maigres pâturages, mais exploitent dans leurs ravins abrités des pins d'où ils tirent du goudron depuis les temps les plus anciens, et descendent s'approvisionner de dattes dans les oasis de l'Ouâd el Arab. Les Oudjana pourraient à la rigueur se contenter de leur Chellia, de la vallée de l'Ouâd Talha, et d'une partie de la plaine de Mellagou ; cependant il leur a fallu envahir plus d'une fois la Châra au nord de l'Aourâs, et les luttes qu'ils ont soutenues dans cette entreprise contre le maghzen de Chemora sont assez célèbres. De là un va-et-vient perpétuel ; de là deux demeures, une tente et une maison. La tente aurasique est déjà celle des vrais nomades sahariens, aux longues bandes noires ou rouges ; on y trouve les ustensiles en bois déjà remarqués par Pomponius Mela, les longs sacs brochés aux couleurs vives, les tapis de haute laine, les outres de peau de bouc que les femmes vont remplir aux sources, et les provisions de dattes ou de viande séchée qui conviennent aux déplacements rapides. La maison n'est plus tout à fait la maison kabyle ; elle n'est pas couverte de lattes et de tuiles, mais d'une terrasse de terre battue sur laquelle sèchent des abricots et des monceaux de piments rouges ; les murs en sont formés, non pas de pierres bien jointes, mais de lits de cailloux et d'argile séparés par des branchages. Elle est de tout point incommode et obscure. Le village entier n'est en réalité qu'un entrepôt inabordable autant que possible ; au-dessus s'élève souvent un entrepôt central, nommé *guelaa*, dans lequel les propriétaires qui craignent que leurs faibles demeures ne soient forcées en cas de guerre renferment presque toute leur fortune ; la guelaa ouvre ses portes à l'automne, et on peut voir des files de mulets y apporter des sacs d'orge en si grande quantité que les gens à laquelle elle appartient seraient subitement affamés si l'ennemi s'en emparait ; mais, plutôt que la laisser prendre, ils la défendraient jusqu'au dernier, du haut de sa muraille, comme ces Hollandais du dix-septième siècle qui combattaient en désespérés sur leurs navires chargés d'épices. La guelaa, une fois remplie, est confiée à un gardien, les maisons sont fermées à clef, et tous les habitants qui possèdent seulement un âne pour porter trois bandes de tente reprennent la vie nomade. C'est merveille alors que passer au pied d'une rangée de ces forteresses silencieuses d'où ne descendent que quelques misérables minés par la fièvre.

Ce système prend évidemment d'autant plus d'importance que les tribus aurasiques trouvent moins de ressources près de leurs villages, possèdent un territoire de parcours plus étendu, ou sont exposées à des guerres plus fréquentes. Les Aoulâd Abdi qui moissonnent assez d'orge dans le fond de leur vallée, et ne possèdent pas beaucoup de terre dans le nord, ont peu de « guelaat ». Comme ils ne s'écartent guère de leurs villages, leurs maisons leur suffisent. Les Aoulâd Daoud n'occupent qu'un versant de leur vallée, d'ailleurs peu fertile, l'autre étant *blâd baroud*, pays de guerre disputé par les Beni bou Slîman. En revanche ils labourent depuis Medîna jusqu'à Tob. Aussi leurs guelaat sont-elles grandes et nombreuses. On peut même remarquer chez eux une guelaa isolée, celle de Sanef, bâtie sur le bord même de l'ouâd. Plus loin, dans l'est, le village disparaît presque, les maisons, qui ne sont plus que des abris, deviennent clair-semées, et les guelaat se cachent au milieu des bois, par exemple chez les Brarcha qui sont comme sur le bord de l'Aourás oriental. Au delà de l'Aourâs, dans la Sbîkha et sur le plateau dénudé des Nememcha, la guelaa elle-même n'existe plus : des silos la remplacent, indiqués par une pierre connue des seuls propriétaires. Là on laboure à peine, les champs mal ensemencés sont laissés à la garde de Dieu ; la tribu, sédentaire peut-être autrefois, a accru ses troupeaux, acheté des chameaux, et va devant elle du nord au sud et du sud au nord comme les hirondelles. C'est ainsi qu'au gré d'influences locales le même peuple peut passer, par une série de transitions, des mœurs des sédentaires à celles des pasteurs. La Kabylie centrale, abritée contre le vent du sud par la muraille du Djurdjura, a habitué ses habitants à un genre de vie très peu différent du nôtre, et l'embarras serait grand, sans doute, chez les Benni Yenni ou chez les Sedka, s'il leur fallait subitement émigrer à deux lieues de leurs villages : trouveraient-ils assez de mulets, ils n'auraient ni sacs ni cordes pour les charger, et tous leurs ustensiles ordinaires se briseraient comme du verre. Cependant si quelque gouverneur de l'Algérie, renouvelant l'exemple de Maximien Hercule, expulsait ces fils des Quinquégentans au de là des Chott (*trans lacus*) (1), dans les plaines grises de halfa, sans arbres et presque sans eau, ils s'en accommoderaient à la longue, mépriseraient la terre autant qu'ils l'auraient aimée, et feraient leur joie d'être en route sous un ciel toujours pur, escortant à cheval leurs femmes et leurs enfants portés dans des baçour (2). Les Touareg, dont les femmes mêmes ne craignent pas de franchir seules des espaces énormes, ne sont-ils pas leurs frères ?

(1) Berbrügger, *Ep. mil.*
(2) Berceaux attachés sur des chameaux, et dans lesquels sont portés les femmes et les enfants des Nomades.

VIE MUNICIPALE PEU DÉVELOPPÉE DANS LES THAQUELATHIN.

Dans de telles conditions, la vie municipale ne saurait être active chez les montagnards de l'Aourâs. Il ne peut être question de séances régulières de Djemâa, quand tous les hommes qui devraient y prendre part se dispersent pour de longs jours dans plusieurs directions, tel occupé de son labour, tel autre de son troupeau, un troisième de ses dattiers. Le soin de leurs affaires personnelles leur fait perdre de vue l'intérêt général, toujours présent à la pensée des véritables sédentaires. On voit naître là, dans un espace restreint, cet esprit de « dissipation et d'erreur » que Cicéron a noté (1), en vrai romain, dans les cités commerçantes du monde grec. La *djemâa* matérielle, c'est-à-dire la maison ouverte où se tient l'assemblée restreinte des villages kabyles, ne se rencontre que très rarement dans l'Aourâs. Dans les villages où la population paraît le mieux fixée, on ne trouve pas, si l'on excepte Menâa, cette porte profonde sous laquelle siègent les anciens du Djurdjura. On s'y réunit simplement sur l'aire à battre le grain, sur une terrasse, ou encore sur la petite place que l'on met à la disposition des étrangers. Quelquefois même, l'assemblée se forme loin du village, devant la tente du kebîr. Là on fait des lois, on édicte des peines, on prononce des amendes, enfin on compose et on applique les kanoun ; mais on a pu remarquer plus haut combien ces kanoun sont rudimentaires, comparés à ceux de certains villages kabyles. Quoiqu'on puisse en rendre responsable le défaut de mémoire des Anciens qui me les ont communiqués, il est évident que la rareté des réunions est la cause principale de cette pauvreté

---

(1) *De Republica.*

de la législation aurasique. A des hommes qui n'avaient pas tous les jours occasion de contrôler réciproquement leurs actes, il paraissait suffisant de bien retenir une vingtaine d'articles destinés à protéger les personnes et la propriété. Tout le reste n'était à leurs yeux qu'usages, coutumes, habitudes anciennes, et formait dans leur esprit un chapitre à part dépourvu de sanctions précises.

COMPACITÉ DES TRIBUS DANS LES VALLÉES.

Cependant les villages de l'Aourâs réunis par groupes forment des tribus compactes, et la carte le montre par elle-même avec une singulière évidence. Tous ces points rapprochés les uns des autres dans des vallées étroites et fermées à leurs deux extrémités signifient, à ne s'y pas méprendre, des agglomérations indissolubles, sauf quelques réserves, et ce n'est encore qu'une image bien affaiblie de la réalité. Quand, en parcourant l'Aourás, on arrive à Menâa, en face de l'Ouâd Abdi, un long couloir alpestre s'ouvre devant les yeux, qui semble monter, en se rétrécissant, jusqu'au dernier étage septentrional du massif aurasique. Tous les villages des Aoulâd Abdi, excepté Chîr, apparaissent sur la droite, Rezâl, Akherib, Bedrouna, Tiskifine, El Haoua, Fedj el Qâdi, Aïdouça, posés sur des pitons comme des phares, et assez rapprochés pour que le moindre signal soit aperçu de l'un par l'autre. Un ennemi qui pénétrerait dans l'ouâd les menacerait ensemble ; la reddition de l'un entraînerait celle de tous. Les deux tiers de leurs habitants ont, il est vrai, une origine commune ; mais nous verrons plus loin que cette raison, si souvent invoquée ailleurs, a peu de valeur chez les Chaouïa. C'est la nature qui, de toutes les causes secondaires, a le plus fait pour les unir. La même loi s'applique aux Aoulâd Daoud, dont les villages sont compris entre le défilé de Tranimine et la masse de l'Ich m Oul, et aux Beni bou Slîman qui ne franchiraient que difficilement le Djebel Seran et le col de Tizougarine. Il est aussi certain d'autre part que les Oudjana du Chellia, les Beni Yemloul, les Aoulâd Yagoub du Djebel Faraoun, cantonnés sur les massifs qu'ils occupent, et exposés autrefois à livrer bataille quand ils descendaient dans les vallées environnantes, ont dû se replier sur eux-mêmes, éliminer ou s'assimiler tous les éléments qu'ils avaient rencontrés, former enfin de leurs fractions réunies des sortes de petites nations homogènes. Les Aoulâd Abdi proprement dits étaient même parvenus à joindre si bien ensemble leurs éléments constitutifs, qu'ils avaient créé une apparence de gouvernement de tribu au-dessus des administrations locales de leurs villages. Les quatre kebar de leurs fractions principales étaient des juges en dernier ressort dont l'autorité était décisive dans un grand nombre de circonstances. Chaque village avait, il est vrai, gardé son autonomie, était gouverné par ses imokrânen, régi par ses kanoun ; mais ces imokrânen consultaient sans cesse les quatre kebar, et le kanoun d'un village différait si peu de celui des autres, qu'on a pu me donner la Loi de Chîr pour celle de tous les Aoulâd Abdi. Il s'en est fallu de bien peu que, dans leur étroite vallée, le pouvoir législatif et judiciaire n'ait été complètement transféré de la thaque-lèth (Taddèrt) au arch, comme nous allons le voir dans le Mezâb. Chez les Aoulâd Daoud la fraction maraboutique des Halha dirigeait les autres groupes de ses conseils et de son exemple, si bien que la tribu entière paraissait unie sous sa suprématie, et des traits pareils pourraient être notés chez les Oudjana ou les Beni Yemloul. Toutefois, les tribus aura_siques n'ont jamais été des cités véritables, et, s'il est permis de tirer une formule précise de la nature mobile de tant de populations différentes, on peut dire que la configuration du sol, tout en leur donnant plus de solidité même que n'en ont les tribus kabyles, n'a cependant jamais eu pour résultat de les fondre complètement en états d'un ordre supérieur.

IMPOSSIBILITÉ D'ORGANISER LES CONFÉDÉRATIONS.

Il est facile de concevoir que la même cause ait produit un effet tout inverse, en ce qui concerne le système des Qebilat, c'est-à-dire que des tribus si nettement séparées par la nature ne se soient jamais confédérées. C'est là un fait remarquable par lequel l'Aourâs diffère profondément de la Kabylie. Depuis la première réunion de leurs familles en vue de fonder un village jusqu'à l'épanouissement de la tribu, Aurasiens et Kabyles ont suivi la même voie, et c'est peu de chose que la Taddèrt des uns ne soit pas exactement la Thaquelèth des autres, ou que le Arch de l'Ouâd Abdi soit mieux constitué que celui du Djurdjura ; mais, tandis que les Kabyles ont progressé et ont ébauché, si vaguement que ce soit, une troisième forme de société, la Qebîla, l'Aourâs s'est arrêté brusquement. A part un seul moment de leur histoire, les tribus de l'Aourâs ont toujours lutté isolément contre leurs ennemis les plus redoutables, depuis l'antiquité jusqu'à nos jours.

Quand les Romains entreprirent de coloniser l'Aourâs, et fondèrent, dès le commencement du second siècle, Mascula, Thamgad, Verecunda, sur sa bordure septentrionale, ils n'eurent pas à réprimer de résistance générale. Du moins, ni l'Histoire Auguste, ni tant d'inscriptions de ce temps trouvées de nos jours dans cette région, n'en portent trace. Des soulèvements locaux suffisent à expliquer pourquoi la legio VI Ferrata ouvrit une voie dans le défilé de Tranimine sous le règne d'Antonin le Pieux, et dans quel dessein une vexillatio de la Legio III Augusta occupait le piton isolé de Menâa au temps de Septime Sévère (1). Les révoltes des Circoncellions n'ont rien de commun avec une fédération de tribus ; les bandes de Gildon étaient un ramassis de désespérés de toute provenance, et non une ou plusieurs qebîlat. Iabdas, qui tint tête aux Byzantins dans l'Aourâs, était originaire de la Maurétanie, et probablement entouré d'un goum maurétanien. C'est du moins ce qui se doit conclure de plusieurs textes de Procope (2), et notamment de celui qui nous apprend que Justinien entoura l'Aourâs d'une ceinture de forteresses pour empêcher les « Maures » d'y revenir. Il faut arriver jusqu'aux atrocités de l'invasion arabe, il faut que les lieutenants des Khalifes accablent les Africains d'impôts énormes, et les autorisent par dérision à vendre leurs enfants, pour que l'Aourâs occidental d'abord, puis l'Aourâs oriental, se confédèrent. Encore le chef de la première révolte, Kocîla, est-il un maurétanien comme Iabdas. Des indigènes et des Romains mêlés, dit la tradition locale conforme à l'histoire, se réunirent sous sa conduite dans les longues vallées qui s'ouvrent sur le Sahara de Biskra, et occupèrent la vieille ville de Thabudeï au milieu de la route que devait suivre Sîdî Oqbah. L'Alexandre arabe revenait alors du bord de l'Océan Atlantique et du Sous qu'il avait dévasté. On sait avec quelle vaillance il se fit tuer là, à la tête de son avant-garde (3). Un peu plus tard, les massifs du Chellia, du Djebel Faraoun, des Beni Yemloul, donnèrent une armée à la Kahîna, « reine » des Djeraoua dont on voit encore les sépultures mégalithiques au nord de Khenchela. Les montagnards descendirent en plaine sur le bord de l'Ouâd Nini, non loin de la ligne de l'Ouâd Bou Rougual que les « Mau-

(1) Corpus inscriptionum latinarum, vol. VIII.
(2) De Bello Vandalico, II.
(3) Ibn Khaldoun, *Hist. des Berb.* vol. I.

res » de Procope avaient tenté de défendre contre Salomon. Le général arabe Hassan ben Noman fut mis en déroute et resta six ans ensuite en Tripolitaine, n'osant se reprendre à cette « montagne de mécréants » (1). Ces deux épisodes du septième siècle ont illustré l'Aourâs à jamais ; mais, après cet effort, rien ne fut capable de lui rendre une apparence d'unité. Les sectaires Noukkar, frères ennemis des Ibâdites Ouahâbites qui y pullulèrent au dixième siècle, et formèrent la majeure partie de l'armée d'Abou Yezîd, « l'homme à l'âne, » terreur des sultans Fatimites de l'Ifrikia, reproduisaient le fanatisme des Circoncellions, et appartenaient comme eux à une secte religieuse qui n'a rien de commun avec les confédérations terrestres. Ibn Khaldoun nous laisse soupçonner que les Addîça ou Aou Adça, qui ont laissé une trace dans l'Ouâd Abdi, ont joué un rôle considérable dans l'Aourâs au douzième siècle ; mais ce n'est là qu'une indication insuffisante. La période turque est moins obscure, et les indigènes en ont même gardé un souvenir assez présent. Or qu'y voyons-nous ? Des combats perpétuels, mais partiels, des Oudjana, Amamra, Aoulâd Yagoub, contre le « maghzen » des Achèche, des Sellaoua et des Harakta, qui s'étaient mis au service des Beys sous la direction d'une famille militaire, les Ben Sedira de Chemora. Sur toute la ligne de la Chara et de la plaine de Baghaï, ce ne sont, pendant les seizième, dix-septième et dix-huitième siècles, que coups de main des deux parts, en avant ou en arrière de Khenchela, du Foum Takherist, et du Foum Qsantîna, mais jamais nous ne trouvons les Oudjana, les Amamra et les Aoulâd Yagoub, réunis à la façon des Gaouaoua du Djurdjura. Bien au contraire, les Turcs avaient pu trouver dans l'Aourâs même, sinon une alliance, au moins une complaisance bien singu-

---

(1) Ibn Khaldoun, *ibid.* Bullet. de Corr. Af. 1885, fasc. 1-2, *Tradit. de l'Aourâs orient.*

lière chez les Aoulâd Abdi. Grâce à l'influence pacifique de la famille maraboutique des Ben Abbàs, ils passaient sans encombre de l'Ouâd Taga dans l'Ouâd Abdi et chez les Beni Ferah, pour ravitailler leur garnison de Biskra. Il est vrai qu'ils ne montaient pas dans les villages. Nous-mêmes qui, tout en nous présentant aux Chaouïa comme réparateurs des violences turques, n'étions pas moins à leurs yeux des conquérants et des infidèles, nous ne les avons jamais vus former de ligue puissante contre nous, et récemment encore nous avons pu faire l'expérience de leur désunion, voire même de leurs hostilités réciproques. En 1879, les Aoulâd Daoud rebelles ont été écrasés par nos troupes sans que les Aoulâd Abdi et les Oudjana leurs voisins aient témoigné d'autre sentiment qu'une véritable joie (1).

Et en effet, ce Chellia des Oudjana, ce Faraoun des Aoulâd Yagoub dont les longues pentes sont si faciles à défendre, ce massif des Beni Yemloul et de l'Ahmar Khaddou, bordé d'un côté par le précipice de l'Ouâd el Abiod inférieur et le Djebel Licha, de l'autre par la plaine d'El Menacer, de l'autre par la vallée de l'Ouâd el Arab à laquelle on ne saurait comparer les ravins kabyles, enfin ces longs contreforts de l'Aourâs occidental que l'on voit du haut de l'Ich m Oul s'accompagner comme des vagues énormes, enserrant dans leurs plis les Beni bou Slîman, les Aoulâd Daoud, les Aoulâd Abdi et les Berberia de l'Ouâd el Ahmar, séparent profondément les uns des autres les groupes auxquels ils donnent asile, les rendent étrangers à tous leurs voisins, les isolent encore plus qu'ils ne les condensent.

Cette action séparatrice de la nature est tellement puissante qu'elle excite des guerres éternelles entre les descendants d'un même aïeul, et ceux-là se sont combattus avec le

(1) J'ai déjà indiqué cette hostilité et tenté d'en donner les raisons dans ma « Note concernant les Aoulâd Daoud. »

plus de haine qui, partis autrefois d'un même point, n'ont fait que mettre entre eux la largeur d'une montagne pour s'établir sur deux versants opposés. Il y a plusieurs siècles, les Aoulád Abdi et les Aouládd Daoud ne formaient qu'une tribu sur le Djebel el Azreg, entre l'Ouâd el Abiod et la vallée que nous nommons aujourd'hui Ouâd Abdi. Leurs ancêtres sont des indigènes et des colons romains mélangés dans le tumulte de la première invasion arabe, et il est possible qu'ils aient joué un rôle dans l'armée mixte de Kocîla, car on descend en une demi-journée du Djebel el Azreg sur Thabudei ; eux-mêmes se disent romains purs, et prétendent descendre tous d'un certain Bourk qui habitait une maison fortifiée (Bordj), près d'une source dite Aïn Roumi (1). Ils célèbrent encore certaines fêtes chrétiennes ou païennes d'une haute antiquité, contre lesquelles la religion musulmane n'a pas prévalu, Bou Ini (bonus annus) à Noël, Innar dans les premiers jours de Janvier, les Rogations au printemps, la Fête de l'automne (2). J'ai même rencontré chez les Aoulád Daoud une tradition judaïque. Comme je demandais au Kebir de leur tribu maraboutique, les Halha, pourquoi ils célébraient le Bou Ini, il me répondit que c'était en commémoration du passage de la Mer Rouge. Communauté d'origine, de traditions et d'histoire, tout se réunissait donc pour en faire comme une petite nation indivisible ; mais ils se mirent un jour en marche vers le Nord. Quelques-uns s'établirent à Nara, aux sources d'un court torrent qui descend vers l'Ouâd Abdi dans un précipice ; d'autres occupèrent sur le mamelon isolé de Menâa la place abandonnée depuis bien longtemps par les soldats de Septime-Sévère. Le gros suivit la pente du Bou Izel, et, trouvant devant soi les deux vallées de l'Ouâd el Abiod et de l'Ouâd Abdi supérieur

---

(1) Fontaine du Romain.
(2) Masqueray, *Documents historiques sur l'Aurès*. (Rev. Af.)

tout à fait parallèles et suffisamment rapprochées, résolut de les envahir en même temps. Une moitié tourna à gauche, et ce furent les Aoulâd Abdi ; le reste, Aoulâd Daoud ou Touaba, descendit à droite. Les premiers bâtirent d'abord un gros village maintenant abandonné, mais encore connu sous le nom de Thaquelèth Sîdî Bel Kheir, à l'entrée d'une gorge étroite, puis occupèrent rapidement leur Ouâd actuel, quand les Aoulâd Azzîz qui dominaient dans tout l'Aourâs occidental eurent été défaits par les Arabes Aoulâd Zeïan. Ils y rencontrèrent des Aoulâd Moumen, des Aoulâd Azzouz, et un reste d'Aou Adça. Ils les combattirent d'abord, puis se les assimilèrent. C'est ainsi qu'ils fondèrent cette série de villages que nous avons nommés, et dans lesquels on les trouve de moins en moins purs, à mesure qu'on s'élève du sud au nord. De leur côté, les Aoulâd Daoud (1) bâtirent Tranimine, Tabentôt, Taakchount, El Lehaf, Bel Ichoud, Mzara, Harara, dans la partie inférieure de l'Ouâd el Abiod, Taarrout Ahmeur à l'entrée de la Tarhît Sîdî bel Kheir, puis entreprirent de déposséder les Oudjana qui n'étaient pas alors cantonnés sur le Chellia, mais répandus dans les deux tiers de l'ouâd. Vainqueurs, ils élevèrent l'un après l'autre El Hamra, Sanef, Mzata, Tarhît n Zîdan, Taarrout Tirasern, Radjou, Bou Cedda, Thaquelèth tamellalt, Inerkeb, Arris, le long d'une « saguia » (2) romaine qui capte encore une partie des eaux de la vallée, et parvinrent à la passe de Bali qui conduit directement aux sources de l'Ouâd Abdi ; mais ils durent s'arrêter là dans cette direction. Les Aoulâd Abdi, déjà établis de l'autre côté du col, leur barrèrent la route et les rejetèrent en face des Oudjana. Force leur fut de reprendre les armes contre ces derniers et de s'avancer vers l'Ich m Oul, en fondant Bacha, Mesref, El Adjaje, et

---

(1) Masqueray, *Note concernant les Aoulâd Daoud.*
(2) Petit canal.

le hameau d'El Hammam. Or, quand nous sommes intervenus dans l'Aourâs, ces deux tribus sœurs étaient en guerre ouverte. Elles ont conservé un souvenir très net de leur parenté, elles parlent exactement le même dialecte (1), le plus doux de l'Aourâs, et cependant ce n'étaient des deux côtés que dettes de sang et représailles à main armée. On peut remarquer au-dessus des villages des Abdi des tours rondes dans la Tarhît Sîdî Bel Khoir, et dans la passe de Bali. Ce sont des postes-vigies dans lesquels des guetteurs se relayaient sans cesse. Le dos de la montagne était une sorte de marche inhabitée. Le spectacle donné par Menáa et Nara était plus surprenant encore. Ces deux villages, fondés dès le début de l'émigration des Roumania du Djebel el Azreg à peu de distance l'un de l'autre, ne pouvaient se contrarier en quoi que ce fût : l'un exploite un plateau médiocre qui se prolonge dans la direction du Djebel el Azreg, l'autre domine la petite plaine arrosée par le confluent de l'Ouâd Abdi et de l'Ouâd el Ahmar. Il a fallu néanmoins qu'ils se combattissent. Le contrefort qui les cache l'un à l'autre en est la cause. Nara l'a hérissé de tours qui, se trouvant à côté d'énormes tombeaux mégalithiques circulaires, lui donnent un aspect et une valeur spéciales, même dans ce pays où les choses et les hommes excitent tant de surprise et promettent encore tant de découvertes intéressantes.

OPPOSITIONS RÉCIPROQUES DES TRIBUS AURASIQUES.

Bien loin de jamais s'unir, toutes ces tribus se seraient entre-détruites, si la guerre elle-même ne les avait équilibrées par un système de compensations qui mérite d'être étudié. Quand une tribu prenait les armes contre une de ses

---

(1) La Tamzira.

voisines, elle dégarnissait un de ses flancs, et se trouvait en conséquence attaquée à son tour par la tribu qui la bordait du côté opposé. Ses deux ennemies étaient alliées sans avoir eu besoin de s'entendre ; mais d'autre part elles-mêmes étaient menacées en vertu de la même loi. Il en résultait que l'Aourâs considéré d'ensemble était subdivisé comme un damier en peuplades dont chacune jouissait d'une paix relative parce que celles qui l'entouraient risquaient d'être assaillies au premier mouvement. Cet état de choses n'était pas assurément si bien réglé qu'à certaines époques des tribus entières n'aient pu être complètement refoulées, comme les Oudjana l'ont été par les Aoulâd Daoud, les Aoulâd Azzîz par les Aoulâd Zeîan ; cependant il était assez constant pour que tous les Chaouïa que j'ai interrogés me l'aient retracé sans jamais se contredire. Les Aoulâd Abdi, disent-ils, combattaient de concert avec les Beni bou Slîman, les Beni Yemloul, les Oudjana, Menâa, El Arbâa, la moitié des Maafa, les Aoulâd Idir, les Aoulâd Abderrahman, les Achèche, les gens d'Oulach, les Aoulâd Embareck de Mchounech; les Aoulâd Daoud avec les Aoulâd Zeîan, Nara, Tagoust, Bou Zina, les Aoulâd Fedala, presque tous les Beni Ferah, la moitié des Maafa, la moitié de Mchounech, etc....

On voit par là, si l'on se reporte à la carte, que les Aoulâd Abdi, quand ils étaient pressés par les Aoulâd Daoud d'un côté et les Berberia de l'Ouâd el Ahmar (Tagoust, Bou Zina) de l'autre, pouvaient être dégagés par les Oudjana, les Beni bou Slîman et les Beni Yemloul. Grâce à ce système, les petites républiques les plus faibles en apparence étaient respectées, parce que la violation de leur territoire eût donné lieu à des luttes interminables, et, même divisées en deux parties, elles subsistaient comme une image réduite de l'Aourâs entier. M. Devaux, dans ses *Kebailes du Djerdjera*, avait signalé une pondération semblable chez les Kabyles de la vallée de Boghni. Par contre, MM. Hanoteau et Letourneux déclarent qu'ils ne sauraient l'admettre (au moins en Kabylie), « les positions respectives des tribus dans le reste du pays ne confirmant nullement, disent-ils, cette hypothèse qui suppose d'ailleurs des vues d'ensemble et des idées de politique générale bien au-dessus de la portée de l'esprit kabile. » En fait, le témoignage de ces deux observateurs si exacts est d'accord avec celui de tous les Kabyles qui nous décrivent leur organisation sociale et politique avant la conquête ; mais la remarque de M. Devaux n'en a pas moins sa valeur. Il y eu certainement des époques où les tribus kabyles, toutes ennemies les unes des autres, n'ont subsisté qu'en vertu du système barbare que nous venons d'esquisser. Seulement, par l'effet de causes très diverses, beaucoup d'entre elles ont mis fin à leurs inimitiés, et formé, en cas de danger, ces qebîlat prépondérantes qui ont presque effacé les mauvais souvenirs du passé de la mémoire des Kabyles eux-mêmes. C'est pourquoi nous n'avons pas insisté sur ce point quand nous avons traité du Djurdjura, nous contentant d'indiquer que chaque tribu gardait son autonomie. D'autre part, il ne nous semble pas que l'opposition réciproque de forces à peu près égales signalée par M. Devaux dans l'Ouâd Boghni, et constatée par nous dans l'Aourâs, suppose, comme le veulent MM. Hanoteau et Letourneux, des vues d'ensemble et des idées politiques supérieures. Bien au contraire, un tel système, non consenti, non pas même imaginé par les populations qui l'appliquent, mais imposé par la nécessité, est l'indice d'une société rudimentaire ; et si les Kabyles comparés aux Aurasiens, qui d'ailleurs peuvent s'excuser sur la configuration spéciale de leur pays, méritent un éloge, c'est de s'en être affranchis pour s'élever, ne serait-ce que de temps à autre, vers la forme supérieure de leurs qebîlat.

Les Aurasiens se servent du mot *Çof* pour désigner les partis qu'engendrent leurs luttes. Ainsi le Çof des Aoulâd Abdi et le Çof des Aoulâd Daoud indiquent les tribus qui combattent soit avec les premiers, soit avec les seconds. Cette division n'a rien de commun avec une autre très ancienne que l'on trouve sur certaines cartes exprimée par les mots d'Aourâs Gharbi (Occidental), Aourâs Chergui (Oriental), et qui est purement géographique et ethnographique. L'Aourâs Gharbi est cette région striée par l'Ouâd el Ahmar, l'Ouâd Abdi, l'Ouâd el Abiod, dont la physionomie est si remarquable ; l'Aourâs Chergui est cette autre moitié du massif aurasique qui se décompose en Chellia, Faraoun, pâté des Beni Yemloul, Ahmar Khaddou. Les dialectes parlés dans l'Ouest diffèrent sensiblement des dialectes parlés dans l'Est de l'Aourâs, tant par la prononciation que par le vocabulaire : d'un côté on parle la Tamzira, de l'autre la Zenatia. J'en ai noté les principales différences, et ma conclusion serait que des envahisseurs divers d'origine, bien que tous qualifiés d'Africains, ont occupé l'Aourâs dans des temps très anciens ; mais ces considérations n'ont trait en rien au groupement de nos tribus aurasiques actuelles, et je ne les rappelle ici que parce qu'en pays arabe, et dans le Mezâb, un sens politique est attribué aux mêmes désignations *d'Oriental* et *d'Occidental*.

LES GRANDS CHEFS DANS L'AOURAS.

Est-il nécessaire d'ajouter qu'en dépit de l'imperfection relative de leur société, les Aurasiens ne sont pas plus que les Kabyles ennemis de toute autorité ? Leurs tribus ne sont que des fédérations de villages animées sans doute d'un esprit démocratique ; et cependant la richesse, le courage, la culture intellectuelle, y jouissent de leurs priviléges tout comme dans les qebîlat du Djurdjura. Il n'en est pas une seule qui n'évoque le souvenir d'une période récente ou lointaine pendant laquelle elle se faisait craindre sous le commandement d'un chef. Qu'était bien cette Dâmia, fille de Tabet, dite la Kahina (1), qui mit en fuite Hassan ben Noman? Une juive, comme nous l'apprend Ibn Khaldoun? Une sorcière, comme son surnom l'indique? Il est au moins positif qu'elle était la « Cheikha (2) » des Djeraoua. Or nos Amamra, parmi lesquels ces Djeraoua se sont confondus, se vantent encore d'avoir eu pour reine une certaine « Djemâa » qui ne peut être qu'elle. La tradition des Amamra (3) nous apprend l'existence de Sultans « *Romains* » absolument inconnus, Babar, Djokrân, Es Semech, dans lesquels nous devons voir seulement des princes indigènes. Chez les Peni Yemloul, l'imagination populaire se plaît à remonter aussi haut. Eux aussi ont eu une reine glorieuse, et, fait remarquable, encore une juive ; ils l'appellent la Habtsa. Deux exemples nous suffiront pour les temps modernes. Quand les Aoulâd Daoud chassaient les Oudjana de l'Ouâd el Abiod, les groupes qui les composent suivaient la direction d'un d'entre eux, qualifié de maraboutique, les Halha. Ces derniers avaient en quelque sorte le privilège de leur fournir des chefs, et tenaient la tête de l'invasion. En effet leur village est celui d'El Hammam, le dernier bâti au nord de l'Ouâd, presque au pied de l'Ich m Oul, et le souvenir est encore très vivant de l'autorité suprême exercée par leur Kebir, Ahmar ben Embarek, il y a soixante ans environ. C'est lui qui fit gagner aux Aoulâd Daoud leurs dernières victoires, par lesquelles ils assurèrent leur conquête de l'Ouâd el Abiod, et prirent possession de tout le pays com-

1. Ibn. Khaldoun, *Hist. des Berb.* vol. I.
2. Féminin de *Cheikh*, chef, ancien.
3. Bullet de Corr. Af. 1885, 1-2.

pris entre l'Ich m Oul et le Foum Qsantîna. On en appelait à lui de tous les Imokranen des villages : les plaignants suivaient sa tente depuis Medina jusqu'à Mchounech. Après sa mort, sa famille n'a pas produit d'homme de sa valeur ; mais les Halha ont conservé leur prestige, et dernièrement les Aoulâd Daoud n'ont demandé l'aman (1) que quand nos troupes ont eu occupé El Hammam. Dans l'Ouâd Abdi, l'autorité appartenait depuis près de trois siècles à la famille des Ben Abbâs. Elle se disait originaire de la Saguiet el Hamra, et, par sa piété, ses bonnes œuvres, son amour de la paix, justifiait suffisamment cette prétention maraboutique. Nous avons noté son rôle pendant la période turque. Elle avait surtout pris à charge d'établir un peu d'ordre et de faire respecter quelques lois chez des peuplades qu'elle avait trouvées exaspérées par de longues guerres, et redevenues presque sauvages. L'Aourâs, dans lequel le sort des vaincus et la condition ordinaire des faibles étaient absolument subordonnés à l'instinct brutal de la défense, avait besoin, plus encore que le Djurdjura, de l'assistance des Religieux qui faisaient jurer la paix, veillaient à l'observance des traités, prévenaient les querelles, et profitaient de toutes les occasions pour adoucir les mœurs. Le peuple en a fait des Saints, et de notre part il y aurait autant d'ignorance que d'injustice à méconnaître leurs services. Les Ben Abbâs avaient rempli cet office avec zèle. Ils s'étaient établis près du village de Menâa, dans la plaine, tandis que les Chaouïa avaient construit leurs masures sur l'antique citadelle romaine. L'usage veut en effet, dans l'Aourâs comme en Kabylie, que les marabouts dignes de ce nom ne se mêlent pas aux laïques. Ils avaient empêché plus d'une guerre entre Menâa et Nara, et c'est, je pense, à leurs conseils que les Aoulâd Abdi avaient dû de s'assimiler pacifi-

1. Le pardon.

quement les Aoulâd Moumen, les Aou Adça et les Aoulâd Azzouz. Notre conquête survint. Le général Desvaux, embrassant de la terrasse de Tiskifine l'Ouâd Abdi tout entier et la montagne qui le sépare de l'Ouâd el Ahmar, offrit au descendant direct de ces Saints politiques de convertir sa principauté spirituelle en temporelle, et même de l'agrandir. Bien peu auraient refusé, et d'ailleurs un refus eût passé pour une velléité de résistance. Mohammed ben Abbâs reçut ainsi le titre de « Qaïd de l'Aourâs » qu'il aimait à porter, et devint seigneur, non seulement des Aoulâd Abdi proprement dits, mais de Nara et de Menâa fort surprises de se trouver sous le même joug, et de l'Ouâd el Ahmar dont les deux cités, Bou Zina et Tagoust, avaient vécu jusque là indépendantes. Il est vrai qu'il n'en abusa que pour dissiper en aumônes son traitement et la meilleure part de ses revenus personnels. Ainsi toutes ses dattes de Sidi Oqbah étaient distribuées aux pauvres, et, quand l'Empereur Napoléon III lui offrit la croix de la Légion d'honneur si enviée des indigènes, il répondit qu'il préférait une ferme dans l'Ouâd Taga pour continuer d'être le Moula sebil (grand aumônier) de l'Abdi. Il s'était marié plusieurs fois, mais surtout il aimait les livres, qu'il faisait venir de fort loin et lisait dans sa solitude d'Oum er Reha. Il se plaisait à vivre là, au fond d'un petit bordj isolé, loin des villages des Chaouïa, évitant le bruit et même les soucis du gouvernement autant que possible. D'ailleurs la Nemesis s'est chargée de lui faire payer sa dette envers nous, et même de lui faire expier son ambition de Tiskifine. Son fils, El Hacen, jeune homme de vingt ans, doué de qualités nobles et d'une beauté accomplie, attaqué en 1879 par les Aoulâd Daoud précisément dans sa ferme de l'Ouâd Taga, s'est fait tuer là pour nous avec une poignée de serviteurs. Mohammed ben Abbâs ne s'est démis complètement de sa charge que trois ans plus tard ; mais c'est sur cette mort qu'il faudra clore l'histoire de sa vie et celle de l'Ouâd Abdi.

IV

LES QÇOUR DES BENI-MEZAB.

Les qçour des Beni Mezâb, cités de second degré. La qebîla Mozabite très différente de la qebîla Kabyle. Union des villes des Beni Mezâb. Raisons de cette union: 1° raison religieuse; retour nécessaire sur l'histoire peu connue des Beni Mezâb. 2° raison politique; ressemblances entre la confédération des Beni Mezâb et une confédération Kabyle. Description des cinq villes saintes : Ghardaïa, Beni Sgen, Melika, Bou Noura, El Atef. Les grands chefs au Mezâb.

LES QÇOUR DES BENI-MEZAB, CITÉS DE SECOND DEGRÉ.

Transportons-nous maintenant à l'extrémité opposée de notre monde africain, dans le Mezâb, afin d'y considérer de près, une fois de plus, le jeu des cités les unes sur les autres, et, les combinaisons qui en résultent. Nous y trouverons, sans doute, un spectacle un peu différent de ceux que l'Aourâs et la Kabylie nous ont offerts, mais nous devons avertir que cette partie de notre étude est de beaucoup plus délicate que les précédentes, à cause de la nouveauté du sujet, et de la différence des sens que prennent certains mots arabes au gré des populations qui les ont reçus.

Et d'abord, nous craignons de n'avoir pas marqué suffisamment que les cités du Mezâb sont de second degré par rapport à celles de la Kabylie et de l'Aourâs. L'analyse de ces dernières nous a nettement montré que leurs éléments constitutifs sont simplement des kharroubat, c'est-à-dire que tous les individus qui les ont formées se sont plus ou moins affranchis de leurs familles pour se réunir en villages, (*Taddèrt* ou *Thaquelèth*), mais ne sont pas parvenus à créer des cités supérieures. On peut l'exprimer par cette formule : dans la Kabylie et dans l'Aourâs, il n'y a pas d'autres Kanoun (codes) que ceux de la Taddèrt et de la Thaquelèth. Or nous devons le répéter, parce que les conséquences vont en paraître immédiatement considérables, il n'en est pas de même dans les villes mozabites. Une cité du Mezâb ne se décompose pas directement en Kharroubat, ou, suivant le terme usité par les Mozabites, en *hachaïr* (1). Entre elle et ces *hachaïr* est un étage intermédiaire appelé Qebîla. C'est ici que commence l'embarras produit par la confusion des mots arabes. On ne donne pas le même sens à *Qebîla* dans l'Ouâd Mezâb et dans le Djurdjura. La Qebîla kabyle est une somme de tribus qui comprennent plusieurs cités, tandis que la Qebîla mozabite est une fraction de cité.

LA QEBILA MOZABITE ET LA QEBILA KABYLE.

Dans le temps où les cités mozabites n'existaient pas encore telles qu'elles sont aujourd'hui, mais où les éléments qui les devaient constituer étaient déjà juxtaposés, la population de l'Ouâd Mezâb se distinguait seulement en groupes plus ou moins considérables de familles ou *hachaïr*. Ces hachaïr formaient de petites cités, c'est-à-dire qu'elles s'étaient unies assez étroitement pour que tous leurs membres se regardassent comme concitoyens. Tels sont *les Tiddar* kabyles. Or le mot *Arch* est appliqué, dans le Sud, à toute société grande ou petite qui ne relève d'aucune autre. Chacun de ces groupes était donc *Arch* dans un sens bien différent de celui qui est d'usage en Kabylie. Les Mozabites

(1). Pluriel du mot arabe *hachîra*, famille.

ont gardé le souvenir de cette époque, et l'étude à laquelle elle peut donner lieu serait un des chapitres les plus intéressants de leur histoire.

Quand deux ou trois de ces cités se sont rapprochées pour former une ville, tantôt alliées contre l'étranger, tantôt armées l'une contre l'autre, puis ont fini par abattre leurs murailles, et par avoir une assemblée commune, une loi commune, laissant enfin tous leurs citoyens se mêler en dehors d'elles comme les graines qui tombent des fruits mûrs, alors elles ont théoriquement disparu. En réalité elles ont subsisté dans une certaine mesure. Il n'est pas une ville actuelle du Mezâb, même Beni Sgen, qui ne craigne de voir ces petites sociétés secondaires encore mal agglomérées, se disjoindre et retourner violemment à leur ancienne indépendance. A Ghardaïa, elles se sont parfois livré bataille comme si elles n'étaient unies que d'hier. Il faut que chacune d'elles ait ses représentants distincts dans le conseil supérieur de la ville, et telle est la raison pour laquelle on trouve deux maires à Ghardaïa, trois à Beni Sgen. Néanmoins il est un fait contre lequel elles ne peuvent rien. Elles n'ont plus de Kanoun spécial, leur droit exclusif de légiférer et de contraindre a été aboli, et par suite elles n'ont plus mérité de porter le nom de *Arch* qui est passé, comme indice de souveraineté, à la société nouvelle. En échange, elles en ont reçu un autre qui est précisément « Qebîla », et qui signifie toujours au Mezâb un groupe politique dépendant d'un autre plus considérable, une fraction en un mot. On peut surprendre dans le document suivant le passage d'un *Arch* à l'état de *Qebîla*. Cette pièce concerne les Aoulâd Betamer (Aoulâd Bakhra), et fut rédigée probablement au moment même où ce « Arch », autrefois indépendant, se joignit à d'autres pour former la ville de Guerara. Il semble, en la lisant, qu'on ait sous les yeux les conditions et comme l'abdication que tous les Arch primitifs ont dû consentir en devenant des Qebilât dans une cité supérieure.

« *Extrait du livre du Cheikh Sliman ben Abd Allah.* — Les Aoulâd Betamer, se composent de six hachaïr, et chacune d'elles est représentée dans le Arch par un seul homme. Les Aoulâd Ammou ben Brahim et les Aoulâd Debbal ne forment qu'une hachîra et n'ont ensemble qu'un représentant. Il est, et demeure arrêté que, si plusieurs *hachaïr* se réunissent dans une maison privée, soit dans le Qçar (1), soit dans les jardins, le maître de la maison sera déclaré responsable, et en conséquence sera banni pour deux ans, outre une amende de 25 réaux d'amende, au profit du Arch. Chacune des personnes présentes à la réunion payera 25 réaux d'amende. Toutefois, si l'objet de la dite réunion était une question d'héritage, le Arch n'aura pas lieu de sévir. Il est admis aussi que, dans le cas où une scission se serait produite dans une hachîra, une autre hachîra puisse intervenir pour y rétablir l'ordre à l'amiable. Il est arrêté également que quiconque, dans une dispute, aura levé le fer sur un homme et frappé, quelle que soit la nature de l'arme, payera 25 réaux et sera banni pour deux ans à Alger ou à Tunis ; que quiconque aura commis un meurtre involontaire payera deux cents réaux au Arch et n'habitera plus Guerara, mais pourra rester dans le Mezâb ou à Berrian ; que quiconque aura propagé des bruits injurieux sans motif payera quinze réaux au Arch ; que quiconque aura frappé un homme dans une tente à la suite d'une querelle payera cinq réaux au Arch ; que quiconque aura insulté un taleb payera dix réaux au Arch, que quiconque aura frappé un Ibâdite (2) payera cinq réaux au Arch ; et que si quelqu'un

---

(1) Qçar pl. Qçour, en arabe, désigne toujours, au Mezâb, un village ou une petite ville.

(2) Les Mozabites sont, en Algérie, comme nous le rappelons plus loin, le reste de la secte puritaine musulmane à laquelle Abd Allah ben Ibâd avait donné son nom à la fin du septième siècle de notre ère.

est venu l'aider, ce dernier payera cinq réaux également au Arch, mais, si l'homme frappé n'est pas de la religion, l'amende ne sera que d'un réal, etc. » C'est ainsi que les Aoulâd Betamer devenus Qebila, de Arch qu'ils étaient, abandonnèrent tous leurs droits sur leurs Hachaïr, au profit de la cité plus grande, qui les absorba.

Ce fait est universel au Mezâb. Les qebilat, dans une cité mozabite, représentent des cités premières qui constituaient autrefois, étant indépendantes, un premier degré d'organisation sociale. La cité qui s'élève au-dessus d'elles hérite d'elles : elle peut donc être qualifiée justement de cité de second degré. L'étude que nous avons faite de la Kabylie nous aiderait fort heureusement à comprendre ce phénomène, s'il n'était pas assez clair par lui-même. Ce qui est la Taddèrt en Kabylie est une portion de la cité mozabite, le Arch kabyle est devenu une cité dans l'Ouâd Mezâb, et par suite le Kanoun, signe distinctif de la cité, qui appartient à la Taddèrt dans le Djurdjura, est le propre du Arch mozabite. Il en résulte encore que les cités mozabites sont en petit nombre, comparées aux cités kabyles. Si les vingt-cinq mille habitants de l'Ouâd Mezâb étaient organisés comme le sont les Kabyles, ils seraient répartis au moins entre quinze *tiddar*, tandis qu'on ne compte dans l'Ouâd Mezâb que cinq villes, ou Arch : Beni Sgen, Bou Noura, Melika, El Atef, et Ghardaïa qui comprend à elle seule douze mille âmes.

Il est donc évident que l'Ouâd Mezâb ne peut nous offrir le genre mixte de confédération que nous avons rencontré dans les Arch kabyles. Le Arch s'y est en quelque sorte solidifié. Nous n'aurons affaire là qu'à la confédération proprement dite que les Kabyles appellent qebîla, mais que les Beni Mezâb désigneront sans doute par un autre nom. Pour donner encore plus de précision à notre idée, on trouve chez les Kabyles une cité élémentaire, et deux degrés de confédération ; chez les Beni Mezâb, une cité à deux degrés, et une seule sorte de confédération.

UNION RELIGIEUSE DES BENI MEZAB. — RETOUR NÉCESSAIRE SUR LEUR HISTOIRE.

Ces prémisses posées, les relations étroites des villes mozabites entr'elles, l'esprit commun qui les anime, les intérêts qui les divisent, leur tendance très décidée vers un état supérieur et les résistances qu'elles mêmes se sont opposées, de manière à n'y pas parvenir, enfin la nature et les contradictions singulières de la confédération des « cinq Qçour des Beni Mezâb » sont certainement le sujet d'étude le plus curieux que puisse offrir l'Afrique septentrionale. Cette pentapole est religieuse et laïque à la fois, et d'abord religieuse. Elle a ses origines dans un passé fort éloigné, dans un pays lointain, dans la période la plus tragique de l'Islamisme, et elle n'est tombée récemment sous l'autorité française qu'après de longues vicissitudes.

J'ai eu le bonheur d'obtenir en 1878, des clercs mozabites eux-mêmes, plusieurs documents qui ajoutent beaucoup à ce qu'Ibn Khaldoun nous en avait appris, et en voici la substance dans quelques pages :

Vers 640 de notre ère, quand le Khalife Otsman avait commencé de gouverner comme un souverain absolu, à l'imitation des rois de Perse et des empereurs de Byzance, ami de la flatterie, dédaigneux des remontrances, avare et prodigue, plus soucieux enfin de la grandeur matérielle du royaume terrestre fondé par le Prophète, que des préceptes de renoncement contenus dans le Coran, un parti rigoriste s'était séparé de lui, et avait tourné ses espérances vers

Ali, gendre de Mohammed. Otsman assiégé dans sa maison et tué, Ali élu à sa place, la secte avait cru voir s'ouvrir l'ère désirée des Saints. Humbles dans la vie ordinaire, occupés de prières et d'exercices religieux, se donnant mutuellement les témoignages d'affection les plus touchants, mais âpres à la dispute et prodigues de leur vie « sur le chemin de Dieu », ces puritains ne concevaient que la propagation de la foi, et l'anéantissement des dissidents. Ils s'en faisaient une règle absolue, sans tenir le moindre compte des nécessités du temps, et, avec une audace inconsciente dont l'histoire des religions offre tant d'exemples, prétendaient imposer leur entêtement au nouveau Khalife. L'occasion d'ailleurs leur paraissait belle d'en finir avec la corruption du monde présent. La Syrie, fastueuse et monarchique, incapable de comprendre le sens de l'Islam, rompait avec le lieutenant du prophète, et se faisait un roi de Moawia, parent et prétendu successeur de Otsman le réprouvé. Ali disposait contre elle des troupes de la Perse et d'une partie des Mohadjirîn et des Ansâr. Il fallait qu'il en fît un exemple terrible, et l'anéantit, dût-il en coûter un nombre incalculable de vies, car le texte du Coran est formel : « Soyez indulgents envers les chrétiens et les juifs, pourvu qu'ils payent la capitation, mais contraignez les rebelles à la pénitence ». La bataille dura sept jours entre Ali et Moawia sur le bord de l'Euphrate ; mais, à la fin du septième, les Syriens élevant les feuillets du Coran sur les pointes de leurs lances, demandèrent merci : une immense clameur, une supplication universelle s'éleva vers Ali : n'avait-on pas assez versé de sang musulman ? Fallait-il que les Croyants s'entrégorgeassent jusqu'au dernier sous les yeux des nations infidèles satisfaites ? Ali pardonna à la Syrie, et accepta même des arbitres entre lui et Moawia. Mais que signifiait cette politique ? Le Coran n'admettait pas la nomination d'arbitres dans un cas de ce genre. Nos sectaires déclarèrent Ali traître à son tour. Résolus à mourir, puisqu'il leur fallait combattre, pour la réalisation de leur idéal, même contre leur chef pris de vertige, quatre mille d'entr'eux, conduits par un certain Abd el Ouahb, allèrent à Nahraouan au-devant d'une armée qu'Ali commandait en personne ; ils furent tués presque tous. On sait le reste ; peu de temps après, un des survivants, Ibn el Moldjem attendit le Khalife près de la porte de la mosquée de Médine dans laquelle il faisait sa prière habituelle : il lui dit : « Certes, c'est Dieu qui est l'arbitre, et non pas toi », et il lui fendit la tête d'un coup d'épée. Aujourd'hui même, dans le Sahara, si l'on demande à un Arabe orthodoxe ce que sont les Mozabites, il répondra : « les meurtriers de notre seigneur Ali » (1).

Le nom des Ouahbites dérivé de celui d'Abd el Ouahb, fut dès lors exécré dans la Perse qui adorait Ali, comme dans la Syrie inféodée aux Omméïades. Ils eurent leur période de martyre, et la subirent avec une obstination farouche ; ces confesseurs de l'Orient sémite n'avaient, en effet, rien de la douceur des nôtres. Ils ressemblaient plutôt aux Africains du troisième siècle, à Satur qui disait d'un air de menace aux païens assemblés : « Regardez-moi bien afin de me reconnaître au jugement dernier ». Le persécuteur Ibn Ziâd, irrité par une réponse du Ouahbite Rahan, lui fit couper les mains et les pieds et lui dit : « Que t'en semble ! » — « Il me semble, répondit Rahan, que tu as gâté ma vie présente, mais que j'ai gâté ta vie future. » Le même Ibn Ziâd, sur le point d'infliger un supplice au Ouahbite Oroua, « Comment veux-tu, lui dit-il, que je me venge de toi ? » Oroua répondit : « Choisis toi-même la compensation que tu veux payer pour mon supplice. » Une femme illustre des

(1) Chronique d'Abou Zakaria, *Append.*

Benou Tamîm fut amenée à son tour devant « *l'ennemi de Dieu* ». Il lui dit : « Tu es une Horouria à la tête rasée. » Elle répondit : « Cela n'est point. » Il ordonna qu'on lui découvrit la tête, et, comme elle s'en défendait, il ajouta : « Je vais te faire découvrir mieux que cela ». — « Cet endroit-là, répliqua-t-elle, est mieux couvert que ne l'était celui de ta mère. » Ils ne se contentaient pas de ces audacieuses réponses. Quand ils étaient las de « consentir à la tyrannie » en demeurant dans les villes, ils en sortaient (de là leur nom de kharidjites) (1), ils allaient vers « la terre d'Allah », invitant tous les hommes sincères à s'éloigner comme eux de l'injustice. Ils tenaient la campagne, prélevaient « leurs parts légitimes » du trésor public, et, s'il le fallait, se battaient avec acharnement. Quelques-uns achetaient les félicités éternelles, pour parler leur langage mystique, en vendant leur vie à Dieu. Ces « dévoués » formaient des troupes redoutables. Ils ne pouvaient poser les armes que s'ils étaient réduits par la mort dans la proportion de quarante à trois, et devaient, dans les intervalles de repos, considérer leur propre maison comme un lieu d'exil.

Cependant ils finirent par se partager entre deux tendances. Les uns persévèrent dans la lutte : on les appela, dit-on, les Pâles, en conséquence de l'ascétisme fanatique qu'ils pratiquaient, ou peut-être à cause du nom d'un de leurs chefs, Çaffar, dont on a fait un cousin d'Abd Allah ben Ibâd. Ceux-là ont laissé dans l'histoire de l'Orient une trace sanglante sous le nom de Çofrites, et sont proprement les terribles Kharidjites (2) des annalistes arabes. D'autres, à bout de souffrances, jugèrent qu'il était superflu de provoquer sans succès leurs cruels maîtres, et passèrent habilement de l'état de défense et de l'état de dévouement à

---

(1) De l'arabe *kharadja*, sortir.
(2) Telle est la tradition persistante chez nos Ibâdites d'Afrique.

« l'état de secret. » Ils en vinrent à se rendre presque supportables aux Khalifes Omméïades, Merouân et Abd-el-Malik. Un de leurs guides dans cette voie fut Abd Allah ben Ibâd el Morrii et Tamîmi. Ils en adoptèrent le nom, et se dirent Ouahbites *Ibâdites*, comme pour témoigner de leur amour de la paix. Les véritables Ibâdites renoncèrent même à proclamer leurs croyances dans la vie ordinaire. « Quoi, dit à ce propos un de leurs Cheiks, vous serrez vos dinar et vos dirhem, et vous exposeriez votre religion à tous les yeux. N'élevez pas la voix, à moins que vous ne vendiez vos âmes à Allah en échange du Paradis ». Les combattants de la veille se firent chefs d'école, afin que la doctrine se conservât jusqu'au jour où Dieu voudrait rendre la force à son peuple. Leurs séances intimes, auxquelles les femmes mêmes étaient admises, étaient dites simplement Madjâlis (assemblées). Ils y commentaient le Coran, pénétraient leurs auditeurs de la crainte de Dieu, et s'appliquaient à résoudre diverses questions de foi et de jurisprudence.

Ils auraient peut-être fini par être lentement détruits ou absorbés, s'ils avaient été contenus exactement dans les limites de la Perse et de la Syrie, sous la main des Khalifes ; mais l'Empire arabe s'étendait dès la fin du septième siècle sur l'Inde et sur l'Afrique septentrionale. Or ces mêmes écoles ibâdites, et quelques écoles çofrites aussi, étaient des pépinières de missionnaires. Nous savons peu de chose des missions çofrites ; quant aux ibâdites, il est positif que le Cheikh Abou Obeïda Moslem envoya en un seul jour cinq missionnaires vers le Omân et cinq autres vers le Maghreb. Parmi ces derniers était Abd er Rahman ben Roustem, le futur fondateur de Tiaret. C'est un spectacle bien digne d'attention que celui de ces non-conformistes(1), ennemis irréconciliables du Khalife, s'avançant

---

(1) Cf. Dozy, Histoire des Musulmans d'Espagne, vol. 1.

sur les traces de ses armées pour y semer l'esprit de révolte, et protestant, au nom du Prophète lui-même, contre le Pape-Roi de l'Islam, partout où ses généraux victorieux allaient imposer son joug. Les contrées les plus lointaines furent ainsi le théâtre d'une série de revanches du massacre de Nahraouan.

L'Afrique septentrionale, l'Occident perfide, comme l'avait appelée le Khalife Omar, était, de tous les pays du monde, le mieux préparé à les recevoir. C'est une erreur de croire que les hardis et féroces conquérants, qui dissipèrent les restes de la puissance byzantine dans la Tripolitaine et dans la Byzacène, puis étouffèrent dans leurs germes les petites monarchies indigènes de la Kahîna et de Kocîla, un Hassan ben Noman, un Sîdî Oqbah, aient converti les Africains à l'Islam. Leurs petites armées bien disciplinées traversèrent l'Afrique comme des coups de foudre, mais sans autre résultat que d'y promener le pillage et l'épouvante. Sîdî Oqbah, par exemple, fit couper un doigt au roi de Kaouar qui ne lui avait pas même résisté, et lui dit : « C'est pour te donner une leçon : chaque fois que tu jetteras les yeux sur ta main, tu ne seras pas tenté de faire la guerre aux Arabes. » Il traîna, comme on sait, Kocîla à sa suite, et l'humilia en le traitant comme un serviteur. Arrivé dans le Maghreb Extrême, il demanda s'il ne restait plus de peuples à soumettre. On lui indiqua les Berbers du Sous : il ravagea le Sous, et poussa son cheval jusque dans les flots de l'Océan (1). Mais tous les sillons qu'il avait ouverts s'étaient déjà refermés derrière lui, quand il revint vers l'Est. On vendait les Africains sur les marchés comme du bétail. Hassan, qui suivant En Noweiri « réorganisa l'administration du pays », et fut surnommé le vieillard intègre, ramena en Egypte trente-cinq mille captifs, et vida en

(1) Sup. p. 2.

présence d'El Oualid des sacs remplis de tant de pierreries, de perles, et d'or, que le Khalife en fut ébloui. Son successeur Mouça « ayant appris qu'il se trouvait sur les frontières une foule de gens qui s'étaient soustraits à l'obéissance », envoya contre eux son fils Abd Allah qui les défit dans une bataille, et ramena à son père *cent mille prisonniers*. Son second fils Merouan, qu'il avait envoyé d'un autre côté, rentra également avec *cent mille prisonniers*. Mouça lui-même marcha dans une autre direction et revint avec le même nombre de captifs. « Ce jour-là, dit El Leith ibn Saad, le quint légal montait à soixante mille prisonniers, chose inouïe depuis l'établissement de l'Islamisme (1). »

Ce n'est pas avec de tels procédés qu'on convertit un peuple. Tout au plus peut-on admettre que les Africains aient été forcés par là de répéter le nom d'Allah et de Mohammed du bout des lèvres ; mais il est évident que toutes leurs tribus, brutalement décimées, ne devaient avoir qu'un désir : se ranger pour combattre en désespérées derrière les premiers venus capables d'organiser leur résistance. Or, tel fut le rôle des missionnaires Ouahbites qui débarquèrent ainsi à leur heure, soit à Tanger, soit à Trablès (2), dans les premières années du viiie siècle. Ils vinrent relever les courages, précisément au nom du Dieu et du Prophète nouveaux que l'Orient venait d'enfanter, enseignant que la loi véritable d'Allah prescrivait, non pas la soumission, mais la lutte à outrance contre le Khalife et les Djound (3) de Syrie voués par le Coran même au feu de l'enfer, et que le nom sacré de Mohammed n'était pas le cri de guerre des oppresseurs, mais celui des opprimés et comme le talisman de la délivrance. Cette « bonne nouvelle » propagée sous

(1) Ibn Khaldoun, *Hist. des Berb.*, vol. I.
(2) Tripoli.
(3) Milices.

les tentes et dans les cabanes des indigènes, se répandit avec une rapidité merveilleuse ; les idées théologiques extrêmement simples qui l'accompagnaient pénétrèrent chez les plus humbles. D'ailleurs, les prédications Ouahbites se rattachaient par des liens nombreux au christianisme tels qu'ils l'avaient compris du temps des Montanistes, des Donatistes et des Circoncellions. En admettant que, dans l'intervalle assez court qui sépare la chute de l'Empire Byzantin de l'arrivée de ces missionnaires, l'Afrique fût, par impossible, retombée complètement dans l'idolâtrie, dans le sabéisme et dans un judaïsme à demi païen, elle n'avait cependant pas dépouillé cette idée qui semble lui être inhérente d'un Messie vengeur, d'un Paraclet restaurateur de la justice aux approches de la fin du monde. Or, Mohammed pouvait être ce Paraclet prédit par le Christ. Son nom semblait le prouver (1). La personne et les allures des Ouahbites étaient même assez semblables à celles des évêques Donatistes. Eux aussi, ne reconnaissant aucune église officielle, conféraient à leurs disciples bien-aimés des grâces plus ou moins fécondes en raison de leur élévation dans la hiérarchie mystique des Élus. Ils continuèrent véritablement Optat de Thamgad et ses pareils quand, poussés comme eux par une fureur divine, ils reprirent contre Damas la vieille lutte de l'Afrique contre Rome et Byzance. Concluons. C'est par eux seuls que les deux tiers de l'Afrique furent islamisés, et en même temps armés contre l'orthodoxie musulmane. Ibn Khaldoun fait remarquer que, depuis Tripoli jusqu'à Tanger, les populations africaines apostasièrent douze fois, et il attribue leur conversion à Mouça Ibn Noceir et à Tarek, qui emmenèrent leurs guerriers et leurs cheikhs en Espagne à partir de 715. Or, cette époque

---

(1) Mohammed : glorieux, illustre, παράκλυτος (?). Cet argument est un de ceux qui ont le plus décidé les conversions du christianisme à l'islamisme.

est précisément celle des prédications ouahbites. Dès 720, les Çofrites tuèrent l'émir Abou el Moslem, puis le gouverneur de Tanger, Amer Ibn Abd Allah, et proclamèrent comme chef « un homme d'origine chrétienne » récemment converti, Abd el Ala Ibn Hodeidj el Ifriki.

Le Djebel Nefous, au sud de Tripoli, les oasis du Djerîd, presque toute la Tunisie actuelle, les Hauts plateaux et le Sahara de nos provinces de Constantine et d'Alger, furent Ibâdites. Les Çofrites prédominèrent dans le Maghreb occidental, c'est-à-dire dans notre province d'Oran et une partie du Maroc. Par une exception curieuse, qui d'ailleurs eut de très graves conséquences, les montagnards de la grande et de la petite Kabylie ne prirent pas part à ce mouvement, sans doute parce que les premières armées arabes passèrent loin d'eux, par les plaines de Tebessa, Lambèse, Zana, Sétif, Bordj Medjana, ou par le Hodna ; mais, à part ces Gaouaoua et ces Ketama, toutes les peuplades répandues depuis la Tripolitaine jusqu'au Deren, les Louata, dont l'antique origine syrienne est peu contestable, les Zenata regardés comme Chananéens, les Beni Ifren apparentés aux Zenata, les Nefousa qui sont peut-être Coptes, et les Djeraoua, et les Houara à moitié Juifs, et les tribus blondes de l'Aourâs rappelant par leurs dialectes et leurs visages les barbares du Nord, les nomades des Steppes constitués en aristocratie, les sédentaires des montagnes partagés en républiques, tous ceux enfin que les Romains appelaient Numides, Maures et Gétules, se portèrent en masses énormes sous la conduite des vaincus de Nahraouan à la rencontre des armées syriennes sans cesse renouvelées, et pendant plus d'un siècle composèrent cette longue épopée de la résistance africaine à laquelle il n'a manqué qu'un Homère. L'histoire de notre Europe, pendant la même période, a Charles Martel, Pépin, Charlemagne, les Aquitains soumis, Abd er

Rahman mis en fuite, les Alamans et les Bavarois repoussés puis conquis à leur tour, le royaume lombard détruit, les Saxons réduits au christianisme, l'empire grec effrayé, Haroun er Rechîd rempli d'admiration ; c'en est assez pour que trouvères et troubadours aient chanté pendant trois siècles ; mais quel autre théâtre que cette Afrique entière, quel spectacle que ces multitudes mal organisées, mal armées, toujours prêtes à combattre, non pas pendant trente ans, mais pendant cent cinquante, terribles par le nombre, subissant d'immenses pertes, et victorieuses enfin parce qu'elles se sont renouvelées sans cesse sous l'épée des guerriers de l'Orient. Un aède aurait trouvé ses couplets dans ces paragraphes monotones des annales d'Ibn Khaldoun : « Kolthoum ibn Eiad el Kochîri se mit en marche à la
« tête de douze mille hommes. Le Khalife écrivit aux garni-
« sons de l'Egypte, de Barca, de Tripoli, pour qu'on allât
« le renforcer. Il prit la route de l'Ifrikia et la traversa jus-
« qu'au Maghreb. Mais une foule immense d'Africains vint
« à sa rencontre. Son avant-garde fut culbutée. Le reste de
« l'armée se battit avec une impétuosité extrême, puis Kol-
« thoum fut tué et les Arabes furent dispersés (741).

« Le Khalife ordonna à Handala Ibn Safouân de partir
« pour l'Ifrikia. Il arriva à El Carn. Il attaqua les Africains
« et les mit en pleine déroute. Il tua Abd el Ouahed et prit
« Okacha. On reconnut que cent quatre-vingt mille hommes
« avaient succombé. Il adressa ensuite une dépêche au kha-
« life Hicham. Quand El Leith Ibn Saad apprit cette nouvelle,
« il s'écria : « Après la bataille de Bedr, c'est à la bataille
« d'El Carn que je voudrais avoir pris part (742). »

« Les Africains se révoltèrent à Tripoli. Ils défirent les
« troupes de Omar Ibn Hafs Hezarmed, ils prirent la ville de
« Tripoli ; ils allèrent mettre le siège devant Kirouân. Les
« Africains de l'autre part de la province se mirent en mou

« vement. Treize corps d'armée enveloppèrent Tobna. Là
« étaient Abou Corra avec quarante mille Çofrites, et Abd er
« Rahman Ibn Rostem avec six mille Ibâdites, et El Miçouer
« Ibn Hani avec dix mille Ibâdites, et Djerîr Ibn Masoud
« avec ses partisans de la tribu des Mediouna, et Abd El
« Malek Ibn Sekerdid avec deux mille Çofrites Sanhad-
« jiens....., etc. (768). »

L'histoire des Berbers se déroule ainsi de batailles en batailles. Vers la quatre-vingtième année, les Khalifes se lassent de faire verser le plus beau sang de l'Arabie sur cette terre funeste. L'Orient recule, et presque dans le temps où Charlemagne crée sa marche de Barcelone, pour contenir les Africains et les Arabes d'Espagne sans plus songer à les attaquer, Haroun er Rechîd fait de l'Ifrikia une sorte de duché, dont il investit Ibrahim ben el Aghleb. Le reste de l'Afrique septentrionale, sauvage et exaspéré, est laissé à lui-même, abandonné, pour ainsi dire, à l'extrémité de l'empire.

Soixante ans auparavant, en 740, les Ibâdites avaient cru le moment venu de rétablir « l'état de défense », de fonder à nouveau le royaume de Dieu, en un mot d'élire un Imâm. Le premier fut Abou el Khottâb qui se fit tuer à Taourgha par les soldats d'El Achât ; le second Abd er Rahman ben Roustem. Tous deux étaient élèves du cheikh ouahbite Abou Obeïda. Abd er Rahman, persan et d'origine royale, dit une tradition, avait apporté de Bassora de grandes espérances : « Sois béni, ô jeune homme, comme les yeux du soleil », lui avaient dit les femmes de son maître admises à le voir partir. Forcé de fuir de Kirouân, dont Abou el Khottâb l'avait nommé gouverneur, il s'enfonça dans l'Ouest et ne s'arrêta qu'à Tiaret, mais là il bâtit la Jérusalem du Ouahbisme. Ce fut une cérémonie solennelle et religieuse en face d'une forêt pleine de bêtes féroces. On vit une lionne emporter ses petits dans sa gueule pour faire place aux Saints. Abd er Rahman y fut roi, puis ses fils Abd el Ouahâb, Felah, Mohammed, Abou Beker, lui succédèrent, étranges souverains d'une simplicité monastique, entourés d'évêques, comme Charlemagne, et bientôt dominés par eux comme Charles le Chauve, tout puissants comme Frédéric Barberousse quand ils menaient la croisade contre les Imâms noirs, et presque abandonnés quand la guerre était finie ; justiciers comme Saint Louis, savants en théologie et disputeurs comme les derniers Césars de Byzance. Le jour où les députés des Ouahbites de l'Orient vinrent à Tiaret apporter des présents considérables à Abd er Rahman, et le reconnaître pour le chef suprême de la religion réformée, ils le trouvèrent maçonnant lui-même sa maison, et, s'il les fit attendre, ce ne fut que pour laver ses mains tachées de boue. Abd el Ouahâb veillait la nuit avec sa sœur pour se perfectionner dans la jurisprudence, faisait copier en Orient quarante charges de livres, les lisait et n'y trouvait « que deux choses » dont il n'eût pas pleine connaissance. C'était un proverbe, qu'il n'y avait pas chez eux de servante qui ne connût les signes du Zodiaque. Felah est dans sa jeunesse une sorte d'Ajax : Les ennemis s'étaient précipités vers la ville, dit la chronique d'Abou Zakaria, croyant la surprendre, et les habitants couraient de tous côtés pour les repousser. Cependant Felah ben Abd el Ouahâb, ignorant le danger, était occupé à faire tresser ses cheveux par sa sœur. Aussitôt qu'il entendit le tumulte, il prit ses armes et marcha à l'ennemi. Il le rencontra près de la porte de la ville, sur le point d'entrer. Il fit face aux assaillants ; mais bientôt son bouclier fut percé de coups et mis hors d'usage. Alors il saisit la porte de la ville, la décrocha, et s'en servit comme de son bouclier. Les habitants de la ville le soutenaient avec ardeur. D'autre part Yezîd ben

Fendin, son adversaire, redoublait d'efforts. Sa tête était couverte d'un casque épais, il frappait à droite et à gauche. Felah marcha sur lui et lui porta un tel coup que l'épée, après avoir fendu le casque et la tête de Ben Fendin, pénétra dans un des jambages de la porte. Il tomba comme une masse. Douze mille révoltés périrent. On raconte que le sang coulait comme une rivière. Ensuite, les gens de la ville se réunirent en grand nombre pour remettre la porte en place, mais il ne purent y parvenir. Ils dirent à Felah : « Rends-nous notre porte que tu as arrachée. » Il répondit : « Oui, si vous me rendez ma colère. » La même chronique résume ainsi le règne de Mohammed : « Sa justice et sa libéralité étaient sans égales, et les Nefousa ne le comparaient qu'à son aïeul Abd el Rahman ben Roustem (qu'Allah les agrée). On eût pris la porte de sa maison pour celle d'une mosquée. Tout alentour, les uns priaient, les autres lisaient le Coran, d'autres s'instruisaient dans les sciences divines et profanes. Il gouverna quarante années, irréprochable et craignant Allah, plus que personne de son temps. Il avait composé de nombreux ouvrages clairs et victorieux pour répondre aux dissidents. » Ils sont, tous ensemble, l'expression complète de cette époque profondément religieuse, extrêmement guerrière, où la moindre dissidence d'opinion entre deux docteurs armait deux races l'une contre l'autre, où l'on vit même des duels entre théologiens précéder sur le champ de bataille le choc des armées. La somme de leurs vertus est à peu près celle dont les Ibâdites se plaisaient à composer l'image du souverain parfait. Elles paraissent toutes égales, mais à y regarder de près, il en est une qui l'emporte sur les autres, l'amour de la justice ; c'est cet amour qui, porté jusqu'à l'extrême, avait été depuis Ciffîn jusqu'à Tiaret le fond, et comme l'âme du Ouahbisme (1).

(1) Cf. notre *Chronique d'Abou Zakaria*, Préface ; Brünnow, *Die Kharidjiten* ; Rinn, Marabouts et Khouan, *Les Ibâdites*.

Aussi, quelle admirable peinture du Roi justicier le Kitâb n Nîl des Mozabites nous a transmise ! « Quiconque est sain d'esprit, majeur, a le devoir d'ordonner le bien, et d'empêcher le mal. Ce devoir, commun à tou s fidèles, peut être délégué à un seul, l'imâm équitable, i.   l'assemblée des notables. On lui prête serment, et il est nécessaire qu'on l'aide dans l'accomplissement de son devoir. Il réprime les crimes, surveille et protège toutes les conditions. Sinon, l'assemblée confère le pouvoir à qui lui convient. Il accueille et il éloigne, il est égal pour tous, il gouverne en bon pasteur, il s'applique à bien faire, il sait que sa haute charge est un malheur, car quiconque commande réduit sa personne à néant (s'est égorgé soi-même sans épée, comme il est dit). Le pays porte sept moissons quand il est gouverné avec équité, mais il est stérilisé par l'injustice. Les électeurs sont récompensés par Allah si le souverain exerce son pouvoir justement ; ils sont punis s'il gouverne en tyran. Quand il juge, il est détestable qu'il manifeste de l'impatience, quelle qu'en soit la cause, colère ou faim. Il n'occupe point un siège élevé, il partage également ses paroles et son attention. Il se distingue par le calme, la gravité, la politesse ; il ne reçoit pas de présents. La crainte d'Allah remplit quiconque est commis aux affaires ; elle l'oblige à respecter la vie des gens, leurs biens, leurs femmes. Le rang le plus considérable et le plus élevé dans l'Islam est à ceux contre lesquels aucune plainte ne s'élève par devant Allah. »

Ce royaume de Tiaret presque inconnu jusqu'ici fut un état prépondérant à la fin du huitième siècle. Les Ouahbites du Oman et ceux de Zanzibar, dont les premiers missionnaires étaient sortis de l'Ecole de Bassora, comme Abou el Khottâb et Abd er Rahman ben Roustem, dataient leurs actes du règne d'Abd el Rahman. L'Imâm avait un lieutenant dans le Djebel Nefous, était apparenté aux Beni Ifren, les plus puissants des Çofrites de l'Ouest, entretenait des relations avec les Omméïades d'Espagne. De là aurait pu sortir un puissant empire, si la cause même qui avait réuni tant d'hommes différents autour de la doctrine ouahbite n'avait pas dû tendre à les séparer. Le Ouahbisme est un schisme déduit de l'interprétation rigoureuse d'un seul texte du Coran. Il était naturel qu'il engendrât des schismes, et on pouvait le prévoir, sans aller plus loin, en comptant tant de théologiens dans ses conseils. Le peuple, de son côté, trouva bientôt la loi trop dure, à mesure que les temps devinrent meilleurs, et qu'il jugea moins nécessaire de se réfugier sous une discipline de fer, pour sauver sa foi et sa vie. Les volumineux recueils des docteurs ouahbites sont remplis d'une infinité de prescriptions qui nous donnent une idée très élevée de leur morale, et je ne sache pas qu'il soit rien de supérieur dans l'Islamisme ; mais la perfection n'est pas de ce monde, et devient même odieuse quand des zélateurs inflexibles sont chargés de l'exiger. La condition des Ouahbites africains ressemblait singulièrement, de ce point de vue, à celles des Ouahâbites du Nedjed telle que Palgrave nous l'a décrite dans son « Arabie Centrale. » On peut dire encore que la moitié de l'Afrique septentrionale était alors une Genève calviniste. Or, Calvin, malgré son génie et son impitoyable volonté, fut vaincu par le siècle dans le petit espace qu'il avait prétendu s'asservir. Pour maintenir pendant longtemps dans cette immense région la « crainte de Dieu » et tout le système rigide qui en était la conséquence, il eût au moins fallu l'action persistante d'un gouvernement très-fort par soi-même ; mais l'Imâm, qui représentait le Prophète sur la terre, et pouvait, dès le lendemain de son investiture, déclarer la guerre, faire lapider, flageller, couper le poignet, sans prendre l'avis de personne, pourvu que ses opinions religieuses fussent irréprochables, ressemblait trop à un empereur de la fin du Saint-Empire romain Germanique. Il n'avait ni budget ni armée permanente, ni tribu fidèle sur laquelle il pût s'appuyer. Ibn Khaldoun, dans ses Prolégomènes, remarque justement que l'on ne peut établir une domination ni fonder une dynastie sans le concours d'un petit peuple animé d'un vif esprit de corps, et il en trouve la preuve chez les Musulmans d'Espagne. Il aurait pu citer les Imâms Ibâdites, qui n'étaient réellement puissants que quand tous leurs sujets consentaient à leur obéir. Opposons-leur par la pensée les divisions infinies des populations Africaines de cette époque, les traditions de leurs clans, les constitutions de leurs villages, leur impatience de tout joug ; il faut avouer qu'en dépit des conciles, des excommunications, et des levées en masse, cette monarchie religieuse était condamnée, dès sa naissance, à bientôt périr.

Huit schismes éclatèrent dans l'Ibâdisme en moins de cent ans. Nous nous contenterons du premier, qui fut le plus violent, et reste un des faits les plus intéressants de l'histoire de l'Afrique. On vit, à la mort d'Abd er Rahman, un parti se former pour imposer à son fils une charte dont le premier article était la constitution d'un parlement. Quelles conséquences aurait pu avoir un tel projet bien fait pour surprendre les détracteurs modernes des races Africaines, si tous les religieux Ibâdites de l'Orient et du Maghreb ne l'avaient unanimement combattu ? L'auteur en était ce Ben Fendin, qui fut frappé par Felah d'un si terrible coup d'épée. Il fut établi par sa mort que « l'Imâmat était vérité, et la charte mensonge, qu'imposer une charte à l'Imâm, c'était supprimer la justice, abolir l'autorité, anéantir les répressions, les jugements, le droit. » Cependant, la révolution qu'il avait provoquée ne fut étouffée qu'à demi. Il s'y mêlait une sorte de revendication laïque, une évidente animosité des petits prédicants locaux contre l'autorité des Conciles de Tiaret, peut-être même la jalousie des tribus Zénatiennes contre les Lemaïa, qui avaient accueilli les premiers Abd er Rahman ben Roustem. Les révoltés prirent le nom de Noukkar, ravagèrent les environs de Tiaret, et enlevèrent à l'Imâm l'Aourâs tout entier avec le pays de Qastilia, c'est-à-dire les petites cités du Djerîd, dans lesquelles l'instruction religieuse et la fureur des discussions atteignirent à un degré extraordinaire. Ainsi la monarchie Ibâdite perdit sa plus belle province et demeura coupée en deux tronçons, l'un Maugrebin, dont Tiaret était la capitale, l'autre Tripolitain, dont le Djebel Nefous était comme la forteresse. Les Nefousa furent divisés à leur tour par des querelles dont nous ignorons la cause véritable, combattirent contre leurs frères Zouagha, et les refoulèrent en partie dans l'île de Djerba où ils sont demeurés sous le nom de Khelfites. Tiaret elle-même, comme toutes les capitales, fut loin de rester pure. Elle renfermait, à la fin du neuvième siècle, outre des schismatiques Ibâdites de toute espèce, des sectaires qui n'avaient rien de commun avec l'Ibâdisme, par exemple des Moatazilites, sorte de libéraux contre lesquels Abd El Ouahâb fit avancer ensemble ses théologiens et ses guerriers, et même des orthodoxes venus directement d'Espagne ou convertis par l'influence des Docteurs espagnols. La doctrine orthodoxe de l'Imâm Malek s'était en effet propagée de Kirouán à Cordoue, grâce aux efforts des grands jurisconsultes dont les décisions ont été résumées plus tard dans l'abrégé classique en Afrique de Sîdî Khelil. Elle était en grande faveur à la cour des Omméïades. Or les Omméïades, ennemis ardents du Khalifat de Baghdâd, étaient les alliés naturels des Çofrites du Maghreb occidental et des Ibâdites de Tiaret, et nous pensons avoir assez marqué que les Africains avaient adopté le

Ouahbisme surtout pour s'en faire une arme contre leurs oppresseurs orientaux. On vit donc, grâce l'influence des Omméïades, l'orthodoxie autrefois repoussée avec tant de violence reprendre pied peu à peu dans l'Afrique septentrionale, en progressant cette fois de l'ouest à l'est. Les Çofrites du Maroc et de la province d'Oran, dont les rapports étaient les plus fréquents avec l'Espagne, se laissèrent pénétrer sans peine, et bientôt les Ibâdites eux-mêmes furent lentement mais sûrement envahis.

Perdre l'Aourâs, Djerba, et sentir l'orthodoxie se glisser jusqu'au cœur de l'Imâmat, était déjà très-grave. Cependant les successeurs d'Abd er Rahman auraient pu réparer tout ce mal, s'ils avaient terminé résolument leur œuvre politique en attaquant sans cesse et en expulsant enfin les souverains Aghlabites de l'Ifrikia, avec la même ténacité qui leur avait donné de mettre en fuite tant d'armées Syriennes pendant tout le huitième siècle. Libérateurs définitifs de l'Afrique septentrionale, entourés d'une gloire impérissable, et forts d'un pouvoir que personne ne leur aurait jamais contesté, il leur eût été facile de ramener les dissidents et de rétablir l'unité dans leur Empire. Bien qu'elle eût exigé beaucoup de temps et de sacrifices, cette tâche n'était pas au-dessus de leurs forces. Le petit état Aghlabite qui comprenait à peu près l'ancienne Africa, s'étendant et se resserrant du côté de l'ouest et du sud-ouest suivant les temps, ressemblait fort à l'Afrique byzantine. Les troupes qu'y avait envoyées Byzance s'y trouvaient remplacées par des Esclavons et surtout par des Nègres. Des eunuques, parmi lesquels un certain Mimoun égala la bravoure de Narsès, en étaient les généralissimes. Des révoltes, qui rappellent celles que Procope a racontées, éclataient dans ce ramassis de soldats enrôlés à tout hasard. L'exploitation du pays semblait assurée par un système de garnisons intérieures (Beja, Lorbus) et de postes avancés (Bagaï, Tobna) dont les refuges, en cas de révolte, étaient précisément les châteaux de Justinien. On voyait donc se renouveler là, point par point, l'histoire du sixième siècle, les tribus insurgées au milieu même de l'Africa rompant sans cesse le réseau dans lequel elles étaient mal emprisonnées, les confédérations de la Tripolitaine et de l'ancienne Numidie ravageant des frontières toujours incertaines, mille combats sans suite, des coups de main plutôt que des guerres, le spectacle enfin d'un désordre sans nom et d'extraordinaires violences sans effet. Ajoutez les vices personnels des souverains : Abou Abd Allah Mohammed buvait avec si peu de retenue qu'un jour, pendant qu'il était à Souça, il s'enivra dans une promenade sur mer, et le bâtiment qu'il montait était déjà arrivé à l'île de Cossura avant qu'il eût repris sa raison, dit En Noweiri ; et le même historien a dû consacrer un chapitre tout entier à la cruauté bestiale d'Ibrahim. D'ailleurs les Aghlabites avaient d'autres soucis, et plus pressants, que les affaires de l'Afrique septentrionale. Ils s'étaient jetés sur la Sicile et sur la Calabre. Enna fut prise sous le règne d'Abou Ibrahim Ahmed (856-863); Syracuse céda sous celui d'Abou Ishac Ibrahim, au moins de juin 878. « La garnison qui était composée de plus de quatre mille infidèles fut passée au fil de l'épée, dit encore En Noweiri, et on y fit un butin comme on n'en trouva jamais dans aucune ville des Polythéïstes. La place fut emportée après un siège de neuf mois, les Musulmans y restèrent encore pendant deux mois, puis la détruisirent et s'en allèrent (1). »

Rien n'était assurément plus facile que d'assaillir un état si mal ordonné, si mal conduit, et si fort occupé au dehors ; mais les Ibâdites préférèrent à ce succès certain leurs querelles intérieures et leurs disputes théologiques. C'est tout

---

(1) Ibn. Khaldoun, *Hist. des Berb.* Vol. I. Append.

au plus si, dans un moment de répit, l'Imâm Abd el Ouahâb put, à la faveur de circonstances encore inconnues, pénétrer dans le sud de l'Africa et mettre le siège devant Kirouân. Bien loin de donner le couronnement qu'elles méritaient aux batailles qu'il avait livrées aux Abbasides, le gouvernement de Tiaret, absorbé par ses conciles, en vint au point d'abandonner les Nefousa, d'ailleurs séparés de lui par toute l'épaisseur de l'Ifrikia et de l'Aourâs schismatique, et un jour ce vaillant petit peuple, plein de foi, qui avait tenu tête jusque-là aux invasions orientales, tomba sans secours sous les coups d'Ibrahim ben el Aghleb dans un combat qui demeure l'épisode le plus dramatique de cette histoire sanglante :

« Les lignes d'hommes étaient abattues comme des pans de murs, raconte Abou Zakaria. Voyant cela, le gouverneur des Nefousa, Afelah ben el Abbâs ordonna à l'homme qui tenait le drapeau de l'enfoncer en terre pour que personne ne songeât à fuir. Le porte drapeau refusa. Comme le combat continuait, Afelah ben el Abbâs revint vers lui et lui dit : « Plante le drapeau. » L'homme refusa encore et répondit : « Je l'ai porté devant ton grand-père, et il ne m'a jamais dit cela : je l'ai porté devant ton père et il ne m'a jamais dit cela. Si je plante le drapeau, tu en répondras devant Allah. » Il planta le drapeau : aussitôt Afelah se retira et abandonna les siens. On rapporte qu'il avait désapprouvé vivement la marche à l'ennemi et la bataille. Cependant les Ibâdites entourèrent le drapeau droit au milieu d'eux, s'obstinant à ne pas fuir et empêchant l'ennemi de passer. Ils mouraient en grand nombre. Alors, un de leurs chefs, un Voyant, considéra longuement ce drapeau debout et ces gens qui mouraient tout autour. Il dit : « Certes Allah veut que cette affaire finisse. » Il alla au drapeau et l'abattit d'un coup de sabre. Les Musulmans prirent alors la fuite, et se dispersèrent de toutes parts. » Ibrahim les poursuivit l'épée dans les reins jusqu'au bord de la mer, de sorte que les flots furent teints de leur sang. Il se fit ensuite amener quelques-uns de leurs docteurs, et leur demanda ce qu'ils pensaient de Ali fils d'Abou Taleb. « Ali était infidèle, répondirent-ils : il est maintenant dans le feu de l'enfer. » Alors l'Aghlabite s'assit sur son trône et se fit amener les prisonniers un à un. Ayant fait couper les vêtements du premier à la hauteur des épaules, il le frappa au cœur avec un javelot, et, avant de s'arrêter, il en tua cinq cents de la même manière. Il poursuivit sa marche vers Trablès (Tripoli), tua encore quinze hommes à Aïn Taourgha, et donna l'ordre de cuire leurs têtes, faisant croire que lui et ses officiers voulaient les manger. La moitié de son armée fut prise d'épouvante et l'abandonna. Pendant ce temps, le plus grave souci des Clercs de Tiaret était de discuter sur des futilités misérables qui toutes engendraient des hérésies ; ils se querellaient pour savoir si un œuf cuit dans de l'eau impure était lui-même impur. Les insensés ne semblaient pas voir que l'Imâmat, ayant perdu son ancien rempart des Nefousa était désormais à découvert, que les divisions qu'ils entretenaient rendaient Tiaret même incapable de se défendre, et qu'enfin leur dernière heure allait sonner (909).

C'est une loi de l'Afrique septentrionale du IXe au XIIIe siècle, à laquelle semble d'ailleurs répondre l'histoire de l'Allemagne au moyen-âge, que les peuples principaux y parviennent tous l'un après l'autre à la domination sous une forme religieuse, et grâce à la religion. De même que les Saxons, les Franconiens, les Bavarois, donnent successivement des Empereurs à la Germanie, on voit l'autorité passer en Afrique du groupe des Zenata, des Lemaïa, des Zouagha et des Beni Ifren, qui furent ouahbites, aux Ketama chiites, puis aux Sanhadja du Sahara et aux Masmouda de l'Atlas, orthodoxes unitaires, avec cette différence qu'il n'est pas besoin qu'un pape les dirige. Une idée universelle, plus puissante et plus constante qu'aucun pouvoir politique, les soulève et les porte tour-à-tour au premier rang. Tous ces groupes ont leurs Messies ; tous ont la conviction intime d'apparaître à leur moment, suivant les décrets de la Providence : or, en 900, le Ouahbisme avait fait son œuvre ; il se détruisait de lui-même. Un nouveau chef religieux se présenta, et la puissance souveraine fut transmise subitement à des nations dont il n'avait pas été parlé. C'est aux Ketama des environs de Constantine et de Sétif, et aux Sanhadja du Djurdjura, inconnus jusque-là, qu'échut cette fortune merveilleuse, quand parurent le Mahdi Obaïd Allah et son missionnaire Abd Allah. M. de Sacy nous a fait revivre cet héroïque Abd Allah, modèle achevé du dévouement, allant seul convertir les populations sauvages de la petite Kabylie, leur faisant prendre les armes, les fascinant par la promesse de l'empire dans ce monde et du paradis dans l'autre, engageant avec le coup d'œil d'un homme de génie, la science innée d'un général, l'obstination d'un illuminé, la lutte mortelle contre les Aghlabites à laquelle les Imâms de Tiaret avaient renoncé. Son maître avait eu l'imprudence de devancer l'heure, était parti trop tôt d'Orient, s'était caché dans le Djerîd, puis était tombé dans les mains d'un petit prince Çofrite de Sidjilmassa. Abd Allah n'eut pas un moment d'incertitude : il avança dans l'Ifrikia à la tête de ses hordes ketamiennes, culbuta les mercenaires aghlabites, et, inflexible, proclamant partout la foi nouvelle en ce descendant de Ali que personne n'avait vu, parvint à Tunis. L'Aghlabite saisi de terreur réunit à la hâte ses trésors, ses femmes, ses compagnons de tyrannie et de débauche, s'embarqua et s'enfuit vers l'Orient. L'Afrique fut désormais affranchie, et, sans perdre de temps, Abd Allah revint sur ses pas. Des recrues accoururent à lui de tous les ravins kabyles, où ni les Arabes orthodoxes, ni les Ouahbites, n'avaient jamais pénétré. Un monde nouveau déborda à travers le pays ouahbite et se dirigea, précédé par Abd Allah, vers l'ouest, vers le sud-ouest, vers Sidjilmassa, où Obaïd Allah l'attendait prisonnier. La belle scène, le glorieux moment pour l'humanité, s'il est bien vrai que le dévouement absolu soit le signe éminent de la grandeur d'âme et la beauté suprême de l'histoire, que celui où, vainqueur une dernière fois, Abd Allah délivre son maître, le montre à la multitude, et lui baise les mains en versant des larmes ! Remarquons cependant que le nouveau Messie, descendant de Ali, était l'ennemi naturel et hautement déclaré des khalifes Abbasides. C'est pour cela que l'Afrique accepta son joug. Peu importait, surtout aux Ketama, qu'il eût dans les veines quelques gouttes du sang des vainqueurs de Nahraouan. Le principal était qu'il fût engagé par les traditions de sa famille et par sa propre ambition à défendre l'Afrique contre les invasions orientales. Toutefois Abd Allah n'en est pas diminué. Lui seul eut, au commencement du Xe siècle, le mérite de comprendre que l'Afrique septentrionale devait appartenir à l'homme qui renverserait les Aghlabites, et d'en saisir l'occasion avec une décision extraordinaire.

Ce fut un coup de foudre éblouissant pour l'Imâm de Tiaret. Bien que la race des Alides lui fît horreur, et que certaines doctrines chiites adoptées par les Ketama lui semblassent monstrueuses, il reconnut cependant le doigt de Dieu dans leur triomphe. Un souverain laïque ordinaire aurait trouvé beau de se faire tuer sur les murs de sa capitale ; mais il est dit qu'il faut accepter *l'état de secret*, si Dieu cesse de continuer *l'état de gloire* ou *l'état de défense*. Or une partie de l'armée d'Abd Allah marchait sur la ville, et les Ouahbites divisés à l'extrême étaient incapables de lui opposer une résistance sérieuse. L'Imâm rassembla le petit nombre d'Ibâdites véritables qui lui restaient fidèles, en prit le commandement, et leur ordonna de *sortir*, comme autrefois les Kharidjites, leurs ancêtres religieux, étaient sortis de Koufa et de Bassora. Il leur fit tourner le dos au monde corrompu, indiquant la direction du sud, et, pendant tout cet exode, il se tint à l'arrière-garde pour recevoir le premier les coups de l'ennemi, s'il s'acharnait à les suivre, peut-être aussi pour empêcher les timides de remonter vers leurs demeures. Il ne fallait pas songer à s'établir au sud de l'Aourâs ni dans les oasis du Djerîd occupées par les Noukkar schismatiques. Ouargla seule leur était accessible. Là règnent, il est vrai, des fièvres terribles pendant l'été, et le désert environnant est d'une aridité absolue ; mais la « mer du déluge », immense nappe artésienne qui rebondit dans toute cette région sur une sorte d'écueil souterrain, peut y être atteinte à soixante mètres de profondeur. On avait déjà commencé, dès les temps fabuleux de Dou el Kornîn, de briser la dalle de grès qui la recouvre, et il s'en était échappé des gerbes d'eau d'une puissance incroyable. C'est là que nos Ibâdites s'arrêtèrent, avec la mâle résolution de fertiliser ce sol, et de conserver le dépôt de leur foi loin de ceux auxquels le décret d'Allah livrait désormais le monde, bien heureux même d'être réduits à peu de chose, et de vivre ignorés comme un petit groupe étranger dans cette Afrique dont ils avaient été les maîtres ; car « le Paradis est aux étrangers ». L'Imâm, leur inspirateur jusqu'au dernier moment, consacra ce renoncement par son exemple. Il déclara solennellement que l'ère de la prospérité était close à jamais, puis abdiqua, laissant aux Docteurs le soin d'entretenir la religion dans les âmes. Rien ne put modifier sa résolution, et il mourut longtemps après, ayant creusé son puits et cultivé son jardin comme tous ses frères.

Or les Beni Mozâb sont, pour une bonne part, ces Ibâdites expulsés une seconde fois par une persécution violente au douzième siècle, et contraints d'aller s'établir dans la Chebka pierreuse dont leur industrie a fait une merveille plus surprenante encore que l'oasis de Ouargla. D'autres Ibâdites, fuyant à leur tour du Djebel Amour et du Maroc, en ont grossi le nombre. Ils comptent même des émigrés du Djebel Nefous. Le souvenir glorieux de l'Imâmat de Tiaret et le ressentiment de leurs communes souffrances leur donnent une cohésion incomparable, au regard des Arabes de l'invasion de 1050 répandus autour d'eux, et de toutes les autres tribus ou confédérations africaines qui ont fini par adopter le rite de l'Imâm Malek. Ils sont demeurés Ouahâbites, c'est-à-dire sectateurs d'Abd Allah ben Ouahb, qui périt à Nahraouan, disciples d'Abd Allah ben Ibâd, le légiste modéré du septième siècle, fidèles à la doctrine de l'Imâm Abd el Ouahâb, qui repoussa la charte de Ben Fendin et combattit les Noukkar. C'est dans les chroniques où toute cette histoire est consignée, qu'ils apprennent à lire. L'enseignement de leurs clercs se relie par une chaîne non interrompue aux écoles primitives de Bassora et de Coufa. La série des Docteurs qui se sont transmis cet héritage est d'une authenticité parfaite. Leur livre de Lois, *Kitâb n Nil*, partagé en vingt-deux chapitres dans lesquels tous leurs devoirs sont prescrits et toutes leurs relations formulées, depuis les purifications jusqu'aux contrats de vente, a été composé par un Cheikh de Beni Sgen, Abd el Aziz, il y a environ soixante ans ; mais ce n'est là qu'un abrégé de compilations considérables du XIe et du XIIe siècle, le Divan du Cheikh Ahmeur, le Divan des Mchaïkh, et ces ouvrages eux-mêmes sont des recueils de décisions prises bien auparavant à Tiaret, dans le Djebel Nefous, ou même en Orient. Ils étaient dirigés, avant notre occupation toute récente, par des conseils ecclésiastiques qui avaient remplacé l'Imâm, mais conservaient autant que possible les traditions de l'ancienne monarchie : ces conseils se réunissaient parfois en Concile général dans le marabout de Sîdi Abder Rahman, au milieu de la plaine sainte de Tizzèrt. En un mot, ils forment un seul corps, parce qu'ils n'ont qu'une histoire, qu'une foi, qu'une espérance communes. Eux-mêmes se disent dans un sens mystique la *famille de Dieu*.

RESSEMBLANCES ENTRE LA CONFÉDÉRATION DES BENI MEZAB ET UNE CONFÉDÉRATION KABYLE. — LES CINQ VILLES SAINTES.

Telle est la raison première de l'unité qui donne à tous ces puritains musulmans un caractère exceptionnel dans notre Algérie malékite ; mais ils ont aussi leur côté laïque, et considérés sous ce dernier aspect, ils reproduisent ce que nous avons observé plus haut dans les confédérations kabyles, c'est-à-dire que leurs cités sont des personnes parfaitement distinctes les unes des autres et qu'en même temps, indépendamment du lien sacré qui les relie, elles forment une société plus ou moins compacte suivant les temps. Chacune d'elles a son autonomie, ses intérêts, ses haines. Elles sont composées de populations diverses d'origine qui ne sont pas complètement unies. Les Arabes du dehors se louent à ces petites républiques, se mêlent à toutes leurs querelles et y entretiennent le désordre autant qu'ils peuvent. C'est ainsi d'ailleurs qu'ils ont déjà désorganisé les royaumes africains du XIIe siècle. Enfin une cause propre au Sahara provoque entr'elles des conflits incessants et alimente des rancunes éternelles. Cette cause est le combat pour la vie, ou plutôt le combat pour l'eau qu'il est si pénible d'amasser dans le désert. Certes s'il est une Thébaïde calcinée par le soleil, sans végétation, sans humidité, déchirée en mille sens par des ravins sans ombre, c'est bien cette *Chebka* ou ce *filet* du Mezâb. Il y pleut cependant à certaines années, mais jusqu'à l'arrivée des Ibâdites les eaux sauvages y roulaient librement dans la gouttière principale de l'Ouâd Mezâb, et couraient se perdre dans l'Ouâd Mya, ou s'infiltraient à travers le sol jusqu'à 20 et 25 mètres de profondeur. Nos puritains, exercés à des travaux plus rudes dans le bassin de Ouargla, imaginèrent de leur barrer la route. Ils bâtirent des digues en travers de l'Ouâd Mezâb. Le torrent furieux s'y heurta, s'éleva, franchit l'obstacle, mais ne s'échappa qu'en laissant un lac derrière lui, qui lentement descendit nourrir la nappe souterraine sur son lit d'argile. Ainsi fut créée une réserve presque inépuisable. Des centaines de puits criblèrent la roche qui la recouvre, et les eaux élevées par un système de traction fort ingénieux furent réparties sur le sol qu'elles fécondèrent. Or, les digues de la seule Ghardaïa occupent actuellement l'Ouâd Mezâb. Elles le coupent par le travers d'un bord à l'autre. Ses palmiers innombrables, entrelacés de vignes, élèvent leurs dais d'une verdure sombre au-dessus de jardins remplis d'abricotiers, de pêchers, et de grenadiers. En aval de cette *Rahba*, est la ville, relativement très grande, qui en recueille tous les fruits et contient douze mille habitants, presque la moitié de la population totale du Mezâb : au-delà, on peut frapper le roc, et descendre jusqu'à quarante mètres de profondeur, sans trouver rien qu'une couche d'eau fort mince et bientôt épuisée. Ghardaïa a tout capté. Il faut que Beni Sgen se contente d'un ravin latéral dont elle a, cependant, su tirer un parti admirable. Il en est de même de Bou Noura. Melika serait condamnée à périr, si elle ne possédait rien ailleurs. De là des compétitions très anciennes et toujours vivaces, des combats, des vengeances, et la haine commune, implacable, de Melika et d'El Atef contre Ghardaïa.

Melika couvre un rocher aplani, ovale, isolé, dans la petite plaine de Tizzèrt, entre Ghardaïa, Bou Noura et Beni Sgen. Ses maisons jointes bordent cette forteresse naturelle. Toutes sont de même hauteur, et forment comme une strate supérieure percée de trous qui sont des fenêtres. Seul, un petit minaret pointu rompt la ligne droite qu'elle offre aux yeux. Elle est belliqueuse d'aspect, beaucoup plus que sainte. Elle compte sur ses alliés, les Chaamba, auxquels elle a donné *l'hospitium* par un traité solennel, et les quelques jardins qui lui appartiennent sont chez eux, à Metlili. Or, ces rudes nomades, bien qu'inféodés aux Aoulâd Sîdî Cheikh, et par conséquent orthodoxes, sont toujours prêts à rendre de bons offices à leurs amis, et rien n'est plus redouté des autres villes mozabites que l'invasion de ces pillards qui prétendent rétablir l'ordre dans leurs affaires. Commerce interrompu, pourparlers interminables et suivis de repas copieux, cadeaux aux grands chefs qui se plaignent aigrement d'avoir été dérangés, une pacification des Chaamba coûte excessivement cher. On comprend ainsi que Melika soit crainte et respectée. D'ailleurs, même seule, elle serait redoutable. Elle conserve dans une de ses mosquées le tambour d'un de ses mchaïkh (1) guerriers. Quand ce tambour sonnera, tous les Ibâdites se rangeront derrière elle pour reprendre leur rang dans le monde.

Si Melika est querelleuse, Beni Sgen est savante. Elle s'élève du bord de la plaine de Tizzèrt au sommet d'une colline. Une muraille élégante qu'elle remet souvent à neuf l'entoure complètement. Elle reçoit les Arabes pendant le

(1) Dans le reste du Mezâb, ce mot a presque exclusivement le sens de « chef religieux. »

jour, mais les exclut à la tombée de la nuit. Sur son petit marché intérieur, des nomades à demi-nus apportent des ballots de laine. Les Mozabites, vêtus de chemises blanches et de burnous médiocres, conformément à la discipline égalitaire de la cité, sont assis sur des bancs de pierre devant leurs boutiques profondes où l'on trouve les marchandises les plus variées, des dattes, du blé, du cuir, du fer, de la bougie transparente, des cotonnades de Rouen ou de Manchester, de la poudre anglaise, et même du papier à lettres d'Angoulême. Un homme passe, la tête enveloppée d'une pièce d'étoffe blanche, à demi-flottante. C'est un savant aux yeux bordés de kohol, suivant la prescription coranique. Il a fait plusieurs fois le pèlerinage et accompli autour de la Kaaba les « *cinq* » stations ibâdites ; il est allé rendre visite aux « frères » de Maskate et de Zanzibar. Les conversations bruyantes cessent à son aspect, les plus riches marchands se lèvent et vont s'incliner devant lui, mais il ne reste pas dans leur compagnie. La partie supérieure de la ville, nommée Tafilalet, est démantelée. Les Clercs ne l'habitent pas, et demeurent chacun où bon leur semble au milieu des Laïques. C'est là peut-être, outre l'exclusion des Arabes et la juste pondération des éléments qui la constituent, une des raisons de la propreté, de la décence, et des bonnes mœurs de Beni Sgen. Les habitants de cette curieuse cité règlent tous leurs différents entre eux, et d'une manière fraternelle qui mérite d'être notée. Peu de temps avant mon arrivée, un petit marchand avait demandé au conseil l'autorisation d'ouvrir un établissement semblable à ce qu'on appelle dans nos villes d'Afrique « un café maure. » Les avis avaient été partagés. Les uns tenaient pour les vieilles mœurs ; on ferait peut-être de la musique en ce lieu ; on y fumerait en secret. Que Dieu garde les vrais croyants de ces plaisirs ! Les novateurs avaient sans doute aussi leurs arguments. La dispute s'échauffa, on échangea des menaces. Alors la djemâa invita tous les étrangers à sortir: les portes furent fermées, et les deux partis, étant convenus d'éviter l'effusion du sang, s'attaquèrent avec de longues clefs de bois. Les conservateurs l'emportèrent, et les portes furent ouvertes de nouveau quand la paix fut tout à fait rétablie. C'est ainsi qu'il n'y eut pas de café à Beni Sgen.

Bou Noura garde mal le passage par où l'Ouâd Mezâb s'échappe dans la direction d'El Atef. La guerre civile l'a ruinée de fond en comble, triste exemple des querelles qui résultent de la juxtaposition des groupes dans les cités africaines. Quand deux éléments seulement s'y trouvent en présence, il est rare qu'ils ne prennent pas les armes l'un contre l'autre. Pas n'est besoin de faire appel, pour l'expliquer, à des questions de race: la simple opposition des intérêts suffit. Il y a deux cents ans environ, des Beni Methar occupaient la partie haute de Bou Noura, et des Aoulâd Abd Allah la partie basse. Ils étaient séparés par une muraille, et avaient leurs mosquées distinctes. Les Beni Methar attaquèrent, dit-on, les Aoulâd Abd Allah, et ces derniers firent appel à Beni Sgen pour se venger. Toute la haute ville fut saccagée. Ceux des Beni Methar qui survécurent s'enfuirent à Melîka. Là on n'osa pas les suivre ; mais la moitié de Bou Noura resta déserte depuis lors, et ses maisons déchiquetées blessent encore le regard. « Ne pensez pas, me disait-on au Mezâb, que Bou Noura signifie la « lumineuse », comme on le répète. Ce nom-là lui a été donné en dérision. C'est la « borgne » que nous voulons dire » (1).

Ghardaïa est « la riche » Ghardaïa. Enorme, elle s'élève du niveau de la plaine, en forme de cône, comme une taddèrt

---

(1) *Nour*, en arabe, signifie lumière ; mais on désigne aussi, dans le Mezâb, par le mot *Noura*, une sorte de roche fréquente aux environs de Bou Noura.

kabyle ou une thaquelèth de l'Aourás. Sa masse grisâtre a je ne sais quoi de triste et d'excessif dans ce Sahara sobre qui semble n'admettre que des villes petites et blanches. De sa base enveloppée par de mauvais murs, jusqu'aux deux tiers de sa hauteur, elle est laïque. Au sommet est une forteresse ecclésiastique surmontée d'un minaret quadrangulaire du haut duquel la voix du Muezzin descend comme du ciel, aux heures de la prière. Sur la longue place rectangulaire qui s'étend en bas, des chameaux accroupis, le cou allongé contre le sol, attendent qu'on les charge ; des Arabes venus de partout, du Djebel Amour, du Touat ou de Ouargla, des nègres plus ou moins esclaves, des Juifs sordides, des Mozabites toujours propres et graves comme il convient aux seigneurs du lieu, vont, viennent et trafiquent. Quelques Imokrânen responsables du bon ordre sont assis à l'entrée d'une rue. Là on fait une part assez large aux besoins de ce « monde présent. » Une mçolla a été bâtie pour permettre aux Arabes malékites d'y prier au-dessus des impuretés : on s'y assoit et on y dort. Un des côtés est formé par la maison des hôtes, construction à un étage, où l'étranger a toujours reçu l'hospitalité ; un autre par un petit bâtiment dans lequel on fabriquait autrefois de la poudre. Le reste est occupé par des magasins. Parfois une procession passe. Ce sont des clercs qui vont réciter les offices des morts dans quelque cimetière voisin ; une partie du peuple les suit portant des offrandes funèbres, ou bien, si la sécheresse de l'année est excessive, c'est le clergé tout entier qui va faire le tour des murailles, tenant en main des lances sans fer et répétant: « Seigneur, écartez de nous le mal. » Le soir, sous le ciel noir rempli d'étoiles étincelantes, quand la ville sainte est endormie, un feu s'allume parfois dans un coin de cette place. Des branches sèches de palmier y sont jetées à brassées, la flamme s'élève droit dans l'air. Tout autour, des désœuvrés, des Arabes, des nègres et quelques Mozabites de mauvaise réputation, s'asseoient et psalmodient un air de danse. Une flûte longue, un tambour large et sonore se trouvent là comme par hasard. Deux jeunes gens se mettent à danser et sautent à travers la flamme. D'autres leur succèdent, et cette ivresse, qui n'est pas loin du paganisme, ne cesse que quand le dernier *djerîd* (1) est consumé. Alors chacun rentre chez soi, non sans crainte de quelque verte réprimande de « nos seigneurs les Iazzâben. » Dans le quartier d'en haut, on n'entend jamais de bruit, on ne traite d'aucune affaire, on ne prend soin que de son salut. Des ruelles comprises entre des murs hauts et sans fenêtres, toujours ombreuses même à midi, y serpentent et aboutissent par une seule artère à la porte de la mosquée. On n'entre que pieds nus dans cette citadelle. Dans deux premières cours transformées en salles d'étude, des jeunes gens et des hommes à barbe grise, tous étudiants et confondus dans les deux catégories des *Imesorda* et des *Iroudn* (2), sont assis et récitent le Coran, ou lisent les Vies des Saints Ibâdites. Puis viennent des chambres dans lesquelles une légende voulait que d'énormes povisions de bouche et même des dépôts d'armes fussent enfermés. Un escalier à peine visible, près de la porte, conduit dans une pièce supérieure ; mais là le voyageur profane s'arrête, à moins que, par une faveur très rare, les Iazzâben ne l'admettent dans leur conseil.

El Atef qui fut, selon toute apparence, la première ville fondée dans l'Ouâd Mezâb, a l'aspect des cités vieilles. La science s'en est retirée pour se porter à Beni Sgen, et la richesse pour remonter à Ghardaïa. Assez grosse et de forme conique, pourvue de deux minarets qui attestent l'antique opposition de ses deux qebilat principales, d'une part sur-

---

(1) Feuille de palmier.
(2) *Imesorda*, balbutiants ; *Iroudn*, lecteurs. Cf. Chronique d'Abou-Zakaria, p. 252, n. 1.

plombant un ravin, de l'autre descendant jusqu'au bord de l'Ouâd qui paraît là plus sablonneux et plus nu que partout ailleurs, elle n'est ni propre ni populeuse comme ses rivales. La distance de quatre kilomètres qui l'en sépare semble la condamner à l'abandon. Tandis que Ghardaïa, Beni Sgen, Melika, et même la triste Bou Noura, se touchant presque, forment un tout vivant, elle se sent dépérir dans une solitude lugubre ; car ce « tournant » (1) de l'Ouâd Mezâb n'est qu'un sillon assez large et affreusement aride entre deux plateaux de pierre calcinée. Et cependant il fut une période pendant laquelle cette bande infertile était couverte de palmiers : des puits nombreux en témoignent, que surmontent encore leurs doubles montants reliés par une poutrelle transversale ; mais l'eau ne descend plus jusque-là. Le commerce a fait de même. C'est à Ghardaïa et à Beni Sgen que s'arrêtent les marchandises du Nord envoyées dans le désert par le débouché de Laghouat, et c'est encore de là qu'elles s'écouleront plus tard jusqu'au Touat, quand nous étendrons résolument notre domination sur le Sahara central. El Atef est condamnée à périr lentement comme toutes les villes grandes ou petites qui ont été les étapes successives des Ibâdites, Tiaret, Sedrata, Ouargla enfin, délaissée depuis leur départ ; mais, avant de s'éteindre, elle se replie sur elle-même avec dépit, et distingue volontairement ses intérêts de ceux des villes brillantes qui lui succèdent. Tous les moyens lui seraient bons pour reconquérir une situation qu'elle croit lui être due, et je ne doute pas qu'elle ait accueilli l'occupation française avec une joie secrète comme une occasion de réagir une dernière fois contre son destin.

Guerara et Berrian, colonies assez récentes, n'ajouteraient pas de traits nouveaux à ce tableau, et d'ailleurs ces cinq villes de Melika, Beni Sgen, Bou Noura, Ghardaïa, El

---

(1) « El Atef » signifie, en arabe : le tournant.

Atef, forment un ensemble spécial auquel les Mozabites eux-mêmes affectent le nom de Qçour du Mezâb. Leurs tendances et l'attitude particulière de chacune d'elles suffisent à faire penser qu'elles se sont plus d'une fois combattues, et en effet le récit de leurs querelles serait presque infini. Nous ne citerons, comme exemple de la violence de tels conflits dans un espace si resserré, que la guerre déjà fort ancienne de Melika et de Beni Sgen. La petite cité guerrière, soutenue sans doute par les Chaamba, assaillit un jour sa voisine, culbuta ses défenseurs, et, faisant brèche entre les hautes tours de son enceinte, la livra aux flammes. L'incendie gagna l'acropole de Tafilalet et consuma même la mosquée et la bibliothèque des clercs; mais cette barbarie ne devait guère profiter aux vainqueurs. On rapporte que le Cheikh Aïssa, qui contemplait ce triste spectacle du bord du rocher de Melika, s'écria, la main tendue vers les tourbillons de fumée noire qui s'élevaient de Tafilalet : « Malheureux vainqueurs, vous voilà montés aussi haut que cette fumée; vous retomberez bientôt comme elle jusqu'à terre ». Et en effet, Melika est restée pauvre, tandis que Beni Sgen a relevé ses ruines et est devenue la ville fortunée qu'elle est aujourd'hui.

Mais il y a plus, ces guerres civiles ne sont jamais circonscrites à deux cités. Si Melika prend les armes, El Atef fait immédiatement cause commune avec elle, et elles entraînent dans leur mouvement la colonie de Guerara, les Aoulâd Ba Ismaïl et les Aoulâd Abd Allah de Bou Noura, les Chaamba de Metlili, les Mdabih qui sont comme la plèbe de Ghardaïa. Par contre, Beni Sgen fait appel à la colonie de Berriah, aux Aoulâd Yahia ben Karoua de Guerara, aux Aoulâd Ammou et Aoulâd Sbah de Bou Noura, et même aux Aoulâd Khalfi, Aoulâd Djemmâm, Aoulâd Abriz d'El Atef. La grande cité de Ghardaïa, bien qu'elle réunisse dans sa djemâa les délégués de ses deux qebîlat, Aoulâd Ammi Aïssa et Aoulâd Ba Slîman, en nombre égal, ne jouit pas toujours de la concorde dans son enceinte, même quand la paix règne autour d'elle. A plus forte raison, en temps de guerre générale, se divise-t-elle en deux partis, l'un dirigé par les Aoulâd ba Slîman, qui se joignent à Beni Sgen, l'autre par les Aoulâd Ammi Aïssa, qui se rangent du côté de Melîka. Ces deux ligues se nomment Çof oriental ou *Chergui* (Beni Sgen), Çof occidental ou *Gharbi* (Melîka). Elles ont été si souvent aux prises qu'elles font en quelque sorte partie de l'organisation du Mezâb, et que nos politiques leur ont maintes fois accordé plus d'attention qu'aux constitutions laïques des villes, ou même à la société ecclésiastique des Iazzâben. L'origine s'en perd dans le passé, et peut-être n'y faut-il voir qu'une simple désignation topographique primitivement sans valeur. C'est ainsi que dans le reste du Sahara et sur les hauts plateaux beaucoup de tribus se divisent en Gharbia et Cherguia sans en donner d'autre raison que la situation réciproque de leurs fractions. Cependant il est à considérer qu'un bon nombre des Beni Mezâb est réellement venu de l'est, de Sedrata, de Ouargla, du Djebel Nefous, tandis que d'autres proviennent du Djebel Amour, de Figuig, du pays des Beni Methar, c'est-à-dire de l'ouest, et bien qu'aujourd'hui plusieurs de leurs groupes certainement orientaux d'origine appartiennent au Çof occidental, et inversement, on pourrait admettre avec apparence de raison que cette distinction date des combats que se livrèrent les premiers occupants de l'Ouâd.

Il s'ensuit que, si l'on excepte Beni Sgen, préservée par l'excellence de sa constitution, les villes mozabites étaient incessamment travaillées par la guerre civile, et souvent se transformaient en champs-clos sur lesquels des adversaires étrangers venaient essayer leurs forces. La querelle très générale des Cherguia et des Gharbia se vidait ainsi et se renouvelait à propos de mille faits particuliers. Dès qu'une dispute éclatait dans la Chebka, les « Orientaux » et les « Occidentaux » de tout le Mezâb échangeaient des provocations sourdes, et les plus valides allaient immédiatement grossir les deux partis en présence, malgré les Tolba. Cela valait mieux que ranger en bataille les deux ligues entières, parce que, même après les pertes les plus sensibles, les vaincus gardaient toujours l'espoir de réparer leur défaite ailleurs.

C'est Ghardaïa qui semble avoir eu le privilège de ces sortes d'expériences, en raison du grand nombre de ses habitants, et de la facilité d'accès que le commerce y donne aux conspirateurs. Elle en fut presque ruinée il y a seize ans. A l'époque où Si el Ala se faisait obéir dans le Mezâb, les Aoulâd ba Sliman avaient été pillés par les Aoulâd Ammi Aïssa, puis étaient rentrés dans une partie de leurs biens. Cependant ils vivaient dans la crainte et soupçonnaient une trahison. On vint leur apprendre en effet que les Mdabih devaient fondre sur eux et les massacrer le 15 janvier 1867. Ils se hâtèrent d'avertir leur çof, et en conséquence huit cents hommes de Berrian et soixante-quinze de Beni Sgen, pénétrèrent par surprise dans Ghardaïa, suivis bientôt d'une nuée d'Arabes, Mkhâlif el Djeurb, Zkaska, Hadjaje, Harazlia, soi-disant ennemis du çof chergui. Les Aoulâd Ammi Aïssa convoquèrent en vain leurs partisans de Melika, d'El Atef, de Bou Noura : la ville était occupée : il fallait subir les conditions du vainqueur. Ils proposèrent d'abord de livrer les Mdabih; mais ces derniers, bien armés et résolus, n'étaient pas hommes à se laisser massacrer sans résistance. Après quelques coups de fusil que les Tolba firent cesser sans peine, les « Occidentaux » de Berrian déclarèrent que, satisfaits d'avoir rétabli l'ordre dans la ville, ils se contenteraient d'une indemnité légère qu'ils prélèveraient eux-mêmes. C'était le pillage, et en effet, pendant deux jours, les boutiques des « Orientaux » furent mises à sac, leurs provisions de dattes et d'orge chargées sur des chameaux, leurs jardins dévastés. Ensuite tous les pacificateurs se retirèrent; mais alors ce fut au tour des Aoulâd ba Slimân de payer les frais de la guerre. Les Aoulâd Ammi Aïssa et leurs alliés en tuèrent quatorze dans un combat, et en exécutèrent de sang-froid trente-huit. Les prisonniers étaient amenés sur la place du marché où l'on discutait leur sort. La plupart étaient frappés à coups de couteau et à coups de pioche : on leur brisait les membres, on leur arrachait les yeux. Les enfants des meilleures familles furent ainsi mis à mort. Sliman ben Allout, en particulier, l'ancien chef de la djemâa de Ghardaïa, fut égorgé avec de grands raffinements de cruauté. En même temps on ravageait les biens des victimes. Le peu qui en resta fut, quelques jours après, abandonné aux Mdabih.

On a peine à comprendre que des villes si divisées entr'elles puissent, indépendamment de la religion qui a fait de tous leurs habitants des frères dans le royaume de Dieu, former une confédération quelque peu durable; mais les tribus kabyles se querellaient aussi souvent, quoique avec moins de fureur, et néanmoins elles ont formé des qebilat, sur lesquelles nous avons assez insisté, pour se défendre contre les étrangers qui tentaient de les soumettre : il y a donc une confédération des Beni Mezâb, au sens laïque. Les cinq Qçour ont fait taire souvent leurs rancunes mutuelles et ont même formé une sorte d'état dans certains cas exceptionnels. Cela s'est vu chaque fois qu'ils ont résisté à quelqu'une des tribus arabes qui parcourent le Sahara. Jusqu'à ce qu'ils se la fissent agrégée, ou qu'ils eussent conclu avec elle une convention, tous ensemble s'accordaient à la traiter en ennemie. On peut constater un fait de même genre au cœur même de l'Algérie : bien qu'ils y soient distribués de façon que chacune de leurs villes commerce exclusivement avec certaines villes françaises, les Mozabites se disent tous vis-à-vis de nous *Beni Mezâb*, non seulement en tant que sectateurs d'Abd Allah ben Ibâd, mais en tant que citoyens d'une république qui n'a même pas, il est vrai, de capitale. Quand notre gouvernement a voulu, pour la première fois, leur imposer son protectorat, ce n'est pas d'abord à chacune des villes de la Chebka qu'il a eu affaire, mais à la « confédération » des Beni Mezâb. La lettre du maréchal Randon fut adressée « aux Beni Mezâb », et c'est encore une députation de « Beni Mezâb » qui vint à Laghouat, le 10 avril 1853, présenter ses gâdas en signe de soumission. Sans doute, dans cette qebila semblable à quelqu'une des qebilat kabyles qui tenaient tête au maréchal Bugeaud sur le Djebel Faraoun, les avis avaient été partagés : Melika et El Atef, toujours prêtes à prendre un parti désespéré, auraient préféré s'allier à un chérif arabe, ce qui équivalait à la ruine complète du Mezâb ; Ghardaïa et Bou Noura consentaient bien à nous obéir, mais désiraient refuser l'impôt ; Beni Sgen, Guerara et Berrian penchaient franchement de notre côté. Néanmoins, il fut constaté ce jour là que les Mozabites pouvaient former un tout à peu près homogène, et nous allâmes même jusqu'à nous les représenter comme une nation dont les origines et l'histoire ont ensuite provoqué des conjectures bien singulières.

LES GRANDS CHEFS AU MEZAB.

Il ne faut pas chercher au Mezâb de grands chefs d'origine ecclésiastique devenus par la suite des temps des seigneurs temporels à la façon des marabouts de la Kabylie et de l'Aourâs. Le clergé très puissant, héritier pour une part des Imâms de Tiaret, se contentait d'y diriger de haut « les affaires du siècle » sans en retirer aucun avantage matériel. Nous n'avons pas à décrire ici l'organisation si curieuse de ces tolba ibâdites partagés dans chaque ville en clercs majeurs et en clercs mineurs ; mais quelques jugements qui puissent être portés sur l'ignorance de beaucoup d'entre eux d'ailleurs compensée par la science de quelques-uns, sur l'étroitesse de leur esprit non-conformiste qui ne manque ni de dignité ni de hauteur, sur la rigueur excessive de leurs lois qui a maintenu autour d'eux une pureté de mœurs si remarquable, enfin sur le rôle parfois imprudent qu'ils ont joué, en dépit de leur vieille sagesse, on ne saurait nier qu'il est impossible d'avoir mieux pratiqué qu'ils ne l'ont fait, au milieu d'une société déchirée par tant d'intrigues, le renoncement, et même le mépris de tout ce qui séduit la foule. J'ai connu le plus élevé en dignité de ces « Reclus » (Iazzâben) qui *lient et délient* sur la terre, celui qui, dans leur langage mystique, était par excellence le « sauveur » (Ghoûts) ; je l'ai vu dans sa maison : une natte, un plateau de bois, une galette d'orge, une outre à demi-pleine suspendue à un pilier, quelques livres dans un coffret, tel était tout l'avoir de ce Pontife de Ghardaïa. C'était un homme jeune, d'une douceur extrême et d'une sérénité parfaite : il ne craignait, après Dieu, que les Beni Mezâb. Et quoi de plus détaché du monde que l'esprit de leur Règle formulée par Abou Ammar Abd el Kâfi ? « Du jour où les gens de la halqa (1) ont dit au Azzâbi : viens avec nous et aide-nous dans les affaires de ce bas-monde et dans celles du monde futur, il doit penser que, s'il ne se sou-

---

(1) Ce mot arabe signifie à la fois carcan et cercle. Dans ce second sens il répond exactement à la « *Corona presbyterum* » des premiers temps du christianisme. Cf. Chronique d'Abou Zakaria, *ibid*.

vient pas des devoirs qui lui sont imposés, il se trouvera dans une situation très difficile, et aura passé son cou dans un véritable carcan (halqa) de fer. Certes, ses devoirs sont nombreux. Il doit s'écarter *de sa famille, de ses enfants, de sa fraction*, car il a formellement promis de s'en éloigner. Il ne doit pas s'occuper des gens du siècle, ni se mêler à eux. On ne doit le trouver que dans sa maison, ou dans son jardin, ou à la mosquée. Il doit fermer à demi les yeux pour ne pas voir ce qu'il est défendu de voir, et se boucher les oreilles pour ne pas entendre les paroles des gens du monde présent. Certes les Azzâba sont en petit nombre dans la foule ; ils ont vendu leurs âmes à Allah, pleins de foi et comptant avec certitude sur leur récompense au jour de la résurrection ; car ils marchent hardiment dans la voie d'Allah. Le Très-Haut a dit : « Celui qui veut labourer la vie future, je l'aiderai dans son labour. »

Il n'en est pas de même des Laïques. En vain les sentiments démocratiques qui sont le fonds même de l'Ibâdisme condamnent énergiquement l'orgueil et l'ambition dans l'Ouâd Mezâb : si les difficultés y sont plus grandes et les risques plus fréquents qu'en Kabylie et dans l'Aourâs, les tentations y sont plus nombreuses. Des bannis de toute sorte, épars dans le Tell, conspirent sans cesse pour rentrer coûte que coûte dans leurs cités ; les petites fractions arabes qui forment la clientèle de quelques villes mozabites, Mdabih de Ghardaïa, Atatcha de Guerara, Aoulâd Sî Yahia de Berrian, sont toujours prêtes à appuyer un dictateur révolutionnaire ; les ressources du commerce fournissent aussi un moyen d'action puissant : maint spéculateur heureux emploie sa fortune à soudoyer ses partisans. Enfin le courage individuel et la prudence dans les conseils ont leur valeur là comme partout ailleurs. Dès que notre influence s'est fait sentir au Mezâb, nous y avons trouvé des hommes déjà hors de pair qui nous ont offert leurs services. Ils se chargeaient de la rentrée de l'impôt, de la protection de nos voyageurs, et recevaient en retour un cachet, signe d'une sorte d'autorité ; on les nommait même Qaïds ; mais comme il était entendu que nous n'interviendrions jamais dans les affaires intérieures de la confédération, notre investiture ne leur était pas d'un grand secours. Il y faut voir bien moins des serviteurs créés par nous que de futurs seigneurs qui tendaient d'eux-mêmes à s'élever au-dessus de leurs concitoyens, au risque d'être tués à l'improviste d'une décharge de tromblon, arme favorite des Mozabites. Tel était Ben Bouhoun, et tel était aussi notre regretté Ben Djeriba, les deux hommes les plus différents qui se soient jamais rencontrés sur cette voie tragique, depuis le temps des républiques grecques et italiennes. Ben Bouhoun était le frère d'un certain Brahim ben Bouhoun, dont l'ambition avait coûté la vie à plus de quatre-vingt personnes dans Guerara, en 1868, et qui plus tard, attaqué subitement, avait péri percé de balles et déchiré en morceaux à deux pas de la place publique. Les meurtriers de Brahim s'étant enfuis, Ben Bouhoun avait vainement demandé vengeance au commandant supérieur de Laghouat qui n'avait pu que s'en référer au texte formel de la capitulation de 1853. En conséquence, avec quelques hardis compagnons, il avait « coupé la route » à ses ennemis, à mi-distance entre Laghouat et Ghardaïa, les avait cernés dans un défilé, et fusillés sans merci ; puis il était rentré dans Guerara. Presque tout le parti adverse s'était dispersé avant son retour, et réfugié en Algérie ou en Tunisie ; mais il est dans les mœurs mozabites que les vaincus entretiennent régulièrement des assassins jusqu'au jour où ils peuvent reprendre la lutte à ciel ouvert. Or j'ai vu Ben Bouhoun à ce moment, comme il attendait d'heure en heure un coup mortel. Il allait sans armes à condition d'éviter certaines rues, suivi tout au plus d'un ou deux serviteurs. Son visage était pâle comme celui d'un ascète, son corps mince, un peu courbé. Il parlait peu ; ses yeux sans chaleur, bien qu'il fût jeune, ne laissaient deviner qu'un abandon complet de toutes les joies du monde en échange d'une satisfaction cruelle et d'un rôle qu'il avait accepté dans toute son étendue, bien qu'il ne l'eût pas cherché. Tout autre était Ben Djeriba. D'âge moyen, le visage ouvert, vif, d'une bonhomie sympathique, s'occupant sans cesse des affaires de la cité, en relation suivie avec le commandant Flatters, évitant une amende à l'un, une poursuite à l'autre, il était le Pierre de Médicis de Berrian. Une fois, il avait payé seul la contribution annuelle de la ville entière. Il prenait soin de se vêtir plus simplement que personne, d'être agréable à tous les partis sans distinction, d'avoir des amis dans toutes les hachaïr. On pouvait demander dans Berrian quoi que ce fût au nom de Ben Djeriba : l'homme auquel on s'adressait était à coup sûr son obligé. Il avait même su gagner les Tolba, si mal disposés envers les laïques en général, et surtout envers ceux qui s'acquièrent une autorité exceptionnelle, tellement qu'il put m'offrir un Recueil de Tifâqat, copié de leurs mains, comme cadeau de bienvenue ; mais comment être jamais sûr de ces taciturnes Beni Mezâb, et quels singuliers caprices a la destinée ! Ben Bouhoun est encore vivant, et c'est Ben Djeriba qui a été assassiné.

Or, il y a soixante-dix ans environ, un de ces hommes toucha presque au pouvoir suprême. Il se nommait Ba Ahmed ou Abd Allah[1]. Il était originaire de Ghardaïa, Néchâchebi de la qebîla des Aoulâd ba Slîman. Par quels artifices ou quels coups d'audace avait-il pu dominer d'abord dans sa ville, puis se soumettre tous les partis dans toutes les

---

[1] Ba Ahmed ou Abd Allah est un seul nom.

autres, la tradition est déjà presque muette à cet égard. On raconte seulement qu'il fut une fois banni à Berrian, puis rentra par force dans Ghardaïa avec l'aide des Mdabih dont il massacra plus tard près de la moitié. Il était, dit-on encore, d'une sévérité sans exemple, faisait enfiler les oreilles de ses ennemis sur des baïonnettes, et laissait de place en place des cadavres égorgés, en témoignage de sa justice. Ce qui est certain, c'est qu'il disposa, pendant un certain temps, d'une véritable armée mozabite avec laquelle il pacifia tout le Sahara jusqu'aux environs d'El Golea d'une part, et de Laghouat de l'autre. C'était un *Moula Drah* : il s'était imposé la tâche d'assujettir les tribus nomades aux Beni Mezâb, dans un large cercle autour de la Chebka. Or rien ne pouvait être plus populaire qu'une telle entreprise, car les impôts que les Mozabites payaient aux chefs de ces tribus et à certains personnages entreprenants étaient extrêmement lourds. Il arrivait même que, quelques pas au-delà du pâturage dans lequel se tenaient ces protecteurs, les malheureux marchands étaient rançonnés et laissés nus dans le désert. En outre, les ennemis de Ba Ahmed étant tous malékites, les clercs ne voyaient pas avec déplaisir des expéditions qui, menées avec une rigueur plus ou moins louable, avaient toujours pour résultat de relever l'honneur de l'ibâdisme. Ils ne manquent jamais, dans leurs fêtes solennelles ou dans les visites pieuses qu'ils font aux tombeaux des anciens Mchaïkh de rappeler quelques traits de la glorieuse période pendant laquelle l'ibâdisme domina, suivant eux, « de la porte de Tanger à Alexandrie, » et, bien que le dernier Imâm ait déclaré l'ère de gloire et l'ère de défense closes jusqu'au jour du jugement dernier, il est naturel qu'ils aident toujours de leurs vœux « l'homme fort », instrument inconscient des décrets de la Providence. Ba Ahmed ou Abd Allah périt de la main d'un Mozabite des Aoulâd Younès. Son fils épousa une juive convertie ; son petit-fils végète encore, dit-on, à Ghardaïa. Son œuvre s'écroula donc avec lui ; mais quelle bonne preuve nous fournit ce commencement, et si l'on veut, cet avortement d'empire, si misérable soit-il, pour affirmer qu'au Mezâb, comme dans tout le reste de l'Afrique, un homme hardi, qui aurait su franchir les premiers obstacles dressés contre lui par les compétitions locales, et prendre en main les intérêts communs dont dépendaient l'existence et la gloire de ses coreligionnaires depuis une dizaine de siècles, eût pu s'ériger en despote, gouverner sans conseil, récompenser et punir sans contrôle, et parvenir même, dans le cas où Dieu aurait prolongé assez sa vie et lui aurait donné des fils dignes de lui, à fondre les plus remuantes de ces républiques en une monarchie !

V.

ROME PRIMITIVE COMPARÉE AUX CITÉS DE LA KABYLIE ET DU MEZAB.

Les pagi et les vici latins analogues aux tiddar et aux touâfeq kabyles. Les curies latines : opinions de Tite-Live, Denys d'Halicarnasse, Niebuhr, Mommsen, Lange. Ressemblance de ces curies et des qebîlat mozabites. Comparaison des caractères des curies avec les caractères correspondants des qebîlat. Les tribus des Ramnès et des Titiès analogues aux qçour du Mezâb ; la triplicité de Rome, par l'adjonction des Lucerès, pareille à la triplicité de Beni Sgen.

Les points de comparaison avec Rome et les cités grecques abondent dans cette série d'observations, et il eût été trop facile en vérité, sinon fastidieux, de les signaler à mesure qu'ils se présentaient à l'esprit ; mais il faut aller plus loin que des rapprochements. Nous osons dire que l'examen attentif des tiddar kabyles, des thaquelathin de l'Aourâs, et des qçour du Mezâb, qui sont sous nos yeux, dans lesquels nous pénétrons comme il nous plaît, et dont nous pouvons considérer à notre aise tous les rouages, est le moyen le plus sûr de bien comprendre les institutions primitives des Etats classiques, et de rectifier ou de confirmer ce qu'en ont dit les historiens anciens et modernes, sans risque de s'égarer dans aucun système, ni de donner dans des idées *a priori* aussi chimériques que séduisantes. Notre bonne fortune nous a conservé là comme un fragment de haute antiquité. Nous nous contenterons, pour le prouver, de comparer la formation de Rome, depuis ses premières origines jusqu'à la réunion de ses trois tribus constitutives, avec ce que nous avons déjà constaté dans le Djurdjura ou dans le Mezâb, et nous garderons autant que possible à notre étude le ton d'un exposé, non pour écarter une discussion d'ailleurs inévitable, mais pour donner à toutes nos propositions une netteté suffisante ; car notre désir est moins de paraître l'emporter sur un point de controverse que de montrer clairement combien nos questions africaines peuvent intéresser les savants qui s'en croient les plus éloignés.

LES PAGI ET LES VICI LATINS ANALOGUES AUX TOUAFEQ ET AUX TIDDAR KABYLES.

Les éléments premiers de la ville de Rome ont été des bourgs isolés très semblables aux *Tiddar* et aux *Toufeq* kabyles. Leur nom l'indique. On les appelait *pagi* : or le radical de *pagus*, qui est *pag*, *pax*, accord, (*pacisci* faire une convention) a précisément le même sens que l'arabe *ouafiqa*, «convenir», d'où *toufiq* est dérivé. Les *vici* (pâtés de maisons, hameaux) étaient exactement ce que les Kabyles désignent par le nom de *tiddar*. Compris entre la mer à l'ouest, les territoires de Fidène et de Gabies a l'est et au sud, ces bourgs n'étaient pas occupés chacun par une grande famille entourée de ses clients, ou du du moins rien ne force à l'admettre. On a cru pouvoir le conclure de ce que plusieurs d'entre eux ont porté le nom de certaines *gentes* patriciennes; mais ce n'est pas là une règle absolue, et il est permis de penser que ces *gentes* n'étaient qu'une partie relativement peu considérable de leur population. C'est ainsi que dans les *toudfeq* kabyles on rencontre souvent des *kharroubat* principales qui donnent leur nom à l'ensemble, mais sont loin de remplir à elles seules ces circonscriptions naturelles. Par exemple, le toufîq des Aït Ameur ou Saïd, comprend le hameau proprement dit Aourir Ameur ou Saïd, puis les hameaux de Tilililt, Iril Bougueni, Thazga Melloul, Iril Qecîr, Tamekerest, et Tarzout; le toufîq des Aït Zirî est composé des hameaux de Aït Zirî, Aït ou Ali, Iguesdhem et Thaguelmimth ; le toufîq des Aït Ali ou Mohamed comprend le hameau de Aït Ali ou Mohamed, Takhelijt, El Koubbeth, et Sîdî Ahmed ou Dris. Il se pourrait encore que les noms patriciens de plusieurs *pagi* n'aient eu aucune valeur réelle, et aient été simplement des dénominations générales qui n'impliquaient ni ancêtre commun ni parenté entre les familles. Ainsi, dans le toufîq des Aït Sîdî Ahmed ou Youcef qui renferme le hameau des Aït Ali ou El Mahdi, celui des Ichalalen (descendants de Chalal), et plusieurs autres, on ne trouve pas de descendants d'un ancêtre éponyme qui se serait nommé Sidi Ahmed ou Youcef. Il en est de même dans le toufîq des Iazzougen et dans celui des Aït el Azîz. Si l'on admet avec nous que les *pagi* célèbres des Æmilii, des Camilii, des Claudii, des Cornelii, des Fabii, des Galerii, des Horatii, des Lemonii, des Menenii, des Papirii, des Pollii, des Pupinii, des Romilii, des Sergii, des Veturii, des Voltinii, aient présenté toutes les variétés de composition qu'offrent les touâfeq analogues du Djurdjura, à plus forte raison les *pagi* dénommés d'après les lieux qu'ils occupaient, comme le pagus Aventinensis, le pagus Janiculensis, le Cermalus, la Velia, le Fagutal, peuvent-ils être assimilés aux touâfeq et aux tiddar kabyles d'Agouni n tsellent (le plateau du frêne), Aafîr (le fossé), Agouni ifllkan (le plateau des fougères), Taka (le génévrier), Souama (les minarets), Djemâa es Sahridj (l'assemblée du bassin), etc... Enfin les *pagi* qui portaient simplement le nom d'un homme, Oppius, Cispius, peut-être en souvenir d'anciens propriétaires qui avaient bâti les premiers sur les emplacements des villages, ressemblaient à la taddèrt d'Iguer Amran (le champ d'Amran), d'Iguer Madhi (le champ de Madhi), et de Taourirt Mimoun (la colline de Mimoun).

Chacun de ces *pagi* avait très certainement son organisation indépendante, son assemblée, son petit sénat, sa loi, comme les tiddar kabyles ont leurs djemâat complètes ou restreintes, et leurs kanoun. L'autorité y appartenait aux hommes âgés les plus considérables, soit par leur fortune, soit par leur naissance (primores, seniores) (1). L'administration était confiée à deux d'entre eux : l'un présidait l'assemblée et s'occupait de la police, l'autre gérait les finances, et nous en fournirons la preuve quelques pages plus loin quand nous traiterons des curies. Ce sont là justement l'amîn et l'oukil des tiddar. Des relations mutuelles, tantôt pacifiques, tantôt hostiles, de ces petites cités, résultaient des ligues tout à fait semblables à nos çof kabyles : elles se groupaient en confédérations plus ou moins denses, dont les « Arch » du Djurdjura sont les images vivantes. Ainsi les « Septem pagi » d'au-delà du Tibre, et le Septimontium dont nous avons déjà cité les bourgs, ne différaient

---

(1) En kabyle, *Imokrânen*.

en rien du « Arch » des Aït Menguellat qui comprend les sept touâfeq (1) des Aït Ikhelef, Taourirt n Tidits, Ouarzen, Ouaïtslid, Aït Aïlem, Tamejjout, Aït Ameur ou Saïd. Nous pouvons imaginer une dizaine de ces groupes dans les temps si mal connus où commence la formation de Rome, et attribuer en moyenne mille habitants à chacun d'eux. La somme en serait équivalente à la moitié de la commune mixte de Fort National.

LES CURIES LATINES : OPINIONS DE TITE-LIVE, DENYS D'HALICARNASSE, NIEBUHR, MOMMSEN, LANGE.

Peu à peu les confédérations (fœdera) qui comprenaient chacune un nombre variable de *pagi* resserrèrent leurs liens. Les assemblées générales, qui en étaient d'abord l'expression accidentelle et irrégulière, furent tenues à époque fixe et multipliées. Le pouvoir législatif et coercitif des petites assemblées des *pagi* leur fut attribué. En un mot, il se forma dans le Latium, au-dessus des *pagi*, des cités de second degré semblables aux cités du Mezâb. En même temps, les *pagi* tombèrent au rang d'organes secondaires. Nous avons déjà suffisamment décrit ce mode d'agglutination. Or il était naturel que l'on désignât par un nom nouveau ce nouvel état des *pagi* qui perdaient leur ancienne indépendance pour se subordonner à une forme supérieure. Ce nom fut : *Curiæ*, d'un radical sanscrit (2), *vas*, qui signifie *habiter*. Curia, ou premièrement peut-être Covisia, pourrait être traduit par « voisinage ». C'est là précisément le sens de *qebîla*, d'après la définition des meilleurs grammairiens et jurisconsultes arabes, et les Mozabites en particulier entendent par qebîla, sans la moindre diffé-

---

(1) Pl. de *touflq*.
(2) Lange, *Römische Alterthümer*, vol. I.

rence, ce que les Romains entendaient par curia. Nous partageons l'opinion de Lange sur le peu de valeur qu'il faut attribuer à l'étymologie sabine de *Curia* et de *Quirites*. De ce que « lance » se soit dit « quiris » dans le dialecte sabin, il ne s'ensuit pas que les curies soient une institution sabine ou aient représenté exclusivement l'élément sabin des Titiès ; encore moins est-il admissible que les curies aient reçu le nom des Sabines enlevées par Romulus et ses compagnons, comme le veut la fable galante rapportée par Tite-Live et par Denys d'Halicarnasse ; mais ces détails sont secondaires en comparaison de la nature même des curies et de la définition que nous sommes forcés d'en donner d'après ce que nous observons dans les cités africaines. Nous ne pensons pas qu'elles aient été des subdivisions artificielles créées par un sénat ou par un roi à une époque quelconque. Elles ne sont pas plus artificielles que les *gentes* elles-mêmes.

Ce n'est pas sans hésitation que nous avançons cette proposition. Nous avons contre nous Tite-Live, Denys d'Halicarnasse, Niebuhr, peut-être M. Mommsen, et très certainement M. Lange. Il est nécessaire, avant de poursuivre, d'écarter les objections que leur théorie permettrait de nous opposer.

Tite-Live nous apprend que Romulus créa les curies et leur donna les noms des Sabines, auteurs de la paix entre les Romains et les Sabins. Son affirmation est formelle, mais peut-on l'admettre sans scrupule alors que l'existence même de Romulus est contestée ? Ne serait-ce pas là une de ces fables poétiques que l'univers vaincu devait accepter et subir sans murmure, comme il subissait l'empire romain lui-même ? (1)

Après la mort de Rémus, dit Denys d'Halicarnasse, le

(1) Tite-Live. Préface, et liv. I.

peuple romain, qui était d'abord très nombreux, « diminua de beaucoup, car il n'en resta plus que trois mille hommes de pied et trois cents cavaliers. » (1) On ne saurait trouver assurément de condition plus favorable à l'institution de trois tribus et de trente curies. Et, en effet, continue Denys, « voici de quelle manière Romulus s'y prit : il partagea tout le peuple en trois corps, mettant à la tête de chacun un chef distingué par son mérite, puis il divisa chaque corps en dix autres, dont il donna le commandement à autant de capitaines des plus braves. Il nomma tribus les *trois* grands corps, et, les *trente* moindres, il les appela curies ; on leur donne encore aujourd'hui ce même nom. *Tribu*, c'est ce que nous exprimerions en grec par ces mots *phylé* et *trittys*, qui signifient une troisième partie du peuple, et le mot de *curie* se peut rendre dans notre langue par *phratra* et *lochos*, qui signifient une compagnie de soldats. » Comme Denys se persuade avec la même facilité que les patriciens d'une part et les plébéiens de l'autre furent également créés par Romulus afin que « les gens de qualité ou réputés pour avoir du mérite fussent séparés de la lie du peuple », il est vraiment difficile de critiquer son système. Une si belle œuvre d'imagination ne souffre pas d'être discutée. Il suffira peut-être de rappeler qu'elle repose tout entière sur le fameux discours de Romulus qu'on peut lire au chapitre II du livre II des *Antiquités romaines*, et sur la réponse qu'y fit le peuple romain : « Nous ne voyons pas que la royauté convienne à d'autres qu'à vous, tant par rapport à votre mérite personnel qu'à cause que vous êtes du sang royal, mais principalement parce que nous avons eu l'honneur de vous avoir pour conducteur de cette colonie, et que nous connaissons votre

---

(1) Les *Antiquités romaines* de Denys d'Halicarnasse, traduites en français avec des notes historiques, géographiques, chronologiques et critiques, par M. ***. Paris, 1723, t. I, liv. II.

prudence et votre valeur dont vous nous avez donné des preuves, moins par vos discours que par vos actions. »

Niebuhr (1) consacre à peine quelques lignes aux curies des premiers temps de Rome ; elles ne sont, à ses yeux, que des circonscriptions électorales comprenant un nombre déterminé de *gentes* ; mais sa théorie des « gentes » est assez célèbre. Il les regarde comme des subdivisions artificielles des tribus, et les fait dépendre de la constitution de l'Etat romain : « Ce sont, dit-il positivement, des corporations qu'un législateur a organisées en harmonie avec ses institutions ; d'ailleurs, il n'y a pas dans le monde ancien d'institution plus générale. » Il s'ensuit nécessairement que les curies, qui supposent les « gentes », sont, elles aussi, l'œuvre d'un législateur.

L'illustre historien diffère ici moins qu'on ne peut croire de Denys d'Halicarnasse avec lequel il a, d'ailleurs, beaucoup d'affinité, et qu'il appelle « un scrupuleux auteur de recherches archéologiques. » Bien qu'il ait rejeté l'histoire et même l'existence des premiers rois de Rome dans le domaine de la fable, affirmant sans ménagement ce que la fine critique de Beaufort s'était contenté d'indiquer, il a gardé la conception d'un pouvoir absolu qui aurait organisé l'Etat romain du sommet à la base, en aurait inventé tous les ressorts, en aurait rangé tous les citoyens dans des cadres fixes, enfin aurait créé de toutes pièces une société, au lieu de consacrer des faits accomplis. Il ignore Romulus ; mais il invoque l'exemple de Doria qui délivra Gênes des dissensions des Fregosi et des Adorni, en répartissant tous les habitants de la ville dans ses vingt-huit *alberghi*. Tout son ouvrage est distribué conformément à cette idée première. Après avoir disserté sur le peuplement de l'Italie, quand il aborde « les commencements de Rome et de ses

(1) *Histoire romaine*, vol. I et II.

anciennes tribus », il expose *a priori* que les Romains sont un peuple triple, formé par la réunion des Ramnès, des Titiès et des Lucerès ; il admet que les trente curies ont pu être créées immédiatement après cette formation de Rome, d'après la règle fondamentale de la triplicité « que l'on retrouve dans toute l'antiquité » ; puis il passe aux trois cents *gentes,* les étudie longuement, et tente de démontrer qu'elles dérivent, elles aussi, de la constitution de l'État ; il termine par les sénateurs, dont le nombre répond à celui des gentes. Il parcourt ainsi une série mathématique dont la simplicité ne le surprend ni ne l'inquiète, parce que l'usage du nombre trois multiplié par dix est précisément, suivant lui, un des traits caractéristiques de la race latine. On ne peut nier assurément que le tableau qu'il nous présente n'ait été exact, ou peu s'en faut, à un certain moment de l'histoire de Rome sous les rois ; mais autre chose est de constater un état, autre chose est de l'expliquer. Niebuhr, en face de cette Rome imaginée comme une pyramide à la base de laquelle seraient trois cents gentes, au milieu trente curies, et au sommet trois tribus, en décrit la construction à partir du sommet. Il déduit l'étage moyen de la pointe, et la base de l'étage moyen ; mais la méthode contraire est seule recevable. Ce sont les gentes libres à l'origine, indépendantes dans leurs pagi, qui ont formé les curies, puis les curies ont formé les tribus, puis les tribus se sont associées. N'allons pas plus loin cependant. Il nous suffit de faire observer qu'en étudiant ici les curies latines nous nous plaçons dans une période antérieure de beaucoup à celle que Niebuhr a restaurée. Au point où nous en sommes, c'est-à-dire au moment où il nous semble voir apparaître ces organes nouveaux de la Rome future, il n'y a pas encore pour nous de tribus de Ramnès, de Titiès et de Lucerès ; encore moins ces tribus se sont-elles réunies pour former la ville de

Rome. A la rigueur, nous aurions pu nous abstenir de porter un jugement sur ce système, parce qu'il appartient à une époque que nous n'avons pas l'intention d'aborder.

La théorie de M. Mommsen (1), brièvement exposée dans son *Histoire romaine*, paraît d'abord contraire à celle de Niebuhr : « Dix maisons, dit-il, forment une gens ou famille (*lato sensu*); dix gentes ou cent maisons forment une curie (*curia :* de *curare, cœrare*) ; dix curies ou cent gentes, ou mille maisons, constituent la cité. » Tel est bien l'ordre suivant lequel se forment ces sortes d'agglomérations. M. Mommsen a, en outre, reconnu la grande importance des curies, sans toutefois en préciser nettement le caractère. Pour lui, la curie n'est pas une simple circonscription : elle est le noyau de la cité. « Elle est, dit-il, le seul organe resté réellement debout dans tout cet antique mécanisme; elle est décuple dans la cité, ou, s'il y a plusieurs tribus dans celle-ci, elle est décuple dans chaque tribu. Elle est la véritable unité d'association ; elle est un *corps constitué*, dont tous les membres se réunissent au moins pour les fêtes communes: elle a son curateur (*curio*) et son prêtre spécial (*flamen curialis*), le flamine curial. Le recrutement, les taxes se lèvent par curies ; c'est par curies que les citoyens se rassemblent et émettent leurs votes. Et pourtant elles n'ont point été créées en vue du vote ; autrement leur classification se fût faite, à coup sûr, par nombres impairs. » Il est difficile de mieux définir en peu de mots le rôle considérable que jouaient les curies dans l'Etat romain ; mais c'est encore à un état constitué que nous avons affaire ici, et, qui plus est, à un état formé d'après une règle inflexible. Accordons à M. Mommsen que la cité latine se partage nécessairement suivant le système décimal, « système antique qui

---

(1) Histoire romaine, vol. I.

remonte bien au-delà de la séparation des races »; il faut qu'un nombre d'hommes considérable soit réuni pour que ce système soit appliqué, les dix curies supposant mille maisons, c'est-à-dire quatre ou cinq mille personnes. Le tableau tracé par M. Mommsen appartient donc au temps où la cité existait déjà, complètement organisée, par les soins de quelque ordonnateur. Peu importe que cet ordonnateur soit inconnu; la distribution nécessaire de tout un peuple en dix, cent, et mille circonscriptions de trois grandeurs, exige une intervention supérieure, et M. Mommsen ne refuserait pas de l'admettre, puisqu'il note, quelques lignes plus loin, que les gentes elles-mêmes auraient pu être réduites ou dédoublées. Nous revenons ici par un chemin détourné à la conception de Niebuhr. Tandis qu'aux yeux de Niebuhr le principe essentiel de l'État romain est la multiplication de trois par dix, cent, et mille, M. Mommsen se contente de dix comme point de départ; mais pour lui, comme pour son devancier, avant l'application de ce nombre invariable, la cité n'existe pas, et ses éléments ne forment qu'une masse confuse, évidemment indigne d'intérêt. Nous répondrions donc à M. Mommsen, comme à Niebuhr, que l'état qu'il nous présente n'est pas celui que nous étudions. Encore une fois, nous ne nions pas que les tribus constitutives de Rome aient été partagées à une certaine époque en dix curies, cent gentes, mille maisons; mais cela fut la fin, et non pas le début de la première période de leur histoire.

Lange (1) est beaucoup plus précis. « L'Etat Romain fut
« fondé, dit-il, du jour où les deux tribus des Ramnès et
« des Titiès se furent réunies, et ce qui le prouve est pré-
» cisément que le peuple fut partagé en curies à ce moment
« même. On put dès lors prendre des résolutions commu-

(1) Römische Alterthümer, vol. I.

« nes, grâce à ces subdivisions *artificielles* de l'Etat sous
« lesquelles subsistèrent les subdivisions naturelles des *fa-
« milles*. La tradition légendaire veut, il est vrai, que ces
« familles elles-mêmes soient la conséquence de la fusion
« des tribus. Romulus aurait donné aux curies le nom des
« femmes sabines enlevées, ou encore les noms des femmes
« qui auraient ménagé l'alliance ; la forme la plus ancienne
« de la légende porte le nombre des Sabines enlevées pré-
« cisément à trente, ce qui correspond au nombre des cu-
« ries. Que cette assertion soit erronée ou absolument
« fausse, et que l'anachronisme y soit évident, car il ne put
« y avoir trente curies qu'après l'adjonction de la troisième
« tribu, les Lucerès, il n'en est pas moins remarquable que
« la légende établisse un rapport étroit entre l'institution
« des curies et la fusion des Ramnès et des Titiès. Elle ne
« l'aurait pas fait, s'il n'eût existé une tradition suivant la-
« quelle l'union des deux peuples et l'institution des curies
« étaient deux faits corrélatifs. Cette tradition paraît se
« rattacher au nom des Quirites, car le peuple romain prit
« ce nom à partir de la réunion des tribus, comme les an-
« ciens le reconnaissent. *Quirites* n'étant pas le nom propre
« des Sabins, la raison de cette dénomination doit être cher-
« chée dans quelque chose qui soit commun aux deux tri-
« bus. Or, l'institution des curies non seulement leur était
« commune, mais encore était proprement la forme de leur
« communauté, parce qu'elle permettait que la décision de
« chaque tribu pesât d'un poids égal, soit dix voix, dans les
« délibérations générales.... *Quirites* désigna certaine-
« ment les Ramnès et les Titiès réunis parce qu'ils se ré-
« partirent en curies et que leur union résulta de cette ré-
« partition...... (plus loin § 45). Il est superflu de produire
« des arguments pour prouver que les *curies* sont une
« *création artificielle ; personne n'en a jamais douté*, et la

« faute de Niebuhr consiste simplement en ce qu'il a cru
« devoir considérer les familles comme des institutions de
« même genre... »

Ici encore nous retrouvons les curies créées après la formation de la cité ; seulement, tandis que la Rome primitive est triple chez Niebuhr, une chez Mommsen, elle est double chez Lange. Cette différence ne saurait avoir d'importance, et nous n'avons qu'à opposer à l'auteur des « Römische Alterthümer » la même fin de non-recevoir qu'à ses devanciers. Nous répétons que nous ne nous plaçons pas au moment où deux ou trois tribus se sont réunies pour constituer l'État romain, mais à celui où la première tribu du futur État, que nous pouvons nommer par avance la tribu des Ramnès, commençait à se former d'elle-même, sans le secours d'aucun organisateur, par l'agglomération d'un certain nombre de *pagi* précédemment indépendants les uns des autres. D'ailleurs n'est-il pas très surprenant que dans cette théorie de Lange, l'ordre naturel suivant lequel les familles ont formé les pagi, et les tribus l'État, se trouve renversé sans raison quand il s'agit des rapports des curies et des tribus ? Nous y voyons le futur empire romain s'élever sur les degrés suivants ; familles, pagi, curies, État. Les familles engendrent les pagi, les tribus engendrent l'État. Comment donc expliquer cette anomalie singulière dans le milieu de la série, les tribus engendrant les curies ? On répondra qu'en réalité les curies ne doivent pas être comptées parmi ces degrés ; ce seraient des subdivisions artificielles en dehors de la formation naturelle de l'État ; mais le même raisonnement ne pourrait-il pas être appliqué aux familles par rapport aux pagi, et, dans cette voie, Niebuhr n'était-il pas conséquent avec lui-même quand il soutenait que les familles étaient des créations artificielles aussi bien que les curies ? L'argument tiré de la légende qui paraît « établir

un rapport étroit entre l'institution des curies et la fusion des Ramnès et des Titiès », ne saurait nous satisfaire, car on fait trop bon marché de la légende dans maint autre cas pour qu'elle puisse avoir ici une autorité suffisante. Quand elle affirme que les familles sont des créations artificielles, on ne lui accorde, et très justement, aucune créance. A plus forte raison est-il impossible d'établir un système, non pas même sur un fait, mais sur la coïncidence hypothétique de deux faits qu'elle signale. Il nous paraît plus sage de la rejeter en bloc, parce qu'elle est sans conteste de beaucoup postérieure à ce qu'elle prétend expliquer, et nous pouvons nous en tenir sur ce point à l'opinion de Lange lui-même qui déclare « qu'en ce qui touche l'organi-
« sation de la commune romaine primitive, et les établisse-
« ments de Romulus, la légende ne nous apprend rien que
« nous ne sachions déjà sans elle. »

COMPARAISON DES CARACTÈRES DES CURIES LATINES AVEC LES CARACTÈRES CORRESPONDANTS DES QEBILAT MOZABITES.

Ces grandes autorités écartées, voici notre preuve. Elle n'est pas directe, et en effet quel témoignage certain nous est parvenu de ces époques lointaines ? Mais s'il a jamais été légitime de tirer une conclusion évidente d'une série d'analogies bien constatées, nous estimons que ce qui va suivre démontrera suffisamment que les curies latines, organes essentiels des tribus naissantes, loin d'avoir jamais été inventées, sont simplement d'anciens *pagi* subordonnés à la forme définitive et supérieure de ces mêmes tribus. Nous allons rappeler successivement, sans en omettre aucun, tous les traits caractéristiques que les curies de la Rome royale ou républicaine avaient conservés comme des indices de leur organisation et de leur rôle antiques ; nous les opposerons aux traits analogues que nous avons remarqués dans les qebilat des villes mozabites, et il en résultera, nous le pensons, la certitude que ces deux organes sociaux sont exactement de même nature. Or les qebilat mozabites sont d'anciens qçour (lesquels répondent exactement aux *pagi* du monde latin), amoindris au profit de la cité qui les comprend ; elles sont cela, et rien autre chose. Qu'en conclure, sinon que les curies sont elles aussi d'anciens *pagi*, et qu'ayant eu la même origine que ces qebilat, elles doivent avoir eu la même histoire ?

CARACTÈRES DES CURIES LATINES.

Les curies avaient leurs marchés et leurs quartiers distincts. Sept sur trente de leurs noms nous ont été conservés, *Veliensis, Foriensis, Rapta, Velitia, Titia, Faucia, Aculeja*(1). Le rapport du nom *Veliensis* à la *Velia*, pointe septentrionale du Palatin, et du nom *Foriensis* au *Forum Romanum*, est trop évident pour qu'on puisse chercher ailleurs une explication. Titia, Velitia, Faucia, Aculeja, qui sonnent comme des noms de « gentes », s'expliquent très bien si l'on admet que certaines curies ont pu recevoir des noms de familles importantes ou de grands propriétaires de biens-fonds. C'est du moins une cause semblable, et toute locale, qui explique que les tribus rustiques aient porté des noms de gentes.

De même que le *populus*, considéré comme une grande famille, avait un seul foyer et une seule *regia*, de même chaque curie avait son foyer dans une chapelle particulière. Primitivement, les locaux affectés aux trente curies étaient contigus et réunis dans une grande maison située sur le Palatin. Quand plus tard on construisit une nouvelle Maison de ville au Compitum Fabricium, la Foriensis, la Rapta, la

(1) Cf. Lange, Röm. Alt. V. 1.

Veliensis, la Velitia, ne consentirent pas au déplacement de leurs « sacra », et le bâtiment dans lequel elles demeurèrent fut dit par la suite « curiæ veteres ». Les vingt-six autres s'installèrent dans la maison nouvelle qui fut appelée « Novæ curiæ ». Dans chaque salle, les membres de chaque curie, les « curiales », prenaient ensemble le repas sacré près du foyer commun, et entretenaient ainsi en eux-mêmes le sentiment de l'unité. Dans les chapelles, sur les *mensæ curiales* qui tenaient la place des autels conformément à d'anciens rites, ils sacrifiaient à la Juno Quiritis, face féminine de Jupiter et de Quirinus, peut-être parce que les curies, dit Lange, paraissaient occuper dans l'Etat, en face du roi, la même place qu'occupait la *materfamilias* en face du *paterfamilias*. Leur importance était considérable : les *sacra curionia* étaient considérés comme des *sacra publica*. Outre le culte de Juno Quiritis, de Vesta, et quelques autres fêtes communes, chaque curie avait ses « sacra » particuliers, et l'ordonnateur de ses cérémonies était un personnage nommé *Curio* ou *Curionus* qui recevait de l'Etat un traitement, *æs curionium*, pour l'entretien du culte. A côté du curion était un *flamen curialis*, chargé des affaires temporelles et d'une partie des spirituelles. Ces flamines devaient, comme les *curiones*, être âgés de plus de cinquante ans, étaient nommés à vie, et exemptés du service militaire. Un *curio maximus* était à la tête de toutes les curies, choisi vraisemblablement parmi les trente curions.

Les curies n'étaient pas contenues dans les limites du droit religieux : la religion n'était même qu'une consécration de leurs droits politiques. C'est par « curies » que se faisait le recrutement militaire. Chacune d'elles fournissait une compagnie de cent hommes, *centuria*. Quand le roi constituait le Sénat, il choisissait dans chaque curie dix sénateurs. Enfin les curies « faisaient » le roi, *creabant Re-*

gem, et, en effet, ce n'étaient pas seulement les « *patresfamilias* » qui devaient concourir à cet acte, mais aussi les « *filiifamilias* » en âge de porter les armes. La *lex curiata de imperio*, était proprement une résolution populaire qui subsista, comme la *Patrum auctoritas*, jusqu'à la fin de la République, même quand le rôle des comices par curies eut été complètement modifié. Un magistrat auquel les curies n'avaient pas accordé l'imperium, ne pouvait ni convoquer l'armée, ni prononcer un jugement ; car il était alors dépourvu du seul moyen par lequel il pût entreprendre sur la souveraineté des « *patresfamilias* ». Le sens des mots *imperium* et *imperator* a été plus tard restreint dans une certaine mesure à l'autorité militaire ; mais il n'en faudrait pas conclure qu'ils lui aient été d'abord et exclusivement réservés.

Les assemblées (*comitia*) des Patriciens qui composaient les curies étaient de deux sortes : *calata*, *curiata*. Dans les premières (comitia calata), on ne traitait que d'affaires religieuses. Le verbe *calare* (appeler), et ses dérivés, dont le sens était d'abord d'un usage commun, avaient fini par recevoir une acception tout à fait ecclésiastique (les *calatores* sont, par exemple, les serviteurs des Pontifes). Ces « comitia » étaient dits « calata » à cause du mode de leur convocation qui consistait en un simple appel public dont un *lictor curiatius* était chargé. Les lieux ordinaires de réunion étaient, soit la place qui s'étendait sur la colline du Capitole, devant la curia Calabra, soit, ce qui se comprend sans peine, le Comitium. Tous les *comitia calata* étaient inaugurés par des auspices. Ils étaient convoqués pendant la période royale: 1° pour l'inauguration du roi une fois élu ; 2° pour l'inauguration des prêtres royaux ou flamines ; 3° pour la validation des testaments deux fois par an ; 4° pour l'acceptation préliminaire de la *detestatio sacrorum* avant l'*arrogatio* ; 5° enfin tous les mois, aux Kalendes et aux Nones, pour la publication du calendrier des fêtes. C'était sans doute le roi, et éventuellement l'interroi, qui les convoquait; le *rex sacrificulus* jouait aussi un certain rôle dans la promulgation des fêtes. Ces comitia perdirent graduellement de leur importance, à mesure que l'Etat Romain devint plus laïque. La validation des testaments *comitiis calatis* fut remplacée par des formes de testament plus commodes; la promulgation du calendrier des fêtes tomba au rang d'une simple formalité à partir de l'an 304, quand ce calendrier cessa d'être le secret des Pontifes; l'inauguration des flamines et du *rex sacrificulus* subsista, mais n'eut plus qu'une valeur politique comme ces emplois sacerdotaux eux-mêmes (1).

Les *comitia curiata* étaient de beaucoup plus importants. Le peuple des Quirites y répondait par *oui* ou par *non* aux questions les plus graves que lui posait le chef de l'Etat, ou son représentant, en matière de politique intérieure ou extérieure. Les citoyens y étaient convoqués par des citations nominatives. Le lieu de réunion était la partie du Forum romanum appelée proprement « Comitium », là où se trouvait le « Mundus » de l'état fédératif des Quirites, c'est-à-dire la fosse sacrée des Mânes et des Dieux souterrains. La volonté du peuple s'y manifestait d'abord *viritim*, c'est-à-dire que les hommes qui composaient chaque curie donnaient leur avis individuellement dans leurs curies. Pour cela, les curies étaient séparées les unes des autres sur le terrain, suivant une disposition qui n'est pas encore bien connue. La résolution prise par les membres de la curie constituait « la voix de la curie ». Enfin une curie désignée par le sort votait la première (*principium*). Toutes les autres votaient ensemble, mais l'ordre dans lequel on proclamait le résultat du vote devait être fixé par le sort.

(1) Lange, *Röm. Alt.*, *ibid.*

La souveraineté du peuple se manifestait dans ces comices suivant certaines règles très précises. Le peuple écartait d'un mot la proposition qui lui était faite sous la forme « *velitis, jubeatis, Quirites* » ; ou bien il l'acceptait en répondant « *uti rogas* ». Dans ce dernier cas, il y avait « ordre du peuple », *jussus populi*. Toutefois, remarque Lange, ce n'était pas de son propre mouvement, mais sur l'ordre du roi ou de l'interroi, qu'il se réunissait pour faire connaître sa volonté ; il n'avait pas le droit d'introduire d'amendements à la question posée, et à plus forte raison celui de prendre l'initiative. Denys d'Halicarnasse attribue aux comices curiates du temps des rois le droit de choisir les magistrats, de confirmer les lois, de décider de la paix, et de juger en dernière instance ; on peut du moins admettre que le *jussus populi* était exigible dans les cas suivants :

« 1° Dans l'*arrogatio*, dont le nom provient de la *rogatio*
« adressée aux *comitia curiata* qui répondaient affirmati-
« vement. Dans ce cas, le peuple déclarait légal que telle
« personne acquît la puissance paternelle sur telle autre qui
« ne dépendait pas d'elle par un lien naturel. La question
« (*rogatio*), qui était sans doute adressée par le roi aux co-
« mices pendant la période royale, appartenait, pendant la
« république, au Consul, et non au Pontifex Maximus. »

« 2° Dans l'acte par lequel des familles étrangères étaient
« reçues dans l'alliance des familles patriciennes. Cet acte
« était dit en général *cooptatio*, et en particulier *adlectio*,
« quand il concernait des familles plébéiennes. Comme il
« exigeait un *jussus populi* au temps de la république, il
« est certain que le roi ne pouvait l'accomplir seul pendant
« la période royale ... Une seule personne ou une seule fa-
« mille ne pouvait pas légitimer une telle anomalie ; car le
« *populus Romanus Quiritium* constituait tout entier une
« famille d'Etat. Il fallait donc pour cela une décision de

« la famille d'Etat elle-même, pourvu toutefois que le Dieu
« n'y mît pas opposition par des auspices défavorables.

« 3° Dans la désignation (*creatio*) du roi, telle que nous
« l'avons définie.

« 4° Dans l'acte par lequel le « regium imperium » était
« conféré au roi nouvellement élu. Le roi parlait alors le pre-
« mier, et demandait s'il pouvait user des droits restrictifs
« de la souveraineté légale des *patres familias*, et de la sou-
« veraineté légale et religieuse des *familles*. Les curies ré-
« pondaient « oui ». En d'autres termes, elles acceptaient
« la *lex curiata de imperio*. »

« 5° Dans la décision par laquelle le peuple se résolvait à
« attaquer un peuple étranger qui s'était déclaré son adver-
« saire, *perduellis*.

« 6° Dans le cas de peine capitale encourue par un ci-
« toyen coupable de *perduellio*, et en faveur duquel le roi
« aurait renoncé à faire usage de son imperium, moyennant
« la nomination des *duoviri perduellionis*. On sait que le
« condamné pouvait en appeler du jugement des duoviri »
« à la clémence du peuple. » (1)

CARACTÈRES CORRESPONDANTS DES QEBILAT MOZABITES.

Chaque curie romaine, avons-nous dit, avait une salle de
sacrifices et un lieu de délibération particulier. De même
chaque qebila d'une ville mozabite délibère dans une maison spéciale qui est son hôtel de ville. Bien que la cité mozabite se compose réellement de tous les citoyens qu'elle
renferme, et non pas d'une somme de qebilat, les anciens
qçour qui sont devenus des qebilat, conservent encore une
vitalité propre, et la cité ne cherche pas à les détruire,
pourvu qu'il soit bien établi que la police et l'autorité légis-

(1) Lange, *Röm. Alt.*, *ibid.*

lative appartiennent à elle seule. On observe, en étudiant de près cet organisme compliqué, qu'elle se contente de les maintenir isolés autant que possible. Nous avons rappelé plus haut par occasion les précautions qu'a prises Guerara contre les alliances clandestines des grandes familles, ou hachaïr. Si plusieurs hachaïr s'y réunissent dans une maison pour délibérer sur tout autre sujet qu'une question d'héritage, le propriétaire de la maison est passible d'une amende. Cette règle est universelle au Mezâb, et en effet, de telles réunions quand elles ne donnent pas naissance à des complots et à des guerres civiles, entretiennent au moins un esprit contraire à la liberté et à la fraternité des citoyens d'une République. Or, si la cité prévient avec tant de rigueur les conjurations des hachaïr, à plus forte raison doit-elle veiller, quand elle se compose de trois qebîlat, à ce que deux d'entre elles ne s'allient pas contre la troisième. Beni Sgen, par exemple, serait certainement ruinée, si les Aoulâd Anan avaient l'habitude de délibérer de concert avec les Aoulâd Idder, à l'exclusion des Aoulâd Mouça. Mais, sous cette réserve, chaque qebîla continue d'exercer ce qui lui reste de droits politiques, jusqu'au jour où, comme usée par la suite des temps, elle n'est plus qu'un rouage inutile, et alors même elle se distingue encore de ses voisines par le souvenir de son passé. Il est curieux d'en trouver un exemple, en dehors de notre Algérie, dans le tableau que M. Mircher (1) a tracé de la constitution actuelle de Ghadamès. « Dans presque tous les qçour du Sahara, dit-il, la population est divisée en plusieurs fractions, et chacune d'elles se cantonne, par des murailles, dans un quartier où les habitants des autres fractions ne pénètrent pour ainsi dire jamais. Ici (à Ghadamès), il en est de même

(1) Mircher et Polignac, *Mission de Ghadamès.*

des Beni Oulid, qui occupent l'ouest de la ville, et des Beni Ouazit, qui en occupent la partie est. Toutefois s'il y a eu, naguère, antagonisme ardent entre ces deux fractions de la population de Ghadamès, il n'en reste plus trace, même dans leurs souvenirs, et ce n'est *que par la force des habitudes traditionnelles que chacun continue à vivre encore presque exclusivement dans le quartier de ses pères.* La muraille de délimitation des deux fractions est noyée presque entièrement dans les massifs des maisons ; mais, sur la place du marché qui est commune aux deux fractions, restent debout et encore bien conservées deux espèces de petites Casbah, se faisant face l'une à l'autre, à 25 mètres de distance seulement, qui défendaient les communications intérieures principales des deux parties de la ville. »

L'existence distincte des qebîlat mozabites se révèlerait encore à nous par des mœurs très diverses, en raison de la différence d'origine des hommes qui les composent, si l'islamisme, et surtout le schisme ibâdite si rigoureux, ne les avait pas pliées sous une règle commune, et nous irons jusqu'à dire que, sans ce nivellement égalitaire, elles nous offriraient aujourd'hui le spectacle que présentaient les curies de Rome avec leurs religions et leurs pratiques particulières. Deux coutumes spéciales que j'ai notées à Melîka et à Beni Sgen en sont des preuves concluantes. Un cimetière est auprès de Melîka, qui, sans différer des autres champs de sépulture vraiment mozabites, éveille plus vivement que tout autre l'idée des nécropoles mégalithiques. Les tombeaux en sont élevés de près d'un mètre au-dessus du sol, et bâtis en ligne sur de larges gradins naturels : quand je les ai vus pour la première fois, je n'ai pu me défendre de les comparer aux constructions funéraires du Djebel Kharrouba ou du Fedj près de Khenchela. Sur le bord d'un chemin qui les contourne se dresse un pilier de maçonnerie dans lequel deux piquets ont été fixés à hauteur d'homme. Or il était d'usage autrefois que les principaux de chaque qebîla se réunissent en ce lieu avant d'envoyer leurs marchands dans des villes aussi éloignées qu'Alger, Constantine, ou Skikda (Philippeville). Les Mozabites regardaient alors un pareil voyage comme la plus dure des peines. « Le meurtrier, disent leurs Kanoun, sera banni pendant deux ans, et s'éloignera *jusqu'à ce qu'il ait vu la mer.* » On se réunissait donc au milieu des tombes, près d'une petite construction blanche qui renfermait les restes d'un saint illustre, intercesseur puissant auprès du Seigneur, on invoquait la faveur divine, on concevait des vœux, et, fait digne de remarque, mais absolument certain, on immolait des moutons, des chèvres, quelquefois des chameaux. Les corps des victimes étaient suspendus aux piquets du pilier, écorchés et distribués entre tous les membres de la qebîla. Comme chaque qebîla mozabite a son saint préféré, ne retrouve-t-on pas là les cultes particuliers des curies romaines et des phratries grecques? A Beni Sgen, c'est dans les cérémonies célébrées tous les ans en l'honneur des morts que les qebîlat affirment ce qui leur reste de personnalité en dehors des affaires politiques. Il est nécessaire, pour le bien entendre, de rappeler que, dans toutes les villes mozabites, chaque fraction honore solennellement ses morts à certains jours de l'année : nous avons déjà montré qu'un tel culte, élevé bien au-dessus des affections privées de la famille, constitue et consacre dans une certaine mesure la cité africaine primitive; les qebîlat n'étant plus que des éléments secondaires dans une ville mozabite, qui est une cité de second degré, il semblerait naturel que la cité entière eût substitué un culte universel à leurs dévotions particulières. Or il n'en est rien. Les familles (hachaïr) ont confondu leurs affections dans les qebîlat qui les enveloppent, mais elles ne vont pas au-delà. Il y a donc à Beni Sgen trois cultes funéraires juxtaposés. Les Aoulâd Idder ont leur fête des morts distincte de celle des Aoulâd Mouça, qui est encore distincte de celle des Aoulâd Anan. Je n'ai pas assisté à ces sortes de cérémonies parce que les gens de Beni Sgen avaient coutume d'attendre pour les célébrer que la chaleur de l'été eût fait fuir du Sahara les étrangers et la plupart des tribus arabes, mais j'ai vu à deux kilomètres environ de l'oasis, sur le flanc de la colline de Mourki, le long bâtiment isolé, blanc, orné d'arcades, où dès le mois de juille., les Tolba les accomplissent.

Le *curio* d'une curie romaine est exactement le kebîr d'une qebîla mozabite, qui lui-même correspond à l'amîn de la taddèrt kabyle. On n'en saurait douter, bien qu'il paraisse réduit à des fonctions sacerdotales dans la Rome des Rois, que des écrivains tous relativement modernes ont tenté de nous la décrire. Lange note avec raison que « la religion n'était qu'une consécration des droits politiques des curies, » et assurément il faut penser que les curions, leurs chefs, ont dû être primitivement autre chose que des prêtres : par exemple, il est nécessaire qu'ils aient été chargés de prévenir les désordres, de faire respecter les décisions des curies, d'infliger des amendes et de les recueillir. Or ce sont justement là les fonctions des Kebar mozabites, et surtout celles des Oumena kabyles. Il s'ensuit que le *curio* romain devait être λοχαγός en temps de guerre, comme le veut Denys d'Halicarnasse. Lange, qui le conteste, ignore-t-il donc que dans toutes les sociétés demi-barbares le commandement militaire ne se distingue jamais de l'autorité civile ? Le même homme qui prend soin des intérêts de la cité, qui la maintient en bon ordre, la représente dans les conseils, et reçoit en son nom les étrangers, est aussi celui qui marche à la tête de ses guerriers les jours de bataille. Nous ne sommes même pas surpris de voir chacune des curies romaines fournir en temps de guerre exactement le même nombre d'hommes. Sans prétendre qu'une pondération aussi juste se rencontre dans les qebîlat mozabites, il est certain que, comprenant dans chaque cité des nombres égaux de hachaïr (gentes), elles peuvent former des corps de troupe à peu près égaux. Le curio romain est assisté dans ses fonctions religieuses et dans une partie de ses fonctions politiques par un *flamen curialis*. N'est-ce point là l'oukîl des Kabyles, le Mqöddem des Chaouïa et des Mozabites ? Allons encore plus loin, et sûrement, dans la même voie. « Il est impossible, dit Lange, que le roi, quand il constituait le sénat, fût forcé par la coutume de choisir dans chaque curie dix sénateurs, pour composer le *regium concilium*. » Bien avant que les rois de Rome composassent leur sénat de 100, 200 et 300 membres, chaque curie avait son petit sénat particulier présidé par son *curio*. Il ne saurait en avoir été autrement. Or ces sénats de curie sont la même chose que les djemâat étroites des qebîlat du Mezâb, des tiddar kabyles et des thaquelathin de l'Aourâs, à tel point que le nombre des membres qui les composent est à peu près ou quelquefois exactement pareil.

Le *lictor curialius* est bien connu dans le Mezâb. On l'y appelle *Ichemj*. C'est un véritable « servus publicus ». Comme les cités mozabites ne sont pas assez riches pour entretenir un grand nombre d'*apparitores*, chacune se contente d'un seul « Ichemj » qui remplit des fonctions assez diverses. Il est chargé spécialement de convoquer à domicile les membres des Djemâat. On ne trouve ni au Mezâb ni en Kabylie deux sortes de réunions publiques dont l'une correspondrait aux *comitia calata*, et l'autre aux *comitia curiata* : elles se confondent en une seule. En Kabylie, le « comitium » est simplement le lieu de réunion de tous les adultes du village, tel que nous l'avons décrit; mais, dans les cités mozabites qui sont une somme de villages juxtaposés sous le nom de qebîlat, il n'en peut être de même, et c'est là que les institutions africaines ressemblent aux latines de la manière la plus frappante. Les Mozabites, même les plus intimement unis dans l'enceinte d'une seule ville, ont toujours regardé comme imprudent et presque impossible de tenir une assemblée plénière dans laquelle deux ou trois qebîlat seraient mêlées. Les intérêts de chacune étant encore très distincts et souvent contraires à ceux de ses voisines, il est toujours à craindre qu'une querelle éclate entre tant d'hommes mal façonnés à la vie parlementaire ; armés de clefs de bois sous leurs burnous, ils se livreraient bataille à la première injure. Chaque qebîla doit donc délibérer séparément. Ses électeurs, c'est-à-dire tous les Mozabites qu'on y compte en âge de porter les armes, se réunissent dans la salle ordinaire de ses séances ; les clients arabes, les Juifs, les Beni-Mekhzoum, n'y sont pas admis ; les fils y siègent à côté des pères. C'est bien là le *populus* tel qu'on l'entendait dans l'ancienne Rome. Les hommes d'expérience prennent seuls la parole, mais tous les assistants sont consultés : ils votent par tête, « viritim ». L'assemblée se dissout ensuite, et le président (curio) va immédiatement annoncer (renuntiare) et défendre dans la djemâa des Imokrânen la résolution qu'elle a prise.

Une qebîla mozabite, comme une curie romaine, ne délibère que sur le sujet proposé par le kebîr, au nom de la djemâa, qui tient la place du sénat et du roi de Rome dans le tableau que Lange nous a tracé ; mais il faut se garder d'attribuer une importance excessive à cette initiative de la djemâa. Sans nier que son autorité s'y manifeste avec un certain éclat, on peut affirmer que jamais les kebar qui la composent n'ont pris sur eux de réunir les qebîlat, et de leur soumettre une proposition, sans avoir auparavant sondé l'opinion publique avec le plus grand soin. Tout ce qui intéresse la cité, depuis les règlements de police les plus simples jusqu'aux déclarations de guerre, est connu et discuté longtemps à l'avance dans une infinité de conversations particulières, si bien que la djemâa prévoit clairement l'accueil qui sera fait à sa proposition par les qebîlat. Comme elle ne veut pas s'exposer à un refus qui ruinerait certainement son autorité, elle retire son projet s'il est défectueux, ou le modifie suivant les indications que le peuple lui-même lui fournit. De la sorte, quand le kebîr mozabite, à la façon du curio romain, soumet la proposition de la djemâa (sénat) à sa qebîla, en se servant d'une formule correspondant au « *velitis, jubeatis, Quirites* », il lui demande en réalité qu'elle confirme et fasse passer dans la pratique par un vote solennel les intentions qu'elle n'a exprimées jusque-là que d'une manière indécise. Le peuple répond « *uti rogas* », sans amendement, parce que la proposition est toujours formulée de telle sorte qu'elle ne donne lieu à aucune incertitude, la djemâa, qui sait où les discussions peuvent conduire, ayant pris soin de conformer tous les détails de son projet, comme le principal, à l'opinion publique.

Les sujets soumis aux qebîlat mozabites sont de beaucoup plus nombreux que ceux que Lange réserve aux curies, à la suite de restrictions difficiles à justifier. Nous sommes même surpris de le voir repousser sur ce point l'opinion de Denys, dont il admet d'ailleurs le système en général. Il est vrai que Denys contrarie là l'idée fort exagérée, suivant nous, que l'auteur des *Römische Alterthümer* se fait de l'autorité royale dans la Rome primitive : mais ce n'est pas le lieu de discuter cette théorie, ni même de déterminer tous les droits des qebîlat mozabites : nous devons nous contenter dans notre comparaison du minimum d'attributions reconnu aux curies latines.

L'*adoption* a pour effet d'ajouter un homme, et par suite un fusil, à la famille de l'adoptant. Un fait de ce genre, même isolé, doit éveiller des inquiétudes, car il rompt l'équilibre intérieur de la cité. Si l'adopté et l'adoptant appartiennent à la même hachîra (gens), il semble que rien de nouveau ne se soit produit, puisque la hachîra est une grande famille, néanmoins des dissensions peuvent en résulter, et les hachaïr ne sont pas toujours aussi bien unies qu'on l'imagine. Si l'adopté n'appartient ni à la même hachîra ni à la même qebîla que l'adoptant, la hachîra et la qebîla qu'il abandonnne sont non seulement affaiblies, mais très humiliées. Si l'adopté est un étranger, la hachîra et la qebîla de l'adoptant ne causent certes pas, en le recevant, un dommage direct aux autres hachaïr (gentes) ou qebîlat; mais, comme elles accroissent par là leurs forces et leur orgueil, elles excitent de la jalousie, et des craintes légitimes. Or nous avons déjà remarqué que la cité africaine, une fois formée, retient les éléments qui la constituent comme dans les mailles d'un réseau inextensible. Qu'il s'agisse d'une cité de premier degré comme la taddèrt kabyle, ou de second degré comme le qçar mozabite, la règle est la même. Les kharroubat et les hachaïr sont parfaitement libres de s'adjoindre tous les individus qu'elles veulent agréer, avant d'être constituées en taddèrt ou en qebîla, mais ensuite elles perdent ce droit de s'accroître à leur gré les unes à l'envi des autres par des moyens artificiels qui remettraient sans cesse la cité elle-même en question. Nous ne saurions trop insister sur les précautions prises par les djemâat pour que les hommes de différentes hachaïr communiquent entre eux le moins possible. Ces allées et venues ont toujours pour objet l'affaiblissement de quelque groupe voisin, une attaque subite, enfin la guerre civile. Comment donc la djemâa pourrait-elle admettre sans s'émouvoir, non plus seulement des entrevues et des pourparlers entre deux « hachaïr », mais la fusion de l'une dans l'autre par le moyen d'adoptions réciproques ? Ces considérations d'un intérêt capital, et beaucoup d'autres encore qui toutes ont trait au maintien du bon ordre dans la cité, expliquent l'intervention de la djemâa qui la représente, dès qu'un individu manifeste hautement l'intention d'en adopter un autre, lui imposent le devoir d'examiner s'il n'en résulte aucun danger public, et lui donnent le droit d'en décider. Il s'ensuit qu'en matière d'adoption les choses se passent dans une cité mozabite exactement comme dans l'ancienne Rome. Le futur adoptant demande d'abord la permission d'adopter « *rogat* », et, si les qebilat consentent, elles lui répondent par une formule affirmative analogue au « *uti rogas* ». C'est là une véritable « *arrogatio* ».

A plus forte raison, le consentement de toutes les qebilat d'une cité mozabite est-il indispensable s'il s'agit d'une *cooptatio*, c'est-à-dire si, non plus un individu, mais une famille étrangère demande d'être reçue dans l'alliance d'une de leurs « hachaïr ». C'est alors surtout que l'équilibre maintenu par la djemâa avec tant de sollicitude menace d'être rompu. Les Beni Mezâb y voient toujours un danger, et on pourrait donner de curieux exemples de leurs sentiments en pareil cas. A Ghardaïa, les Aoulâd Ammi Aïssa comprennent, outre leurs trois « hachaïr » essentielles dont nous avons déjà parlé (1), des Aoulâd Hamida, des Aoulâd Aïssa ben Ammou, et des Aoulâd Bokra ; les Aoulâd ba Sliman, pareillement, comptent, outre leurs deux fractions principales, des Afafra, des Nechâcheba, des Aoulâd Younès, des Aoulâd Mekisse, des Aoulâd Mahrez, des Aoulâd Nohé. Des deux parts, ces petits groupes secondaires se sont introduits dans

(1) P. 41.

la cité par suite de cooptations ; mais un fait nous prouve combien ces cooptations se sont fait attendre. Les Aoulâd Hamida, les Aoulâd Bokra, les Aoulâd Nohé, les Aoulâd Mekisse, les Nechâcheba, les Afafra, ne rendent pas d'honneurs aux marabouts Mohammed ben Yahia, et Slîman ben Yahia, héros éponymes des Aoulâd Ammi Aïssa et des Aoulâd ba Slîman. En revanche, ils vénèrent particulièrement Ammi Saïd, le saint *patron des étrangers*, et se font enterrer autour de sa kouba. Il y eut donc une période pendant laquelle chacune de ces « hachaïr » étrangères demeura en dehors de la cité de Ghardaïa. Peu à peu, elles se sont jointes, les unes aux Aoulâd Ammi Aïssa, les autres aux Aoulâd ba Slîman ; mais l'événement a montré qu'il eût mieux valu les tenir toujours à l'écart ; car le partage de ces forces s'est fait inégalement, et n'a pas peu contribué aux désordres qui ont été la cause déterminante de notre occupation de Ghardaïa. A Melika, quand les Beni Methar expulsés de Bou Noura demandèrent d'être admis dans la cité, de longues discussions s'élevèrent entre les deux qebilat qui la composaient, les Aoulâd Refian et les Aoulâd Brahim. On consulta, fait très remarquable, un personnage doublement étranger, un Azzâbi de Beni Sgen ; la djemâa se réunit sous sa présidence, et l'on arrêta ce qui suit : « Les Beni Methar n'entreront pas individuellement dans les qebaïl (pl. de *qebîla*), mais formeront une qebila à part. Ils n'accepteront aucune proposition, et ne devront pas en faire. Ils ne parleront pas longuement et n'accepteront pas d'invitation des autres qebaïl. Ils pourront cependant intervenir *pour mettre la paix entre les gens, à la façon des Tolba*. Quand les autres qebaïl auront à délibérer sur le paiement de l'impôt ou sur la guerre, elles prendront conseil des meilleurs d'entre eux. » Ainsi les citoyens de Melika, plutôt que que d'agréger les nouveaux venus par cooptation, ajoutèrent à leur cité une troisième qebîla dont le rôle devait d'ailleurs être salutaire, car, ils le disaient expressément, elle n'interviendrait que pour maintenir la concorde entre les éléments préexistants. Il est regrettable que cette convention n'ait pas été respectée. Les Beni Methar, à la suite de quelque révolution inconnue, ont passé dans la qebîla des Aoulâd Brahim, et lui ont donné une supériorité écrasante : elle compte, en effet, maintenant cent-vingt fusils, tandis que les Aoulâd Refian n'en ont que trente. La république de Melika, déjà réduite à la pauvreté par les digues de Ghardaïa, a dû négliger la science et les affaires pour ne s'occuper que de cette question intérieure et éviter la guerre civile.

Les cités africaines n'ont pas eu de rois tels qu'on imagine les premiers rois de Rome. En dépit de l'autorité qu'ils ont exercée, les grands chefs » de qçar ou de qebîla kabyle ne se sont jamais substitués aux « djemâat » pour entreprendre sur le droit privé, ou s'ils l'ont pu faire, ce n'a pas été en leur nom personnel, mais au nom de la religion musulmane sur laquelle ils se sont toujours appuyés. Il s'en suit que les qebîlat mozabites, pas plus que les tiddar kabyles, n'ont jamais eu lieu de se réunir pour conférer à un souverain le « regium imperium » et accepter la « lex curiata de imperio ». Cependant elles *créaient* leur chef en cas de guerre, exactement comme les curies de Rome. Ce chef élu était désigné par toutes ensemble, et il est sans exemple que le sénat (djemâa) les ait prévenues.

En ce qui concerne la guerre elle-même, la djemâa ne prenait jamais sur soi de risquer l'existence de la cité dans une aventure : elle s'assurait d'abord du consentement des qebîlat, et d'ailleurs, le plus souvent, la guerre existait de fait avant qu'on en délibérât. Elle était provoquée, non par des combinaisons politiques, mais par une nécessité évidente, par un dommage ou un outrage qui devait être immédiatement réparé par les armes. Les qebîlat insultées dans la personne d'un de leurs membres tenaient conseil séparément sans même attendre que le « servus publicus (*Ichemj*) les eût convoqués, elles prenaient la résolution de combattre, et la djemâa ne faisait qu'exprimer leur volonté. Le rôle de la djemâa redevenait prépondérant ensuite, parce qu'elle avait à maintenir la concorde entre le qebîlat et à régler leurs efforts pour mener l'entreprise à bonne fin : c'était elle aussi qui concluait la paix, conformément, sans aucun doute, aux intentions des qebîlat.

Quant à l'appel au peuple en cas de *perduellio*, il ne pouvait se produire dans les cités du Mezâb ni dans aucune autre du monde africain, parce que les djemâat ne prononçaient que très rarement la peine de mort et dans des circonstances précises qui n'admettaient pas l'intervention des qebîlat. En Kabylie, étaient punis de mort sur l'ordre de la djemâa et lapidés par le peuple entier la femme dont le déshonneur évident était une honte publique, le traître qui avait introduit l'ennemi dans la cité, le meurtrier qui avait violé la « anafa » de la djemâa. Il est évident que la cité, sous peine de se ruiner elle-même, ne pouvait permettre la révision de ses sentences dans les deux derniers cas surtout. Elle punissait tous les autres crimes seulement du bannissement ou de l'amende. On s'en est étonné, et nous lisons même dans le troisième volume de « La Kabylie et les coutumes kabyles », que « ce code pénal du village est une éclatante protestation du droit progressif contre le droit barbare de la famille » ; mais on s'explique cette apparente mansuétude, si l'on considère que « le droit sanguinaire de la famille qui n'admet qu'une peine, la mort, » subsistait à côté du droit de la cité, et que le criminel devait satisfaire à tous les deux. La famille se chargeant de frapper l'homme qui l'avait défiée et affaiblie par le meurtre d'un des siens, il était inutile que la djemâa décrétât encore la mort contre lui. Elle devait se contenter de lui infliger une amende et de l'exiler parce qu'il avait lésé son « honneur » en compromettant la paix publique. La compensation pécuniaire, probablement d'origine religieuse en Afrique sous le nom de *dia*, suppose le pardon de la famille, et ne peut être regardée comme un article de loi supprimant la peine de mort. D'ailleurs les Kabyles du versant nord du Djurdjura ne l'ont jamais admise.

Ces rapprochements, dont quelques différences de détail ne sauraient détruire l'évidence, nous permettent de conclure sûrement que les curies romaines et les qebîlat mozabites ne sont qu'un seul et même organe social, qu'elles se sont formées dans des conditions pareilles, enfin que les unes ne sont pas plus artificielles que les autres. A une certaine époque, la Rome primitive ressembla donc à une cité de l'Ouâd Mezâb. Ses *pagi* cessèrent d'être indépendants comme les tiddar kabyles, et s'agglomérèrent en une *tribu* compacte à la façon de Ghardaïa ou de Melika. Cette tribu qui vint à comprendre dix curies (qebîlat) s'appela la tribu des Ramnès. Son « Arx » (1) était la Rome carrée du Palatin, et son sanctuaire était la colline du Capitole, comme le tombeau sacré de Sî Bougdema, patron suprême de Ghardaïa, est en dehors de cette dernière, sur la colline isolée qui porte son nom. Le commerce attirait autour d'elle beaucoup d'étrangers, de fugitifs, de familles détachées des tribus environnantes. Cette plèbe, n'était pas sans analogie avec les Mdabih qui ont fait tant d'efforts pour pénétrer dans la cité de Ghardaïa : elle nous paraît même tout à fait semblable à ces Aoulâd Mekisse, Nechacheba, etc., qui ont fini, comme nous

---

(1) Equivalent arabe : qçar.

venons de le voir, par s'y faire admettre. Le sénat complet des Ramnès comprenait cent sénateurs, parce que chaque curie y comptait dix représentants, mais on peut conclure de ce que nous savons des curions, et d'un passage de Denys d'Halicarnasse, que les affaires courantes étaient réglées par dix de ces sénateurs, dont chacun représentait une curie, et qui correspondaient aux Mqöddemîn mozabites. Un d'entre eux, nommé peut-être pour un an, ou maintenu en charge tant que son administration n'encourait pas de blâme, était le premier personnage de la cité. A côté de cette Rome palatine était une autre tribu d'origine différente, mais pareillement constituée, la tribu sabine des Titiès. Telle est Melika près de Ghardaïa. Les Titiès étaient, comme les Ramnès, partagés en curies ; ils avaient aussi leur sénat et leur chef de guerre; leur « arx » était sur le Quirinal. Un troisième monticule, le Cœlius, était occupé par des Albains, les Lucerès qui, eux aussi, s'étaient fortifiés, et s'efforçaient d'égaler les deux tribus voisines. On pourrait comparer ces Lucerès aux gens de Bou Noura ou d'El Atef. En somme, ce tableau répond exactement à celui que le Mezâb nous offre aujourd'hui.

LES TRIBUS DES RAMNÈS ET DES TITIÈS ANALOGUES AUX ARCH DU MEZAB.

Ici s'arrête notre comparaison ; mais ce qui suivit jusqu'à ce que Rome complètement formée entrât dans le domaine de l'histoire pourrait aussi bien nous être expliqué par les constitutions du Mezâb, de l'Aourâs ou de la Kabylie. Car les règles par lesquelles les cités s'accroissent et s'agglomèrent les unes aux autres sont à peu près les mêmes que celles qui président à leur naissance. Les mêmes faits se reproduisent seulement sur de plus grands théâtres. Les

Ramnès et les Titiès en vinrent aux mains plus d'une fois sans doute, avant l'intervention des Sabines, leurs « *arces* » n'étant séparées que par un faible intervalle. De même, que de combats Ghardaïa et Melika se sont livrés ! Un jour vint, où, sans doute par crainte de quelque ennemi puissant, ils se rapprochèrent, sans cependant se confondre, et s'accordèrent réciproquement le *jus connubii* et le *jus commercii*: telles sont les relations des tribus kabyles entre elles. Un montagnard du Djurdjura y reconnaîtrait le noyau d'une de ses confédérations. Ils allèrent bientôt plus loin, et, réunissant leurs deux sénats, n'eurent ensemble qu'un seul *jus suffragii;* un seul *jus honorum*. J'imagine que c'est peu de temps avant ce moment qu'ils réglèrent le nombre de leurs curies de manière à se faire mutuellement équilibre. « Nous n'avons, dit Lange, aucun renseignement précis touchant la constitution de l'État qui résulta de la réunion des Ramnès et des Titiès, mais il est aisé de deviner que leur rapprochement n'eut d'abord pour résultat que la garantie réciproque du *jus connubii* et du *jus commercii*. Du reste les deux communes étaient vis-à-vis l'une de l'autre ce que furent plus tard les municipes vis-à-vis de Rome : elles n'avaient ni *jus suffragii*, ni *jus honorum* réciproques. Cet état fédératif nous est suffisamment indiqué par la double royauté de Romulus et de Tatius, par les marchés distincts, les habitations distinctes des Ramnès et des Titiès, par le nom de la place sur laquelle se réunissait le peuple des deux communes, *comitium*, entre le Quirinal et le Palatin, enfin par la coutume de fermer en temps de paix et d'ouvrir en temps de guerre le temple de Janus Geminus situé au pied du Capitole. L'union des deux communes devint plus étroite à mesure qu'elles se développèrent. Elle fut due probablement, sinon en droit, au moins en fait, à l'initiative de l'élément des Ramnès. Nous le soupçonnons en considérant que le nom des deux communes réunies fut à l'extérieur Ramnès (Romani), que la mort violente de Titus Tatius fut, d'après la fable, suivie de la domination unique de Romulus, et que, encore d'après la fable, l'interrègne fut exercé, après la mort de Romulus, par les cent *patres* de Romulus. Cette union s'exprime par un fait capital. La double royauté fut remplacée par une royauté alternative, comme nous le pouvons conclure du choix que les cent *patres* de Romulus firent du sabin Numa Pompilius, et de ce que, parmi les rois suivants, Tullus Hostilius tire son origine des Ramnès, Ancus Martius des Titiès. Les deux races étaient alors intimement jointes par un *jus suffragii* et un *jus honorum* communs. » C'est ainsi, sauf l'intervention des Rois, que Melika et Ghardaïa se sont formées chacune en particulier, et c'est par le même procédé qu'elles se seraient confondues en une seule ville, si leur destin l'avait voulu.

TRIPLICITÉ DE ROME ET DE BENI SGEN.

Quant à la fameuse adjonction des Lucerès, qui eut peut-être lieu sous le règne d'Ancus Martius, nous ne craindrons pas de dire en terminant qu'elle ne peut être bien expliquée que par ce que nous observons encore dans les villes mozabites, et particulièrement à Beni Sgen. Les Ramnès et les Titiès, lorsqu'ils délibérèrent sur l'introduction de ces nouveaux venus dans leur cité, se trouvèrent justement dans le cas où les Aoulâd Idder et les Aoulâd Mouça de Beni Sgen se sont trouvés, il y a deux cents ans environ, par rapport aux Aoulâd Anan. Las de leurs vieilles querelles, ils pensèrent qu'il leur serait avantageux de s'adjoindre un troisième groupe qui maintiendrait l'ordre dans leur ville par son influence pacifique, et même par sa seule présence. Les Lucerès comptaient peut-être autant de curies que les Ramnès et les Titiès ; du moins le nombre en fut complété de manière que leurs votes eussent autant de poids que ceux des deux tribus primitives. Leurs cent sénateurs siégèrent à côté de ceux des Titiès et des Ramnès, et le sénat de Rome fut complet. Disons mieux : Rome dès lors fut fondée. Or, qu'on veuille bien considérer une fois de plus que Beni Sgen est la plus riche, la plus brillante, la plus policée, la plus savante de toutes les villes du Mezâb, parce qu'elle n'est troublée par aucune dissension intestine, et qu'elle doit son bon ordre à la juste pondération des trois éléments qui la composent, à cette trinité des Aoulâd Idder, Aoulâd Mouça, Aoulâd Anan, dont les premiers répondent aux Ramnès, les second aux Titiès et les troisièmes aux Lucerès. Beni Sgen n'a pas été imprudente ou faible comme Melika et Ghardaïa. Elle n'a pas repoussé les Aoulâd Anan quand ils se sont offerts à elle, et, après qu'elle les eut admis, elle ne les a pas laissés se répartir entre les Aoulâd Idder et les Aoulâd Mouça : au contraire, elle en a formé une qebila nouvelle et modératrice, elle a voulu qu'ils comptassent dans la djemâa autant de voix que chacune des deux autres fractions de la cité, et, à partir de ce moment, sûre de la paix, elle a pu s'occuper avec soin de sa digue qui est une merveille, de son enceinte, de ses jardins et de son commerce. Pareillement, Rome, si petite encore, marcha d'un pas sûr vers sa prodigieuse fortune, parce que sa constitution intime fut triple et non double. Denys d'Halicarnasse en reporte tout l'honneur à Romulus ; Niebuhr croit reconnaître dans cette pondération un trait de mœurs particulier à la race latine ; peu s'en faut même qu'après avoir observé comme lui que presque toutes les cités grecques étaient partagées en trois tribus, quelques écrivains ne fassent de la « triplicité » un privilége de la famille indo-germanique répandue autour du bassin de la Méditerranée. Il n'en est rien. Nous avons affaire dans tout cela à des conceptions universelles, aux efforts plus ou moins heureux tentés par tous les hommes pour donner de la stabilité à leurs sociétés, enfin à une loi générale qui se trouve, suivant les circonstances, favorisée ou contrariée. Nous ne pouvons ajouter aux preuves que nous avons eu l'occasion d'en fournir rien de plus clair ni de plus décisif que cette ressemblance entre la maîtresse du monde à son début, et une bourgade fondée dans le Sahara par des Zenata qui sont peut-être d'origine chananéenne.

CONCLUSION.

Tel est le tableau d'ensemble que nous offrent encore aujourd'hui les cités formées par les Africains sédentaires, bien que notre gouvernement militaire ou civil, les circonscriptions nouvelles dans lesquelles nous les avons répartis, le code pénal et les lois d'exception que nous leur avons imposés, enfin le progrès incessant de notre civilisation, aient déjà modifié leur organisation et tendent même à la détruire. En résumé, ces sociétés procèdent toutes du même principe : elles sont des manifestations régulières de la liberté et de la sympathie réciproque des hommes dans des limites étroites ; elles ont pour organe principal la *djemâa*, assemblée générale en principe, mais souvent réduite à un conseil aristocratique, dont la fonction est d'assurer le respect de l'individu ; elles ont un code rudimentaire (Kanoun) irrégulièrement accru, confié à la mémoire des Anciens plutôt qu'aux registres des Scribes ; elles ont leur honneur différent de celui des familles qui les composent, une autorité prépondérante, une caisse spéciale, des fêtes, enfin des « maisons de ville » ou des magasins autour desquels se groupent les maisons des particuliers. Ce sont là des traits communs à toutes les agglomérations qu'ont formées les Kabyles, les Chaouïa et les Beni Mezâb ; mais au-delà, dans la série des conceptions sociales qui, prenant les cités élémentaires pour point de départ, s'élèvent vers des États de plus en plus larges, on surprend chez eux des différences que la configuration du sol et l'histoire suffisent d'ailleurs à expliquer. Tandis que les Kabyles ont conçu au-dessus de leurs *tiddar* d'abord le *arch* qui tient le milieu entre la cité vraie et la confédération, puis la *qebîla* qui est une confédération pure, les Chaouïa de l'Aourâs, divisés par la structure de leurs montagnes, s'en sont tenus au *arch* et ont ignoré la *qebîla* : d'autre part les Beni Mezâb, qui sont surtout une secte religieuse absolument isolée dans l'Afrique septentrionale, ont formé des cités de second degré avec leurs cités premières, et ne connaissent qu'un seul genre de confédération, analogue à la qebîla des Kabyles. Dans ces ébauches de sociétés supérieures, nous les trouvons toujours jaloux de leurs droits individuels, mais en même temps capables de se soumettre à l'autorité des hommes entreprenants et énergiques dont les projets ne dépassent pas leur intelligence. Ils s'en sont tenus là. Bien qu'on ait constaté parfois chez eux de véritables seigneurs, et que Bougie ait eu ses Sultans comme Tlemcen et Tunis, leurs lois ont toujours été des lois de villages ; leurs petites républiques, grains de sable épars, n'ont jamais été les matériaux d'un empire. Il sera curieux d'en chercher la cause, et certainement on devra tenir alors grand compte de la religion musulmane telle qu'ils l'ont comprise : car ce qu'ils entendent par « Islamisme », bien qu'ils soient tous orthodoxes, si l'on excepte les Beni Mezâb, ce n'est pas cette doctrine élevée, semblable à notre catholicisme, qui enseigne que tous les Musulmans ne forment qu'une famille, et sont également unis en Mohammed, mais bien plutôt l'ancien Donatisme toujours renouvelé, toujours vivace en Afrique, qui veut que la religion se subdivise en une infinité d'églises locales plus ou moins saintes suivant que les dévots qui les dirigent sont plus ou moins purs. En même temps, il faudra refaire la sombre histoire de ces hommes qui, après la dure oppression de Rome, les exactions des Vandales, la tyrannie des Byzantins, les courses sanglantes et les pillages des premiers conquérants arabes à travers leur pays, ont dû livrer bataille pendant deux siècles aux Khalifes et aux Aghlabites, puis, cent cinquante ans après leur victoire définitive, quand ils organisaient déjà des empires et des royaumes semblables à nos États du moyen-âge, ont tout-à-coup été la proie de la seconde invasion arabe, celle des Hilal et des Soléim, bandes insatiables, emportées par un amour effréné de la guerre, et pleines de mépris pour tous les biens des nations civilisées. Ajoutez les Turcs du XVIe au XIXe siècle, les razzias incessantes, les tribus armées les unes contre les autres, le désordre devenu un système, le meurtre et le vol des moyens de gouvernement. Mais cette question historique est de celles que nous avons voulu écarter dès le début. Qu'il nous suffise d'avoir constaté en comparant, peut être hardiment, la Rome de Romulus à un qçar de l'Ouâd Mezâb, que ces cités sont exactement celles par lesquelles ont débuté tous les peuples de notre race, et qu'elles ne diffèrent de notre société actuelle que comme les arbrisseaux battus par le vent saharien diffèrent des arbres de nos forêts, en développement, non en nature. Ayons bonne espérance d'élever jusqu'à nous les hommes qui les ont conçues. Nos moyens d'action sont assez puissants pour y parvenir, si nous voulons résolument les faire profiter, en retour de notre conquête, de la supériorité que nous devons à une fortune meilleure et aux expériences de notre passé.

FIN.

APPENDICE

KANOUN DE L'OUAD SAHEL.

Les Kanoun qui suivent ont été recueillis dans l'Ouâd Sahel par les soins du regretté M. Sautayra, premier président de la Cour d'appel d'Alger. Je les ai traduits sur les textes qu'il avait bien voulu me communiquer, et je les donne ici, non-seulement parce qu'ils s'ajoutent utilement aux documents du même genre que j'ai analysés ci-dessus (p. 50, sq.), mais aussi parce qu'ils prouvent que les Kabyles du versant méridional du Djurdjura ne sont pas complètement arabisés et islamisés comme on l'a cru jusqu'ici.

KANOUN DE LA TRIBU DES BENI MANSOUR.

Louange à Dieu Unique. Et rien ne dure que son royaume.

1º Quiconque frappe en se servant d'une arme à feu doit payer cinq douros d'amende. S'il a tué, son amende est de vingt-cinq douros, et sa maison est détruite, toutefois dans le cas où il n'aurait pas eu droit de frapper : car s'il a été attaqué premièrement dans son honneur ou dans ses biens, il ne doit rien à la tribu.

2º Quiconque a menacé d'une arme à feu paye deux douros d'amende.

3º Quiconque a frappé d'un coup de couteau paye cinq douros d'amende.

4º Quiconque a seulement menacé d'un couteau paye un demi-douro d'amende.

5° Quiconque a *frappé* d'un coup de sabre paye deux douros et demi d'amende.

6° Quiconque a menacé d'un sabre paye un demi-douro d'amende.

7° Quiconque a frappé d'un coup de bâton paye cinq douros d'amende.

8° Quiconque a seulement menacé d'un bâton paye un franc et demi d'amende.

9° Quiconque a frappé d'un coup de pierre paye six francs d'amende.

10° Quiconque a seulement menacé d'une pierre paye un franc.

11° Quiconque a frappé avec la main seulement paye un douro d'amende. S'il a seulement frappé avec la langue (injurié), l'amende est d'un franc et demi.

12° Quiconque a mordu son adversaire dans une dispute paye trois douros d'amende.

13° Quiconque a frappé son adversaire dans une dispute, et lui a fait tomber une ou plusieurs dents, paye un douro d'amende, et cinq douros au blessé, s'il n'a perdu qu'une dent. Pour chaque dent ensuite, cinq douros.

14° Quiconque cherche querelle à une femme paye un demi-douro d'amende, et, pareillement, la femme qui cherche querelle à un homme paye un demi-douro d'amende.

15° Le berger qui fait paître dans un champ ensemencé ou dans un jardin paye un demi-douro d'amende et indemnise le propriétaire. Quiconque a frappé le berger paye un demi-douro d'amende.

16° Le propriétaire d'une brebis ou d'un mulet ou d'un âne ou d'un taureau, etc., trouvé dans le champ d'autrui, paye un quart de réal d'amende, et indemnise le propriétaire du champ.

17° Quiconque a rompu la rigole d'arrosage avant son tour paye un demi-douro d'amende.

18° Si la djemâa a pris la résolution d'interdire la vaine pâture dans les champs ensemencés au moment du ghezil (1),

(1) Le moment du *ghezil* est celui où les épis sont déjà formés, sans être encore mûrs.

quiconque contrevient à cette défense subit une amende d'un demi-douro.

10° Quiconque possède un champ cultivé ou un jardin le long d'un chemin est astreint à le border d'une haie ; s'il néglige ce soin, il n'a droit à aucune indemnité dans le cas où un troupeau pénètre dans sa propriété, et le propriétaire de ce troupeau ne subit aucune amende.

20° Tout khammâs (1) qui abandonne le labour sans excuse valable perd ses droits sur ce labour et sur le foin. Il reçoit seulement un franc du maître de la charrue pour son travail.

21° Quiconque a volé une brebis, paye trois douros et demi d'amende, et donne trois brebis en indemnité au propriétaire.

22° Quiconque a volé dans une maison paye cinq douros d'amende au propriétaire, et rend ce qu'il a volé. Il paye, en outre, sept douros et demi d'amende.

23° Quiconque entretient des relations coupables avec une femme paye, si le fait est prouvé, vingt-cinq douros d'amende, et sa maison est détruite.

24° La chefâa (2) chez nous n'excède pas trois jours. Les proches l'exercent pendant trois jours, et pareillement l'associé pour la culture de la terre. Toute autre revendication est écartée.

25° Quant à la vente de soixante-dix ans, la djemâa a décidé de n'en pas tenir compte, afin d'empêcher l'associé d'être lésé.

Conditions du mariage des femmes.

26° Pour le mariage d'une fille vierge, on exige vingt-cinq douros, dix sacs de froment, cinq brebis, et une mesure de beurre fondu.

27° Si une femme divorcée, et sortie de la demeure de son mari, se remarie, on exige trente-sept douros, et cinq brebis pour son ouali (3), et une mesure de beurre.

(1) Colon partiaire. Cf. Hanoteau et Letourneux, II, p. 457.
(2) Droit de préférence ou de préemption. Cf. Hanoteau et Letourneux, II, p. 401.
(3) Père ou parent de la femme, à l'autorité duquel elle est soumise en dehors du mariage.

28° Pour la veuve, on exige douze douros et demi. Si elle est sortie de la demeure de son mari, et a été divorcée, on exige quinze douros au profit du mari qui l'a divorcée (ou de ses héritiers), sans plus.

29° Pour la veuve qui n'a pas eu d'enfants, on exige d'abord vingt douros. Si elle est sortie de la demeure de son second mari et a été divorcée, on exige trente-sept douros et demi, sans mesure de beurre.

30° Quiconque a divorcé, puis reprend la femme qu'il a divorcée, paye cinq douros d'amende. Le ouali de la femme paye deux douros et demi d'amende.

31° L'orpheline abandonnée qui se marie (1) . . . .
. . . .

32° Si une femme qui s'est enfuie de la maison de son mari et n'y retourne pas, désire se (re)marier, la parole n'est pas à son ouali, mais au mari qui la divorce moyennant une certaine somme.

33° La femme dont le mari est décédé ne peut être demandée en mariage par personne autre que les frères du défunt, à moins qu'ils n'aient déclaré renoncer à elle.

34° Quiconque demande une femme déjà fiancée paye cinq douros d'amende.

35° Si le propriétaire d'un bien mis en gage désire le vendre, le prêteur a droit de préemption, et quiconque veut l'acheter, sans tenir compte dudit prêteur, paye cinq douros d'amende.

36° Quiconque frappe un vieillard paye deux douros, et quiconque frappe un adolescent paye un douro d'amende.

37° Quiconque a labouré dans un champ sans la permission du propriétaire paye deux douros, et ne retire que le grain qu'il a ensemencé.

38° Quiconque a cueilli les fruits d'un olivier qui ne lui appartient pas, paye un douro d'amende, et rend la récolte au propriétaire.

(1) Inintelligible dans le texte, qui d'ailleurs est très fautif.

30° Quiconque a coupé un arbre à fruit paye un douro d'amende et la valeur de l'arbre au propriétaire.

40° Quiconque a eu des relations illicites avec une femme ne peut l'épouser.

41° Quiconque a greffé un olivier sur le terrain d'autrui perd sa greffe au profit du propriétaire du terrain.

42° Si un ouvrier engagé pour un travail d'été abandonne ce travail sans excuse de maladie, ou autre, le travail antérieur à son absence ne lui est pas compté.

43° Tout homme dont la maison a été incendiée a droit d'exiger une indemnité de la djemâa.

44° Si une femme mariée a reçu de son père une dot, elle n'en jouit pas pendant son mariage ; mais, si son mari la renvoie, elle vit sur ce que son père lui a ainsi constitué. Si elle meurt, la dot revient aux héritiers du mari, et les héritiers de la femme paient cinq douros.

45° Si un étranger, qui ne possède pas dans le pays, a volé des olives ou autre chose, il paye deux douros et demi d'amende, et une indemnité convenable au propriétaire. L'habitant qui l'a reçu est responsable.

46° Le khammâs nourri à la maison qui ne travaille pas pour le propriétaire de la charrue à l'époque du printemps, paye trois douros, prix du travail, audit propriétaire.

47° Quiconque laboure le mardi paye deux douros d'amende, excepté le khammâs, le laboureur d'une azla (1), et le moissonneur.

48° Quiconque fait paître son troupeau dans un verger d'oliviers paye un douro ; quiconque fait paître ses bêtes dans un champ cultivé paye un douro d'amende ; il en est de même s'il s'agit d'un ou de plusieurs moutons, d'agneaux ou de chèvres ; quiconque a fait paître des bœufs dans le champ d'autrui paye un douro d'amende par tête, si le fait s'est produit au moment de la maturité des fruits ; sinon, il paye un douro seulement, quel que

(1) Champ réservé au profit exclusif soit d'un ami, soit d'un khammâs, soit même du propriétaire.

soit le nombre des bœufs. Quiconque a fait paître des moutons dans un champ dont les fruits étaient mûrs paye deux douros d'amende, et indemnise le propriétaire.

49° Quiconque a arraché un arbre fruitier paye trois douros d'amende et trois douros d'indemnité au propriétaire.

50° Quiconque a volé dans un jardin potager paye deux douros d'amende et trois douros d'indemnité au propriétaire.

51° Quiconque a arraché une greffe d'olivier paye cinq douros d'amende, et le propriétaire a droit à une indemnité de cinq douros.

52° Le berger loué pour la garde d'un troupeau, s'il perd une bête et ne peut prouver que ce fait est un accident dont il est irresponsable, paye la valeur de la bête au propriétaire.

53° Si, au moment où le tour est venu pour un particulier de présenter son ânesse à la saillie, un autre propriétaire d'une ânesse usurpe son rang, et si cette saillie était louée, le prix de la location est partagé par moitié.

54° Quiconque a arraché un olivier pour nourrir ses bestiaux et se procurer du bois paye deux douros d'amende et une indemnité de deux douros.

55° Quiconque a arraché des figuiers d'Inde pour nourrir ses bœufs sans le consentement du propriétaire paye un douro d'amende et un douro d'indemnité au propriétaire.

56° Si le grand-père paternel a attribué une part de son bien à son petit-fils, le droit de ce petit-fils après son décès l'emporte sur celui de ses oncles paternels dans toute l'extension de l'engagement pris par le grand-père, et les oncles n'ont point la parole. Pareillement, si le père a partagé ses biens de son vivant entre ses enfants, et a favorisé spécialement un d'entre eux en lui attribuant en plus une certaine part, ladite part, après le décès du père, ne revient pas aux frères de cet enfant pour accroître les leurs.

57° Quiconque détériore, en cherchant du bois à brûler, la haie d'un potager ou d'un jardin fruitier, paye un douro d'amende, et répare la haie du propriétaire.

Addition au Kanoun des Beni Mansour.

58° Quiconque cherche à se dispenser d'ensevelir un mort paye une amende de deux douros.

59° Tout berger qui égare une tête de bétail en paye la valeur au propriétaire, si cette perte peut lui être imputée.

60° Les gens de la tribu se doivent assistance dans la recherche des bêtes égarées, et quiconque s'abstient sans excuse valable paye deux douros d'amende.

61° Quiconque s'asseoit près du lieu où les femmes viennent puiser de l'eau paye un douro d'amende.

62° Quiconque refuse de travailler sur le communal paye un douro d'amende.

63° Quiconque refuse de donner l'hospitalité, quand vient son tour, paye un douro d'amende ; cela dans le cas où l'étranger n'a pas de relation parmi les gens du village.

64° Les femmes n'ont aucune part aux héritages ; mais si un homme meurt laissant des filles ou des sœurs, ses héritiers se chargent de leur fournir la nourriture et le vêtement, qu'il ait ou non laissé du bien. S'ils s'y refusent ou négligent ce soin, le chef de la tribu (m. à m. « celui qui est chargé des affaires de la tribu ») prélève leur nourriture et leur vêtement sur l'héritage.

65° Les fils n'ont aucun droit sur la fortune de leur père du vivant de ce dernier.

66° Quiconque a frappé son père est condamné à une amende de deux douros, et est puni corporellement.

67° Quiconque a porté un faux témoignage paye trois douros d'amende.

68° Quiconque est revenu sur son témoignage paye cinq douros d'amende.

69° Quiconque ne s'emploie qu'avec mollesse pour éteindre un incendie déclaré dans une moisson, dans une meule, dans des maisons ou dans la broussaille, paye dix douros d'amende.

70° Le khammâs fournit à tour de rôle les mêmes prestations que l'ouvrier salarié, et contribue à la touïza (1).

71° Le khammâs et le berger qui n'ont pas d'excuse valable et tentent de frauder, payent chacun deux douros d'amende. Le propriétaire de la charrue ou le propriétaire du troupeau en est responsable.

72° Quiconque se marie avant l'expiration de la aïdda paye cinq douros d'amende.

73° Le maître de la charrue ne doit la collation au khammâs que tant qu'il moissonne dans Ademani et dans Taghzout.

74° Aucun homme sujet à soupçon ne doit s'asseoir seul aux environs des villages ; s'il le fait, il est passible d'une amende de deux douros.

75° Quiconque désire entrer dans une maison doit obtenir d'abord la permission du propriétaire. S'il entre sans cette permission, soit le jour soit la nuit, il paye cinquante francs d'amende.

76° Quand les gens du village ont résolu de faire un repas de viande en commun, celui qui refuse d'y participer paye deux douros d'amende ; celui qui diffère de payer sa part paye un douro d'amende, et est contraint de payer.

77° Quiconque s'est engagé à faire une donation à la djemâa ne peut jamais revenir sur sa parole. Si ladite donation consiste en animaux, ces animaux sont égorgés ; si elle consiste en argent, cet argent sert à acheter de la viande ; si elle consiste en un bien-fonds, ce bien est vendu, et l'on achète de la viande avec le prix de vente.

78° Si un homme a fait une donation à sa femme, à ses sœurs ou à ses filles, cette donation est valable ; elles peuvent vendre ce qui leur a été donné et en user à leur gré. Si elles meurent, les grands de la tribu vendent ce qu'elles possédaient (à ce titre), et le prix de la vente sert à acheter de la viande qui est répartie dans toute la tribu.

79° Quiconque se prend de querelle avec un étranger paye un douro d'amende, à moins que l'étranger n'ait été le provocateur. Dans ce dernier cas, il n'y a pas lieu à amende.

(1) Prestation de travail volontaire au profit d'un tiers. Han., Ib., p. 498.

80° Quiconque a menti à dessein paye, si le fait est prouvé, un douro d'amende.

81° Quiconque a rompu la anaïa dans une querelle ou dans toute autre circonstance paye cinq douros.

82° Si la tribu a résolu d'ouvrir un chemin public ou de bâtir une mosquée, aucune opposition n'est reçue de la part des propriétaires du sol ; mais ils ont droit au prix de leurs terrains.

83° Si une femme indocile est décédée dans la maison de son ouali, le mari est néanmoins tenu de l'ensevelir.

84° Quiconque a planté ou greffé des arbres dans le terrain d'autrui n'est passible d'aucune amende ; mais les arbres appartiennent audit propriétaire.

85° Quand un repas commun est fait par souscription, les parts en sont distribuées par ménages. S'il résulte d'une donation, elles sont distribuées par tête.

86° La part de l'étranger musulman est prélevée sur le repas commun avant la répartition.

87° La dette se constate par l'écriture et la preuve équitable. Le débiteur qui refuse de s'acquitter de la dette constituée à sa charge paye deux douros d'amende.

88° Quiconque a commis un meurtre sans avoir droit paye soixante douros, et est tué seul, ou se bannit. Chez nous le meurtre est expié par le meurtre direct. Celui qui transgresse cette règle, et, par compensation, tue un des parents du meurtrier de son parent, exerce une vengeance personnelle ; et c'est pourquoi nous avons écrit que quiconque commet un meurtre est tué seul, sans que le meurtre retombe sur un autre. Si le meurtrier meurt avant d'avoir subi la vengeance, les héritiers de la victime n'ont aucune compensation à leur réclamer.

89° Le témoignage d'une femme honnête est recevable contre quiconque attente à son honneur, mais strictement en ce qui la concerne.

90° La femme jeune ne se marie pas avant l'âge de la puberté, et quiconque marie ses filles avant le jeûne paye cinq douros d'amende.

91° Les enfants restent avec leurs mères jusqu'au moment de

leur puberté. Quant aux nourrissons, leurs tuteurs payent les soins de nourrice à raison de dix douros par an.

02° Si une femme a mis au jour un nouveau-né dans la maison de son ouali, le mari lui paye cinq douros, soit vingt-cinq francs.

03° La femme renvoyée garde tous ses vêtements (ses effets de coton). Quant à ses ornements d'argent, ils sont à son mari, s'il les a fabriqués pour elle.

04° L'homme et la femme qui, ayant commis quelque péché, se réfugient dans la maison d'un marabout, sont à l'abri de toute poursuite. Quiconque s'obstine à les suivre et pénètre dans la maison paye vingt-cinq francs d'amende.

95° Les abeilles qui ont été découvertes sur une propriété appartiennent au propriétaire du terrain, et non pas à celui qui les a trouvées. Si ce dernier fait une brèche pour les enlever, il paye un douro d'amende et une indemnité au propriétaire.

96° Chez nous, tout lieu de sépulture est *habous* (1); il est interdit d'y piocher ou d'y labourer, et quiconque contrevient à cette défense paye deux douros d'amende.

97° Quiconque s'est dispensé de conduire les troupeaux à son tour paye un douro d'amende.

98° Si des gens en voyage abandonnent un de leurs compagnons sur la route, chacun d'eux paye trois douros d'amende, et ils indemnisent l'abandonné des pertes qu'il a pu subir.

99° Quand un dépôt a disparu, le dépositaire est tenu d'en payer la valeur; on y ajoute un douro d'amende par déposant, à moins que le dépositaire ne prouve qu'il l'a égaré.

100° Quiconque injurie pour provoquer une querelle dans une réunion de gens de la tribu ou des villages paye trois douros d'amende.

101° Quiconque a frappé avec la petite pioche dite *gadoum* paye cinquante francs d'amende, et quiconque a menacé du même instrument, deux douros d'amende.

102° La vente d'un bien communal appartenant soit à une fraction, soit à la tribu, ne vaut que par l'acquiescement des propriétaires.

(1) Interdit, consacré à Dieu. Cf. Han., *Ib.*, p. 235.

103º La femme veuve ne peut être contrainte par son ouali à se remarier, si elle désire rester avec ses enfants. Le ouali a seulement droit à douze douros qui sont prélevés sur la fortune desdits enfants.

104º Quiconque a endommagé un chemin public paye cinq francs d'amende. La largeur ordinaire d'un chemin est de sept coudées, et personne n'a droit de la diminuer.

105º Quiconque a volé des figues mûres dans un verger paye deux douros d'amende.

106º Tous les habitants d'un village doivent assistance au constructeur d'une maison, en ce qui concerne le toit, les traverses, et le mortier.

107º Quiconque se montre négligent quand il faut travailler à la mosquée du village paye deux douros d'amende.

108º Le mandant n'a rien à prétendre de la fortune du mandataire, et si le désordre provient du mandant, le mandataire peut le révoquer (résilier le contrat).

109º Le mariage n'est valable qu'avec le consentement du ouali et l'assistance des témoins. S'il est passé outre, le ouali l'annule.

110º Si, en vertu d'une convention, le futur héritier doit travailler dans la maison de la personne dont il héritera pendant un temps déterminé, il est nécessaire qu'il accomplisse entièrement son travail, et il ne peut changer de domicile avant dix ans. S'il s'enfuit, il perd entièrement le bénéfice de sa convention.

111º Les femmes ont le droit d'exercer la chefâa; même la tante maternelle prend le sixième et précède l'associé dans le partage et dans l'exercice du droit de chefâa.

112º Le délai d'exercice de la chefâa est de trois jours pour l'ayant droit présent, et d'un mois pour l'ayant droit absent. Le pèlerin a droit jusqu'à son retour.

113º Le plus proche parent intègre est le tuteur de l'orphelin; les biens de l'orphelin sont mis en location, sous la surveillance du Qaïd de la tribu.

114º Quiconque a mis le feu avec ou sans intention indemnise le propriétaire, et paye en outre cent francs d'amende.

115° En cas d'attaque à main armée, si la victime meurt, le meurtrier encourt la vengeance directe, dans le cas où la victime est un homme. Si la victime est une femme, il paye cent douros au ouali, et en outre cent douros d'amende.

116° Quiconque a brisé un ustensile paye dix douros au propriétaire. Il paye cinq douros d'amende et une indemnité de deux douros pour une guerba (outre) déchirée.

117° Quiconque a brisé un ustensile paye dix douros au propriétaire à titre d'indemnité.

118° Quiconque a attaqué une femme, et a déchiré la guerba qu'elle porte sur le dos, paye cinq douros d'amende et deux douros d'indemnité pour la guerba déchirée.

119° Quiconque travaille pendant les jours fériés paye deux douros d'amende.

120. Quiconque néglige de célébrer la fête du Aïd, ou le commencement du jeûne, paye trois douros d'amende.

KANOUN DE LA TRIBU DES CHEURFA.

1º Suivant la règle des Cheurfa, les familles, si quelqu'un de leurs membres désire vendre, se refusent autant que possible à l'introduction d'un parent éloigné, et n'admettent à l'achat qu'un proche parent. En cas d'héritage, le frère germain l'emporte; les autres parents viennent ensuite dans leur ordre. Le droit auquel un héritier renonce est attribué aux héritiers plus éloignés.

2º En matière de chefâa, nous exerçons la chefâa sur les biens de l'habitant, et nous ne l'accordons pas à l'étranger.

3º Quiconque a droit peut exercer la chefâa pour son propre compte; quiconque tente de l'exercer au profit d'autrui encourt une amende de cinquante réaux et la malédiction. Ceux que concerne cette amende de cinquante réaux sont les voisins qui nous entourent, savoir les Beni Mansour, les Ahel bou Djelil, les Beni Kani, et quelques autres groupes qui nous sont proches.

4º Quiconque tente de s'emparer d'une terre comme prix du sang d'un parent éloigné encourt une amende de dix douros.

5º Quiconque est convaincu d'avoir commis une des infractions sus-mentionnées est frappé d'une malédiction et d'une amende.

6º L'associé pour la culture d'un verger d'oliviers et autres arbres fruitiers a droit d'acheter le premier. Quiconque tente de s'y opposer ne peut prendre rang parmi les acquéreurs, car l'associé a nécessairement la priorité : toutefois les peines sus-mentionnées ne lui sont pas appliquées.

7º Quand un homme est détenteur (locataire) d'un champ ou d'un verger, le propriétaire n'a droit d'introduire personne à sa place. L'acheteur qui, dans ce cas, s'accorde avec le propriétaire et lui fait accepter un prix de vente sans que le locataire soit averti, paye dix réaux d'amende, afin qu'il soit bien entendu que personne ne peut usurper sur autrui.

8º En ce qui concerne le mariage des femmes, le prix de la fille vierge est de cinquante réaux, huit sacs de froment, mesure de la djemâa, huit moutons sur lesquels sont prélevés ceux qu'on égorge pour la fête, quatre mesures d'huile et deux mesures de beurre fondu.

9° Le prix de la femme non vierge est la moitié de ce qui est porté ci-dessus, et quiconque l'élève d'un seul dirhem encourt la malédiction.

10° Si Dieu ne maintient pas la paix entre deux époux, les causes de la discorde sont examinées. Dans le cas ou les torts sont du côté du mari, ce dernier ne recouvre que la somme d'argent qu'il a donnée d'abord. Dans le cas contraire, une remontrance sévère est faite à la femme, et le mari la répudie à l'instant, sans toutefois qu'il soit permis à personne de l'empêcher de se remarier, comme il est dit dans le Livre.

11° Les amendes fortes ou faibles qui sont imposées dans ces circonstances reviennent à la djemâa, et non pas au ouali. (Si les torts sont du côté de la femme), le ouali paye cinquante réaux au mari à titre de supplément.

12° Quiconque s'est marié ne peut divorcer (sans motif). Quiconque a répudié sa femme suivant les formes précises de la répudiation absolue, ne peut la reprendre et se remarier avec elle qu'après qu'elle a contracté un second mariage. L'infraction à cette règle comporte une amende de vingt douros, car l'homme qui la commet manque à l'honneur et perd toute estime. C'est pourquoi nous avons imposé cette amende de vingt douros. En effet, la série des bonnes actions s'élève des petites aux grandes : quiconque fait le bien reçoit le bien pour récompense, et quiconque fait le mal a le mal en partage (1).

13° Une limite est imposée au pâturage des troupeaux, et cette limite est la ligne des oliviers. Tout berger qui fait paître ses bêtes au-dessus, que ce soient des bœufs, des moutons ou des chèvres, paye cinq réaux d'amende, et est maudit à perpétuité.

14° Ensuite, quiconque ne plante pas au moins dix figuiers paye dix réaux d'amende.

---

(1) Ici se trouve une intercalation incompréhensible : « Le prétexte en est qu'on plante des arbres au-dessus et au-dessous de la ságuia. »

15° Quiconque ébranle un olivier ou tout autre arbre fruitier nouvellement planté, sans l'arracher, paye un douro d'amende.

16° Quiconque arrache un arbre de ce genre et le plante dans son champ paye deux douros et demi d'amende.

17° Quiconque détériore sciemment un jardin potager dans lequel sont des melons, des oignons, des citrouilles, et autres légumes de même sorte, paye une amende égale à la précédente.

18° Il est arrêté que l'homme qui se détache de sa femme (et la répudie) ne peut exiger que la somme qu'il a versée ; mais, si la femme a levé la tête (et est répudiée), celui qui l'épouse ensuite doit payer deux cents réaux (au mari), et la femme sort du pays.

19° Quand une femme a eu un enfant, celui qui l'épouse paye quarante (réaux).

20° Quand un homme a gardé sa femme pendant une année, il n'a droit qu'à la somme qu'il a versée, s'il la répudie.

21° Quiconque a commis un vol dans la maison bâtie pour les hôtes paye cinquante réaux d'amende, n'aurait-il pris qu'une semelle de chaussures. Le moulin d'en haut et celui d'en bas doivent être pareillement respectés. Quiconque y dérobe ou y commet un dégât (1), ou a donné des indications à l'auteur d'un dégât ou d'un vol commis dans l'une ou l'autre de ces maisons, paye cinquante réaux d'amende.

22° Quiconque a conseillé ou aidé l'auteur d'un dégât paye cinquante réaux d'amende.

23° Quiconque a frappé un homme, et lui a fait tomber une dent, paye cinq réaux d'amende. Si plusieurs dents sont tombées, l'agresseur paye cinq réaux par dent.

24° Si deux hommes en viennent aux mains, chacun des deux paye un douro d'amende.

25° Quiconque est venu soutenir un homme qui cherche une querelle paye un douro d'amende.

26° Quiconque fait le geste de frapper d'une pierre paye un demi-douro d'amende, et quiconque a frappé effectivement, deux douros.

---

(1) Ici encore le texte est vicieux. On lit : « ou a vendu son frère, » ce qui n'a évidemment aucun sens à cette place.

27° Quiconque a porté un coup de bâton est passible d'une amende de deux douros.

28° Quiconque a détérioré des figuiers d'Inde qui ne lui appartiennent pas, ou les a coupés avec un couteau ou tout autre instrument de fer, paye un demi-douro d'amende.

29° Quiconque a visé avec une arme à feu paye dix réaux, et quiconque a tiré, cinquante réaux. Quiconque a mordu son adversaire dans une dispute paye un demi-douro d'amende.

30° Quiconque a volé des fruits ou des choses de même nature pendant le jour paye un douro d'amende. Si le même vol a été commis pendant la nuit, l'amende est de trois douros et demi.

31° Quiconque fait paître un troupeau dans un champ à l'époque où l'orge est en herbe, paye un quart de réal d'amende. Quiconque a commis le même dégât, mais involontairement, dans la saison où les épis sont formés, paye un demi-douro d'amende. Si la mauvaise intention du délinquant est évidente, l'amende est d'un douro.

32° Quiconque se prend de querelle avec une femme paye un douro d'amende.

33° Quiconque est convaincu d'avoir entretenu des relations coupables avec une femme paye une amende de vingt-cinq douros.

34° Si quelqu'un a perdu un âne dans une corvée commandée par la tribu, l'indemnité est à la charge de la tribu.

35° Quiconque a volé dans une maison paye cinquante réaux au maître de la maison, et cinquante réaux d'amende. Cela, dans le cas où il aurait été aidé par un étranger. S'il n'a pas introduit d'étranger, il paye sept réaux d'amende et cinquante réaux d'indemnité au propriétaire.

36° Si une femme, en portant du feu, cause un dommage, par exemple brûle une maison, une meule de blé, d'orge, ou de paille, l'indemnité doit être payée par son mari, à moins que ce dernier ne la renvoie et la répudie : alors seulement sa responsabilité est dégagée.

37° Quiconque porte un faux témoignage paye deux douros et demi d'amende.

38° Quiconque répand des propos calomnieux parmi les gens paye trois douros d'amende.

39° Quiconque dit « je ne paierai pas cet acte ou ce contrat » paye cinq douros d'amende.

40° Quiconque refuse de payer l'amende encourue par quiconque s'est dispensé de son tour de corvée sans excuse, paye un douro.

41° Si la djemâa a résolu de faire ouvrir un chemin sur la propriété d'un particulier; ce dernier a droit au remboursement de la valeur des arbres fruitiers, mais ne reçoit pas d'indemnité pour la terre.

42° Quiconque refuse de monter la garde à son tour paye un demi douro d'amende.

43° Si un homme arrose son champ ou son jardin à son tour, et si quelqu'un détériore le canal d'irrigation, ce dernier paye un demi-douro d'amende et perd son tour d'arrosage au profit du lésé.

44° La parole des gardes des champs ensemencés, quand ils sont de service, fait foi contre quiconque y commet un dégât.

45° Quiconque endommage un olivier d'un coup de pioche paye un demi-douro d'amende.

46° Au moment de l'arrosage des jardins potagers, l'eau de la saguia y est répartie entre les propriétaires à tour de rôle, comme elle l'est entre les propriétaires des champs ensemencés; et l'homme a la priorité sur la femme.

47° Quand un homme, soit originaire de la tribu, soit simplement domicilié dans un village, désire bâtir une maison, la tribu fournit les animaux nécessaires au transport de la terre et des pierres, et quiconque perd une âne dans cette corvée reçoit une indemnité de la tribu.

48° Tout khammâs qui se conduit avec mauvaise foi envers le propriétaire avant le commencement des travaux, paye un douro d'amende.

49° Le khammâs ne recevra plus de mesures d'huile comme cela avait lieu précédemment, mais il n'aura plus à contribuer à l'achour en quoi que ce soit.

50° Si le khammâs est de mauvaise foi envers le propriétaire avant l'achèvement des travaux, il ne reçoit qu'un franc pour son travail. Si au contraire le propriétaire est de mauvaise foi, le khammâs emporte le cinquième du produit de son travail.

51° Le maître du joug doit fournir au khammâs des chaussures pendant l'hiver, et un quart de galette par journée de labour. Pendant l'été, il lui fournit de l'huile ou du lait aigre en quantité suffisante pour son repas ; cela, les jours de travail. D'autre part, le khammâs doit construire un gourbi pour emmagasiner la paille du propriétaire.

KANOUN DE LA TRIBU DE SEBKHA.

1° Quiconque refuse de comparaître devant la djemâa, après une invitation spéciale de l'amîn, paye un franc d'amende.

2° Quiconque a suscité du bruit et de la dispute au sein de la djemâa paye un franc d'amende.

3° Quiconque a frappé dans une dispute paye un douro d'amende.

4° Celui qui refuse d'ester en justice paye un douro d'amende. Si son adversaire a obtenu gain de cause, il paye, outre l'amende, le double de la somme due.

5° Si deux hommes en viennent aux mains, chacun d'eux paye deux francs d'amende, et celui qui a commencé de frapper paye un douro.

6° Celui qui a mordu son adversaire dans une dispute paye un douro d'amende.

7° Celui qui a menacé d'une pierre dans une dispute paye deux francs d'amende. Celui qui a donné un coup de pierre, mais sans faire de blessure, paye un douro. Le même, s'il y a blessure, paye trois douros.

8° Celui qui a menacé d'un couteau paye huit francs d'amende. Celui qui a porté un coup de couteau paye trois douros ; le même, s'il a fait une blessure, paye cinq douros.

9° Celui qui a menacé d'un bâton paye un douro d'amende ; s'il a frappé, il paye deux douros ; s'il a blessé, il paye trois douros d'amende.

10° Celui qui a menacé d'un sabre paye deux douros d'amende; s'il a frappé sans causer de blessure, il paye trois douros; s'il a blessé, il paye cinq douros d'amende.

11° Celui qui a menacé avec une arme à feu paye deux douros et demi d'amende ; s'il s'en est servi, il paye dix douros ; s'il a blessé, il paye vingt douros d'amende. Si le blessé est mort, l'amende est de vingt-cinq douros.

12° Quiconque a tué pour venger une injure paye vingt-cinq douros et une dia de cent douros.

13° Quiconque a tué sans raison valable encourt la mort en compensation.

14° Celui qui a donné la mort dans une fête paye vingt-cinq douros d'amende et sollicite son pardon de la djemâa pendant dix années. A l'expiration de ces dix ans, il sort du pays.

15° Quiconque en vient aux mains, et crève un œil à son adversaire, paye dix douros d'amende et une indemnité de trente douros au blessé.

16° Quiconque a mutilé la main ou le pied de son adversaire paye la dia et l'amende.

17° Quiconque a cassé des dents paye deux douros d'amende et une indemnité de cinq douros par dent au blessé.

18° Quiconque a coupé le nez à son adversaire paye dix douros d'amende et une indemnité de vingt-cinq douros au blessé.

19° Quiconque dit une parole inconvenante à une femme paye deux douros et demi d'amende.

20° Quiconque a eu des relations illicites avec une femme paye, si le fait est prouvé, vingt-cinq douros d'amende, et est banni.

21° Si deux femmes se querellent, chacune d'elles paye un franc.

22° Si une femme dit à un homme une parole injurieuse, elle paye un douro d'amende.

23° Si deux femmes en viennent aux mains, chacune d'elles paye un demi-douro d'amende.

24° Les femmes puisent l'eau tour à tour dans la source ; celle qui usurpe le rang d'une autre paye un demi-douro d'amende.

25° Quiconque refuse de contribuer à l'hospitalité, quand son tour est venu, paye deux douros d'amende, outre l'apport fixé par la coutume dans la tribu.

26° Quiconque refuse de prendre part à une corvée de tribu paye un demi-douro d'amende par jour.

26° Les biens-fonds dont la propriété est constatée par acte ou par témoins appartiennent et demeurent sans contestation à leurs propriétaires.

27° Chez nous, le bien communal appartient au premier occupant, à condition que ledit premier occupant l'ait débroussaillé et entouré d'une limite visible.

28° Quiconque a volé dans une maison pendant le jour paye cinq douros d'amende et une indemnité double de la valeur des objets volés.

29° Quiconque a volé pendant la nuit paye dix douros d'amende, une indemnité double de la valeur des objets volés, et, en outre, dix douros au propriétaire de la maison.

30° Quiconque a témoigné dans une affaire de vol, et est revenu sur son témoignage, paye deux douros d'amende ; en outre, le serment lui est déféré. S'il refuse le serment, il est regardé comme coupable du vol.

31° Quiconque a conduit un troupeau avec intention dans un champ cultivé ou dans un jardin paye un demi-douro d'amende et une indemnité équivalente au dommage ; s'il l'a fait sans intention, son amende est d'un franc.

32° Quiconque a détérioré une des cabanes élevées dans le pâturage paye deux douros d'amende, et répare le dommage.

33° Quiconque a coupé un arbre à fruit paye un douro d'amende et une indemnité proportionnelle.

34° Quiconque a mis le feu dans la broussaille, et causé quelque dommage, paye cinq douros d'amende et une indemnité.

35° Quiconque a volé de la paille paye un douro d'amende et indemnise le propriétaire.

36° Quiconque a tué un chien appartenant à autrui paye un douro d'amende, et donne une chèvre au propriétaire du chien à titre d'indemnité.

37° Si quelqu'un a été mordu par un chien, et par suite a été estropié, le propriétaire du chien lui doit une dia (1).

38° Si quelqu'un a prêté sa jument, ou son mulet, ou son pistolet, l'emprunteur, en cas de perte, doit une indemnité.

39° Quiconque a volé une fois doit l'indemnité et l'amende.

40° Quiconque a volé deux fois doit l'amende et une indemnité double.

— Quiconque a volé trois fois est banni, et rembourse la valeur de ce qu'il a pris.

(1) Ce mot, pris dans son sens le plus large, signifie « dommage » et intérêts. »

41° Si un homme est décédé et a fait une donation, ladite donation se prouve par témoins.

42° La vente et l'achat sont constatables par des personnes dignes de foi pendant un délai de trois jours. La chefâa, chez nous, ne s'étend pas aux fractions ; toutefois l'associé résidant dans le pays a droit de l'exercer. Elle est limitée à trois jours pour le présent, prolongée pendant un mois pour l'absent et le malade, et jusqu'à l'âge de la puberté pour l'orphelin.

43° Il est nécessaire que l'orphelin ait un tuteur responsable jusqu'au moment de sa puberté.

44° Quiconque a porté un faux témoignage paye, si l'affaire est de peu d'importance, un douro d'amende, et, si elle est considérable, cinq douros.

45° Quiconque a reçu un témoignage et le tient secret, doit prêter serment. S'il s'y refuse, il paye deux douros d'amende.

46° Quiconque a tiré un coup de fusil pour annoncer qu'il épouse une femme, sans l'autorisation de son ouali, paye cinq douros d'amende, et la femme reste dans les mains de son ouali.

47° Quiconque s'est enfui avec une femme de la maison de son mari paye dix douros d'amende, et donne au mari deux cents douros, dix chèvres, dix pots de beurre fondu.

48° Quiconque possède un terrain le long d'un chemin public doit l'entourer d'une clôture. Quiconque franchit ladite clôture paye deux douros d'amende et une indemnité proportionnée au dommage.

49° Si quelqu'un a dans les mains une terre hypothéquée, le prêteur doit lui réclamer l'hypothèque au terme fixé. S'il paye, la terre est bien à lui. Sinon, elle demeure hypothéquée, et, quand l'hypothèque arrive à en dépasser la valeur, ledit prêteur peut la faire vendre.

50° Quiconque a mis le feu dans la broussaille sans autorisation de la djemâa paye cinq douros d'amende, et une indemnité proportionnée au dégât.

51° Si un homme réclame une dette à un autre sans apporter de preuves, le serment est déféré au défendeur.

52° Si un homme possède une digue dont il se sert pour l'arrosage, et si un autre en possède une en contre-bas, le propriétaire de la digue inférieure n'a droit qu'à l'eau qui déborde par dessus la première.

53° Si le propriétaire d'un champ dans lequel sont des oliviers appartenant à autrui laboure ce champ, et nuit pour son labour à la récolte des olives, il paye le dommage qu'il a causé.

54° Quiconque veut se marier doit avertir les grands de la djemâa, afin qu'ils écrivent l'acte destiné à faire foi de son mariage.

La somme exigible pour le mariage est, chez nous, quarante douros; en outre, deux chèvres, deux pots de beurre fondu, et six sacs de froment.

56° La répudiation comporte la présence des grands de la djemâa et un acte écrit.

Le mari qui répudie recouvre ce qu'il a précédemment versé, et si les torts sont du côté de la femme, il reçoit en outre dix douros.

57° Si une femme répudiée est enceinte, elle et son ouali sont responsables de l'enfant qu'elle porte. S'ils repoussent cette responsabilité, la femme revient chez le mari qui l'a répudiée. S'il est constaté qu'elle a bu des drogues afin de se faire avorter, la compensation exigée d'elle est la mort.

58° Si une femme répudiée quand elle est enceinte a dissimulé sa grossesse, et si plus tard, à la suite d'une confidence, le bruit de son accouchement s'est répandu, les grands du village se réunissent et ordonnent que les témoins soient produits. S'ils témoignent, l'enfant revient au premier mari. Sinon, le serment est déféré aux possesseurs de l'enfant, et, suivant qu'ils le prêtent ou le refusent, l'enfant est attribué au second mari ou au premier. Il en est de même dans le cas d'une femme veuve (en état de grossesse au moment de son veuvage).

59° La femme divorcée qui a un enfant en bas-âge garde cet enfant pendant quatre ans, et le maître de l'enfant fournit dix douros à titre de nefqa (aliments).

60° Si une femme s'est enfuie dans la maison de son père, le mari la répudie, et reçoit tout ce qu'il a payé pour elle, plus dix douros.

61° Si le tort est du côté du mari, il ne reçoit que ce qu'il a payé pour elle, sans augmentation.

62° Quiconque a répudié sa femme, puis l'a reprise, paye deux douros et demi à la djemâa, et ajoute deux douros et demi de cedâq (dot) en faveur de la femme.

63° Si une femme veuve désire rester près de ses enfants, son ouali abandonne son droit sur elle ; mais, si elle se remarie, il exige le prix du mariage.

64° Chez nous, le maître de la charrue paie au khammâs dix mesures et demie d'orge, une mesure d'huile, et une certaine quantité de sel. S'il prétend lui avoir fait un prêt, sa convention doit être justifiée par une preuve.

65° Le travail du khammâs consiste à labourer pendant l'hiver ; il travaille aussi, pour le compte du maître de la charrue, à couper l'herbe, à enclore les maisons d'une haie, à les couvrir de diss. Pendant l'été, il coupe la moisson, il la transporte sur l'aire, il bat le grain, il l'emmagasine, il entoure d'une clôture les meules de paille. Il reçoit le cinquième de la récolte, et ensuite rend à son associé ce qu'il lui a emprunté.

66° Le khammâs er râs est nourri par le maître de la charrue pendant l'hiver, le printemps et l'été, et, quand le travail est terminé, il rend à son associé ce que ce dernier lui a prêté. S'il n'a pas terminé le travail pour cause de maladie, un arrangement intervient entre lui et le propriétaire, mais le bénéfice de son labeur lui reste acquis. S'il a abandonné le travail sans excuse de maladie, et si le labourage en est alors à la moitié, il reçoit un douro de son associé, sans plus, à titre de paiement. S'il a abandonné le travail sur la fin du labourage, il reçoit huit francs de son associé. Si le tort est imputable au maître de la charrue, le khammâs reçoit le prix de son travail en entier.

67° Le compte du berger qui cesse de prendre soin du troupeau est réglé d'accord avec le propriétaire.

68° Quinconque a violé la anata de la djemâa, s'il s'en est suivi mort d'homme, paie vingt-cinq douros d'amende : sa maison est détruite.

69° Quiconque a violé la anaїa dans une querelle paie cinq douros d'amende.

70° Si un mari a frappé sa femme, et si cette dernière s'est enfuie dans la maison d'un voisin, ledit mari ne peut la poursuivre dans cette maison, sous peine d'une amende de cinq douros.

71° Le créancier d'un étranger qui se trouve être un hôte encourt, s'il porte la main sur sa personne, une amende de cinq douros.

72° Si une femme, s'étant enfuie de la maison de son mari, meurt dans la maison de son ouali, le mari est néanmoins tenu aux frais d'ensevelissement.

73° Si, à la mort du mari, il reste une partie du cedâq de la femme, les héritiers la remettent à cette dernière.

74° Quinconque a profité du cedâq de la femme, sans le mettre en location, n'en hérite pas à la mort de la femme.

75° A la naissance d'un enfant mâle, le père donne un banquet, et traite toutes les personnes présentes. Quand cet enfant a atteint sa puberté et désire sortir de la maison, le père ne lui doit rien de sa fortune, mais seulement la somme nécessaire à son mariage.

76° Chez nous, la donation ne peut dépasser le tiers des biens du donateur.

77° Quiconque désire léguer un bien à la djemâa, soit des figuiers, soit des oliviers, soit une carrière de sel, soit un terrain, doit le faire par devant témoins. La djemâa vend ce bien sans tenir compte des héritiers.

78° Les dépenses causées par la réception des hôtes étrangers sont supportées à tour de rôle par les gens du village. S'ils ont besoin de viande, la dépense incombe, non à celui dont le tour est venu, mais à la djemâa.

79° Le travail est suspendu le vendredi ; et, en effet, le vendredi est consacré à la réunion de l'assemblée qui s'occupe des choses nécessaires. Ce jour est aussi consacré au labourage des terrains des pauvres pendant la saison des labours, et aux *touїzat* pendant le temps de la moisson. Celui qui organise une touїza doit nourrir les travailleurs avec de la viande, du beurre et du froment. Il ne peut s'en dispenser.

80° Les fruits des terrains appartenant à la djemâa sont attribués à l'imâm de la mosquée ; son devoir est d'apprendre la lecture et l'écriture aux enfants, et de faire l'appel à la prière. Chaque enfant lui donne comme salaire un demi-douro par an.

81° L'imâm reçoit la fetra le jour du feteur (1), et un mouton le jour de l'immolation.

82° Si la djemâa a un khodja (secrétaire), ce dernier reçoit deux francs par page d'écriture, c'est-à-dire par acte.

83° Pendant l'hiver et le printemps, nous abandonnons notre village, et nous nous rendons dans les pâturages. Chacun laisse un gardien dans sa maison. S'il y manque quelque chose au retour, ce gardien est responsable et paye une indemnité proportionnelle. Toutefois, s'il est prouvé qu'il n'est pas l'auteur du vol, on n'a rien à lui réclamer.

84° Quiconque est entré dans un jardin sans l'autorisation du propriétaire paye deux francs d'amende. De même, quiconque est entré dans un magasin de sel sans permission paye deux francs d'amende.

85° Quiconque néglige un travail commandé par la djemâa paye deux francs d'amende.

86° Quand la djemâa a résolu d'ouvrir un chemin ou de bâtir une mosquée sur le terrain d'un particulier, le travail doit être exécuté sans indemnité. Le propriétaire du terrain est indemnisé uniquement de son défrichement et de ses plantations.

87° Quiconque a fait don d'un terrain à la djemâa ne peut en aucune manière revenir sur sa donation.

88° Si la djemâa a résolu de bâtir un village sur le terrain d'un particulier, elle le peut, sauf paiement de la valeur du terrain au propriétaire.

89° Si un homme meurt en exécutant un travail commandé par la djemâa, la dia est à la charge de la djemâa.

(1) Le feteur est la rupture du jeûne de Ramadan ; la fetra consiste en un présent de quelques mets.

90° Quiconque a promis une chose à un particulier ne peut revenir sur sa promesse.

91° Si un homme arrose un jardin ou un champ au moyen d'une saguia, quiconque rompt cette saguia, paye un demi-douro d'amende.

92° Quiconque excite au désordre par des propos calomnieux et mensongers, paye cinq douros d'amende.

93° Quiconque a remis ses pouvoirs à un mandataire dans un procès n'a rien à réclamer, en cas de défaite, dudit mandataire.

94° Quiconque refuse, quand vient son tour, de garder les moutons, les bœufs, ou les chevaux, paye deux francs.

95° Quiconque refuse de battre le blé à son tour, pendant l'été, paye deux francs d'amende.

KANOUN DE LA TRIBU DES MECHEDALAH.

1° Le prix fixé pour la femme, la première fois qu'elle se marie, est vingt-cinq douros, et une brebis de quatre douros.

2° Le prix du mariage de la femme répudiée est trente-cinq douros pour son premier mari, cinq douros pour son ouali, et une brebis de quatre douros.

3° Le prix du mariage de la femme veuve est vingt-cinq douros et une brebis de quatre douros, en faveur de son ouali.

4° Quiconque (mari ou ouali) transgresse cette loi, et demande une somme supérieure, rend tout ce qu'il a reçu et paye une amende de dix douros.

5° Quiconque a répudié sa femme, puis l'a reprise, paye deux douros et demi d'amende.

6° Quiconque demande en mariage une femme veuve ou répudiée avant l'expiration de la aïdda, paye sept douros et demi d'amende.

7° Chez nous, le partage d'un héritage est réglé par la volonté du testateur.

8° Si le testateur a fait des legs à ses filles, à ses sœurs ou à son père, ces legs leur sont attribués sur le tiers de l'héritage.

9° Il en est de même d'une libéralité en faveur de la djemâa ; elle est perçue sur le tiers de la fortune du défunt.

10° Chez nous le droit de chefâa s'exerce pendant trois jours.

11° Dans le cas où les besoins de l'orphelin l'exigent, en ce qui concerne sa subsistance et son habillement, son bien peut être vendu, et cette vente ne donne pas lieu à l'exercice de la chefâa.

12° Si la terre d'un absent a été vendue, cette vente demeure toujours subordonnée à son consentement, quelque longue que soit son absence.

13° Quiconque consent un prêt à terme doit en faire dresser un acte, et le faire certifier sans délai par deux témoins honorables.

14° Quiconque vend ou achète à terme doit faire dresser un acte, ou s'adresser immédiatement à deux témoins honorables.

15° Quand les grands de la djemâa se sont réunis et ont prononcé une interdiction, puis l'ont écrite (sur le registre), si quelqu'un entreprend de converser avec les membres de la djemâa ou avec les témoins, il est possible qu'il les fasse revenir sur leur témoignage. Dans ce cas, quiconque se dément paye dix douros d'amende, et la décision n'est pas modifiée.

16° Si un bien habous a été vendu, et si, après l'accomplissement de la vente, l'ancien possesseur du habous produit un acte justifiant que ce bien est réellement habous, ladite vente est annulée.

17° Si deux hommes en viennent aux mains, chacun d'eux paye un douro d'amende.

18° Quiconque frappe avec une pierre, ou seulement menace de s'en servir, paye deux douros d'amende.

19° Quiconque donne un coup de bâton, ou menace seulement de le donner, paye trois douros d'amende.

20° Quiconque donne un coup de sabre, ou menace seulement de le donner, paye quatre douros d'amende.

21° Quiconque frappe avec une petite pioche, ou un couteau, ou une faucille, paye trois douros d'amende.

22° Quiconque menace avec une arme à feu paye dix douros d'amende (*sic*).

23° Quiconque se sert de la même arme paye dix douros d'amende (*sic*).

24° Quiconque conduit des bœufs dans un champ ensemencé paye un douro d'amende, et indemnise le propriétaire.

25° Quiconque fait paître des moutons ou des chèvres dans un champ ensemencé paye un douro d'amende et une indemnité.

26° Quiconque conduit des animaux dans un verger d'oliviers, de figuiers, et en général d'arbres fruitiers, paye un douro d'amende, et indemnise le propriétaire.

27° Les dites amendes et indemnités sont au compte du berger.

28° Quiconque gâte un jardin potager en y introduisant des animaux paye deux douros d'amende, et indemnise le propriétaire.

29° Quiconque arrache la haie d'un jardin potager ou d'un champ ensemencé paye un douro d'amende.

30° Quiconque excite du désordre en répandant des propos calomnieux paye cinq douros d'amende.

31° Quiconque rompt le jeûne sans excuse paye un douro d'amende.

32° Quiconque est convaincu d'avoir volé un mouton paye deux douros et demi d'amende, et indemnise le propriétaire.

33° La femme qui insulte un homme paye un douro d'amende, et l'homme qui adresse à la femme un propos injurieux, deux douros.

34° L'homme qui insulte une réunion d'hommes paye trois douros d'amende.

35° L'homme qui a violé une anaïa, soit celle d'un particulier, soit celle de la djemâa, paye deux douros et demi d'amende.

36° Quiconque est convaincu d'avoir mis le feu à une maison ou à une meule paye une amende de vingt-cinq douros et une indemnité proportionnelle.

37° Quiconque a mis le feu à des oliviers, à des figuiers, et en général à des arbres à fruit, paye un douro d'amende par arbre et indemnise les propriétaires.

38° Quiconque est convaincu d'avoir servi un repas empoisonné par maléfice, soit à un homme, soit à une femme, soit à un vieillard, soit à un enfant, paye cinq douros d'amende, et est lapidé jusqu'à la mort.

39° Quiconque est convaincu d'avoir percé le mur d'une maison ou renversé une haie ou une clôture, soit la nuit, soit le jour, paye dix douros d'amende.

40° Si un homme habituellement soupçonné de vol a été vu passant dans un pâturage, et s'il manque dans ce pâturage une tête de bétail, la djemâa le condamne à payer une indemnité au propriétaire.

41° Quiconque porte un faux témoignage paye cinq douros d'amende.

42° Quiconque a reçu un témoignage, et le tient secret, paye cinq douros d'amende.

43° Quiconque a refusé de payer une amende qui lui a été infligée est condamné à en payer le double.

44° Quiconque a reçu un dépôt, et prétend l'avoir perdu, est acquitté, s'il fournit la preuve de ce fait. S'il ne le peut, le serment lui est déféré.

45° Si un homme est accusé de vol sans preuve suffisante, le serment lui est déféré.

46° Si un propriétaire, ayant emmagasiné son grain dans des silos éloignés du village, est victime d'un vol, le village n'est pas responsable.

47° Quiconque est parti, laissant divers objets dans sa maison sans y préposer de gardien, paye un douro d'amende : s'il est volé, il n'a rien à réclamer aux gens du village.

48° Quiconque met sa terre en gage pour un espace de trois ans, puis rend l'argent prêté au délai fixé, recouvre sa terre. S'il met sa terre en vente, le prêteur peut exercer une sorte de préemption.

49° Les contrats en vue de l'élevage en commun des moutons, chèvres, bœufs, et chevaux, sont limités à trois années.

50° Quiconque désire mettre le feu dans la broussaille doit premièrement avertir ses voisins. Sinon, il paye une indemnité proportionnée au dommage.

51° Si un créancier réclame une dette sans apporter de preuves suffisantes, le serment lui est déféré.

52° Si un homme possède une digue dont il se sert pour l'arrosage, et si un autre en possède une en contre-bas, le propriétaire de la digue inférieure peut disposer de l'eau qui déborde.

53° Le khammâs travaille de moitié pendant l'hiver. Pendant l'été, il travaille avec le propriétaire de la moisson à porter les javelles sur l'aire. Si ce dernier a une ânesse, on l'emploie ; sinon, tous les deux se partagent le fardeau.

54° Si le khammâs est convenu avec le maître du joug de ne pas payer l'achour, cet accord est valable. Sinon, le khammâs en paye le cinquième.

55° Si une femme s'est enfuie de la maison de son mari dans celle de son ouali et y est décédée, les frais d'ensevelissement sont à la charge du mari.

56° Si une bête est morte par suite d'une corvée, la djemâa n'est est pas responsable.

57° Le repas commun est divisé en portions. S'il est le résultat d'une libéralité privée, le nombre des portions répond à celui des têtes. S'il est le résultat d'une collecte, ce nombre répond à celui des maisons.

58° La femme convaincue d'avoir pris des drogues pour se faire avorter, paye la dia. En cas de doute, le serment lui est déféré.

59° Chez nous, le crieur public est affranchi des corvées.

60° Au moment de la naissance d'un enfant, les femmes du voisinage viennent trouver la mère du nouveau-né pour la féliciter, et lui apportent des œufs. Si le nouveau-né est un garçon, le père donne un repas le septième jour.

61° Quiconque refuse de contribuer à son tour à l'hospitalité, paye un douro d'amende.

62° Quand un propriétaire possède un terrain sis près d'un chemin ou d'un cimetière ou d'une mosquée, si la djemâa lui demande de lui en acheter une partie dont elle a besoin, il ne peut refuser. Au besoin, on passe outre à son consentement.

63° Si la djemâa est convenue de faire exécuter un travail d'utilité publique, quiconque refuse d'y prendre part sans excuse valable paye un douro d'amende.

64° Le travail est interdit le mercredi ; car c'est le mercredi que la djemâa se réunit pour régler les affaires : ce même jour, les malheureux demandent des bœufs pour labourer pendant la saison des labours.

65° Deux hommes s'étant associés pour l'exploitation d'un moulin ou d'un pressoir à huile, celui des deux qui refuse de travailler est contraint de vendre sa part à son associé.

66° Quand un décès survient, soit d'un homme, soit d'une femme, tous les habitants du village doivent cesser de travailler ce jour-là, afin d'assister à l'enterrement, et quiconque travaille paye un douro d'amende.

67° Quiconque refuse de garder le troupeau à son tour, paye un demi-douro d'amende.

68° Quand un homme se marie et désire aller trouver sa fiancée, tous les gens du village l'accompagnent jusqu'à la maison de cette dernière : quiconque s'abstient de cette conduite paye un douro d'amende.

69° A chaque naissance d'enfant, le père paye un douro et demi aux gens du village, en signe de joie et de réjouissance.

70° Si deux femmes en viennent aux mains, chacune d'elles paye un douro d'amende.

71° Si un propriétaire et un berger ont conclu un marché pour la garde d'un troupeau pendant un an, et si l'un des deux veut résilier ce marché, cela se peut : on fait alors le compte du berger. Il en est de même pour l'instituteur qui enseigne à lire aux enfants.

72° L'associé a le droit d'exercer la cheféa pendant trois jours. Les frères ni les contribules (la fraction, ferqa), ne peuvent exercer la cheféa.

73° Si quelqu'un a perdu un animal par suite d'une corvée, le prix lui en est remboursé par la djemâa, et ce prix est vingt-cinq douros.

74° Quiconque a volé un cheval ou un mulet paye dix douros d'amende, et cinquante douros d'indemnité au propriétaire.

75° Quiconque est convaincu d'avoir volé une jument paye dix douros d'amende, et soixante douros d'indemnité au propriétaire.

76° Quiconque est convaincu d'avoir volé un âne, paye cinq douros d'amende et dix douros d'indemnité.

77° Le khammâs qui refuse de travailler sans excuse valable n'a droit qu'à un franc de la part du maître du joug. Si l'empêchement vient de ce dernier, le khammâs retire le prix entier de son travail.

78° Quand il incombe à un orphelin de payer une dette contractée par son père, son bien ne peut être vendu avant qu'il ait atteint l'âge prescrit pour le jeûne.

79° Quiconque a excité du bruit et du tumulte au sein de la djemâa paye cinq douros d'amende.

80° Il est interdit à qui que ce soit de revenir sur une affaire ancienne et réglée depuis longtemps.

81° Quiconque désire vendre sa terre doit l'offrir d'abord aux membres de sa ferqa. S'ils refusent de l'acheter, il peut la vendre à un étranger.

82° Aucun bien mechmel, quelle que soit la communauté à laquelle il appartienne, tribu, village ou fraction, ne peut être vendu par un particulier sans qu'il se soit présenté devant la djemâa (et ait obtenu son consentement).

83° Si quelqu'un détient un acte constatant qu'un bien est mechmel, et refuse de le remettre entre les mains des propriétaires, la djemâa confisque sa fortune et le bannit.

84° Quiconque a violé la anaia d'un village ou d'une fraction paye vingt-cinq douros d'amende, s'il n'a pas commis de meurtre ; mais, s'il a commis un meurtre, il est puni de mort.

85° Les frais de l'hospitalité accordée aux étrangers se répartissent à tour de rôle entre les habitants du village.

86° Quiconque a déchiré le burnous d'autrui, ou tout autre vêtement, paye trois francs d'amende.

87° Quiconque barre un chemin public par une haie ou une construction paye un douro d'amende.

88° Quiconque laboure ou travaille avec la pioche dans un cimetière paye trois douros d'amende.

89° Si le propriétaire d'un terrain fait un bail à complans avec un cultivateur, et si ce dernier complante seulement une moitié du terrain, négligeant absolument l'autre moitié, le contrat n'est pas valable, et le cultivateur ne retire que le prix de son travail.

90° Si, par suite d'un éboulement, des arbres ont été transportés d'un terrain dans un autre, le propriétaire de ces arbres a droit de les arracher, sans plus.

91° Quiconque a greffé un olivier ou planté un arbre sur le terrain d'autrui, sans autorisation, n'a droit à rien.

92° Si un olivier sauvage se trouve entre deux associés, celui des deux qui le greffe en recueille seul les fruits. Si la première greffe n'a pas réussi, l'autre associé peut essayer à son tour, et, en cas de succès, bénéficie seul de son travail.

93° Si deux hommes se sont associés pour greffer ou pour planter, celui des deux qui refuse d'arroser, d'entourer les arbres d'une petite haie, etc., perd son bénéfice au profit de son compagnon qui exécute tout ce travail.

94° Quiconque refuse de s'acquitter d'une dette est passible d'une amende d'un douro, et est contraint de payer ce qu'il doit, en *témoignant de son repentir*.

95° Quiconque est convaincu d'avoir frappé quelqu'un pendant son sommeil paye une amende de dix douros.

96° Quiconque est convaincu d'avoir dérobé quoi que ce soit dans la mosquée, paye cinq douros d'amende. Toutefois, si la valeur de l'objet dérobé ne dépasse pas huit francs, l'amende n'est que d'un douro, sans préjudice de l'indemnité.

97° Nous avons inscrit ci-dessus que l'orphelin ne paye aucune dette avant d'avoir atteint l'âge de puberté ; mais les grands de la djemâa ont décidé que les dettes du père seraient payées sur la fortune de l'orphelin. En conséquence, les grands de la djemâa vendent son bien, sans avoir à considérer s'il sert à son entretien ou à sa nourriture.

98° Quand une digue le long de laquelle court de l'eau est ancienne, le propriétaire du terrain sur lequel elle passe, n'a pas le droit d'empêcher les propriétaires des terrains inférieurs de se servir de l'eau. Ces derniers ont à charge de l'entretenir. La saguia supérieure doit toujours être remplie avant l'inférieure.

KANOUN DE LA TRIBU DES BENI IALA.

1° Quiconque a percé le mur d'une maison paye dix douros d'amende.

2° Quiconque a volé une bête de service paye cinq douros d'amende et une indemnité proportionnelle, soit pour un cheval de race ou une jument soixante douros, pour un mulet cinquante douros, pour un âne cinq douros, pour un bœuf vingt douros, pour un mouton trois douros, pour une chèvre deux douros et demi.

3° Quiconque a volé dans un jardin paye un douro d'amende et une indemnité proportionnée au dommage.

4° Quiconque a mené paître ses bêtes dans un jardin ou dans un champ ensemencé paye un douro d'amende, et indemnise le propriétaire.

5° Quiconque a volé des olives ou du grain paye deux douros d'amende, et indemnise le propriétaire.

6° Quiconque a volé dans un silo paye quatre douros d'amende, et indemnise le propriétaire.

7° Si deux enfants se battent, chacun d'eux paye un quart de réal.

8° Quiconque a volé dans un moulin paye trois douros d'amende, et indemnise le propriétaire.

9° Quiconque a frappé son adversaire avec la main paye deux francs d'amende.

10° Quiconque a blessé quelqu'un dans une dispute paye un douro d'amende.

11° Quiconque a frappé avec un bâton paye deux douros d'amende.

12° Quiconque a violé la anaïa de la djemâa, paye cinq douros d'amende.

13° Quiconque a conduit son troupeau dans la montagne sans autorisation de la djemâa paye deux douros et demi d'amende.

14° Quiconque a volé des glands paye un douro d'amende.

15° Quiconque a coupé un arbre paye un douro d'amende.

16° Quiconque a mis le feu dans la montagne après la moisson paye sept douros d'amende.

17° Quiconque a incendié une maison, ou une moisson, ou une meule de paille ou de foin, paye vingt-cinq douros d'amende.

18° En cas de mariage comme en cas de divorce le qâdi n'a droit à rien.

19° Quiconque s'enfuit avec une femme est passible de vingt douros d'amende; son bien est vendu, et il est banni du pays.

20° L'homme qui répudie sa femme garde son droit sur elle.

21° Quiconque a commencé de battre son grain avant le jour fixé par la djemâa, paye deux douros et demi d'amende.

22° Si quelqu'un a tué son frère dans l'intention d'en hériter, le bien du meurtrier et le bien du mort reviennent à la djemâa.

23° Quiconque a fait une donation à la djemâa ne peut en aucune façon revenir sur sa parole.

24° Si un homme a fait une donation à sa mère, à ses filles ou à ses sœurs, elles en peuvent jouir tant qu'elles demeurent dans la maison de leur ouali; mais elles n'y ont plus droit si elles se marient.

25° La donation de l'homme à la femme n'est pas valable. La femme ne peut posséder que ses vêtements.

26° Les femmes n'ont rien à prétendre d'un héritage.

27° Quiconque a épousé une femme vierge ou non vierge, puis l'a répudiée, n'a aucun droit de réclamer quoi que ce soit de la somme versée par lui à son ouali.

28° Quiconque a eu des relations avec une jeune fille doit l'épouser; s'il s'y refuse, il paye vingt-cinq douros d'amende.

29° Quiconque a eu des relations avec une femme paye, si le fait est prouvé, dix douros d'amende.

30° Quiconque s'est assis près de la fontaine, paye un douro d'amende.

31° Quiconque a répudié sa femme, puis l'a reprise, paye deux douros et demi d'amende, et quiconque a prêté dans ce cas son assistance, paye un douro.

32° Quiconque a porté un faux témoignage, paye deux douros et demi d'amende.

33° Quiconque a témoigné, puis est revenu sur son témoignage, paye un douro d'amende.

34° Quiconque est convaincu d'avoir calomnié un homme paye quatre francs d'amende.

35° Quiconque a épousé une femme avant l'expiration de la aïdda paye dix douros d'amende.

36° Quiconque a demandé une femme en mariage pendant la 'aïdda, paye cinq douros d'amende.

37° Quiconque refuse d'ester en justice paye un douro d'amende.

38° Si une femme répudiée vient à mourir, son mari reçoit la moitié de la dot de son ouali.

39° Quiconque a frappé un homme, et lui a crevé un œil, paye trois douros d'amende, plus une dia de cinq douros au blessé.

40° Quiconque a frappé un homme, et lui a cassé une dent, paye trois douros d'amende ; le blessé a droit à vingt-cinq douros.

41° La chefâa appartient à l'associé, à l'enfant et à l'absent.

42° Celui qui a frappé avec une arme à feu paye dix douros d'amende. S'il n'a fait que saisir l'arme sans frapper, il paye cinq douros.

43° Celui qui a frappé avec un sabre paye cinq douros d'amende ; s'il n'a fait qu'en menacer, l'amende est de deux douros.

44° Quiconque a frappé avec une pioche paye cinq douros d'amende ; s'il n'a fait qu'en menacer, l'amende est de deux douros et demi.

45° Le constructeur d'un moulin reçoit six douros pour prix de son travail, et a droit au quart du produit du moulin. Il en est de même pour le pressoir à huile.

46° Dans le cas de partage d'un terrain entre des associés, si un des associés prétend être lésé, il peut faire recommencer le partage jusqu'à parfait accord.

47° Le communal appelé El Benia est partagé en trois parts. Un tiers est aux Aoulâd Bou Beker avec les Aoulâd Anboun, et les Aoulâd Mendil, à l'exclusion des Aoulâd El Qediâa ; un tiers aux Aoulâd Djadjem, aux Aoulâd Maama et aux Aoulâd Abd

Allah ben Aïssa ; à l'exclusion des Ahel Eqna ; un tiers enfin aux Aoulâd el Hadjebah, et aux Aoulâd Yahia, à l'exclusion des Ahel Taghermet.

48º Personne n'a droit de détruire la digue ancienne.

49º Le khammâs reçoit un cinquième, et travaille ; le berger est payé sur le produit du troupeau.

50º Le berger qui égare une tête de bétail doit payer une indemnité.

51º Si quelqu'un a emprunté un mouton et ne l'a pas payé, le propriétaire du mouton prend un demi douro par an jusqu'à parfait remboursement.

52º Quiconque fait paître son troupeau dans un verger d'oliviers greffés paye quatre francs d'amende.

53º Quiconque, après avoir marié sa fille, la reprend, paye cinq douros au mari.

54º Celui qui a cultivé un champ sans l'autorisation du propriétaire ne peut en revendiquer les produits.

55º Celui qui a cultivé un champ avec l'autorisation du propriétaire peut en percevoir les fruits pendant trois ans.

56º Quand deux associés ont mis en commun des moutons ou des bœufs, si l'un d'eux veut partager au moment de la récolte, il ne le peut ; mais il doit attendre que la récolte soit terminée.

57º Quiconque profère des invectives contre quelqu'un sans raison valable paye un franc d'amende.

58º Si un enfant en bas-âge devient orphelin, ses parents vendent son patrimoine, et le prix lui en est remis au moment de sa puberté.

59º Quand un homme est mort, laissant une femme et des enfants, si la femme désire rester avec ses enfants, ces derniers payent la somme que son ouali a le droit d'exiger d'elle.

60º L'association pour l'élevage des chevaux prend fin lorsque le poulain n'a plus besoin de sa mère ; sinon, on fait une convention spéciale pour deux ans et même davantage.

61º Si quelqu'un afferme une terre en spécifiant qu'elle sera vivifiée par une plantation, le fermier a droit au quart des produits.

62º Si l'amîn réclame à un homme une amende légalement

due, et si ce dernier refuse de la payer, l'amin le frappe d'une autre amende jusqu'à ce qu'il se soit libéré.

63° Quiconque a tué un homme paye vingt-cinq douros d'amende ; quant à la dîa, elle est de trois cents douros.

64° Quiconque refuse de couvrir sa maison paye un douro d'amende, si son refus contrevient à un ordre de l'amin.

65° Quiconque refuse d'ester en justice paye un douro d'amende.

66° Quiconque laboure le jeudi paye un douro d'amende.

67° Quiconque refuse de prendre part à une corvée paye un douro d'amende, si le lieu du travail est proche, et trois douros s'il est éloigné.

68° Quiconque refuse d'ensevelir un mort, et est présent, paye un demi-douro d'amende.

69° Si quelqu'un réclame une dette sans fournir de preuve, le serment est déféré au défendeur, sans plus.

70° Si le khammâs a une femme, le maître de la charrue paye sept qaroui (1) et demi d'orge et un pot d'huile. Il en est de même pendant l'été, et sa femme porte le grain sur l'aire avec la femme du maître de la charrue.

71° Si le khammâs meurt avant l'accomplissement de son travail, ses héritiers le terminent à sa place.

72° Un homme possède une digue dont il se sert pour l'arrosage ; un autre en possède une en contre-bas ; si la digue supérieure a été construite la première, ce dernier n'a droit qu'à l'eau qui déborde par dessus cette digue. En cas de travail à la dite digue, l'eau qui s'échappe est partagée par moitié. Si la digue inférieure a été construite la première, et si la supérieure est la plus récente, le propriétaire d'en dessous le cède toujours à celui d'en dessus.

73° Quiconque achète des champs ou des arbres doit exiger un titre écrit qui justifie des hypothèques dont ils sont grevés.

74° Quand les grands de la djemâa sont convenus de bâtir un village sur le bien d'un particulier, ce dernier n'a droit qu'au remboursement de la valeur de son bien. De même, si la djemâa

---

(1) Petite mesure.

a résolu de construire un pont ou d'ouvrir une route, le propriétaire du terrain ne peut en exiger plus que la valeur. En cas de désaccord, il est passé outre à son opposition.

75° Tous les frais occasionnés par la réception des hôtes étrangers qui se présentent à la djemâa sont supportés par les membres de la djemâa et répartis par feux.

76° La cotisation aumônière (repas commun) se répartit par têtes.

77° Chez nous, la chefâa est exercée par les proches, et, ainsi de suite, de fraction en fraction.

78° Si quelqu'un organise un festin, tous ses amis l'assistent en vue du plaisir. Celui d'entre eux qui a payé un demi-douro reçoit du maître du festin quatre coudées de mousseline; celui qui a payé un douro reçoit également quatre coudées de mousseline et une portion de nourriture.

79° Si quelqu'un possède des oliviers sur le terrain d'autrui, et si le propriétaire dudit terrain le laboure au moment de la cueillette des olives, ce dernier doit avertir le propriétaire des oliviers, afin qu'il les recueille avant que le labour soit commencé. En cas de négligence, il n'est pas responsable.

80° Si une femme s'est enfuie de la maison de son mari dans celle de son ouali, et y est morte, les frais de l'ensevelissement sont à la charge du mari.

81° Dans le cas où une femme est répudiée étant nourrice, si le mari réclame l'enfant, et si la femme ne consent pas à s'en séparer, le mari n'est pas tenu aux aliments.

82° Si un homme est accusé d'un vol, et s'il n'y a pas de preuve contre lui, on lui demande l'emploi de son temps pendant la nuit du vol, et, s'il en justifie, il n'est pas poursuivi. Sinon, il est passible de l'amende portée ci-dessus, et paye une indemnité.

83° Le gardien de silos reçoit comme salaire deux saas (1) d'orge par silo d'orge, un saa de froment par silo de froment. S'il a dérobé dans un silo, et si le fait est prouvé, il encourt une amende et une punition.

(1) Le saa pèse environ cent-dix kilogrammes.

84° Quiconque s'absente du village doit laisser un gardien dans sa maison. Le salaire de ce gardien consiste en deux saas d'orge. Il est responsable de tout dommage commis dans ladite maison.

85° Si quelqu'un attribue une terre ou des arbres à la djemâa, cette dernière affirme son droit sur un tiers de cette propriété.

86° Chez nous, le jeudi est le jour fixé pour les assemblées générales.

87° Quiconque a tenu secret un témoignage dont la connaissance eût empêché une dispute survenue entre deux plaideurs paye un douro et demi d'amende.

88° Ensuite les Beni Iala ont arrêté les prix qu'il convient de donner pour le mariage de leurs femmes, savoir : pour la fille vierge, trente douros ; pour la femme répudiée, une somme proportionnée à la somme versée premièrement pour elle ; pour la femme veuve, quinze douros, en outre, pour son ouali sept qaroui de froment, un pot de beurre fondu, et cinq douros. Quiconque contrevient à cette loi est passible d'une amende de dix douros.

89° Quiconque se livre à un jeu d'argent paye un franc d'amende. En cas de récidive, l'amende est élevée à deux francs.

KANOUN DE LA TRIBU DE OUAGOUR.

1° La somme à donner pour la femme qui n'a pas encore été mariée est de trente douros, plus trois moutons.

2° Il n'y a pas de limite au prix de la femme répudiée. Ses affaires sont dans la main du mari qui l'a répudiée.

3° En cas de mort du mari qui l'a répudiée, cette femme est dans la main de son ouali.

4° Si une femme vient à perdre son mari, son cedaq (1) est de trente douros et de trois moutons.

5° Quiconque demande une femme en mariage avant l'expiration de son aïdda paye vingt-cinq douros d'amende.

6° Quiconque reprend sa femme après l'avoir répudiée publiquement paye sept douros et demi d'amende.

7° Quiconque a eu des relations coupables avec une femme paye treize douros d'amende.

8° Quiconque est convaincu d'avoir percé le mur d'une maison ou renversé une haie, soit la nuit, soit le jour, paye vingt-cinq douros d'amende, et une indemnité de vingt-cinq douros au propriétaire, à titre de horma.

9° Quiconque, faisant paître un troupeau de bœufs, est convaincu d'en avoir vendu un, paye vingt-cinq douros d'amende et une indemnité égale à la valeur du bœuf détourné.

10° Quiconque est convaincu d'avoir volé un mulet paye vingt-cinq douros d'amende, et indemnise le propriétaire.

11° Quiconque est convaincu d'avoir volé un mouton paye trois douros d'amende, et indemnise le propriétaire.

12° Quiconque a volé des figues paye cinq douros d'amende, s'il a commis le vol pendant la nuit. S'il a volé pendant le jour, l'amende est de deux douros et demi.

13° Quiconque est convaincu d'avoir volé dans un jardin potager paye cinq douros d'amende.

14° Quiconque a rompu, avec intention de nuire, la saguia qui sert à l'arrosage d'un jardin, paye un quart de réal d'amende.

(1) Dot de la femme constituée par la loi islamique.

15° Quiconque a volé des fruits pendant la nuit paye cinq douros d'amende.

16° Quiconque a arraché une bouture de figuier paye un douro d'amende.

17° Celui qui menace avec une arme à feu dans une dispute paye deux douros et demi d'amende ; s'il tire, cinq douros.

18° Celui qui apporte un sabre dans une dispute, mais ne s'en sert pas, paye trois francs et six sous d'amende ; s'il frappe, l'amende est de six francs et six sous.

19° Celui qui menace avec une petite pioche, mais sans frapper, paye trois francs et six sous d'amende ; s'il frappe, l'amende est de six francs et six sous.

20° Quiconque frappe avec un bâton paye un demi-douro d'amende.

21° Celui qui menace avec une pierre, mais sans frapper, paye un franc et six sous d'amende ; s'il frappe, l'amende est d'un demi-douro.

22° Si deux hommes échangent des injures, chacun d'eux paye dix sous d'amende.

23° Quiconque a violé la anaïa de la djemâa, paye deux douros et demi d'amende.

24° La femme qui injurie un homme dans une dispute paye un demi-douro d'amende.

25° L'homme qui injurie une femme dans une dispute paye un douro d'amende.

26° La femme qui injurie une réunion d'hommes paye un douro d'amende.

27° L'homme qui injurie une réunion d'hommes paye un douro d'amende.

28° Si la djemâa a résolu d'exécuter un travail d'utilité publique, quiconque refuse d'y prendre part paye un demi-douro d'amende.

29° Quiconque refuse de payer une amende est condamné au double.

30° Quiconque vient en aide à son frère (contribule) dans une dispute, s'il ne s'est servi que de la langue, paye un quart de réal d'amende, et s'il a frappé, un franc et six sous.

31° Quiconque répand des bruits calomnieux pour faire naître la discorde paye un demi douro d'amende.

32° Quiconque affecte de rompre le jeûne sans nécessité paye cinq douros d'amende.

33° Quiconque a porté un faux témoignage paye un demi-douro d'amende.

34° Quiconque a dissimulé un témoignagne paye un demi-douro d'amende.

35° Si quelqu'un donne un festin (oullma), il est nécessaire que tous ceux qui y assistent y contribuent, et quiconque refuse paye un douro d'amende.

36° Si quelqu'un a perdu un animal, et si les grands de la djemâa ont ordonné à toutes les personnes présentes de se mettre à sa recherche, quiconque s'abstient paye un douro d'amende.

37° Deux hommes s'étant associés pour exploiter un moulin à grains, ou un pressoir d'olives, si l'un d'eux s'abstient de travailler, les grands de la djemâa le contraignent à céder sa part à son associé, moyennant un juste prix.

38° Le festin public (ouzîa) est divisé en portions. S'il est le résultat d'une libéralité privée, les portions sont égales au nombre des têtes. S'il est le produit d'une cotisation, elles sont égales au nombre des maisons.

39° Quiconque refuse de contribuer à une ouzîa organisée par cotisation, paye une amende d'un douro, sans préjudice de sa cotisation.

40° Si quelqu'un a fait des legs à ses filles, à ses sœurs ou quelqu'autre de ses parents, ces legs sont prélevés sur le tiers de sa fortune.

41° Chez nous, l'héritage est partagé conformément aux dispositions testamentaires du défunt.

42° Chez nous, la chefâa s'exerce pendant trois jours au profit des ayant-droit présents. Elle est imprescriptible au profit des absents.

43° La vente de la terre d'un orphelin n'est autorisée que si son père a laissé des dettes, et s'il n'est pas d'autre moyen de pourvoir à son entretien. Hormis ces deux cas, elle est absolument interdite.

44° Si les Grands de la djemâa reconnaissent qu'un chemin est en mauvais état, leur devoir est de le faire réparer, et le propriétaire du terrain qu'il traverse n'a droit qu'à la valeur de la portion qui lui est prise.

45° Si quelqu'un meurt, homme ou femme, jeune ou âgé, tous les hommes présents doivent aider à l'ensevelir, et quiconque s'abstient paye un franc d'amende.

46° Quiconque refuse de contribuer aux frais d'hospitalité, quand vient son tour, paye une amende proportionnelle depuis un franc jusqu'à deux douros et demi.

47° Le khammâs qui rompt déloyalement avec un propriétaire n'a droit qu'à un franc de la part de ce dernier ; si au contraire le propriétaire a été de mauvaise foi, le khammâs a droit à tous les fruits de son travail.

48° Si deux femmes en viennent aux mains, chacune d'elles paye un demi-douro d'amende.

49° Quiconque récolte des glands de chêne-vert qui ne lui appartiennent pas paye un demi-douro d'amende.

50° Quiconque a mis le feu (dans la broussaille), et par suite a gâté soit des oliviers, soit des figuiers, paye un demi-douro d'amende et une indemnité proportionnée au dégât.

51° Quiconque est convaincu d'avoir incendié une maison paye vingt-cinq douros d'amende et une indemnité convenable.

52° Quiconque est pleinement convaincu d'avoir servi à quelqu'un un plat empoisonné par quelque sortilège paye vingt-cinq douros d'amende.

53° Si quelqu'un a tué son parent en vue d'en hériter, la djemâa s'empare tout ensemble des biens du mort et des biens du meurtrier.

54° Si un homme de la tribu a une contestation avec un autre, il doit en avertir les grands de la djemâa ; s'il ne le fait pas, il paye six francs et six sous d'amende.

55° Chez nous, le jeudi est le jour fixé pour les réunions de la djemâa. Ce jour-là, les pauvres demandent (empruntent) une paire de bœufs dans la saison du labour : eux seuls ont droit de travailler, et quiconque enfreint cette règle paye un demi-douro d'amende.

KANOUN DE LA TRIBU DES BENI KANI.

1° Si deux hommes échangent des propos injurieux, chacun d'eux paye un quart de réal d'amende.

2° S'ils en viennent aux coups, l'amende de chacun d'eux est d'un demi-douro, et celui qui a recommencé la dispute paye un demi-douro.

3° Quiconque engage une querelle, armé soit d'une pierre, soit d'un bâton, soit d'un couteau, soit d'une pioche, sans toutefois s'en servir, pays six francs et six sous d'amende.

4° Quiconque se sert de ces armes, paye deux douros et demi.

5° Quiconque vient armé d'une arme à feu, dans une dispute, mais ne s'en sert pas, paye deux douros et demi.

6° Quiconque, dans le même cas, se sert de son arme, paye vingt-cinq douros d'amende.

7° Quiconque a tué un homme l'ayant surpris avec sa femme n'est exposé à aucune peine.

8° Quiconque a volé pendant le jour paye une amende de cinq douros, et le propriétaire est maître d'exiger de lui ce qui lui plaît, sans restriction.

9° Quiconque désire entrer dans une maison privée doit appeler le propriétaire trois fois. S'il ne reçoit pas de réponse et entre quand même, il paye une amende d'un douro, dans le cas où il peut être soupçonné de vol. Si aucun soupçon ne peut peser sur lui, il ne paye pas d'amende.

10° Quiconque est convaincu d'avoir volé la nuit paye dix douros d'amende.

11° Quiconque affecte la négligence dans l'exécution d'une corvée commandée par la djemâa paye un demi-douro d'amende, par jour de corvée. Le malade est excusé.

12° Au moment où nous montons dans la montagne pour faire paître notre troupeau, nous lui constituons des gardiens, et, s'il manque quelque bête, ce sont ces gardiens qui sont responsables.

13° Quiconque est convaincu d'avoir volé une bête du troupeau dans la montagne paye vingt-cinq douros d'amende, et le propriétaire fixe à son gré l'indemnité.

14° Si une bête s'égare, le berger en est responsable. Il paye également une indemnité, s'il *en égorge* quelqu'une sans raison valable ; mais, si un animal est tombé du haut d'un rocher ou dans un précipice, il lui est permis de l'égorger.

15° Si quelqu'un tue un de ses parents pour en hériter, la djemâa le met à mort, et recueille à la fois les biens du mort et ceux du meurtrier.

16° Si le meurtrier s'est enfui et est sorti du pays, il n'y peut revenir.

17° L'orphelin reste sous la tutelle de ses parents jusqu'à ce qu'il ait atteint sa puberté.

18° Quand un créancier réclame une dette à son débiteur, si celui-ci refuse de payer, le créancier avertit l'amîn de la djemâa. Si le débiteur persiste dans son refus, l'amîn le condamne à un un demi-douro d'amende, et au paiement immédiat de la dette.

19° Si le débiteur se prend de querelle avec le créancier, il paye une amende d'un demi-douro, mais le créancier n'a droit à aucune indemnité.

20° Si un homme épouse une fille vierge, le prix fixé est de trente douros.

21° Le prix de la femme divorcée est de quarante douros.

Le prix de la femme veuve est de vingt douros.

22° Celui qui revient à sa femme après l'avoir répudiée paye cinq douros d'amende, et le ouali de la femme paye deux douros et demi.

23° Chez nous, la chefâa peut être exercée par les proches parents présents, pendant trois jours. Pour les absents, le délai peut être prolongé de quinze jours à une année.

24° On n'exerce la chefâa que pour soi-même, jamais pour autrui.

25° Si deux femmes échangent des propos injurieux, chacune d'elles paye une amende d'un quart de réal.

26° Si elles en viennent aux mains, chacune d'elles paye deux francs d'amende.

27° La donation n'est assurée que par la prise de possession. Toute libéralité faite par un particulier à la djemâa ou à toute autre personne, est prise sur le tiers de sa fortune.

28° Quiconque mène paître un troupeau de moutons ou de chèvres, des bœufs ou des mulets dans un champ ensemencé, paye six sous par pas, et, si le champ se trouve au dessous de la saguia, un demi-douro d'amende. Le propriétaire du champ fixe à son gré l'indemnité.

29° Au moment de la maturité des olives et des figues, si la djemâa a fait proclamer que nul ne pourra commencer la cueillette avant qu'elle n'en ait donné l'autorisation, quiconque contrevient à cette défense, paye quatre francs.

30° Quiconque a violé la anaïa de la djemâa dans une querelle paye un douro d'amende.

31° Si deux hommes se prennent de querelle dans une séance de la djemâa, celui qui a commencé paye un douro d'amende, et le second un demi-douro.

32° Chez nous, il n'y a pas de partage d'héritage.

33° Si quelqu'un nomme un tuteur à ses enfants, ce tuteur a droit au tiers de la fortune.

34° Chez nous, le bien mechmel appartient à la tribu (Arch). Quiconque habite avec nous, serait-il d'origine étrangère, a droit d'en user; d'autre part, quiconque s'est éloigné de notre tribu, en serait-il originaire, est déchu de ce même droit.

35° Quand deux frères se prennent de querelle et se battent, s'ils habitent la même maison, ils n'encourent aucune amende. Sinon, ils sont considérés comme s'ils étaient étrangers l'un à l'autre.

36° Quiconque vient d'être père d'un enfant mâle, paye un demi-douro à la djemâa.

37° Quiconque a mis le feu dans un village, soit la nuit, soit le jour, et a causé quelque dommage, paye vingt-cinq douros d'amende et une indemnité proportionnelle.

38° Quiconque loge un étranger dans sa maison est responsable du mal qu'il peut faire.

39° Quiconque tue un homme qui entretient des relations coupables avec sa femme, ne paye pas d'amende. La djemâa perçoit vingt-cinq douros d'amende sur la fortune du mort.

40° Chez nous, le témoignage de la femme outragée est valable.

41° Le témoignage du berger est valable contre le voleur.

42° Le jour où la djemâa est réunie, quiconque se mutine contre l'amîn ou quelqu'un des temmân, paye deux douros et demi d'amende. Les laboureurs (ouvriers) payent un demi-douro.

43° Quiconque engage une dispute avec l'amîn ou un des temmân paye un demi-douro d'amende.

44° Quiconque revient sur son témoignage paye un demi-douro d'amende.

45° Quiconque frappe un enfant qui n'a pas atteint sa puberté paye un demi-douro d'amende.

46° Quiconque laboure le long d'un chemin de passage, et n'entoure pas son champ d'une haie, n'a aucune indemnité à réclamer quand ce champ est envahi par des animaux.

47° Tous les habitants du village doivent contribuer à tour de rôle aux frais d'hospitalité, excepté en ce qui concerne la viande, laquelle est aux frais de la djemâa.

48° Si la djemâa désire exécuter un chemin ou tout autre travail d'utilité publique sur le terrain d'un particulier, elle ne le peut faire qu'avec l'agrément du propriétaire.

49° Chez nous, le khammâs ne reçoit pas de salaire pendant l'été.

50° Si quelqu'un possède des oliviers sur le terrain d'autrui, et si le propriétaire du terrain veut labourer, il suffit que ce dernier avertisse le propriétaire des oliviers qu'il ait à ramasser ses fruits : cela fait, il peut commencer son labour, et si le propriétaire des oliviers a été négligent, il n'a droit à aucune indemnité.

51° Chez nous, le repas public est divisé en portions. S'il est le résultat d'une libéralité, ces portions répondent au nombre des âmes ; s'il est le résultat d'une collecte, elles répondent au nombre des maisons.

52° Dans le cas où une femme a bu des drogues pour se faire avorter et y est parvenue, si l'enfant était un garçon, la famille réclame la vengeance (la mort) au ouali ; si c'était une fille, elle lui réclame la dïa (1).

53° Chez nous, l'eau qui court dans les canaux d'irrigation est divisée entre les gens d'en haut et ceux d'en bas.

54° Quiconque refuse de payer une amende est condamné au double.

55° Si quelqu'un a mis de côté chez soi l'argent nécessaire au paiement d'une amende, et si cet argent lui est dérobé, le voleur le rembourse et paye à titre d'indemnité une somme égale.

56° Quiconque dit à un témoin : « Porte tel témoignage pour débouter la partie adverse », paye un douro d'amende.

57° Quiconque a tenu secret un témoignage dans l'intention d'accroître la discorde entre deux adversaires paye deux douros et demi d'amende.

58° Quiconque propage des propos calomnieux parmi les gens paye deux douros d'amende.

59° Si quelqu'un a perdu une ânesse dans une corvée commandée par la djemâa, ladite djemâa est tenue de lui en rembourser le prix.

60° Chez nous, tous les travaux sont suspendus le jeudi ; mais ce jour-là les malheureux demandent des bœufs de labour dans la saison des labours.

61° Si quelqu'un fait donation d'un champ ou d'un figuier, ou d'un olivier, cette donation est au profit des pauvres.

62° Si quelqu'un porte une accusation de vol contre un homme, sans fournir de preuves, le serment est simplement déféré au demandeur.

63° L'acte écrit fait foi en matière de vente ou d'achat de terres et d'hypothèque (*rahnia*, antichrèse) (2).

(1) La dïa est, dans l'Ouâd Sahel, ce qu'elle est partout ailleurs en Afrique, une compensation pécuniaire, plus ou moins admise, soit en cas de mort, soit en cas de blessures.

(2) Cf. Han. II, p. 534.

64° La durée de la rahnia des terres et de tout le reste est de trois ans.

65° Chez nous, le propriétaire concède au khammâs la jouissance d'un olivier dont il a le droit de recueillir les fruits, et lui donne en outre un panier de figues.

66° Si le khammâs meurt avant d'avoir terminé son travail, ses héritiers se substituent à lui jusqu'à l'achèvement dudit travail.

67° (En cas de dispute et de séparation entre le propriétaire et le khammâs), si la fraude vient du khammâs, il ne reçoit qu'un franc par jour de travail; si au contraire le propriétaire de la moisson est répréhensible, le khammâs retire son cinquième en entier.

68° Quiconque emploie des étrangers pour la cueillette des figues et des olives paye deux douros et demi à la djemâa. Toutefois un homme qui demeure depuis un an parmi nous n'est pas, dans ce cas, considéré comme étranger.

69° Les aliments du garçon et de la fille qui sont encore à la mamelle sont à la charge du père, à raison d'un douro par mois.

70° Quiconque dans une dispute injurie ou frappe son frère ou son ami paye deux douros et demi d'amende.

KANOUN DE LA TRIBU DES BENI AÏSSA.

1° Si deux hommes en viennent aux mains, chacun d'eux paye un douro d'amende.

2° Quiconque frappe avec un bâton paye trois réaux d'amende. — Quiconque a apporté un bâton dans une dispute, mais ne s'en est pas servi, paye un douro et demi d'amende.

3° Quiconque frappe avec une pierre paye trois douros d'amende. Quiconque a apporté une pierre, mais ne s'en est pas servi, paye deux douros d'amende.

4° Quiconque frappe avec une hachette paye trois douros d'amende. Quiconque a apporté une hachette, mais ne s'en est pas servi, paye deux douros d'amende.

5° Quiconque frappe avec un sabre paye cinq douros d'amende.

6° Quiconque frappe avec un couteau paye cinq douros d'amende. Quiconque a apporté un sabre ou un couteau dans une dispute mais ne s'en est pas servi, paye deux douros et demi.

7° Quiconque a frappé avec une faucille paye un douro et demi d'amende. Quiconque a apporté une faucille dans une dispute, mais n'a pas frappé, paye quatre francs.

8° Quiconque frappe avec une arme à feu, fusil ou pistolet, paye dix-huit douros d'amende. Quiconque apporte une arme à feu dans une dispute, mais ne s'en sert pas, paye huit douros.

9° Quiconque vole une brebis paye un douro d'amende et indemnise le propriétaire.

10° Quiconque a manifestement volé dans un jardin potager paye deux douros d'amende, et indemnise le propriétaire en conséquence.

11° De même, quiconque a dérobé dans un verger des figues, du raisin ou tout autre fruit, paye, si le fait est prouvé, une amende de deux douros, et indemnise le propriétaire en conséquence.

12° Quiconque a percé le mur d'une maison paye, si le fait est prouvé, dix douros d'amende et une indemnité suffisante au propriétaire.

13° Quiconque a volé une jument ou un cheval de prix paye, si le fait est prouvé, quinze douros d'amende et cinquante douros d'indemnité au propriétaire.

14° Quiconque a volé un âne paye, si le fait est prouvé, un douro d'amende et trois douros d'indemnité au propriétaire.

15° Quiconque a volé un mulet paye, si le fait est prouvé, quinze douros d'amende et trente douros d'indemnité.

16° Quiconque a volé un bœuf ou une vache, paye, si le fait est prouvé, cinq douros d'amende et dix douros d'indemnité au propriétaire.

17° Quiconque fait paître du bétail dans un champ cultivé, que ce soient des moutons ou des chèvres, paye un douro et demi d'amende. Si ce sont des chevaux ou des mulets, il paye un franc d'amende par tête d'animal. Si ce sont des bœufs et s'ils sont au-dessus de quatre, il paye un douro et demi d'amende.

18° Si quelqu'un fuit en emmenant une femme de la maison de son mari, on démolit sa maison et on vend sa terre.

19° Quiconque a des relations coupables avec une femme......, paye vingt-cinq douros d'amende.

20° Si quelqu'un a tué son frère dans l'intention d'en hériter, la djemâa vend la part du meurtrier et se l'approprie.

21° Quiconque a mis le feu dans la broussaille paye, si le fait est prouvé, deux douros d'amende, et une indemnité proportionnelle.

22° Quiconque a mis le feu à une maison habitée paye, si le fait est prouvé, dix douros d'amende, et une indemnité proportionnée au dégât.

23° Quiconque a mis le feu à une maison vide paye, si le fait est prouvé, cinq douros d'amende.

24° Quiconque a violé la anaïa de la djemâa paye deux douros d'amende.

25° Quiconque refuse d'obtempérer à la réquisition du maghzen, paye trois douros d'amende.

26° Quiconque refuse d'obtempérer à la réquisition de la djemâa paye un douro d'amende.

27° Si une femme veuve se querelle avec un homme, elle paye un douro d'amende.

28° La chefâa appartient aux proches parents et à l'associé dans notre tribu; et ladite chefâa s'exerce sur les terrains au-dessus du chemin de Bougie. Si l'acheteur appartient à une autre tribu, la chefâa s'exerce en dessous du chemin comme au-dessus.

29° Si un homme a vendu une terre à un banni, sans avoir averti la djemâa, cette terre revient à la djemâa.

30° L'acheteur a recours contre le vendeur pour se faire rembourser la somme qu'il a donnée.

31° Personne ne peut vendre un bien communal, sinon du consentement de la djemâa.

32° Quiconque s'asseoit près de la source sans raison valable, paye cinq douros d'amende.

33° Quiconque s'asseoit près du moulin sans raison valable, paye cinq douros d'amende.

34° Le témoin qui revient sur son témoignage paye cinq douros d'amende.

35° Le faux témoin paye cinq douros d'amende.

36° La femme qui tue son mari est lapidée par les grands de la djemâa jusqu'à ce que mort s'ensuive.

37° On demande au futur époux d'une fille vierge vingt-cinq douros, une brebis, une mesure de beurre, sept qaroui de blé, sept qaroui d'orge, et sept douros destinés à l'achat de vêtements pour elle.

38° Pour le mariage de la femme veuve, on demande la moitié (des quantités et des sommes ci-dessus exprimées).

39° Pour la femme renvoyée, on demande quarante douros, une brebis et trois douros et demi.

40° Quiconque donne ou veut qu'on donne à ses filles et à ses sœurs, ne peut donner qu'une rente viagère. A leur mort, ce don revient aux héritiers.

KANOUN DES AHEL EL QÇAR.

1° Quiconque a volé une jument, ou un mulet, ou un bœuf, ou tout autre animal de service, paye, si le fait est constaté, dix douros d'amende, plus une indemnité qui s'élève pour la jument de race à cent douros, pour la jument abâtardie à cinquante douros, pour le mulet à soixante-dix, pour le bœuf à trente, pour l'âne à quinze douros.

2° Quiconque a volé dans une maison paye vingt-cinq douros d'amende, ensuite dix douros que prend le maître de la maison comme horma, enfin une indemnité équivalente au vol.

3° Quiconque a volé dans un jardin potager, soit le jour, soit la nuit, paye, si le fait est constaté, deux douros d'amende et trois douros de horma au propriétaire.

4° Si quelqu'un a pour magasin un silo creusé dans un canton désert, et n'emmagasine pas en pays habité, son silo appartient à la djemâa, et le voleur qui y dérobe n'est pas puni.

5° Au moment où nous sortons du village pour nous rendre aux pâturages, chacun se fabrique sa hutte avec des perches tirées de sa maison.

6° Quiconque met le désordre parmi les gens en répandant des calomnies et des propos mensongers paye cinq douros d'amende.

7° Si un homme est en contestation avec un autre au sujet d'un objet, et l'accorde pour faire cesser la contestation, cela est bien, sinon, le serment est déféré au demandeur.

8° Quiconque a mis le feu à une maison paye cinq douros d'amende et une indemnité proportionnée au dommage.

9° Quiconque a incendié une meule de paille paye cinq douros d'amende et une indemnité proportionnelle.

10° Quiconque a son champ sur le bord du chemin ancien doit l'entourer d'une haie. Sinon, il n'a droit, en cas de dommage, à aucune indemnité.

11° Quiconque mène son troupeau sur un terrain ainsi situé, paye deux douros d'amende.

12° Quiconque arrache la haie du champ d'autrui paye un douro d'amende.

13° Quiconque met le feu dans la broussaille sans autorisation de la djemâa paye cinq douros d'amende et une indemnité proportionnée au dégât.

14° Quiconque possède un barrage qui lui sert à irriguer son champ doit, s'il existe un barrage en dessous appartenant à un autre propriétaire, laisser l'eau s'écouler suivant la pente à certains jours.

15° Le khammâs doit labourer pendant l'hiver, moissonner pendant l'été, et payer la part qui lui incombe de l'achour.

16° S'il meurt avant la fin de son travail, ses héritiers doivent l'achever à sa place.

17° L'homme qui a divorcé sa femme reprend ce qu'il a payé pour elle, soit d'elle-même, soit de son ouali.

18° Si la femme divorcée a un enfant, l'homme n'est pas tenu aux aliments envers le père (de la femme).

19° Si la femme s'est enfuie de la maison de son mari dans la maison de son père, et y est morte, les frais de l'ensevelissement reviennent au mari.

20° Si la femme a laissé quelque chose de son cedâq, le mari en hérite.

21° Si le mari meurt, la femme retire son cedâq de ce qu'il laisse.

22° Si quelqu'un perd une bête en la faisant couvrir, le prix en est au compte de la djemâa.

23° Si la bête est excellente, elle est estimée cinquante douros ; si elle est de qualité moyenne, quarante douros, et, si elle est passable, trente douros.

24° Les répartitions se font chez nous par tête.

25° La femme qui a tué son enfant ou dissimulé sa grossesse est, si le fait est prouvé, lapidée jusqu'à la mort.

26° A la naissance d'un enfant mâle, le père donne des repas pendant sept jours ; après la circoncision, il donne le repas solennel aux gens du village.

27° Quant à la chefâa, il n'y a pas de chefâa de fraction à fraction. Elle ne s'exerce qu'en faveur de l'associé, de l'absent et de l'impubère.

28° Quant aux frais d'hospitalité des étrangers, ils sont supportés à tour de rôle. Quiconque s'y refuse quand son tour est venu paye deux douros et demi d'amende.

29° Quiconque refuse de prendre part à un travail commandé par la djemâa, par exemple la réparation d'un chemin, paye trois douros d'amende; si la djemâa ajoute quelque autre corvée à ce travail, et si quelqu'un perd de ce fait un animal, la perte en est supportée par la djemâa.

30° Quand la djemâa désire prendre une décision quelconque, elle doit se réunir dans la mosquée et non ailleurs.

31° Quiconque cèle un témoignage, paye vingt-cinq francs d'amende.

32° Le khodja de la djemâa enseigne la lecture aux enfants et est mouedden de la mosquée. Il est récompensé par les gens du village. Il reçoit un mouton le jour du Aïd el Kebir; on lui donne une certaine quantité de beurre au printemps, et de grain en été : il reçoit la fetra, le jour du feteur.

33° Quiconque introduit un troupeau dans le jardin d'autrui paye deux douros d'amende. Cette amende est infligée au berger, et non à son maître.

34° Si deux hommes en viennent aux mains, et se déchirent avec les ongles, chacun d'eux paye un douro d'amende.

35° Quiconque a frappé avec une pierre, et causé une blessure, paye deux douros d'amende.

36° Quiconque a frappé avec un couteau ou une pioche paye cinq douros d'amende.

37° Quiconque a frappé seulement avec le plat de ces instruments paye deux douros et demi d'amende.

38° Quiconque a frappé avec une faucille paye un douro d'amende.

39° Quiconque est l'auteur d'une rixe dans un temps de discorde paye trois douros d'amende.

40° Quiconque prononce une parole injurieuse contre la djemâa paye deux douros d'amende.

41° Quiconque injurie une femme paye un douro d'amende.

42° La femme qui injurie un homme paye un douro d'amende.

43° Si deux femmes se querellent violemment, chacune d'elles paye un douro d'amende.

44° Quiconque s'asseoit près de la source sans raison valable paye un douro d'amende.

45° Si un homme arrose son jardin ou son champ au moyen d'un canal de dérivation, et si quelqu'autre rompt ce canal, ce dernier paye un douro d'amende.

46° Quiconque a volé du grain dans une récolte, soit le jour, soit la nuit, paye deux douros d'amende et une indemnité d'une valeur égale à la chose volée.

47° Si un homme est mort laissant une femme et des enfants, si cette femme s'est ensuite remariée avec quelqu'un de ses proches, c'est ce proche parent, qui est héritier aceb (1).

48° Quiconque a volé du grain sur une aire paye cinq douros d'amende et une indemnité proportionnelle.

49° Quiconque a volé une poule paye un douro d'amende et une indemnité de deux francs pour la poule volée.

50° Quiconque a volé un mouton paye, si le fait est prouvé, cinq douros d'amende et une indemnité de deux moutons.

51° Quiconque refuse de prendre part à un travail commandé par la djemâa paye un douro d'amende.

52° Quiconque s'abstient de paraître à l'ensevelissement d'un mort paye un douro d'amende.

53° Quiconque a coupé une branche d'olivier greffé paye cinq douros d'amende.

54° Quiconque a coupé un chêne à glands doux paye un douro d'amende.

55° Quiconque a coupé un olivier sauvage paye un douro d'amende.

56° Quiconque laisse manger par ses bêtes, dans un champ, des baies d'olivier, paye un douro d'amende.

---

(1) Héritier universel. Cf. Han. Ib. p. 207.

57° Quiconque a divorcé sa femme, puis l'a reprise, paye cinq douros d'amende.

58° Le bien laissé par un homme à sa mort est partagé entre ses héritiers mâles, à l'exclusion des femmes. Les femmes n'ont droit qu'à la nourriture.

59° Quiconque a vivifié en vue du labourage une terre qui ne lui appartient pas a le droit de la cultiver seul pendant trois ans; mais ensuite elle fait retour à son propriétaire.

60° Si plusieurs hommes sont associés pour la culture d'un terrain, et si l'un d'eux meurt laissant des enfants jeunes et incapables de cultiver leur part, les associés cultivent ce terrain sans empêchement, et quiconque veut les en empêcher est passible d'une amende de deux douros.

61° Si une femme s'est enfuie de la maison de son mari dans celle de son père, son affaire dépend entièrement de son mari, lequel la répudie ou l'entrave (1) à son gré.

62° Quiconque a eu des relations coupables avec une femme paye vingt-cinq douros d'amende, et le mari est libre de le tuer ou de le laisser aller.

63° Quiconque conduit paître ses bêtes sur un terrain dont le arch est détenteur paye deux douros d'amende.

64° Quiconque conclut un acte de société sans la présence d'un des membres de la djemâa paye cinq douros d'amende.

65° Quiconque corrompt la source en y lavant ses vêtements paye cinq douros d'amende.

66° Quiconque « a coupé la route », les armes à la main, paye cinq douros d'amende, et rend ce qu'il a volé.

67° Quiconque se refuse à une prestation, quand vient son tour, paye un douro d'amende.

68° Quiconque refuse de prendre part à une battue, quand vient son tour, paye un douro d'amende.

69° Si le khammâs et le berger n'ont pas terminé leur travail, on fait les comptes, et il leur est remis le prix du travail effectué.

(1) Il s'agit ici de la femme chassée ou « insurgée » à laquelle son mari interdit la faculté de se remarier. Cf. Han. *Ib.* p. 148, sq.

70° Quiconque a tué sa femme paye vingt-cinq douros au ouali de la femme, et dix douros d'amende.

71° Quiconque engage une dispute avec l'amîn ou quelqu'un des kebar de la djemâa paye deux douros d'amende.

72° Quiconque a labouré dans un cimetière paye cinq douros d'amende, et quiconque y a établi une aire à grain paye trois douros d'amende.

73° Quiconque néglige de paraître dans la djemâa, quand elle se réunit, paye un douro d'amende.

74° Quiconque a excité un tumulte devant la djemâa paye cinq douros, et quiconque a menacé avec une arme à feu, dix douros d'amende.

75° L'amîn, s'il a donné asile à un voleur, ou distrait (mangé) une part de l'argent de la djemâa, paye dix douros d'amende.

76° Quiconque excite du trouble parmi les gens en propageant des calomnies et de mauvais propos, paye un douro d'amende, et, en cas de récidive, est chassé du pays.

77° Au moment du battage, tous les habitants logent dans leurs maisons, afin que, si quelque incendie se produit, ils soient présents et capables de l'éteindre.

78° Si une femme a volé des vêtements dans une maison, elle est passible d'une amende de cinq douros, et rend les vêtements volés.

79° Quiconque sert négligemment la diffa des hôtes paye un douro d'amende.

80° Si un taureau meurt pendant l'hiver, la djemâa en partage la chair, et donne au propriétaire huit douros et la peau de l'animal. Si le taureau meurt pendant l'été ou le printemps, la valeur en est de quinze douros.

81° Chez nous, le médecin n'est passible d'aucune indemnité en cas de mort d'un des sujets qu'il soigne.

82° Quiconque est allé s'établir dans le pâturage sans autorisation de l'amîn et des kebar de la djemâa paye deux douros d'amende, et revient à la dechera. Quand l'amîn juge le moment venu de bâtir les huttes, un homme le publie dans la dechera.

83° Chez nous, le forgeron travaille et reçoit pour salaire en été deux saas d'orge, outre le saa de la djemâa, et en hiver un saa de blé.

84° Quiconque a commis un vol de fruits ou de légumes dans un jardin paye, si le fait est prouvé, dix douros d'amende, et vingt douros d'indemnité au propriétaire du jardin.

85° Quiconque a causé des dégâts ou arraché des plants dans un jardin paye une indemnité, à l'estimation des Grands de la djemâa. Pour chaque arbre endommagé, le délinquant est passible d'une amende de quinze douros.

TABLE

	Pages.
BIBLIOGRAPHIE......................................	I
INTRODUCTION......................................	1
CHAPITRE I. — Caractères essentiels des cités de la Kabylie, de l'Aouràs et du Mezàb.........	21

Principes de ces sortes de cités, p. 21. — La horma, la anaia, le mechmel, les fêtes publiques, p. 30. — La djemâa, p. 38. — Le kanoun, p. 50. — Formation des kanoun : kanoun du Mezàb, p. 57. — Les kanoun de l'Aouràs et de la Kabylie, p. 72.

CHAPITRE II. — La taddèrt, le arch et la qebila kabyles... 80

Le lieu de réunion de l'assemblée (djemâa), p. 80. — Le touftq, les ikhelidjen, la taddèrt, p. 83. — Les villages kabyles, p. 85. — La taddèrt kabyle et Abd el Kader, p. 89. — Le arch kabyle ; opinion de MM. Letourneux et Hanoteau, p. 93. — Ce qu'est le arch au-dessus de la taddèrt : ses caractères principaux, p. 95. — La qebila, p. 101. — Les qebilat dans l'antiquité, p. 106. — Consistance de quelques qebilat, p. 112. — Les grands chefs en Kabylie, p. 116. — Une opinion de M. Carette, p. 136.

CHAPITRE III. — La thaquelèth et le arch de l'Aouràs..... 145

La structure de l'Aouràs, p. 145. — Déplacements fréquents des habitants de l'Aouràs, p. 153. — Vie municipale peu développée dans les thaquelathin, p. 157. — Compacité des tribus dans les vallées, p. 158. — Impossibilité d'organiser des confédérations, p. 160. — Oppositions réciproques des tribus aurasiques, p. 166. — Les grands chefs dans l'Aouràs, p. 169.

CHAPITRE IV. — Les qçour des Beni Mezâb................ 173

Les qçour des Beni Mezâb, cités de second

degré, p. 173. — La qebila mozabite et la qebila kabyle, p. 174. — Union religieuse des beni Mezâb : retour nécessaire sur leur histoire, p. 178. — Ressemblances entre la confédération des Beni Mezâb et une confédération kabyle : les cinq villes saintes, p. 203. Les grands chefs au Mezâb, p. 215.

CHAPITRE V. — Rome primitive comparée aux cités de la Kabylie et du Mezâb.................. 221

Les pagi et les vici latins analogues aux touâfeq et aux tiddar kabyles, p. 222. — Les curies latines : opinions de Tite-Live, Denys d'Halicarnasse, Niebuhr, Mommsen, Lange, p. 225. — Comparaison des caractères des curies latines avec les caractères correspondants des qebilat mozabites, p. 234. — Caractères des curies latines, p. 235. — Caractères correspondants des qebilat mozabites, p. 240. — Les tribus des Ramnès et des Tities analogues aux qçour du Mezâb, p. 254. — Triplicité de Rome et de Beni Sgen, p. 256.

CONCLUSION.................................. 259

APPENDICE. — Kanoun de l'Ouâd Sahel.............. 263

Kanoun de la tribu des Beni Mansour, p. 263.
Kanoun de la tribu des Cheurfa, p. 275.
Kanoun de la tribu des Sebkha, p. 281.
Kanoun de la tribu des Mechedalah, p. 290.
Kanoun de la tribu des Beni Iala, p. 298.
Kanoun de la tribu de Ouagour, p. 305.
Kanoun de la tribu des Beni Kani, p. 309.
Kanoun de la tribu des Beni Aïssa, p. 315.
Kanoun des Ahel el Qçar, p. 318.

Contraste insuffisant

NF Z 43-120-14

www.ingramcontent.com/pod-product-compliance
Lightning Source LLC
Chambersburg PA
CBHW060614170426
43201CB00009B/1018